Historiología Cubana

DESDE LA ERA MESOZOICA HASTA 1898

I

COLECCIÓN CUBA Y SUS JUECES

EDICIONES UNIVERSAL, Miami, Florida, 1989

José Duarte Oropesa

Historiología Cubana

DESDE LA ERA MESOZOICA HASTA 1898

Tomo I

P.O. Box 450353 (Shenandoah Station)
Miami, Florida, 33145. U.S.A.

© Copyright 1989 by José Duarte Oropesa

Library of Congress Catalog Card No.: 74-81336

I.S.B.N.: 84-399-2580-8 (Obra completa)
I.S.B.N.: 0-89729-490-4 (tomo I)

Depósito legal: B. 43925 - 1988

A la memoria del Dr. Ramiro Guerra Sánchez, mi mentor.

Para su hija Ana, mi abnegada esposa.

ÍNDICE

	Pág.
PRÓLOGO	13
LIBRO PRIMERO: EL PAÍS	15

Capítulo I

GÉNESIS

La gestación. — El nacimiento. — La infancia. — La realidad y el mito. — (Era masozoica — 12.000 A.C.) . . 17

Capítulo II

LAS GENERACIONES DESAPARECIDAS

El Guanajatabey. — El Siboney. — El Taíno. — (12.000 A.C. 1492 D.C.) . . . . - 23

Capítulo III

LA CONQUISTA

Los colosos y titanes. — Las encomiendas. — Los primeros rebeldes. — (1492-1550) 31

LIBRO SEGUNDO: LA COLONIA	37

Capítulo I

EL INTEGRISMO

La hispanidad. — El Partido *Unión Constitucional.* — El mal del caudillismo. — (1511-1898) 39

Capítulo II

EL HERMANO NEGRO

La trata. — Las sublevaciones. — *El peligro negro.* — *La carga del hombre blanco.* — (1513-1880)   47

Capítulo III

EL HERMANO BLANCO

El Señor Gobernador. — El absolutismo. — Las primeras conspiraciones. — (1550-1833)   55

LIBRO TERCERO: LA PATRIA   65

Capítulo I

EL LIBERALISMO ILUSTRADO

El Reformismo. — Sus doctrinas. — Sus hombres. — El Anexionismo. — Panorama colonial. — (1834-1850) . .   67

Capítulo II

LA SIMIENTE LIBERTADORA

Los Precursores. — El fracaso del Reformismo. — Los Sembradores . — (1851-1867)   77

Capítulo III

INDEPENDENCIA O MUERTE

Preludio al drama. — Geopolítica cubana. — La fragua de la cubanidad. — (Diciembre 1867-Octubre 1868)   89

El impacto de Yara. — La Junta de Nueva York y la diplomacia americana. — Quesadistas y Aldamistas. — El Patricio. — (Octubre 1868-Septiembre 1870)   98

La Asamblea de Guáimaro. — La funesta vitalidad. — La caída de *El Bayardo.* — (1869-1873)   112

La guerra en Oriente, Camagüey y Las Villas. — La crisis entre militares y civiles. — Deposición de Máximo Gómez. — (1868-1872) 125

Confrontación entre la Cámara de Representantes y el Presidente Céspedes. — El mártir de San Lorenzo. — (1872-1874) 138

Divisiones y querellas recíprocas entre militares, civiles y emigrados. — La sedición de Lagunas de Varona. — Destitución del Presidente Cisneros. — (1873-1875) . . . 153

Medidas de Spotorno. — *El Inglesito*. — El regionalismo. — Decadencia de la Revolución. — Santa Rita. — (1875-1877). 159

El Pacificador. — El Zanjón. — Baraguá. — El último rebelde. — El precio de LA PATRIA. — (1877-1878) . . . 170

LIBRO CUARTO: EL PUEBLO 181

Capítulo I

EL COLONIALISMO

El Partido Autonomista. — Su filosofía. — Sus líderes. — (1878-1898) 183

Capítulo II

AGONÍA Y DEBER

La Guerra Chiquita. — (1878-1880) 192

El Plan Gómez-Maceo. — Exclusión del Apóstol. — Rencillas libertadoras. — Hidalguía mambisa. — (1882-1886) . 176

Gestación de la Independencia. — Maceo regresa a Cuba. — El Vindicador. — *La Liga*. — (1887-1890) 213

El Maestro. — El Partido Revolucionario Cubano. — El incidente Martí-Collazo. — (1891-1892) 223

El Misionero. — Gerardo Castellanos y Horacio Rubens. — Preparativos de guerra. — (1892-1894) 233

La Fernandina. — El Levantamiento. — El incidente Martí-Maceo-Crombet. — (Enero-Febrero 1895) 246

El Manifiesto de Montecristi. — (Marzo 1895) 260

El Testamento. — Las Despedidas. — El Diario. — La Inmolación. — (Marzo-Mayo 1895) 268

Capítulo III

PATRIA Y LIBERTAD

La Asamblea de Jimaguayú. — El Gobierno en Armas. — La Invasión. — (Junio 1895-Enero 1896) 283

La campaña de Occidente. — Weyler, *El Carnicero*. — La Reconcentración. — (Febrero-Agosto 1896) 304

El conflicto civil-militar. — Angustias de Maceo. — Muerte de *El Titán*. — (Mayo 1896-Febrero 1897) 320

El gobierno americano y la Revolución. — La campaña de Las Villas. — El pueblo yanqui contra la Casa Blanca en la cuestión cubana. — (Diciembre 1896-Septiembre 1897) . 342

La Asamblea de La Yaya. — Creación del Gobierno Civil. — La ofensiva de paz Hispano-Americana. — (Octubre-Diciembre 1897) 353

La carta de Dupuy de Lome. — La explosión del *Maine*. — Intromisión europea. — Rubens contra McKinley. — La Resolución Conjunta. — (Enero-Abril 1898) 363

La Espléndida Guerrita. — Intriga imperialista. — La ejecución del general Roberto Bermúdez. — Conflicto Cubano-Americano. — (Abril-Julio 1898) 371

El Protocolo de Paz. — Alocución del Consejo de Gobierno. — Fin de la Guerra de Independencia. — (Agosto-Octubre 1898) 408

Bibliografía 425

PRÓLOGO

Este volumen I de la Historiología Cubana que abarca el período *Desde la Era Mesozoica hasta 1898* es el primero de una trilogía de la cual fueron publicados los volúmenes II y III que comprenden el tiempo histórico cubano desde 1898 hasta 1959. Razones económicas y de actualidad política obligaron al autor y al editor a conceder prioridad en 1974 a los volúmenes publicados puesto que en esa época el tema candente de discusión académica era el estudio del nacimiento y desarrollo de la República y de las causas que contribuyeron a su decadencia y desaparición al ser proclamada un país comunista, disfrazado de socialismo, por el líder de la revolución que llegara al poder en 1959 en aras de un lema que la definía tan cubana como la palma real.

En la Introducción que precede el texto de los volúmenes II y III está descrito el método ideado por el autor para interpretar en forma nacionalista y revolucionaria el tránsito de Cuba por la historia, fundiéndola con la sociología y en consecuencia bautizando su obra con el neologismo «*Historiología*» que ha sido sometido a la Academia Norteamericana, correspondiente de la Real Academia Española, para proponer su inclusión en su Diccionario.

El autor divide este volumen I en cuatro Libros, a saber: *El País, La Colonia, La Patria* y *El Pueblo*. Los volúmenes II y III constan de los Libros V y VI, respectivamente *La Intervención* y *La República*. En su original interpretación del devenir histórico cubano el autor cifra su empeño en demostrar que Cuba sigue un proceso que la ha llevado de País, a Colonia, a Patria, a Pueblo, a República y que la llevará finalmente a Nación. Alega que fue País como una porción geográfica del continente americano poblada por aborígenes de dudosa procedencia racial; que fue Colonia como una factoría de España sin derechos de Provincia ni representación legal en Cortes; que fue Patria cuando los Mambises, durante la Guerra de los Diez Años, consagraron la cubanía con su himno, su bandera y sus gloriosas hazañas libertadoras; que fue Pueblo cuando José Martí en su apostolado y con su inmolación unificó al cubano de intramuros y de la emigración mediante su misionera prédica, el Partido Revolucionario Cubano y el Ejército Libertador en la Guerra de Independencia de 1895; y que fue República después de la Intervención americana de 1898 a 1902, que califica de *Entreacto*, hasta 1959 en que dio comienzo su agonía y muerte. Asegura que su renacimiento de las cenizas del comunismo la desarrollará en *Nación* afianzando su integridad territorial, política y social dentro de los parámetros nacionalistas y revolucionarios indicados por José Martí y recogidos y publicados en sus Obras Completas en la forma de una democracia constitucional representativa «*con todos y para el bien de todos*» exclusión hecha de organizaciones que por sus fines ideológicos o programáticos favorezcan o instiguen su sustitución por un régimen de castas, de clases o de tendencias totalitarias o anárquicas. La exposición de estas ideas están contenidas en el texto del volumen IV, en vías de publicación, intitulado *La Revolución Traicionada*, desde 1959 hasta el éxodo del Mariel en 1980.

En la bibliografía cubana esta obra es utilísima por lo que abarca, lo que descubre y da a conocer, lo que expone y por las grandes lagunas históricas que viene a llenar. Es valiosísima para la juventud ya que la familiariza con «la ley de las minorías históricas» que intermitentemente en Cuba se alzan en rebelión contra el estancamiento de su progreso socio-económico, la corrupción gubernamental, las dictaduras y tiranías y el ingerencismo. Y que razonadamente prueba que las turbulencias, luchas y revoluciones en Cuba son inevitables, costosas y dolorosas etapas historiológicas en su camino hacia ser Nación. Ojalá contribuya —por reacción en cadena— a la materialización de otras investigaciones históricas que se publiquen en forma de libros de texto o de consulta que amplíen el horizonte cultural cubano.

LIBRO PRIMERO

EL PAÍS

Capítulo primero

GÉNESIS

La Gestación. — El Nacimiento. — La Infancia. — La realidad y el mito. — (Era Mesozoica-12.000 A. C.)

Al terminar el período Triásico de la Era Mesozoica, cuatro mil trescientos treinta millones de años después de haber comenzado el planeta Tierra su ciclo de vida, la corteza terrestre tenía aproximadamente 40 kms. de espesor y en ella se habían desarrollado ya los misterios de la Era Arcaica, la formación de los proto-continentes y el prodigio de las primeras formas de vida que se agitaron en el seno de las aguas, la rapidísima multiplicación de los invertebrados, los peces, los anfibios y los bosques de helechos gigantescos donde, en la oscuridad y el silencio de su espesura, sólo habitaban miríadas de insectos. Las grandes erupciones volcánicas de la Era por dos veces alzaron ingentes cordilleras que después fueron arrasadas por los elementos con furia incontenible. El clima terrestre era, en general, cálido y seco y los geólogos suponen que en el hemisferio austral se delineaba un continente —conocido por ellos con el nombre de Gondwana— que comprendía en él a Suramérica, África, Madagascar, Arabia, India, Australia y Antártida mientras que en el Norte las tierras boreales formaban tres bloques: el Algónquino (Canadá y Groenlandia), el Escandinavo (Escandinavia y los Países Bálticos) y el Siberiano (Siberia Central) los cuales algunos autores funden en uno grande y único llamado Laurasia.

En estas tierras salvajes y primitivas señoreaban los inostracervias, reptiles carnívoros y teriomorfos de grandes dimensiones, una de cuyas ramas diera lugar, posteriormente, a los mamíferos, en tanto que en los turbulentos y grises mares de la Era vivían los ictiosaurios, enormes carnívoros marinos que alcanzaban diez y doce metros de longitud, cuyos antepasados habían sido reptiles terrestres, así como los plesiosaurios, combinación horripilante de serpiente y tortuga. Mientras tenía lugar este drama pre-histórico, en el lugar geográfico donde hoy se encuentra la Isla de Cuba, las olas del océano se agitaban y esparcían sin obstáculo alguno a su paso.

Durante el período Jurásico, que duró 146 millones de años, comenzó en el seno de esas aguas la gestación de las formaciones rocosas más antiguas de Cuba: La Jagua, en Pinar del Río; Quemados, en Las Villas, y Camaján, en Camagüey. En la tranquilidad de esas profundidades oceánicas nuestra proto-isla fue nutriéndose geológicamente, imperturbada por la trepidación orogénica que originó la Sierra Nevada de California y que en Europa violentamente sacudiera los Alpes y el Cáucaso.

A lo largo de toda la primera parte del período Cretáceo, unos 30 millones de años, el embrión antillano fue abrigándose con sucesivas capas de calizas y aumentando en espesor hasta que esa placidez de su sueño marino fue de pronto estrepitosamente rota por la revolución larámica, erupciones volcánicas submarinas que fueron aumentando en ímpetu hasta hacerse sentir en todo el Universo terrestre con tremendas fuerzas orogénicas que plegaron las formidables cadenas montañosas de los Andes, las Rocallosas, las montañas de Malaca, Sumatra y Nueva Zelanda e hizo trepidar, con sus convulsiones sísmicas, a los Pirineos, los Alpes Dináricos y el Taurus. Como si se sintiese colérica por tal molestia, la proto-isla se convirtió de pronto en una serie de islotes volcánicos dentro de un espacio comprendido en lo que sería hoy la distancia entre el Este de Pinar del Río y el Este de Camagüey, vomitando convulsivamente enormes cantidades de hirviente lava que hicieron una bullente caldera de las aguas a su alrededor y lanzando al espacio incomensurables columnas de vapor, hasta que la orogenia larámica se atemperó en intensidad y de nuevo aquellas primarias tierras cubanas se sumergieron en las aguas para en la calma de sus honduras ir recibiendo, como justa compensación a sus quebrantos, nuevas capas rocosas que fueron aumentando progresivamente su espesor y solidez. Como consecuencia de esa transgresión marina se vio libre de las convulsiones que afectaron al resto de las emergidas tierras del planeta, de los cambios climáticos que afectaron la vegetación y que causaron la desaparición de los grandes reptiles herbívoros de sangre fría y que con ello provocaron el hambre y la extinción, a su vez, de los reptiles carnívoros que de ellos se nutrían y que promovieron el desarrollo, en cambio, de los mamíferos carnívoros, siempre activos y móviles gracias a su sangre caliente.

Pero de nuevo la revolución larámica cobró poder y el apogeo de su paroxismo tuvo lugar durante los 40 millones de años que duró el período Eoceno, de la Era Terciaria. El choque cataclísmico de los continentes de Gondwana, por el Sur, y el de Laurasia, por el Norte, rompió los bordes de éstos, ejerció tremenda compresión sobre los sedimentos acumulados en el fondo del océano Tetys —enormes masas rocosas— y levantó de las aguas las colosales cordilleras que en un arco continuo se extienden del Atlántico al Pacífico actuales: Pirineos, Alpes, Atlas, Apeninos y formando el gigantesco Himalaya. En la hoy Gran Antilla, en su región pinareña, fue de tal fuerza la presión ejercida por esta revolución del globo que hizo girar sobre sí misma a la masa rocosa que la constituía, variando su dirección original Este-Oeste por la Este-Sureste que hoy presenta; provocó un intenso sobre-empuje en la región Norte de Las Villas y Camagüey produciendo en ellas una mayor elevación de sus alturas denominadas La Cordillera y ocasionando una actividad volcánica submarina en el Sur de Oriente que se identifica en los basaltos de la Sierra Maestra. Como resultado final de estas formidables conmociones alpídicas hicieron aparición varias cordilleras o ejes montañosos de disposición escalonada, alargadas y estrechas, que correspondieron al proto-esqueleto isleño. Durante la última parte del período Eoceno las fuerzas erosivas y el alza del nivel del mar de nuevo sumergieron al germen terrestre cubano haciéndolo reposar tranquilamente bajo las aguas mientras lo enriquecían y acrecentaban con los residuos de sus cadenas montañosas en disolución (margas, areniscas y arcilla) ampliando con ello su base. Este nuevo reposo acuático fue ligeramente afectado por un corrimiento que originó las montañas del Grupo de Guamuhaya, al Sur de Las Villas. Asimismo, al formarse los anticlinales, muchas rocas altamente mineralizadas y situadas a gran profundidad fueron forzadas a planos superiores donde se enriquecieron de nuevo con el aporte de los minerales contenidos en las aguas y con ello creando las grandes reservas de cromo, níquel y manganeso, aunque esa misma inestabilidad geológica impidió la formación de cuencas carboníferas o depósitos de petróleo.

En el período Oligoceno, de la misma Era Terciaria, en su porción Inferior y Media, la proto-patria, cual feto en el vientre materno, tuvo un estertor y éste la hizo empinarse sobre las aguas y desarrollar la estructura anticlinal de la Sierra Maestra, pero de nuevo, al finalizar los 20 millones de años de duración del período, el mar la cubrió nuevamente con su manto protector como si le advirtiera su prematuridad, inmersión ésta que duró hasta la primera parte del período Mioceno. Durante estos millones de años de nuevo reposo en su lecho acuático, la embrionaria Cuba fue fusionando las islas de su archipiélago virtud a la deposición de estratos calizos pero mantuvo ya definitivamente fuera de la superficie, como desafiantes penachos, sus macizos montañosos, en los cuales comenzó a desarrollarse su extraordinaria flora natural, reputada como jardín botánico natural y paraíso para los naturalistas.

Al finalizar los 18 millones de años del período Mioceno la gestación isleña llegaba a su término y con un final sacudimiento sísmico se producía el parto de las aguas y la Perla de las Antillas emergía a la luz del Sol a ocupar su puesto en la Geografía de América, con las islas de su archipiélago constituidas en una unidad territorial que reforzó el relieve de sus alturas y rejuveneció sus anticlinales. Después de un tiempo geológicamente conocido de 300 millones de años, se producía el nacimiento de la Isla de Cuba.

Los primeros millones de años de la infancia de la Isla en el período Plioceno, último de la Era Terciaria, fueron similares a los que experimenta un niño en sus primeros tropiezos y equivalentes a éstos fueron unos enérgicos empujes verticales en Oriente que provocaron innumerables fallas cataclísmicas debidas, según suponen los geólogos, al enorme peso que sobre la superficie de la joven tierra ejercían las rocas volcánicas que encima de ella se habían acumulado a través de cientos de millones de años, y las cuales, al comprimirla hacia abajo dieron origen a una quiebra orogénica que creó las imponentes alturas del Turquino y la abismal profundidad de la Fosa de Bartlett pero que al mismo tiempo librase a Cuba de las complejas formaciones que caracterizan la orografía de Haití.

El resto de lo que puede considerarse la infancia de Cuba se desarrolló durante el millón de años de la Era Cuaternaria en cuyos períodos Pleistoceno y Holoceno se formó el pleniplano de su territorio con sus fértiles suelos creados bajo las más favorables condiciones climáticas, superficies apenas sin relieve, arables y productivas, de excelente drenaje y gran valor agrícola en tanto que sus rocas más duras han permanecido existiendo como *monadnocks* o restos de montañas antiguas y también se desarrollaron sus bordes coralinos. Movimientos verticales de su corteza dieron lugar a las terrazas de Cabo Cruz, Maisí, etc., y el alza del nivel de las aguas marítimas provocado por las glaciaciones de la Era sumergieron la parte de su territorio que hoy se conoce como plataforma submarina al tiempo que la separaban de la Isla de Pinos y la rodeaban de la cayería que la circunda y finalmente quedaban fijados sus perfiles en la silueta de cocodrilo que la caracteriza.

Cuba, como consecuencia de su larguísimo sosiego submarino se había sustraído a los fenómenos naturales prehistóricos que habían dejado profunda huella en los vecinos continentes, y en los lejanos, así como tampoco había sido sangriento escenario de las tremendas luchas por la supervivencia entre las especies monstruosas desaparecidas así como de las hecatombes generadas por las glaciaciones. Por el contrario, al encontrarse situada favorablemente entre el cinturón de lluvias ecuatoriales y el cinturón seco de las calmas tropicales, mecida y arrullada por los vientos alisios, bañada por las cálidas aguas de la Corriente del Golfo y raramente afectada por los huracanes propició el hacerla punto de parada de los miles de millones de aves migratorias que con ellas trajeron las simientes de su exhuberante flora que en un tiempo cubriera el 60 % de su área total, o séase cerca de 73.000 kms. cuadrados, y que luego desarrollaran su flora autóctona entre la cual descuellan hoy la altiva palma real y la robusta ceiba.

Su fauna la componían muy pocos ejemplares y todos ellos eran inofensivos: el perezoso, caimanes, ranas, murciélagos, tortugas, el almiquí o guanabiquinaje, el manatí, jutías, curieles o coríes, iguanas, perros mudos y el quemí o manjuí, especies todas que o bien existen escasamente o que se han extinguido. Como llegaron a Cuba las especies de su fauna es un misterio arqueológico que algunos han querido resolver por vía de la resurrección de la teoría del viejo continente de Gondwana que pudo servir de puente de unión entre África y Suramérica y otros invocando la teoría de Wegener del continente único —la Pangea— que se quebró en dos a causa de la atracción lunisolar y la rotación terrestre y que le costó a su autor la vida en los hielos de Groenlandia tratando de comprobarla. El perezoso cubano, o *megalocnus rodens*, era un animal herbívoro similar al oso negro, de mandíbula angular, garras poderosas y dientes protuberantes parecidos a los incisivos de los roedores actuales.

La habitabilidad de Cuba no presentaba aspectos beneficiosos al hombre primitivo pues la fauna y la flora que la poblaban eran de muy reducido valor nutriente. Los mamíferos casi no existían. No había ganado vacuno ni plantígrados ni ciervos, animales éstos que con su carne roja y rica en proteínas contribuyesen a fortalecer su físico. Tampoco habían aves de corral ni grandes pájaros como los pavos y los faisanes ni ánsares ni patos salvajes que ampliasen la magra dieta vegetariana a que estarían sometidos. Los tubérculos que en ella se daban eran solamente la yuca agria, el ñame y el boniato y el único cereal existente era el maíz. Las arboledas eran frondosísimas pero carentes de frutales, conociéndose de las crónicas de los exploradores solamente la existencia de la guanábana y la piña o ananás. Había en cambio plagas numerosas de insectos perjudiciales a la salud tales como mosquitos, jejenes, comején, gorgojos, etc. El clima de la época, de alto coeficiente de humedad atmosférica, no era ni con mucho el más conveniente al mejor desarrollo físico de la especie humana. Desde el punto de vista ecológico o séase la relación del hombre con su medio-ambiente, y haciendo excepción de la fertilidad asombrosa de sus tierras y de su magnífica posición geográfica, la Cuba primitiva distaba mucho de ser el Jardín del Edén que muchos románticamente han querido imaginarla. Opuestamente a este mito está la realidad que a diferencia de los territorios donde se asentaban los imperios Inca, Azteca y Maya, la Isla de Cuba no contaba ni con la fauna ni con la flora suficiente para mantener comunidades numerosas de aborígenes. Y debido a ello las comunidades primitivas no poseían la iniciativa de superarse bien por competencia deportiva o bien por confrontación bélica con otras comunidades, creando esa teluria una indolencia y un abandono detrimentales al desarrollo intelectual y físico de sus componentes.

* * *

La historiología de sus posteriores sociedades y generaciones se encargará de demostrar como las luchas del hombre contra el medio-ambiente, tanto natural como social, han sido enormes en Cuba y como el indomable, tesonero y perseverante esfuerzo de sus *minorías históricas* es lo que ha contrarrestado las influencias adversas al engrandecimiento nacional que ha evolucionado nuestra nativa tierra de País, a Colonia, a Patria, a Pueblo y a República, quedándose solamente su fase final que es la de constituirse en Nación. Este desarrollo de Cuba ha sido, es y será el producto y la obra de la inteligencia, la voluntad y el heroismo de sus hijos, tanto nativos como adoptivos, y no milagro del azar o consecuencia de la caridad ajena y hasta el presente ha sido logrado bajo las más adversas condiciones naturales, políticas y económicas, provocadas por nosotros o impuestas por traidores y extranjeros, y los avances logrados en nuestro historiológico devenir se han obtenido y pagado al más caro precio en todas las épocas en sangre, muerte, sudor y lágrimas. Y la meta final —LA NACIÓN— será indefectiblemente alcanzada a pesar de la apatía, la interferencia, la oposición y hasta la mala fe de propios y extraños.

* * *

Capítulo II

LAS GENERACIONES DESAPARECIDAS

El Guanajatabey. — El Siboney. — El Taíno. — (12.000 A. C. - 1492 A. D.)

No existen, hasta el presente, evidencias arqueológicas de la existencia de un Homo Cubensis y sí deducciones razonables de que los primeros pobladores de Cuba llegaron a ella por vía de saltos a lo largo de la cadena de islas Antillanas desde las costas Suramericanas especialmente de las de Venezuela. Muy poco, o casi nada, ha podido reconstruirse del pasado de las generaciones aborígenes cubanas pues nuestro país carece de riqueza arqueológica notable y la mayor parte del conocimiento que de esas generaciones tenemos la debemos a las crónicas de los testigos del Descubrimiento y de la Conquista y para eso algunas veces algunas de ellas se contradicen, tal vez si influenciadas por intereses personales o religiosos relacionados con las encomiendas. Lo cierto es que la procedencia original Suramericana de los indígenas cubanos sólo es afirmable en cuanto al grupo que formaba el núcleo de la población de las actuales provincias orientales ya que ellos eran los que presentaban características etnológicas que, aún hoy, se comparan favorablemente con el tronco lingüístico y cultural de los actuales arauacos venezolanos.

De las dos razas que antecedieron a los Taínos, los Guanajatabeyes y los Siboneyes, no existe una opinión segura pero en cambio es criterio general que su establecimiento en Cuba se debió al choque entre distintas civilizaciones primitivas en el arco de las islas que componen las Antillas y que fueron empujándose unas a otras cosa ésta de normal ocurrencia en las relaciones humanas a través de los siglos. No se sabe tampoco a ciencia cierta la fecha aproximada de la aparición del *hombre americano*, aunque algunos autores la sitúan entre los años 6.000 y 12.000 de la Era Cristiana, pero puede colegirse que tomó miles de años a los proto-cubanos el arribar a la Isla viajando de una a otra Antilla valiéndose de las corrientes marinas, séase en rudimentarias balsas o en primitivas piraguas impulsadas por remos, bien huyéndole a la crueldad de otras razas más poderosas o bien en busca de mejores y más pacíficas condiciones de vida. Los hallazgos arqueológicos en Cuba indican el traslado humano de Este a Oeste de la Isla lo que hace suponer correctamente su ingreso por la región oriental. A pesar de que los grupos raciales indios que habitaron en Cuba fueron tres, los etnólogos concuerdan en considerar al Siboney (o Ciboney) como el verdadero hombre primitivo cubano ya que él fue el que más tiempo parece haberla habitado y a que su individualidad se confunde mucho con la del Guanajatabey por lo que ha llegado a considerarse a estas dos ramas indígenas como una sola pero bifurcada en dos ramas: una primaria y otra superior, considerado esto dentro de un raigal primitivismo. Los Taínos pueden ser considerados si no como advenedizos como invasores ya que de acuerdo con la evidencia histórica sólo hacía alrededor de 50 años que poblaban el Este de Cuba al tiempo del Descubrimiento aunque su impronta arqueológica es la más profunda en la Cuba primitiva.

Las primeras generaciones de la raza Siboney, los Guanajatabeyes, fueron desplazándose, o los desplazaron, hacia el Occidente donde sus últimos ejemplares fueron hallados por los Conquistadores haciendo vida de cavernícolas y farfullando un lenguaje ininteligible aún para los otros aborígenes cubanos. Eran nómadas, no labraban la tierra ni rudimentariamente y se alimentaban solamente de moluscos, de pescados arrojados a la orilla por las olas y de carroña que recogían en los bosques y manglares. Sus únicos implementos se componían de conchas y caracoles afilados en sus bordes por medio de la frotación. Probablemente conocían la manera de hacer el fuego pero se supone que no sabían como aderezar la caza y por tanto la asaban con las entrañas dentro así como se alimentaban de raíces crudas. Vivían en la más completa desnudez, con el cuerpo pintarrajeado, sin adornos corporales materiales de clase alguna. Su unidad social debió estar compuesta tan solo por las personas limitadas a la necesidad diaria de alimentarse y no poseían armas ofensivas de clase alguna por lo que la guerra prácticamente no debió haber existido entre ellos. Nada se conoce, ni puede suponerse, de sus costumbres religiosas aunque se ha aventurado la opinión, debido a un hallazgo en la caverna La Jutía, en Fomento, Las Villas, de que pudieron practicar el canibalismo, aunque debe ser más apropiado el pensar que los fragmentos de huesos humanos de ancestro Guanajatabey que presentan indicios de quemaduras se debieron a algún rito funeral desconocido. La realidad del Guanajatabey está envuelta en la impenetrable oscuridad de su pasado.

Los Siboneyes, propiamente considerados, presentaban más o menos las mismas particularidades anatómicas del Guanajatabey es decir que era de estatura media y de color cobrizo claro y de pelo negro, lacio, grueso y abundante en la cabeza aunque casi inexistente en otras partes del cuerpo. Se deformaban la frente, algo que no hacían los Guanajatabeyes, y con ello se asemejaban a los arauacos. Su constitución era débil a causa de su deficiente balance alimenticio y a lo poco que comía, cosa que llamó la atención a los glotones hispanos. Su básico alimento era el casabe pero también se sustentaba con jutías, jicoteas, iguanas, perros mudos y pescados así como con algunas raíces y frutas tales como la guayaba, la piña y el coco. La deficiencia proteínica del maíz y el casabe hacía al Siboney comer toda clase de alimañas que pudieran proporcionarle grasa animal. Su principal condimento era el ají, que consumía en grandes porciones en su plato único de toda clase de vegetales y carnes o *ajiaco*. A pesar de su procedencia haitiana el Siboney parece que fue atacado por la influencia del clima y consecuentemente perdió su condición guerrera y se convirtió en un ser pacífico, indiferente y renuente al trabajo duro. El no haber encontrado en Cuba condiciones de vida ásperas ni oposición hostil de hombre o bestia y sí grandes extensiones de terreno deshabitado y de singular tranquilidad —comparada a la turbulencia haitiana de continuas guerras y conflictos tribales— mermó su espíritu de lucha y le impidió estar a la altura de sus hermanos haitianos en sus combates con el hombre blanco.

El Siboney se diferenciaba del Guanajatabey en sus hábitos de vida social porque no vivía en cuevas sino en pueblos formados por bohíos de yagua y guano situados alrededor de una casa grande que se usaba para ceremonias de recepción. Todas las casas eran de piso de tierra y dispuestas sin concierto geométrico alguno y tenían un agujero central en el techo para darle salida al humo, con dos huecos en lugar de puertas para entrada y salida separadamente de hombres y mujeres y en ellas vivía toda la parentela, sin división interior alguna, y dormían en hamacas superpuestas colgadas de horcones. Durante las comidas, las mujeres y los niños comían separados de los hombres. No tenían asiento alguno sino que su posición normal era estar en cuclillas. Sus habitaciones, al decir de los cronistas, eran muy aseadas y casi desnudas de adornos.

Algunas familias Siboneyes habitaron en las costas y las desembocaduras de los ríos en casas palafíticas, es decir edificadas sobre las aguas en postes. Su ajuar era más variado que el del Guanajatabey pues se componía de piedras talladas, aunque no pulidas, martillos, pesos de redes, agujas de piedra y hueso, objetos varios de madera, asientos ceremoniales o *dujos*, pedernales e ídolos de piedra. Eran pescadores y no simples comedores de moluscos por lo que poseían canoas que impulsaban con las manos porque desconocían el remo. No eran propiamente tejedores sino que elaboraban las redes y las hamacas por medio de nudos y mallas. Usaban profusamente los adornos y andaban completamente desnudos, menos la mujer casada que usaba un pequeño delantal. Pero su desnudez, al decir de los cronistas, no provocaba entre ellos sensualismo alguno, tal vez de puro hábito nudista. Solamente en sus fiestas matrimoniales, en las que se embriagaban con aguardiente de yuca agria y se intoxicaban con el humo del tabaco, era que sus relaciones sexuales tomaban el carácter de prostitución pues la india contrayente se ofrecía consecutivamente a todos los hombres invitados del rango del esposo para hacer valer su condición de *manicato* o esforzada y digna del marido. Eran gobernados por el cacique en su vida material y por el *behique* en su complejo religioso animista. Sólo sabía contar hasta diez y las distancias las medía por lunas. El Siboney, dentro de su salvajismo, era tan sólo un sencillo hijo de la naturaleza, propicia víctima de la invasión Taína.

* * *

Según relatan las crónicas Antillanas, unos doscientos años antes del Descubrimiento los Caribes triunfaron en sus guerras contra los Arauacos y sus descendientes y los expulsaron de las Antillas Menores. Con tal motivo se produjo un desplazamiento de éstos hacia otras islas lo que trajo por resultado otro movimiento tribal de isla en isla a lo largo de todo el archipiélago. Los grupos raciales vencedores se apropiaban del territorio de los vencidos y a su vez éstos emigraban hacia parajes donde los residentes eran más débiles que ellos y el ciclo de desposesión volvía a iniciarse. Pero al mismo tiempo se desarrollaron querellas entre tribus afines a causa de la superpoblación y se produjo un nuevo éxodo en busca de nuevos horizontes. En la Española los Taínos se enfrascaron en una reñida guerra con los Siboneyes del Cibao que terminó —según refiere la leyenda— sólo cuando Anacaona, la princesa Taína, casó con el cacique Siboney, Caonabo. A causa de todo este traslado de pueblos en el área Antillana los Taínos hicieron su entrada en Cuba unos 50 años antes de la llegada de Colón en 1492, procediendo como guerreros y en virtud de su superioridad física, al sometimiento de la población Siboney y a la conquista de su territorio.

* * *

El Taíno se distinguía del Siboney por su superior cultura, su aseo personal, su organización política, su ancestro bélico, su hablar más pulido, su conocimiento de la agricultura, sus actividades atléticas, su geometría urbanística y la pulcritud de su vivienda.

Su ajuar era más variado también pues consistía en artefactos de piedra admirablemente tallados y pulimentados, como lo eran las hachas petaloides y las ceremoniales ornamentadas, los idolitos o amuletos, los morteros y majadores, los buriles y las cuentas de cuarzo así como también efectuaban trabajos en maderas duras, con rayas y relieves geométricos e incrustaciones y elaboraban objetos en cerámica tales como cazuelas, burenes, espátulas y varias clases de vasijas. El Taíno, a diferencia del Siboney, no tenía hábitos frugales y su alimentación rayaba en la glotonería.

Sus poblados incluían el caney y el bohío, más resistentes viviendas éstas que las de los Siboneyes, y tenían muchas veces distintas y separadas habitaciones con puertas en lugar de huecos. Sus pobaldos los construían en lugares altos, no muy cerca de las costas pero sí de las aguadas, y contaban con el batey o plaza de ceremonias y juegos que mantenían muy bien apisonado y barrido. Eran ingeniosos en la caza y en la pesca, preparando trampas para las aves y criaderos para los peces y utilizaban el *guaicán* o pez-pega (la rémora) para atrapar las grandes tortugas, entrenándolo especialmente para ello por medio de un largo cordel atado a la cola. Su alimento básico era el casabe pero lo preparaban con medios mecánicos tales como el *burén* o guayo y exprimían la pulpa por medio del *cibucán*, curiosa manga de cestería que era retorcida en forma vertical, y almacenaban las cosechas para épocas de escasez. Tenían instrumentos musicales y armas de guerra y de éstas arcos y flechas de güín, la *macana* —pieza triangular de madera dura a manera de maza— y canutos afilados, de caña brava, al estilo de dagas. Practicaban rituales religiosos en que oficiaba el *behique* y costumbres funerales de enterramiento en cuevas. Sus ceremonias matrimoniales eran similares a las de los Siboneyes y no tenían especial aprecio por la castidad femenina pre-matrimonial. Vivían en la mayor desnudez aunque eran aficionados a los adornos personales tales como aretes, collares, cintos, etc. Poseían medios de locomoción acuática en forma de grandes canoas que a veces utilizaban 78 remos, eran prácticos en cestería y en tejido de cuerdas. Desconocían el incesto, pero entre ellos abundaban los afeminados a los cuales solían vestir de mujer para diferenciarlos o quizá si para estigmatizarlos. La poligamia era corriente entre los Taínos pero solamente entre los que podían mantener más de una mujer. La principal esposa del polígamo era enterrada viva con el cadáver de éste siempre que su jerarquía fuera la de cacique. Su deporte favorito era el de pelota, o *batos*.

Lo que puede considerarse, desde el punto de vista moderno, como la organización político-social de la sociedad taína, correspondía al clan y no a la tribu ya que esta última significa confederación de clanes en provincias sometidas a una autoridad central y no hay pruebas de que en Cuba existiese tal división territorial que sí existía en Haiti. Las características de la sociedad taína eran las de un matriarcado por cuanto la herencia seguía, por lo general, una línea femenina y la administración familiar se centraba en las actividades de la ama de casa que era quien estaba a cargo de todas las labores útiles de la existencia taína así como tenían asociaciones exclusivas para mujeres y tomaban parte en los *areitos* y los *batos*. Su organización económica, el régimen de la tierra, determinaba su estratificación social: los *nitaínos* o nobleza; los *baquías* o guerreros; y los *naborías* o siervos. Los *behiques* eran más bien guías espirituales, médicos y hechiceros. Su idolatría se reducía al *cemí*, que era un espíritu del mal y no un dios del bien y al que había que aplacar con sacrificios para que no dañase. Al cacique del pueblo, jefe superior del clan, pertenecía el cemí más poderoso. Sus rituales de hechicería, oráculos y predicciones se denominaban *cojobas*, en los cuales oficiaba el behique en trance hipnótico.

* * *

La invasión taína produjo un desquiciamiento en las estructuras sociales siboneyes pues estableció un régimen de trabajo y costumbres a los cuales no estaban éstos acostumbrados. Los Taínos, con su superior fuerza militar, triunfaron en el empeño de apoderarse de los territorios del Siboney pero no pudieron esclavizarle. La resistencia siboney al invasor taíno se hizo ostensible en forma de una resistencia pasiva al trabajo esclavo y el escape en masa hacia otras regiones al Oeste de Cuba, especialmente hacia la cayería ribereña, lo que originó que los Descubridores, al encontrarlos en ella, los bautizaran con el nombre de *indios cayos* o *lucayos*. Enfrentado a esta singular actitud bélica siboney, el Taíno —ante la disyuntiva de morirse de hambre o labrar la tierra— optó por un cambio en su sistema de gobierno que le permitiese asimilar al Siboney al mismo tiempo que lo mantenía en vasallaje con lo que produjo una simbiosis en su cultura que a fin de cuentas resultó en su desgracia. La indolencia del Siboney permeabilizó al Taíno debilitándolo en tanto que el sometimiento de aquél estancó su desarrollo. Ni uno ni otro hicieron nada por superarse, ni crearon tradiciones tribales, sino que se conformaron a una existencia plácida al nivel más primitivo. Sólo fueron fuertes en el castigo de tres delitos: el homicidio, el robo y el incesto. Abandonaron toda idea del esfuerzo creador, dejándolo a las mujeres, lo que llegó a producir en ellos dos un afeminamiento endémico que, unido a la sífilis que generalmente padecían, les debilitó el físico y les empobreció el espíritu.

Las generaciones indígenas cubanas constituían una masa amorfa cuyos componentes carecían de un móvil unificante y solamente una minoría de ellas se creció en el infortunio. Primero fueron los Siboneyes que se negaron a aceptar el servilismo al Taíno y escogieron el éxodo a regiones vírgenes; luego fueron los Taínos que se enfrentaron guerreramente al invasor español. De una población aborigen cuyo número los cronistas hacen variar desde un mínimo de 60.000 a un máximo de 300.000, no quedó el más pequeño residuo pasado un siglo del Descubrimiento. No importa lo que romántica o sentimentalmente se quiera hoy predicar de las generaciones desaparecidas el hecho historiológico permanece siendo el mismo invariablemente: los aborígenes cubanos estaban destinados a la desaparición por su debilidad estructural frente al Conquistador; se hallaban atrasadísimos en relación cultural a sus congéneres Incas, Aztecas y Mayas y miles de años de ignorancia detrás de los más incultos aventureros y rufianes que en considerable número formaban las tripulaciones de La Pinta, La Niña y la Santa María.

* * *

Capítulo III

LA CONQUISTA

Los Colosos y Titanes — Las Encomiendas. — Los primeros rebeldes. — (1492-1550)

El material humano que componía las tropas conquistadoras no fue seleccionado de entre la flor y nata de la aristocracia hispana sino que era una heterogénea composición de hidalgos arruinados, gente de mal vivir, penados indultados, jóvenes aventureros en busca de gloria y fortuna y caballeros de abolengo muy respetuosos de la autoridad real. Entre ellos no faltó nunca el clérigo que administrase los sacramentos de la fe tanto al asesino como al asesinado.

La realidad y el móvil de la Conquista no hay que buscarla en Cuba sino en España. Porque fue allí donde se planificó la cruel aventura que luego se desarrolló en nuestra tierra. El indio no fue otra cosa que una incidencia en el drama cubano, a diferencia del negro que, posteriormente, fue la víctima de un determinado propósito de enriquecimiento a su costa. Los encomenderos se encuentran sólo un peldaño sobre los esclavistas en la escalera que baja al Infierno. El conquistador vino a Cuba tan sólo en busca de un pronto enriquecimiento y al hacerlo mató al indio y no logró salir de pobre pues el país no era el emporio de riquezas que soñaba sino una tierra que exigía mucho trabajo y mucha penalidades a cambio de la entrega de sus verdaderas riquezas, empresa ésta reservada al Colonizador.

* * *

Ninguna tarea más fácil existe para el humano que el escribir la historia hacia atrás, que el emitir juicios sobre cosas pasadas una vez conocidos sus resultados, que el decidir lo que debió haberse hecho en qué tiempo y en cuál situación. Lo difícil es hacer historia y al mismo tiempo escribirla o enjuiciar hechos en vida de sus autores y fautores. Eso fue lo que ciertamente ocurrió en la Conquista: los que la escribieron después de haberla efectuado encontraron conveniente, quizá de mala fe, el pintar a los indios como super-salvajes para justificar los desmanes con ellos cometidos. Y los que tomaron la defensa del indio exageraron su mansedumbre y han descrito con la más lóbrega prosa las actividades de los Conquistadores. Para el historiólogo la verdad se encuentra a medio camino entre esas opiniones: tanto el conquistador como el indio eran productos de un medio, de una cultura específica y hay que examinarlos al través del microscopio de la objetividad y no del prisma del apasionamiento.

* * *

Los españoles que conquistaron América procedían de un tronco racial que jamás se había doblegado al infortunio, que desconocían el miedo al enemigo y que durante siglos habían defendido, casi sin recursos, su Península de toda clase de crueles invasores. Si diéramos un sentido mitológico a la realidad del alma española de esa época podríamos asegurar que Iberia era una fragua de Colosos y Titanes pues, en su propio derecho, cada español era un Rey. Ya Europa nada les reservaba después de su cruzada contra los moros por siglos. Ahora el mundo de lo desconocido sería su meta. Los Reyes Católicos habían conseguido abatir el poder de la nobleza, reunir en una sola las diferentes monarquías en que estaba dividida España y establecer la unidad religiosa y de lenguaje en sus estados con lo que habían reafirmado el carácter universal de la hispanidad. En el Conquistador se unieron la larga tradición patria de la lucha contra los musulmanes durante la Reconquista y el afán de superación de sí mismo que el individualismo renacentista despertó en cada persona y destacó aún más esta característica esencialmente española. Con un temple y un estoicismo sin paralelo hizo frente a las vicisitudes de la Conquista: fríos, calores, hambre, sed, enfermedades y demostró lo que puede el valor humano ante toda clase de penalidades cuando lo mueve la fe en una causa, por equivocada que ésta sea en ocasiones, como en este caso fue en ellos el afán de enriquecerse rápidamente y el ver en los indios no a seres humanos sino a herejes utilizables.

La epopeya del Descubrimiento requería hombres dispuestos a arriesgar la vida en una incierta aventura en mares hasta aquellos momentos desconocidos y hacer esto en bajeles que eran poco menos que ataúdes flotantes. Esto de por sí indica que entre ellos tenía que haber, por necesidad, tanto inspirados idealistas como exploradores a la fuerza, sacados de las prisiones estos últimos expresamente para el viaje. Pero aunque fuera cierto que una mayoría de codiciosos y perillanes formaron los rangos del Descubrimiento y de la Conquista, no es menos cierto que una *minoría histórica* de ellos echó sobre sus hombros la responsabilidad de llevar a vías de hecho, *por la gloria de Dios y la honra de España*, lo que entendían por civilización y cristianización de las Indias Occidentales, así como que luego otra minoría histórica se alzaría contra los abusos y crímenes de los encomenderos hasta lograr la libertad de los últimos remanentes indígenas.

* * *

Una vez que los Descubridores comprobaron la pobreza aurífera de Cuba, y la falsedad de las leyendas de El Dorado, continuaron explorando otras latitudes en su búsqueda de perlas, diamantes, sándalo, sedas y perfumes que allí no encontraron. *La tierra más fermosa que hojos humanos vieren* no era al mismo tiempo la más próvida en riquezas. El recuerdo de las penalidades de la navegación entre cayos y canales peligrosos, el calor sofocante y las plagas de atormentadores insectos les hizo relegar a Cuba al olvido durante algunos años en favor de La Española hasta que los informes del gallego Ocampo, después de su bojeo en 1508, destruyeron la fama negativa que la Isla tenía de inhóspita ya que la recomendó como magníficamente apropiada a la colonización. Esto se conjugó con el cálculo que los gobernantes hispanos habían hecho sobre su perfecta situación geográfica para base de futuras conquistas en tierra firme. De nuevo se abrió un banderín de enganche y a él acudieron todos los endeudados, todos los perdularios y todos los indultados para ese propósito colonizador. Al frente de la expedición vino Diego Velázquez bajo expresas órdenes de tratar bien a los indios, como era la voluntad del Rey. Y aquí, en 1511, fue el comienzo de lo que luego sería inveterada costumbre de los gobernadores coloniales y que se hizo notoria en la frase *se acata pero no se cumple* más tarde en la historia porque a pesar de las humanitarias órdenes del monarca, desde el inicio la Conquista se destacó por la crueldad y el exterminio.

La actitud de los indios cubanos no era ya la misma de ingenuidad y hospitalidad de 1492. Ya los refugiados de la colonización española en Haití les habían informado el trato que les darían los extranjeros una vez que se afincaran en el país. Tenían amplia información acerca de las encomiendas, los perros de presa, la horca y la hoguera y tanto era así que varios náufragos hispanos pagaron con la vida el arribo a una amplia bahía de Yucayo, la que por ese hecho trágico luego sería conocida con el nombre de Matanzas. Lo mismo ocurrió a nueve españoles zozobrados en Jagua, hoy Cienfuegos. En muchas otras regiones de la Isla los indios eran hostiles y no perdían oportunidad de atacar a los blancos mal armados o indefensos y por los cuales parecían haber perdido el respeto. Otra cosa iba a resultar después el enfrentarse con flechas de güín, toletes y seborucos a las escuadras de arcabuceros, ballesteros y lanceros de a caballo, dirigidos por capitanes de los famosos Tercios Españoles *«a barriga descubierta»* como dijera Las Casas. Con todo y eso la conquista de Cuba fue relativamente poco sangrienta tanto por la poca resistencia ofrecida por la mayoría de los indígenas como por la inusitada prudencia de Velázquez quien había vivido la experiencia de una Española arruinada y despoblada a causa del aniquilamiento aborigen por la ferocidad de Ovando y que había tenido como consecuencia el inicio del tráfico negrero. Sólo se recuerdan, durante el proceso de conquista, la rebelión y muerte heroica de Hatuey, el combate de Bayamo que ganase Narváez con una yegua relinchante y un cinturón de resonantes cascabeles, la inesperada matanza de indios en Caonao y la frustración de Narváez de ajusticiar a 16 caciques en Carahate.

Velázquez, a instancias del Padre Las Casas, de continuo concedió indultos a caciques culpables de asesinatos de españoles y de otros indios, con la idea de introducir un elemento divisionista en las filas enemigas y se apoyó grandemente en grupos de indios jamaiquinos y haitianos para espiar y atemorizar a los taínos y Siboneyes, sistema que aprendió uno de sus subordinados, Hernán Cortés, y que luego puso en práctica en México contra los aztecas. La rebelión de Hatuey, originario de La Española, tuvo bizarra significación tanto por la desventaja en armamentos que sufrió como por la desunión de los cacicazgos taínos que en nada le ayudaron en su lucha y que cooperaron, además, en su captura. Hatuey no contaba más que con un puñado de seguidores quienes temerosos de las armas españolas, los caballos y los feroces mastines, no obstante prefirieron el sacrificio de sus vidas antes que ser esclavos o convertirse en delatores. El terror impuesto por los Conquistadores dominó a la mayoría de la indiada que, según Las Casas, *«venían a dar a los españoles llorando, pidiendo perdón y misericordia, y que los servirían porque no les hiciesen mal»*, cosa de la que se aprovechó Velázquez para ladinamente ponerles la coyunda de la encomienda. Hatuey fue el primero de los rebeldes que en Cuba nos legó el ejemplo de hidalguía con que debe saber morir un combatiente revolucionario.

El régimen de las encomiendas, a pesar de su aparente bondad en la Cédula, fue el más denigrante y bárbaro sistema de explotación que haya habido en Cuba, peor aún que el de la esclavitud negra posterior. Tenían a los débiles indios cavando el día entero, apenas alimentados, les robaban las mujeres y les mataban de hambre a los hijos pequeños, les hacían dormir a la intemperie comidos por los insectos, los usaban como bestias de carga y los sometían a tal brutal sistema de trabajos forzados que morían irremisiblemente por centenares. Cantidades enormes de ellos optaban por suicidarse en grupos familiares ahorcándose, comiendo tierra fangosa o mascando raíces venenosas para morir entre horribles estertores de dolor y agonía. Fue la característica manera de librarse de la esclavitud de una raza que en su mayoría prefirió aceptarla para salvar una existencia que luego iba a resultar peor que la misma muerte. Muchos huyeron a esconderse en las altas serranías donde se perdieron para siempre pues su débil organismo no estaba preparado para el clima húmedo y frío de las alturas, ni en ellas encontraron alimentos como los que estaban acostumbrados a comer. Unidas estas atrocidades a las enfermedades y epidemias que consigo trajo el hombre blanco y para lo cual el indio no tenía resistencia natural, como la viruela, el cólera y la influenza, las generaciones indígenas fueron desapareciendo rápida y dolorosamente.

Pero dentro de ese cuadro de lobreguez y tenebrosidad brilló esplendorosa la llama de la rebelión de los pocos que siempre, con su sacrificio, rescatan la perdida dignidad de los muchos. En las fragosas sierras de Baracoa un cacique llamado Guamá dio a los formidables conquistadores lecciones de fortaleza y valor inigualables, hasta el punto que el propio Gobernador Manuel de Rojas tuvo que encargarse de su persecución hasta darle muerte. Desde 1524 hasta 1542 continuó una lucha intermitente, casi sin esperanzas, de los indios contra los conquistadores en la que ni se daba ni se pedía cuartel por ninguna de las partes. Los informes de los Procuradores a la Corte en esos años indican como la producción de oro era casi nula, como no era seguro el tránsito por los campos, como eran ajusticiados por los rebeldes los indios traidores o colaboracionistas, quemados los bohíos y muertos los ganados. El inhumano y atroz Porcallo de Figueroa llegó tan lejos en su crueldad que fue objeto de un proceso y una multa que distaba mucho de ajustarse a los crímenes que había cometido y luego confesado en la zona de Sancti Spíritus. En Baitiquirí solamente dos indios, según informes del alcalde al Consejo de Indias, dieron muerte a diez españoles y luego incendiaron el poblado. Hubo incalificable cooperación de partidas de indios traidores, a paga mensual, que rastreaban, capturaban y mataban a los alzados con mucho más éxito que los españoles.

En 1542, gracias a los esfuerzos durante años por el Padre Las Casas y sus seguidores, así como por la continuada rebeldía india y por su proceso de extinción racial, la Metrópolis se vio obligada a decretar la abolición de las encomiendas y aunque ésta no se aplicó de inmediato contribuyó al apaciguamiento indígena porque la primera medida que se tomó fue el eximirlos del trabajo en las minas.

En 1550 la paz era ya total pero el número de indios sobrevivientes era muy exiguo. De ellos la mayoría eran del sexo femenino y se integraron a los españoles en mancebías hasta desaparecer totalmente como raza. La única venganza que el indio tomó en el Conquistador fue hacerle víctima del contagio venéreo que luego éste propagó por Europa con el nombre de *mal español*. En cuanto a Cuba, con excepción hecha de la gloriosa tradición de rebeldía iniciada por Hatuey y culminada por Guamá, todo lo que la subcultura indígena nos legó fueron algunos nombres de comarcas y de vegetales que aún se conservan. La indolencia del indo-cubano que se nos achaca como su herencia no es tal cosa sino producto de la teluria, del clima que influyendo en la personalidad la moldea y que unida a la deficiente alimentación debilita el organismo. Una raza que pasó brevemente por nuestra historia nada podía dejarnos como herencia material. Lo que recibimos en forma de tradiciones fue hecho por conducto de la cultura que destruyó a aquella y que luego se destruyó a sí misma cuando cometió los mismos errores político-sociales que motivaron el aniquilamiento de los imperios indios en América.

Cuando hoy leemos los épicos anales de la Conquista nos damos cuenta de la inevitabilidad del ocaso del indo-cubano en su choque con los españoles. Y así mismo nos afirmamos en la certeza de que si el Descubrimiento se hubiera demorado 50 años, los Caribes hubieran sido los señores de la Isla a la llegada de Colón —o quien hubiera sido el Descubridor— pues el indo-cubano hubiera sido fácil presa de él, aguerrido y altivo personaje que cuando fue preguntado por otras gentes de las Antillas Menores contestó orgullosamente a los hermanos Pinzón: *¡Sólo nosotros somos gente...!*

* * *

El indo-cubano llegó a despersonalizarse al extremo de cambiar su nombre por el de otro de una comunidad distinta, como prueba de hermandad, y con ese sencillo expediente ya pasaba a formar parte de otro clan, renunciando con ello a su dignidad patrimonial y por eso no es de extrañarse el que no tuviese el más mínimo concepto de lo que era la patria, la dignidad tribal, el orgullo comarcano o el honor personal. Ni que tuviese tampoco un principio religioso unificante fuese éste totémico o animista. Es decir que en el español se hallaban todas las características de que carecía el indio además de tener una meta en la vida, algo que faltaba totalmente en aquél. El indo-cubano vivía al día, con un credo en su existencia que podía definirse con la frase vernacular tan popular en Cuba: *hay que vivir el momento*. Esta equivocada filosofía trajo como consecuencia a los aborígenes cubanos su destrucción puesto que —como lo enseña la historia de los pueblos— cualquier mayoría indiferente, corrompida o floja se desmorona estrepitosamente cuando choca violentamente con una minoría combativa, organizada y fuerte.

* * *

LIBRO SEGUNDO

LA COLONIA

Capítulo primero

EL INTEGRISMO

La Hispanidad. — El Partido Unión Constitucional. — El mal del Caudillismo. — (1511-1898)

La población blanca original en la Isla fue de unas 300 personas, hombres casi todos, la cual aumentó rápidamente virtud a la inmigración procedente de las otras Antillas debido ésta a la inseguridad que en ellas encontraban sus pobladores por causa de las guerras indígenas, las pugnas por el poder entre los colonizadores y por la miseria en que vivían. Los colonizadores eran atraídos a Cuba por la fertilidad de sus tierras, la proverbial liberalidad de Velázquez en los repartimientos de indios y tierras y por los privilegios y mercedes que la Corona concedía a los pioneros. Obligado Velázquez por la política de Fernando El Católico, primero, y después por la del Regente, Cardenal Cisneros, a trabajar solamente por la prosperidad del país, llevó a éste a un alto grado de bienestar y progreso económico, superior al de las otras Antillas, pero al asumir el poder Carlos V consiguió de éste una Real Cédula que autorizaba, en provecho real naturalmente, al Gobernador y a los pobladores de Cuba a armar flotas por cuenta propia para descubrir y conquistar nuevas tierras, cosa que en pocos años consumió las riquezas acumuladas, provocó el abandono del trabajo en las haciendas en favor de la aventura y se tradujo en un éxodo por parte muy grande de los colonos. En vista de la rápida despoblación de la Isla el Consejo de Indias prohibió, bajo pena de muerte y confiscación de bienes, la salida al exterior de los vecinos de Cuba. A la muerte de Velázquez, a quien nunca se le han tributado los honores históricos que merece por haber echado los cimientos de nuestra futura sociedad, se sucedieron una serie de Gobernadores, de carácter civil, incapaces e inconscientes, cuya funesta conducción de los asuntos públicos unida a las sublevaciones indias, la emigración y los ataques piratas al territorio dejó a Cuba, como quedó dicho, despoblada y pobre. Pero a pesar de ello la población colonizadora fue aumentando pacíficamente y obteniendo su sustento con mucha fatiga y esfuerzo ya que no tenía influencia alguna en la Corte que la protegiese y beneficiase con prebendas y porque se hallaba ajena al compadrazgo burocrático que distinguía a la administración colonial española.

El traslado de los componentes de la sociedad familiar española a Cuba se hizo sin alteraciones legales de sus derechos en la Península, pretendiéndose aplicar un pensamiento de hispanidad, integracionista o asimilativo, pero la vida colonial, extraña y disociadora, hizo que se alteraran los estrechos nexos que la caracterizaban rebajándose con ello la moral de las costumbres hasta el extremo que la barraganía se hizo práctica general, lo que dio ocasión a que se obligase a la población a reconocer, so pena de castigos, la santidad del vínculo matrimonial, aún entre la población esclava, y que se dictaran disposiciones que regulaban el casamiento de Gobernadores, Corregidores, Alcaldes Mayores y Tenientes Letrados con el propósito de evitar que se utilizase la institución como objeto de peculado. A pesar de algunos graves errores de orden político cometidos después, esto fue un notable esfuerzo de la Iglesia Católica por preservar, dentro de la sevicia colonial, el sacramento matrimonial libre de contaminaciones adúlteras o conscupicentes.

El sistema político-administrativo que se implantó en la Colonia fue una copia-carbón del régimen de las instituciones castellanas ya que la mayor parte de los funcionarios procedía de Castilla y que, además, no tenían experiencia previa colonial alguna. Esta limitación, unida a las ideas y métodos absolutistas del rey Felipe II, quien había sucedido a Carlos V, a las consecuencias de las guerras sostenidas por España en Europa en el siglo XVII y que marcaron el inicio de su decadencia, se reflejó en la administración colonial y originaron el contrabando, el peculado y hasta la división territorial de la Isla en dos mandos: uno en La Habana y otro en Santiago de Cuba, con sus naturales agravantes.

Durante el reinado de Felipe IV la situación administrativa colonial empeoró a causa de su total indiferencia hacia los asuntos americanos y los desórdenes en Cuba tales como la indisciplina de la soldadesca, las epidemias producidas por la insalubridad y la falta de higiene pública, la extensión del vicio del juego prohibido y las depredaciones piráticas llegaron a una altura inusitada. Durante el siglo XVIII las continuadas luchas bélicas de España, principalmente con los ingleses y que una de ellas tuvo como consecuencia la toma de La Habana por los británicos, la emancipación de las Trece Colonias americanas que gravitó pesadamente en el pensamiento liberal hispano-americano y que movió a los gobernantes coloniales a un mayor despotismo; y la implantación de los odiosos y expoliadores monopolios sólo fueron contrapesados levemente con el establecimiento de la Universidad de La Habana y de otros centros docentes y por la introducción de la imprenta y la publicación de los primeros periódicos, y en el orden económico con la expansión de la industria azucarera, a costa del trabajo esclavo.

El siglo XIX fue el de más trascendencia en la historiología colonial de Cuba. En su período tuvieron lugar los más sobresalientes hechos político-social-económicos y culturales. Ocurrió el desastre francés en Haití que repercutiera sonoramente en Cuba; se perdieron para España la Louisiana y la Florida; aconteció la invasión napoleónica de Iberia y se produjo la independencia del imperio continental español en América; la sublevación de los esclavos; los ambiciosos amagos americanos y británicos sobre Cuba; los progresos considerables de la industria azucarera y la enseñanza; las encarnizadas guerras civiles en la Península y finalmente, aunque primerísimas en nuestros anales, las insurrecciones cubanas gestadas y derivadas de las dramáticas pugnas y contradicciones internas de la sociedad colonial. O más y mejor correctamente expresado: de la irreconciliable enemistad entre Integristas, por una parte y Criollos (Hispanocubanos y Afrocubanos) por la otra, que vino a ser la resultante de 400 años de bochorno y de ingnominia colonial que sólo tuvieron entre ellos como excepciones los gobiernos del Marqués de la Torre, don Luis de las Casas, Francisco Serrano y Domingo Dulce.

* * *

El español integrista, que decía representar la Hispanidad, no echó jamás raíces espirituales en Cuba sino que se sintió obligado solamente con la Madre Patria, tal como interpretaba él la dicha Hispanidad en el más cerril y reaccionario españolismo. En España no se consideraba a Cuba como una Provincia, ni siquiera tampoco como una Colonia sino como una factoría, y mientras allá se libraban de continuo enconadas querellas por el poder entre afrancesados, carlistas, monárquicos, liberales y republicanos todos concidían en la negación a los habitantes de la Isla, con empecinamiento contumaz, de los más elementales derechos que en España se concedían a los peninsulares. Esta recalcitrante actitud se tradujo en las *omnímodas* concedidas a Vives y Tacón, jamás revocadas, y en la obstinada decisión de conservar a Cuba española *«hasta el último hombre y la última peseta»* así como en sacrificar estúpidamente la flota del almirante Cervera con tal de justificar la inevitable derrota ante los mambises por medio del expediente de la guerra con los Estados Unidos. Estos gobiernos peninsulares fueron baldón de la España heroica de la Reconquista y del Dos de Mayo y en su torpeza moral descendieron a los más profundos abismos de la desvergüenza y el cinismo, como lo demuestra la verdad histórica de que contaron con una Reina cuyo comportamiento cortesano fue igual al de una vulgar prostituta callejera.

El español integrista se consideraba superior al natural de Cuba cualesquiera que fuese la raza, posición social o económica, o nivel intelectual de éste y jamás dio un gramo de concesión a esta actitud. Había en el fondo de ella un sentimiento de envidia y de inferioridad que trataba de disimular tras su aparente fidelidad a la Corona. Era el prototipo de la arrogancia y el fanatismo clerical, despreciativo del trabajo laborioso y honrado por que su ambición se centraba en la idea del enriquecimiento fácil; rumiador de descontento cuando su incapacidad le llevaba a desempeñar las más rudas y más mal pagadas labores manuales y que encontraba una vía de escape a sus acumulados malos humores enrolándose en las filas de los voluntarios, cuerpo de matones organizado en forma de milicia que se reclutaba entre la hez de los dependientes, carretoneros, carboneros y peones cuyos jefes eran esclavistas, concesionarios de prebendas, altos funcionarios venales, comerciantes e industriales explotadores, una gentualla toda ésta que jamás se arriesgó a salir al encuentro de los Libertadores pues le tenían pánico al machete mambí pero que en cambio, lleno de furor integrista, asesinó a innumerables personas inocentes en «*el entierro del gorrión*», el asalto al teatro Villanueva y que hizo fusilar a los siete estudiantes de medicina. Estos godos que deshonraban a España escudados en el lema «*España con Honra*» y que grande y desgraciada influencia tuvieran en las instituciones oficiales y religiosas coloniales fueron los principales culpables de la desviación caracterológica que ha distinguido la administración pública subsiguiente pues ellos crearon, para evitar la emancipación, todas las lacras sociales que hemos padecido y padecemos y las cuales nos llevará generaciones el sobrevivirlas, séase cual sea el precio que tengamos que pagar por ello.

El Integrismo, pletórico de gobernantes rapaces, comerciantes avariciosos, politicastros fanfarrones y milicianos camorristas se consideraba amo y señor de la Colonia que esquilmaba y protegía a sus cófrades a costa del laborioso productor nativo a quien impedía la libertad comercial. Hizo de La Habana un zoco marroquí con cincuenta garitos y diez mil tahures y de Cuba colonia sin representación ni derechos y gobernada militarmente en 1836, hizo del foro cubano el gran patrocinador de los vicios y el defensor sin conciencia de los más horrendos crímenes y degradó en tal forma a la ciudadanía que en la mayoría de ésta no había amor alguno a la Patria sino interés por el precio de las cajas de azúcar y los sacos de café, y su truculencia se transformaba en miserable cobardía ante la decisión resuelta de un adversario valiente, como lo demostró el Gobernador de Santiago de Cuba, Burriel, frente al capitán de la fragata inglesa Niobe, Sir Lambton Lorraine, en la fatídica ocasión del fusilamiento en masa de los expedicionarios del Virginius.

Cuando ya la Colonia estaba en sus finales estertores de agonía, cuando los logros de la Guerra de los Diez Años habían dado oportunidad al establecimiento en Cuba de ciertos partidos políticos no-separatistas, el Integrismo levantó cabeza en la creación de Unión Constitucional. Los hombres que lo formaron, en su dirección, negaban absolutamente, con su pasado, la sinceridad de sus postulados. Su masa la componían los mismos elementos de humilde extracción que formaron los cuerpos de Voluntarios y que siempre son criminalmente utilizados por las oligarquías y los tiranos en su provecho, unas veces mediante falsas promesas y otras apelando a lo primitivo de sus instintos. Ninguna mejor descripción del Partido Unión Constitucional que la que hizo el prócer Juan Gualberto Gómez en *La cuestión de Cuba en 1884*, que a continuación transcribimos:

«La mayoría de los que componían el partido eran individuos que habían llegado a Cuba en posición inferior. La guerra los había elevado, les había dado importancia y puesto en situación de influir en la cosa pública. Habían figurado en las filas de los batallones de voluntarios, como "defensores de la integridad"; se habían hecho ricos, mientras los hijos del país se arruinaban; habían adquirido a vil precio los bienes que éstos abandonaban, y formaban una clase de "parvenues" sin condiciones bastantes para llenar el papel que representaban de clase directora. Las circunstancias les habían favorecido. Durante la guerra habían mandado en Palacio, influido por medio de sus jefes en el Gobierno general, y a veces hasta impuesto la Ley a la Metrópolis. Como era natural, querían seguir mandando después del Zanjón y luchaban por mantener el monopolio de la influencia gubernamental. Tenían la fuerza voluntaria a su servicio y eran una verdadera oligarquía, formada por la poderosa burocracia ultramarina y el alto comercio y dirigida por abogados y publicistas de mediana ilustración pero que comparados con el grueso de los elementos del partido, tenían perfecto derecho para considerarse como verdaderas lumbreras. Tal era Unión Constitucional.»

Mientras el asesino Weyler fue Gobernador de Cuba lo apoyaron en todas sus medidas de criminal exterminio y cuando insistió en celebrar elecciones generales a pesar de la Guerra de Independencia y de la parcial abstención del colonialismo autonomista, ellos acudieron a los comicios en masa y cubrieron todos los cargos electivos con los más intransigentes representantes de la peor reacción. Cuando en enero de 1898, como último recurso colonial de España se inauguró el servil régimen autonomista, se lanzaron a la calle, con apoyo de los Voluntarios a los gritos de *¡Viva Weyler!* y *¡Muera la Autonomía!* para luego darse a la fuga precipitadamente ante la carga de caballería que les diera el general Arolas al frente de las tropas regulares españolas. El postrer ejemplo de estupidez hispanista lo ofreció Dupuy de Lome con su famosa carta a Canalejas. Sin embargo, tuvieron un mezquino consuelo con la complicidad del State Department: la República en Armas —Cuba— no estuvo representada en la firma del Tratado de París.

* * *

La cosecha de vicios durante cuatrocientos años coloniales de la sociedad cubana ha dejado profundas huellas en su seno. Ninguna herencia recibimos del indo-cubano otra que quizá la congénita despreocupación por el futuro propia de la tropicalidad. Pero en cambio, como lo expresara proféticamente José Martí, lo difícil no iba a ser el quitarnos a España del Gobierno sino de las costumbres... El grave error de la República que nació mediatizada por la Enmienda Platt fue el haber asimilado posteriormente al Integrismo y a los caínes cubanos que formaron sus filas pues, como la mala yerba, sus raíces eran profundas y difíciles de arrancar. Mal se interpretó la generosidad con los vencidos pues ésta debe ponerse en práctica solamente con aquéllos que, a su vez, han sido víctimas propicias de la tiranía pero nunca, jamás, debe perdonarse a los grandes culpables. Sobre éstos debe caer, con todo el mayor rigor, el peso de la justicia revolucionaria para ejemplo de las futuras generaciones y como advertencia a posibles tiranos, demagogos, ladrones del tesoro público y traidores.

El más grave mal que nos legó el Integrismo de la hispanidad fue el caudillismo. El resto de los males políticos y sociales son susceptibles a reforma y erradicación por vía legislativa. Pero el caudillismo es consecuencia de la pasión, la ignorancia y el complejo de inferioridad de las masas. El culto al caudillo es el producto de la cobardía en tanto que la veneración a los héroes es el resultado del razonamiento y las convicciones. La forma política favorita de la hispanidad era la monarquía y en sustitución de ella el caudillismo porque ambos significan perpetuidad y herencia de poder y por ese criterio arcaico luchó a brazo partido contra el devenir histórico democrático americano, haciendo de Cuba su última trinchera. Y este totalitarismo falangista está más cerca del totalitarismo comunista que de la democracia y prefiere entenderse con él a ayudar a sus enemigos porque sabe que son sus mismos enemigos. Porque son los mismos móviles nacionalistas que expulsaran a España de Cuba los que pelean por expulsar al comunismo, es porque el caudillismo fascistoide de la España franquista colabora con Fidel Castro a mantener a Cuba encadenada.

* * *

Capítulo II

EL HERMANO NEGRO

La Trata. — Las sublevaciones. — El peligro negro. — La carga del hombre blanco. — (1513-1880)

Los mismos bastardos propósitos que originaron las encomiendas determinaron el establecimiento del régimen esclavista y no, como generalmente se cree, por las gestiones humanitarias del Padre Las Casas en favor de los indios. Cuando Las Casas comenzó sus trabajos en pro de la manumisión indígenas ya hacían más de quince los años que habían esclavos negros en La Española y en Cuba donde, según consta en documentación colonial, habían sido introducidos en 1513. No era ésta, ni iba a ser, una nueva forma en las relaciones entre explotadores y explotados en aquella época puesto que en la propia Península, en la fecha del Descubrimiento, los esclavos negros abundaban y se les consideraba como de fácil adaptación a un clima cálido, similar al de su nativa África. Al decidir los Reyes Católicos, en 1500, que los indios no podían considerarse como esclavos sino como súbditos libres, se decidió traer a América, y en especial a las Antillas, sub-razas africanas dóciles que no fueran propensas a la rebeldía así como que la tercera parte de los cargamentos humanos fueran mujeres para que contribuyesen a la prolificación del *pie de cría*.

La desaparición de los aborígenes arruinaba a los colonizadores ya que su economía se fundaba en el trabajo esclavo y, por tanto, se les hacía indispensable el asegurarse una fuerza de trabajo obligatorio permanente, en especial para la incipiente industria azucarera. El comercio de esclavos no pudo hacerse en forma irregular sino que se impusieron regulaciones y entre ellas la obtención de una licencia especial y el pago de ciertos derechos. Este denigrante negocio llegó a ser muy lucrativo y una importante fuente de ingresos para la Corona, lo que a su vez originó que muchos esclavos fueran introducidos de contrabando posteriormente ya que se inició una competencia entre el traficante negrero y el hacendado colonial pues al primero le interesaba la importación de *bozales* y al segundo la recría de ellos.

La libertad de la Trata se proclamó en 1789 y a ella se entrelazó el desarrollo de las industrias azucarera y cafetalera haciendo de la Isla una colonia de plantaciones. La Trata fue abolida oficialmente en 1817 pero con ello dio comienzo el auge del tráfico clandestino pues la esclavitud era imprescindible a la economía de los azucareros y por lo tanto los hacendados y colonos encontraron imperativo la continuación del tráfico esclavista para sus dotaciones. No debe quedar duda alguna, pues, sobre la verdad de que el desarrollo del **capitalismo reaccionario** en Cuba tuvo su base en los horrores del mundo moral y en los crímenes de la esclavitud.

La noticia de la sublevación de los esclavos en la colonia francesa de Haití, que era el principal centro manufacturero y abastecedor de productos tropicales al mundo de la época, en los momentos en que Arango y Parreño se encontraba en Madrid en gestiones ante la Corte, hizo que éste intuyera sagazmente su efecto favorable a la economía colonial cubana y que elevase un detallado escrito al Rey enumerándole las ventajas que para la Corona representaría el que Cuba sustituyese a Haití de manera permanente como principal productora de azúcar en las Antillas. El alza del precio del dulce, de cuatro a treinta reales la arroba, hizo ver a todos los interesados las riquezas que obtendrían y estimuló de tal manera sus ambiciones que poderosamente ejercieron su influencia hasta lograr la autorización del libre comercio de esclavos al tiempo que en Cuba iniciaban el descuaje de sus vírgenes bosques para sembrar caña y utilizar sus valiosas e insustituibles maderas como combustible para las calderas de los ingenios.

La esclavitud ya existía en el mismo continente africano donde iban a reclutarse a la fuerza los futuros siervos pues allí era tradicional costumbre el que los prisioneros de guerra, los reos de delitos de robo, homicidio, hechicería, adulterio y deudas fuesen sometidos a ella y, a veces tribus enteras, a causa del hambre, se vendían como esclavos. Los negreros encontraron sus más eficaces auxiliares en la persona de los reyezuelos africanos del litoral y de los traficantes musulmanes en carne humana. Estos últimos se internaban periódicamente tierra adentro y cazaban a los nativos y los conducían al punto de embarque en largas caravanas, atados por el cuello y los tobillos para prevenir su escape, custodiados por endurecidos guardianes armados de lanzas y látigos con los cuales aguijoneaban y flagelaban bárbaramente a los rezagados, a los cuales muchas veces degollaban a la vista de sus compañeros de infortunio. A su llegada a la costa, después de innumerables vicisitudes, los apiñaban en corrales y procedían a su selección y venta mientras se esperaba por los barcos que habrían de transportarlos. A los enfermos, los viejos y los inútiles que habían sobrevivido la macabra marcha pero resultado invendibles los arrojaban al mar con una piedra atada al cuello. Los barcos negreros eran verdaderos infiernos a flote. Los esclavos eran encadenados en las bodegas, sin otra higiene que la producida por las riegas de agua salada que entraba por las escotillas. Si morían eran echados al mar y lo mismo ocurría a todo el cargamento si había la posibilidad de captura por los cruceros británicos destinados a la persecución del tráfico negrero. Al llegar a Cuba los esclavos eran vendidos en pública subasta en la época de la trata lícita o llevados directamente a las plantaciones durante la trata ilícita, pero en ambos casos era *calimbado* con un hierro candente en un hombro para marcarlo con la cifra del amo.

Los esclavos se comerciaban bajo condiciones análogas a la de las bestias y su precio variaba de acuerdo con su calidad, su edad y sus conocimientos. No había misericordia alguna para con las madres o esposos a los cuales se separaba brutalmente si así convenía a los intereses del esclavista. Los que eran destinados a las plantaciones cañeras tenían que trabajar en ellas en las más penosas tareas, bajo el sol y la lluvia, sin más vestido que unos harapos de tela de cañamazo y comían un repugnante sancocho que ellos mismos cocinaban en el lugar que se hallasen. Convivían hacinados en inmundos barracones, cuevas tenebrosas de los más incalificables vicios y perversiones, encerrados a cal y canto y vigilados estrechamente por guardianes armados y por feroces mastines. Cualquier indisciplina era castigada de la más cruel manera, siendo los castigos más habituales el cepo, los azotes y el colgamiento y de ellos no se escapaba ni la esclava embarazada pues a ésta se le introducía el vientre en un hueco abierto de exprofeso en la tierra cuando se le aplicaba *el bocabajo*. Al igual que habían hecho los indios para escapar el suplicio, los esclavos se suicidaban y las parturientas ahogaban sus crías para ahorrarles una vida de horrores mientras que los más decididos tomaban al monte y allí formaban sus *palenques*. A éstos se les conocía con el nombre de *cimarrones* y eran perseguidos con fiera saña por los *rancheadores* con ayuda de otros esclavos y de perros de presa. El más abominable de todos los tipos de esclavos era el *contra mayoral*, sicario del mayoral, ente éste sin escrúpulos que hacía a la dotación víctima de los más recios tormentos, capaz de las peores violencias y los más horrendos crímenes por enriquecer al amo y quien, al igual que éste en ocasiones, generalmente saciaba sus viles instintos sexuales en las personas de las esclavas jóvenes y agraciadas.

Menos cruel era la vida de los esclavos que prestaban sus servicios en las ciudades como caleseros y criados, pues podían efectuar labores extras por su cuenta, autorizados por sus dueños, que les permitían comprar su libertad mediante el pago al amo del precio original de su compra al traficante. En los cafetales y vegas de tabaco la vida del esclavo era menos dura que en el ingenio y hasta los castigos eran menos severos, quizá si producido esto por el atenuamiento, en estos precisos lugares, del régimen de labor. También existía dentro del sistema esclavista la costumbre de ofrecer a los esclavos en alquiler a terceras personas, usualmente durante el tiempo muerto, cual si fueran bestias de carga y casos numerosos hubo de personas que invirtieron caudales en la adquisición de esclavos para obtener ganancias por medio de su arrendamiento. En ocasiones los esclavos, de acuerdo con sus amos, se buscaban trabajos bien remunerados y les entregaban a éstos una parte de sus remuneraciones. La escala de privaciones iba en aumento de la urbe, al cafetal, al ingenio. Los esclavos eran amenazados con ser bajados en esos grados sucesivos si no se comportaban dócil o servilmente. La dotación esclava encontraba solaz, dentro de sus tribulaciones, en el baile. Y consuelo a sus penas en su interpretación especial de la religión Católica. Su natural instinto musical africano privaba sobre sus desgracias y en sus congas al compás de rústicos tambores desahogaban su duelo. Los antiguos rituales y su idolatría la fundieron o adaptaron a la liturgia Católica y a las imágenes del catolicismo les dieron nombres y atribuciones milagrosas correspondientes a sus deidades y fetiches tribales, originando con ello un sincretismo que derivó en la santería.

Pero indefectiblemente esta situación de servilismo y humillación iba a despertar el deseo de liberación entre una minoría de esa masa sumisa y abyecta. Ya se les hacía intolerable la barbarie del mayoral y la situación de inferioridad socio-económica que les era impuesta, a veces contra la ley vigente, así como la constante vejación de que eran objeto. Hubo un movimiento destinado a lograr la abolición encabezado por los diputados a Cortes, Guridi y Argüelles, que despertó las ilusiones y esperanzas de los infelices esclavos pero Arango y Parreño, en un gravísimo error del cual al final de su vida se arrepintió, influyó por mediación del terror al *peligro negro* a que se descartase la posibilidad de la abolición y con ello se produjo la desesperación tanto de los negros libres como de los esclavos, quienes comprendieron que tenían que alzarse en rebeldía para conquistar por la fuerza lo que nunca les iban a conceder legalmente y con Aponte se dispusieron a ganar la libertad o a perecer en su búsqueda, lanzándose a una conspiración que tenía por finalidad destruir la economía agraria que era fuente de provisión de fondos para la continuación de la Trata. La rápida acción del gobierno de Someruelos hizo fracasar la rebelión y

Aponte fue ajusticiado junto con algunos compañeros conspiradores.

José Antonio Aponte no era un esclavo sino un negro libre, bastante culto, religioso y trabajador, pero las murmuraciones de la época unidas a la triste experiencia haitiana se confabularon para hacer de su figura una cuestión contradictoria. Algo similar ocurrió durante los gobiernos de Valdés y de D'Donnell en los que hubo alzamiento de dotaciones esclavas en varios lugares de la Isla, en repetición de lo sucedido bajo Tacón, y en las que se involucró a un número de afro-cubanos libres de gran intelecto y posición social, a los cuales se les azotó con una crueldad tal que por poco pierden la vida y a quienes se les embargaron sus bienes. Fueron fusilados el poeta Gabriel de la Concepción Valdés, *Plácido*, el dentista Andrés Dodge y el cuñado de éste, Santiago Pimienta, a pesar de que el primero de ellos había sido trampeado para que acusara a un número notable de opositores al régimen colonial con la promesa de la vida, entre los que se hallaban Domingo Delmonte y José de la Luz Caballero. No existe prueba documental que muestre que las sublevaciones de esclavos estaban movidas por un interés de producir en Cuba las mismas masacres haitianas, o por la intención de crear en ella una república negra, por lo que es lógico suponer y legítimo afirmar que la barbarie esclavista generó en esa *minoría histórica* la idea de que era mejor morir peleando por la libertad que seguir viviendo en la esclavitud.

La Colonia, siguiendo la política de avilantez que la caracterizó siempre, estimuló la animosidad racial de acuerdo con sus intenciones de perpetuarse. Dictó medidas que favorecieron al negro cuantas veces necesitó atemorizar la población hispanocubana en tiempos de inquietudes libertadoras pero procedía salvajemente contra los afrocubanos —invocando el temor al *peligro negro*— apenas tenía indicios de posible rebelión esclava. Pero el estallido de la Guerra de los Diez Años rompió violentamente la barrera del color y puso fin a tal estado de cosas pues en ella se alcanzó la igualdad de derechos y deberes por todos los que formaron las tropas mambisas y entre los logros de la Paz del Zanjón estuvo la obligación española de reconocer la libertad de los libertadores que se alzaron siendo esclavos, tanto africanos como asiáticos, y hasta la de aquellos que siendo esclavos sirvieron en sus tropas contra los insurrectos. Como consecuencia del 68 la Colonia se vio forzada a dictar *la ley de vientres libres* en 1870, a ofrecer la libertad a los esclavos que se alistasen en sus filas para canallescamente ayudarla a mantener en sumisión a sus hermanos de infortunio y en 1880 no tuvo otro remedio que decretar la abolición total de la esclavitud sin indemnización en un término gradual de ocho años plazo que después tuvo que reducir. Pero, además, el progreso industrial hizo obsoleta a la esclavitud porque ésta, con su resistencia a cooperar con sus verdugos, entorpecía el crecimiento manufacturero. Los esclavistas veían desmoronarse su infame institución tanto por la siembra del 68 como por su estúpida oposición al inevitable progreso. Al cesar la Guerra Grande ya coexistían pacíficamente los dos regímenes de trabajo, el libre y el esclavo, y hubo que conceder la abolición. La esclavitud, con sus horrores, contribuyó, con el Integrismo, a fomentar durante 387 años un ambiente social de crueldad, egoísmo y temor en la familia cubana así como saturó la administración pública colonial con su ignominia hasta el extremo que el fraude, el tráfico clandestino, la vagancia, la ignorancia y la inmoralidad la corrompía cual maligno tumor.

Las generaciones afrocubanas desarrolladas en la esclavitud llegaron al fin de ésta taradas de analfabetismo, cobardía, superstición, servilismo, miseria y rencores que no iba a serles fácil superar .El haber sido tratado como cosas durante más de tres siglos les había envilecido, invitado a una retardada cólera y excitado a la venganza. No habíase creado en ellas sentimientos de solidaridad humanista sino de egoísmo y de deseos de manumisión por cualquier medio y a base de cualquier servicio infamante a los amos con tal de lograrla. La esclavitud y la discriminación no les dieron posibilidades de conceptuar la conciencia del deber ni de la responsabilidad y sólo encontraron alivio y consuelo en una característica racial que las iba a singularizar: una alegría musical congénita y un sincretismo religioso en los que sublimarían sus sufrimientos y con los que compensarían sus penas. Lo que los apologistas del colonialismo tratarían de disimular poéticamente llamando *la carga del hombre blanco* no era otra cosa que una terrible maldición por ellos conjurada y echada sobre los hombros de las generaciones futuras, anti-colonialistas, anti-comunistas y anti-imperialistas, que tendrían que pagar y rectificar aquellos terribles errores cometidos por la mala fe de sus autores y que posteriormente serían aprovechados por nuevos colonialistas, pro-comunistas y pro-imperialistas, para fomentar nuevos odios de clase y reavivar antiguos resentimientos raciales con el propósito deliberado de perpetuación dominante, ya fuese por vía del fraude electoral o por la fuerza de las armas. Aquellos polvos trajeron estos lodos.

* * *

Los alzamientos esclavos primero y las guerras de liberación, después, volvieron a probar como ciertas minorías generacionales, conscientes de su propio valer y llenas de abnegación, siempre se elevan por sobre el común de la mayoría y hacen de sí, mediante el sacrificio y la gallardía, el ejemplo viviente de un ideal imposible de detener en su camino de realización y con ellas arrastran, impulsan y conducen a la victoria a mayorías impedidas de hacerlo y lograrlo por causa de su propia heterogeneidad o atávicos complejos de inferioridad y servilismo.

* * *

Capítulo III

EL HERMANO BLANCO

El Señor Gobernador. — El Absolutismo. — Las primeras conspiraciones. — (1550-1833)

La definitiva formación colonial de Cuba comenzó a perfilarse en el siglo XVI una vez muertos o emigrados los Conquistadores. Las familias diseminadas por el territorio, casi todas originarias en las clases humildes españolas, fueron aumentando en número y separándose un poco de las costumbres metropolitanas debido al régimen nuevo de vida que llevaban. Sus descendientes no tenían más intereses que los del lugar de su nacimiento y eran gentes apegadas a su tierra natal sin relaciones ni influencias en la Corte y su sangre, mezclada con la de los últimos sobrevivientes indígenas, no era tan afín a la original ibérica. Como se dedicaban enteramente al cultivo de la tierra y otras duras labores de colonización se encontraban desligados de la política cortesana. Su vida intelectual era pobrísima, aún comparada a la de la Península. Las Leyes de Indias sólo eran variadas muy de tarde en tarde y la administración colonial era un verdadero conflicto de intereses. El Señor Gobernador era la máxima autoridad de la Colonia, con amplias facultades en lo político, en lo militar, en lo administrativo y en lo judicial. Repartía tierras e indios a su arbitrio y al principio no tenía una retribución fija pero con todo y eso contaba con grandes ingresos como fue demostrado en el testamento que dejó Velázquez aún después que casi se había arruinado financiando expediciones de conquista porque, naturalmente, en todos los negocios el Señor Gobernador se reservaba para sí la parte del león. En la administración colonial existían nombramientos directos por la Corona (Contador, Tesorero y Factor) que estaban fuera de su jurisdicción y que le traían conflictos y hubo ocasiones en que su totalitaria autoridad fue disputada por los comandantes de las flotas, jefes militares de la plaza y componentes del clero. Esta situación anómala, característica de la administración colonial española, llegó a influir mucho en la actuación de los oficiales gubernamentales y en los vecinos así como en los Alcaldes, Regidores y

Tenientes de Justicia al punto que el *comercio de rescate* llegó a ser piedra de escándalo en Bayamo y ocasionó que la Isla se dividiese en dos mandos: uno en La Habana y otro en Santiago de Cuba.

Los disparates gubernativos se sucedían ininterrumpidamente y se dio el caso de una guerra entre un Gobernador y un Obispo hasta el extremo que el último excomulgó al primero y a los Regidores y vecinos de La Habana que le habían apoyado y los clérigos salieron en masa a la calle y apedrearon la residencia del Gobernador. En otra ocasión el Cabildo de La Habana destituyó al Gobernador Vallejo y lo sustituyó con el jefe militar del Castillo del Morro, en una original versión de un golpe de estado, hasta que el Rey ordenó la reposición de Vallejo. Se dio el curioso caso de que un Gobernador proveniente de una colonia de tierra firme se negó a tomar posesión de su cargo cuando vio el cuadro que le esperaba en La Habana. Otro desapareció en el mar, camino de la Isla. En fin, que la misma decadencia del Reino tenía su contrapartida en la Colonia. Cuando los Hapsburgos se encontraban carentes de riquezas que despilfarrar comenzaron a vender los cargos de mayor responsabilidad al mejor postor. Un Gobernador, Lazo de la Vega, compró el suyo por 14.000 pesos en efectivo y una fianza de 16.000 pesos más. Naturalmente que todos estos personajes luego se resarcían con creces mientras ejercían el cargo. En los municipios el nepotismo se hizo ley y los cargos en él se heredaban de padres a hijos en lugar de ser electivos. En la Real Hacienda los Tesoreros y Contadores se despachaban a su gusto de los caudales públicos. La justicia se dispensaba irregularmente tanto a causa del entorpecimiento que ofrecía la Inquisición como por el celo excesivo del Gobernador y de la Audiencia de Santo Domingo, pues todos se arrogaban privilegios irritantes.

Los abusos y las extorsiones producían la ruina y la emigración de muchos vecinos solventes. El clero gozaba de total impunidad ante la justicia y la sola excepción fue el Obispo Cabezas. La jurisdicción ordinaria tropezaba con los fueros militares, con los tribunales eclesiásticos y con los Jueces de Residencia. Los censos y las capellanías gravaban pesadamente los predios rústicos y urbanos así como la propiedad inmueble y estas cargas, dedicadas al mantenimiento de la clerecía, impedían rendimientos a las inversiones por lo que sus dueños las dejaban arruinar y la Corona se vio forzada a prohibir nuevas imposiciones, a limitar el número de eclesiásticos y a vigilar cuidadosamente la conducta de éstos. Los ataques de corsarios y piratas, ocurrencias derivadas de las guerras que sostenía España en Europa, los hicieron prácticamente dueños de las costas cubanas. Para proteger la Isla se comenzaron sus defensas y para ello y para pagar sus guarniciones se enviaban desde México cantidades, o *situados*, que luego eran malversadas. Hubo dos epidemias en La Habana y a falta de médicos se acudió al curandero municipal. Pero el cierre del siglo XVI fue testigo de como Cuba había resistido todos los embates prevaricantes, sobrevivido la destrucción y las epidemias, se había mantenido con sus propios recursos, acumulado cierta riqueza y constituido un núcleo de población hispanocubana aclimatado a los rigores del clima y que todo lo había hecho y logrado Cuba bajo las más adversas condiciones. El cultivo del tabaco se extendió, la ganadería y la industria azucarera progresaban y el tráfico de las flotas que visitaban los puertos cubanos producía un notable ingreso de dinero.

Pero la prosperidad de Cuba no pasó inadvertida a la Corona que decidió monopolizar la industria tabacalera ya que ella era la principal productora de caudales y esto trajo como consecuencia un profundo malestar entre los vegueros y los intermediarios, especialmente entre los últimos a quienes se privaba de un lucrativo negocio. Se produjo un amotinamiento en 1717 que obligó al Gobernador Raja a volver a España. Madrid respondió enviando numerosas tropas con órdenes de implantar a todo riesgo el estanco del tabaco y en 1723 unos 500 vegueros habaneros se armaron, destruyeron los veguerios y las casas de tabaco de los monopolistas y se enfrentaron en Jesús del Monte a las fuerzas de caballería e infantería, mejor armadas y dirigidas, y las cuales les derrotaron completamente. En una peculiar demostración de castigo, 12 vegueros fueron fusilados y luego ahorcados. Esta rebelión, de raíces puramente económicas, fue la primera organizada por los hispano-cubanos contra la Colonia y aunque culminó en una derrota militar para los alzados se logró una victoria moral pues el Rey se vio obligado a permitir el libre uso del tabaco cubano y ordenar que cesase su compra por cuenta de la Real Hacienda. El sacrificio hecho por esta heroica partida de vegueros, colgados y pasto de las auras tiñosas, cumplió la misión de conseguir que fuese respetado el derecho al libre comercio y la libre empresa por el capitalismo estatal de la época.

La Real Compañía del Comercio de La Habana obtuvo, en consorcio con el Monarca, el monopolio de casi todo el comercio de Cuba. Al principio fue bien recibida por la población que pensó que al liberarse del régimen de las flotas se iba a beneficiar pero resultó todo lo contrario pues quienes se enriquecieron fueron el Gobernador y sus asociados, los cuales en tres años pagaron en su totalidad el capital invertido y a los seis habían duplicado el valor de las acciones que pagaron un dividendo de un 30 % a los afortunados accionistas. El contrabando que esto originó fue tremendo. Los géneros y las ropas se vendían sin recato, también en negocio con las autoridades, tanto en las tiendas y en los almacenes como en carretillas por las calles por esclavos pero en beneficio de los amos. Este contrabando tolerado era una especie de avance a los *importadores libres* de mediados del siglo XX y sin duda el inicio de la corrupción y el cohecho aduanal que ha costado a la República desde su fundación incontable número de millones de pesos.

En este mismo siglo XVIII que analizamos se produjeron seis guerras de España con Inglaterra y durante una de ellas ésta desembarcó tropas en Guantánamo pero se vieron obligadas a retirarse ante la heroica resistencia de los vecinos armados en guerrillas. En otra de estas guerras y como consecuencia del Pacto de Familia se produjo la toma de La Habana por los ingleses, hecho histórico que en opinión de muchos dio comienzo a la Historia de Cuba ya que la ocupación inglesa rompió el dogal del monopolio, abrió los ojos a los hispano-cubanos sobre lo lucrativo del libre comercio internacional, hizo a España prestar más atención a la Isla a causa de su posición clave en el Golfo y sobre todo porque marcó el principio del antagonismo entre peninsulares y nativos como consecuencia de la pobre defensa que hicieron los primeros y la valerosa resistencia de los segundos dirigidos por el Corregidor de Guanabacoa *Pepe Antonio Gómez*. El sentimiento patriótico era todavía español y así lo demostraron los habaneros durante todo el tiempo que duró la ocupación, negándose a jurar vasallaje al soberano inglés, cerrando las iglesias Católicas al culto Protestante de los invasores y que ocasionó el destierro del Obispo Morell a la Florida, entonces posesión española, rehusando las damas asistir a las fiestas ofrecidas por la oficialidad británica y hasta tratando de envenenarlos con aguardiente y plátanos.

Una vez evacuados los ingleses la restauración colonial dispuso nuevas obras de defensa, permitió el comercio con los principales puertos de España, creó la Administración de Correos, la Intendencia General de Hacienda y dio entrada en cargos importantes del Gobierno a relevantes figuras hispanocubanas y hasta un nativo, Cajigal, fue Gobernador en 1781. Pero no fue hasta 1790, en el gobierno de Las Casas, que se reveló en todo su poder la división interna de la población entre los peninsulares, los hispanocubanos, los africanos y los afrocubanos pues el censo de 1791 aunque sin especificar el número preciso de cada uno de estos sectores de la población demostraba que la población negra superaba en algo a la blanca. Los sucesos de Haiti, unidos al crecimiento de la industria azucarera, fomentaron la conveniente fantasmagoría del *peligro negro* que ya aludimos y en la creación del cual se combinaron el complejo españolizante y la ambición económica de hispanocubanos y peninsulares por igual y que sirvió de freno al separatismo hasta 1868.

La población cubana gozaba de una prosperidad envidiable debido al azúcar y al tabaco y su comercio interno de orden agrícola era muy grande debido a la numerosa población campesina y era el interés general de todos el mantenerla en ese estado por lo que los estremecimientos ideológicos producidos por la independencia Norteamericana no influyeron apenas en el pensamiento de los hombres más notables de la Isla. De ellos, los más preclaros prestaron su concurso a la obra de gobierno de Luis de Las Casas en la fundación de la Sociedad Económica de Amigos del País, la Casa de Beneficencia, el Real Consulado de Agricultura y Comercio y en las reformas judicial y universitaria y fueron ellos Francisco de Arango y Parreño, Tomás Romay, Pablo Valiente, Peñalver, Vaillant y O'Farrill. La terminación del siglo XVIII fue testigo de las controversias entre Las Casas y el Obispo Trespalacios con motivo de la elección del lugar para la Casa de Beneficencia, la bula del Obispo permitiendo comer carne cuatro días en Cuaresma mediante una limosna que el Gobernador vetó por impositiva y la oposición a la libertad de prensa por parte del Obispo y en cuyas controversias la Corte decidió en favor del Gobernador.

Si la Revolución Americana no había hecho sentir su impacto sobre el pensamiento evolucionista del hispano-cubano, porque había sido una contienda fuera del marco de sus relaciones, en cambio la Revolución Francesa sacudiría hasta los cimientos la estructura colonial española ya que afectaría profundamente a la propia Metrópolis y además abriría un horizonte de ansiedades ciudadanas a las generaciones de la época. El pensamiento liberal contenido en El Contrato Social y en la proclama revolucionaria de Los Derechos del Hombre y del Ciudadano revivirían el individualismo original de los Conquistadores así como su patriotismo, aletargados por la Colonización en sus descendientes. La decadencia de un Siglo se entroncaba con la resurrección del sentimiento Humanista en otro y la violencia del choque se iba a sentir alrededor del mundo.

Fueron varias, y no una, las circunstancias que sacaron a la sociedad hispanocubana de su rutina de adelantos y atrasos periódicos. La emancipación esclavista haitiana, la invasión y ocupación francesa de España y la independencia de Sur y Centroamérica fueron los pivotes que la hicieron girar sobre su eje. Por mucho que se trató de impedir que se supiese en Cuba el triunfo de la rebelión esclava en Haití el esfuerzo resultó baldío. El bonapartismo dio inicio a guerras civiles peninsulares que duraron hasta 1874 y que forzosamente tuvieron influencia sobre Cuba y la gesta encabezada por Bolívar alteraría el mapa del continente y anularía el poder español en América. En la Gran Antilla el proceso sería más lento y menos violento que en el continente, tanto por su falta de indigenismo como por su posición geográfica insular. Aquí no existían los rencores de una mayoría aborigen tiranizada ni fronteras con países simpatizantes. Aquí lo que había era una heterogénea población, mayoritariamente inculta, que no tenía la más mínima noción de lo que era *la Patria* pues unos habían sido traídos a la fuerza, otros solo aspiraban retornar a España enriquecidos y los de más allá nada más tenían tiempo para pensar en como ganarse el pan de cada día en una tierra que no lo daba gentilmente sino que había que arrancárselo de las entrañas. Lo único que aquella sociedad tenía en común era el propósito de resistir las vicisitudes y la universalidad de su fe religiosa.

En la Europa de la época las guerras se sostenían o se terminaban tan sólo por un cambio familiar cualquiera en las casas reinantes; un matrimonio real podía llevar a la guerra o conducir a la paz. España sostuvo, alternadamente, guerras en las cuales unas veces era aliada y otras enemiga de Inglaterra y Francia. La Isla de Cuba, a miles de kilómetros de España, no sabía muchas veces quienes eran sus gobernantes metropolitanos ni que forma de gobierno existía en la Península. Esto ocasionó motines en algunas ocasiones en La Habana y los Gobernadores tenían que tomar medidas por su cuenta para conservar el poder español a reserva de posterior aprobación o rechazo de la Corte. En 1796, en vista del bloqueo británico a Cádiz, se abrieron los puertos cubanos por tres meses al tráfico comercial con los países neutrales. Esta medida local benefició grandemente a los productores nativos y perjudicó a los importadores hispanos pero éstos pronto lograron de Madrid la revocación del permiso y ello condujo a la ruina, por causa del encarecimiento de los fletes y seguros y de la baja en el precio del azúcar, a muchos hacendados y cultivadores menores que sufrían el garrote de unas gabelas que se elevaban al 20 y el 30 %.

Las contradicciones socio-económicas se hicieron patentes una vez más cuando la inmigración francesa procedente de Haiti introdujo nuevos y mejores métodos de fabricación de azúcar, algo que a su vez hizo aumentar la esclavitud pues se necesitaron más brazos para trabajar los cañaverales. Lo mismo ocurrió con el cultivo del café. Esta inmigración francesa que económica y culturalmente favorecía a Cuba fue víctima del secular odio al progreso del clericalismo fanático y reaccionario pues el Arzobispo de Santiago de Cuba, Osés, promovió una campaña de rencores, aconsejando su exterminio en una pastoral, hasta que logró que 16.000 franceses fueran expulsados, logrando con ello solamente la decadencia de Oriente. El lucrativo comercio con los Estados Unidos fue derogado por la Corte sin que valieran las protestas del Gobernador, del Intendente de Hacienda y del Embajador español en Washington y lo que de nuevo dio lugar al incremento del contrabando.

Al imponerse la dominación francesa en España, en Cuba se lanzó la idea de crear una Junta Superior de Gobierno, a semejanza de la creada en Sevilla, idea ésta de Arango y Parreño que quizás eventualmente hubiera conducido a la independencia, pero la oposición de los elementos integristas la hizo fracasar. Cuando la Junta de Aranjuez declaró en 1809 *«que los vastos dominios que España poseía en América no eran propiamente colonias o factorías, sino una parte esencial e integrante de la nación española»* los hispanocubanos se entusiasmaron y eligieron delegados a ella que no pudieron tomar posesión de sus cargos porque se produjo otro cambio en España y sustituida la Junta por el Consejo de Regencia. La posesión de la Isla era codiciada por tres grandes potencias: Inglaterra, Francia y los Estados Unidos, pero las tres preferían verla en manos de España antes que en las de una u otra de ellas. Los Estados Unidos hicieron amagos de anexión pero ante la posibilidad de un conflicto con la pérfida Albión optaron por dejarla en las corruptas manos de España hasta que cual fruta madura cayera en su poder. Estas complicadas maniobras bélico-diplomáticas acerca de Cuba (sin contar para nada con ella) unidas a los desequilibrios ibéricos producidos por las crisis políticas y los levantamientos militares que duraron hasta 1874, impidieron el arraigo de una conciencia política independiente en los hispanocubanos creando en ellos la opinión de que los asuntos del país sólo se relacionaban con el bienestar económico dentro del régimen colonial y que su solución se hallaba en las combinaciones y los arreglos dentro del Ministerio de Ultramar y el palacio del Señor Gobernador y bien ajenos a los esfuerzos cívicos de la población, de sus clases sociales y de sus estamentos económicos.

Los mayores problemas comenzaron en España con la Jura de la Constitución de 1812 en apoyo a la cual, y en oposición a ella, se definieron las tendencias liberales y las absolutistas que habrían de sostener enconadas pugnas tanto en la Península como en la Isla. Fernando VII se hizo indigno del pueblo que con su sacrificio le devolvió el trono usurpado por Bonaparte. Restableció en todo su poder el Absolutismo y hasta intentó recobrar las colonias perdidas en Centro y Suramérica, presunción que originó la Doctrina Monroe. El esfuerzo del general Riego por mantener vigente la Constitución en España terminó en su martirio. En Cuba las tropas obligaron al Gobernador Cagigal a jurar la Constitución y la población demostró su contento con toda clase de festejos. Aparecieron los Ayuntamientos liberales; se creó una Cátedra de Constitución a cargo del padre Félix Varela en el Seminario de San Carlos; se castigó a un capitán que había apaleado a unos periodistas y el nuevo Gobernador, Mahy, se negó a poner en vigor los aranceles de 1821 tan onerosos a la economía colonial. Mas sin embargo la inconsistencia del carácter hispanocubano se hizo evidente cuando celebró una vilipendiosa acusación contra el Intendente Ramírez —ejemplo excepcional de honradez en aquel corrompido medio— que costó la vida a éste y a quien hubo que enterrar por suscripción popular pues estaba en la miseria. El desorden establecido en España por el Absolutismo se hizo sentir en Cuba al extremo que los hombres que con Arango y Parreño habíanse distinguido en la administración fueron relegados y sus puestos ocupados por los reaccionarios Conde de O'Reilly y el cura Piñeres. En las elecciones de 1822 fueron derrotados los integristas y trataron de alterar el resultado por la fuerza, dándose el caso de enfrentarse las milicias peninsulares y las hispanocubanas y sólo pudo evitarse el choque entre ellas por la interevención de las tropas regulares.

El retorno del Absolutismo a España, con la ayuda de 100.000 franceses al mando del Duque de Angulema, determinó el traslado de las Cortes Liberales a Cádiz pero los absolutistas hicieron causa común con los invasores. Los diputados cubanos a Cortes, Félix Varela, Tomás Gener y Leonardo Santos Suárez tuvieron que huir a Gibraltar. El Gobernador Dionisio Vives restableció el Absolutismo en Cuba, suprimió las milicias, la libertad de imprenta, las diputaciones y todos los organismos constitucionales, creó la Comisión Militar Ejecutiva Permanente y recibió facultades omnímodas de jefe de plaza sitiada. La primera conspiración descubierta fue la de Los Soles y Rayos de Bolívar y aunque nadie fue ejecutado fueron encarcelados y deportados muchos hispanocubanos, entre ellos el poeta José María Heredia, Peoli y Lemus. El concepto de *Patria*, aún nebuloso, empezaba a definirse en las mentes coloniales. Los exiliados comenzaron las primeras gestiones conspirativas y se acercaron a Simón Bolívar y al general Santander recabando de ellos ayuda para los planes y aquellos les prometieron tratarlo en el Congreso de Panamá que tenía la intención de confederar los nuevos estados hispanoamericanos pero los Estados Unidos se opusieron a la idea con la excusa de que Cuba podía entonces ser anexada después a Colombia, México o alguna potencia europea y por lo tanto las gestiones con Bolívar fracasaron. Tampoco tuvieron éxito las gestiones de la Junta Promotora de la Libertad Cubana en México. Francisco Agüero y Andrés Sánchez entraron a Cuba subrepticiamente y en Camagüey fueron ahorcados, acusados de reclutar gente en favor de la independencia.

Una conspiración iniciada en México, intitulada El Águila Negra, fue descubierta mediante la delación de uno de los conjurados principales, pero Vives indultó a todos los condenados a cambio de ella, aún a los de pena de muerte. Este período se caracterizó por algunas reformas en la administración pública y paradójicamente a esto por el imperio del juego y del bandolerismo que Vives no se molestaba en perseguir porque consideraba que la corrupción de los cubanos era el mejor medio de dominarlos. A unos quejosos de la falta de seguridad les contestó cínicamente: «*Hagan lo que yo, que no salgo de noche.*»

El establecimiento en Cuba del infamante Estatuto Real, insultante diferenciador de derechos, aumentó al máximo el odio de los hispanocubanos y llegó a alcanzar su apogeo bajo el mando de Miguel Tacón, paradigma del Absolutismo. El Estatuto tuvo su inicio en España con la guerra carlista, la cual tuvo su origen en la pragmática que reconocía a Isabel II como heredera de Fernando VII en perjuicio de su hermano, el príncipe Carlos. María Cristina, *La Reina Puta* —como fue justa aunque groseramente llamada— se hizo cargo de la Regencia apoyada por los Liberales Constitucionalistas, los Progresistas y los Masones mientras que del lado de Carlos se afiliaban los Absolutistas y el Alto Clero. Esta infernal combinación de factores políticos españoles no sólo arruinaron a España materialmente sino que la abatieron moralmente hasta el punto que un extranjero, el príncipe italiano, Amadeo de Saboya, llegó a sentarse en el trono de los Reyes Católicos en 1871.

Con la muerte de Fernando VII, *El Rey Felón, de cabeza de mulo y corazón de tigre*, como lo bautizaron sus súbditos, y quien concedió a la Isla el título de *Siempre Fiel* en agradecimiento a la honradez fiscal y la inescrupulosidad política de Pinillos, quien era insensible a todo con tal de surtir de dinero a la Corte, se empezaron a acumular sobre el cielo de Cuba negros nubarrones que presagiaban futuras tormentas y su primer aviso fue una epidemia de cólera morbo en los primeros meses de 1833, provocada por la suspensión de cuarentena a los barcos americanos ya que ella perjudicaba a los negocios y atribuida al codicioso Pinillos que causó muchos millares de víctimas. Esta tragedia pública, sin embargo, no impidió las celebraciones en honor del advenimiento al trono de Isabel II que, en el fondo, eran motivadas por la ilusión del fin del Absolutismo. Otra cosa se encargarían de demostrar los hechos.

* * *

El producto humano derivado de esta sociedad puede ser juzgado, no tan sólo por los informes de la época sino por el análisis de sus circunstancias, con la mayor acritud. Toda la Isla estaba en manos del Señor Gobernador o Capitán General y de los Capitanes de Partido nombrados por éste siempre de acuerdo con sus criminales intereses. El monopolio comercial era de tal iniquidad que un barril de harina que en España valía $ 5.00 se vendía en Cuba por $ 35.00; los impuestos eran tantos y tan elevados que consumían gran parte de los ingresos; los nativos hispanocubanos o *hijos del país* y *criollos*, como empezaba a llamárseles, eran considerados como seres inferiores; la comunicación con Madrid y con el territorio insular eran prácticamente imposibles; el contrabando de esclavos y de mercancías era la actividad más lucrativa; las guerras y las revoluciones del continente llenaron la Isla de escoria humana: soldadesca, ladrones, vagos, jugadores, asesinos y prostitutas. Se jugaba sin recato y los robos y los homicidios tenían lugar en las ciudades a pleno día. No había policía organizada alguna y cada cual tenía que cuidarse a sí mismo. No había apenas sanidad y las epidemias de paludismo, viruelas, difteria y otras enfermedades contagiosas diezmaban la población intermitentemente. En La Habana sólo funcionaban ocho escuelas de varones y treinta y dos de hembras, con un total de 1.722 alumnos. En el resto de la Isla apenas si había colegios. Pero, sin embargo, dentro de ese panorama aterrador de miseria moral, una minoría de personas de gran talento, firmeza de voluntad y elevadas miras políticas, de acuerdo con su época, iban a destacarse en la lucha por levantar a su tierra nativa de la condición de *Colonia* al de *Patria*.

* * *

LIBRO TERCERO

LA PATRIA

Capítulo primero

EL LIBERALISMO ILUSTRADO

El Reformismo. — Su Doctrina. — Sus Hombres. — El Anexionismo. — Panorama colonial. — (1834-1850)

Dentro del cuadro tenebroso en que aparecía enmarcarda la sociología colonial, el crecimiento económico del país había hecho notables progresos y la educación se ampliaba a medida que los años pasaban pues en el nativo y en el español liberal iba produciéndose una toma de conciencia que lentamente iba definiendo una silueta de criollismo que se significaba por el amor a la tierra nativa y adoptiva y a ciertas instituciones de cultura por ellos creadas, aún contra la voluntad opuesta de las autoridades y el elemento integrista. A pesar del desarrollo de las grandes empresas y de la esclavitud el predominio de la pequeña propiedad era evidente. El Absolutismo no impidió al país su enriquecimiento material porque precisamente la fuente de sus ingresos se basaba en la prosperidad que éste tuviese. Los criollos más ilustrados no pusieron reparos en prestar su cooperación a la causa pública pues pensaban que la práctica de la enseñanza, la crítica a los males sociales y la prosperidad financiera ofrecían a Cuba la esperanza de un futuro mejor. La clase patricial tenía positiva influencia en los medios oficiales y aspiraba tenazmente a no ser considerada como colonos sino como españoles. Era de mayor cultura que el inmigrante peninsular tanto de la clase adinerada como de la media y sus miembros se hallaban convencidos de que el aumento de la esclavitud representaba un gran obstáculo al progreso social y político del país. En oposición a ellos el comercio y la burocracia españolas fundamentaban el remedio a las dificultades económicas en la continuación de la Trata. El conflicto pues, entre enemigos y partidarios de la esclavitud era irremediable. Llegó a convertirse en una cuestión de lealtad o de deslealtad a la Metrópolis: todo el que se sintiese buen español debía favorecer el tráfico negrero y de esa forma velar por la integridad nacional y protestar contra la intromisión británica antiespañola. Porque mientras más esclavos hubieran más unidos tendrían que estar los blancos por miedo a una rebelión de aquéllos. El peninsular que no estuviese de acuerdo con esto era acusado de *liberal* y el criollo de *independiente*.

Los dos grupos más importantes de la alta clase criolla, el de los productores y el de la juventud intelectual que había viajado y obtenido una considerable cultura, dedicaban sus esfuerzos mayores a fomentar, respectivamente, la riqueza material del país, la instrucción y la difusión de las ideas liberales de la época, entrelazando con sus esfuerzos los problemas económicos, sociales y políticos del momento. Se valían de sus puestos y funciones en el Ayuntamiento, la Sociedad Económica y la Junta de Fomento. Primero fueron orientados por Arango y Parreño y después por Martínez de Pinillos, José Antonio Saco, José de la Luz Caballero, Nicolás Escobedo y Domingo Delmonte. Arango y Parreño había sido durante más de 40 años una notabilidad en la defensa de los intereses isleños y su posición, a su retiro, vino a ocuparla Martínez de Pinillos con el cual no simpatizaban los demás a causa de su declarado absolutismo y sus reprobables métodos para alcanzar sus fines. Saco era bayamés y había alcanzado extraordinario prestigio con su obra literaria y sustituyó al Padre Varela, de quien había sido discípulo, en su cátedra del Seminario de San Carlos. Luz Caballero fue el forjador del espíritu cívico en una generación que luego se distinguiría en los anales del patriotismo. Escobedo era el mejor orador de su época y Delmonte un notable escritor y humanista. Junto con ellos se significaban otros valiosos criollos como Tomás Romay, Felipe Poey y González del Valle. La labor de este grupo fue destacadísima. Publicaban la Revista Bimestre bajo la dirección de Saco y también numerosos folletos de Luz Caballero y de Delmonte sobre la enseñanza pública, los asuntos económicos y críticas sobre muchos aspectos de la sociedad y el régimen coloniales. La obra intelectual de los criollos tenía por fuerza que entrar en conflicto con los intereses de los integristas, quienes veían en ellos a los precursores de su ruina.

El problema entre ellos surgió con motivo de una polémica entre Saco y el peninsular Sagra —protegido de Pinillos— a causa de la defensa que hizo Saco de Heredia y de Varela frente a las acusaciones de Sagra, de cuya parte se pusieron las autoridades influidas por Pinillos, haciendo una cuestión política del debate y dictando una prohibición sobre el circular los escritos de Saco. Aunque Saco se abstuvo de mencionar los motivos políticos de la controversia no se pudo evitar que ésta se convirtiese en objeto de choque entre criollos y españoles. La publicación de la *Memoria sobre la vagancia en Cuba*, de Saco, en la cual se describían descarnadamente la corrupción de las costumbres y los vicios reinantes, produjo insólita irritación en los peninsulares quienes comenzaron a considerarlo como un peligroso enemigo. Saco exponía la tesis —hoy tan actual como entonces— de que mientras no se realizara una reforma moral profunda en la sociedad, en cuya obra el gobierno estaba obligado a una parte activa, Cuba no podría alcanzar el rango a que estaba destinada. Su ataque a la esclavitud era seguido de una fuerte acusación a los que consideraba culpables de la propagación de la epidemia de cólera morbo. Su posterior folleto, *Justa Defensa de la Academia Cubana de Literatura*, fue distribuido profusamente, con pie de imprenta de New Orleans aunque había sido impreso en Matanzas. El despótico Gobernador Tacón ordenó su destierro a Trinidad —se dijo que influido por Pinillos— bajo la disposición de que Saco ejercía mucha influencia sobre la juventud habanera cosa absolutamente cierta pues Saco era el vocero de las aspiraciones liberales de la parte más ilustrada de la sociedad criolla.

La defensa de Saco ante Tacón fue confiada a Luz Caballero y en ella quedó demostrada la realidad del complejo de inferioridad que existía en el ánimo de los criollos y la convicción de que sin ayuda de una nación fuerte Cuba no podría liberarse por sí misma, complejo que aún pasado siglo y medio subsiste en algunos sectores de nuestra sociedad. Aquellos criollos eran anti-absolutistas pero no eran revolucionarios. Su liberalismo exigía pleno derecho y respeto a la sociedad criolla ante el despotismo colonialista pero estaban tarados por la pesimista convicción de que una revolución produciría en Cuba la destrucción de la riqueza y el aniquilamiento de la raza blanca. Su falta de contacto con las clases humildes y el esquema rígido de las combinaciones palaciegas y cortesanas en que creían les impedían ver lo contradictorio de su posición, que, a fin de cuentas, se limitaba a un liberalismo esclavista. La exposición de Luz Caballero coincidió con un informe de Tacón a Madrid solicitando facultades omnímodas para gobernar a Cuba en forma distinta al de una provincia ibérica porque en ella imperaban *«un conjunto de ideas depravadas y de malvados instintos que harían muy nocivas las instituciones liberales de la Península»*.

En defensa de Saco, Luz Caballero apelaba inútilmente a las leyes y aseguraba que nadie era capaz de sublevar a los cubanos porque gran parte de la población, poderosa por sus recursos, se componía de peninsulares que contaban con el gobierno y la tropa a su disposición y un sinnúmero de cubanos ricos que no se moverían por nada de este mundo. Afirmaba Luz Caballero que otros no se moverían por estar desunidos y no ser obstinados y que todos temblaban ante la vista del enjambre de africanos que los cercaban. No había que pensar en la independencia porque los miserables abortos de ella que se habían dado en Cuba no merecían sino el desprecio por su insignificancia y el lamento por sus víctimas, y decía que la opinión por la independencia se había desacreditado aún entre los más ilusos. Finalizó diciendo que si arrojaban entre el pueblo cubano al mismo genio de las revoluciones éste caería muerto de consunción, faltándole absolutamente en que cebarse porque dolencias morales y civiles, más bien que políticas eran las que aquejaban a Cuba.

En esta época de truculencia y beligerancia en que vivimos mucho se ha censurado el alegato de Luz Caballero, acusándosele de haberse humillado ante Tacón y el haber desacreditado los intentos insurreccionales. Esto es injusto pues muestra un desconocimiento total de la filosofía de la no-violencia de Luz Caballero. Su cardinal preocupación era el lograr un veredicto de no culpabilidad para Saco y además tenía sobre sí la gravedad de las acusaciones que a él mismo se le hacían de infidencia, cosa que se demostró luego en la conspiración de La Escalera. La respuesta de Tacón fue lapidaria: «*Que el señor Saco vaya a su destino.*» Saco marchó al extranjero y jamás volvió a Cuba. Los componentes de la sociedad criolla que no estaban de acuerdo con los métodos coloniales y que por su capacidad intelectual superior formaban un conjunto ideológico que puede muy bien calificarse como un liberalismo ilustrado, estaba convencido de la incapacidad de esa sociedad para ganar por sí sola lo que tenía derecho a poseer, y de ese convencimiento nació el Reformismo.

Saco, una vez llegado a España, redactó un folleto titulado *Clamor de los Cubanos* en el cual expuso a la consideración de la Metrópolis toda la realidad cubana. En Cuba, entretanto, Tacón separó del ámbito palaciego a la clase acaudalada criolla y la sustituyó por una camarilla de integristas que contribuiría a ensanchar más aún la brecha abierta entre criollos y peninsulares. A pesar del declarado absolutismo de Tacón y sus deseos en contra, en las elecciones para Diputados a Cortes fueron electos Escobedo, Montalvo, Armas y Saco, en ausencia este último, los cuales no pudieron tomar posesión de sus cargos por haber decidido las Cortes que no era aplicable a Cuba la Constitución de 1812 porque ésta no era provincia española. Es decir que en España existía un gobierno liberal que mantenía en Cuba el absolutismo. El general Lorenzo quien en Santiago de Cuba puso en vigor la Constitución de 1812 fue destituido por hacerlo. A partir de ese momento y hasta 1879, de acuerdo con la ley, la Isla se convirtió en una simple posesión «*destinada a enriquecer el mercado peninsular y a servir de botín de guerra que repartían los partidos políticos para premiar los servicios de sus secuaces.*»

El diputado español Sancho planteó a los Reformistas la siguiente alternativa: si Cuba desea la igualdad con la Península en el orden político debe renunciar a la esclavitud y si quiere mantener ésta no puede tener ni la igualdad ni la representación. Y planteó este dilema: *Cuba debe ser española necesariamente; pero, si no es española, necesariamente será negra.* Ante esta disyuntiva Saco ideó la peregrina fórmula de contar los negros en el censo electoral pero sin concederles el voto, con lo cual tendrían en Cortes más blancos representándolos. El negro libre, a quien se le otorgaba este singular derecho, estaría representado pero sin representantes propios. Saco se daba perfecta cuenta de lo insoluble del problema y buscaba una fórmula inadecuada para resolverlo. Su tesis, y la de su clase, fue que la plena libertad política para una clase podía coexistir con la esclavitud de otra, o séase que en Cuba podía haber libertad total para el blanco y servidumbre absoluta para el negro, dejando al tiempo y a la evolución la abolición gradual de la esclavitud. Esto no podían aceptarlo los liberales en España pues conocían la verdadera entraña del problema: la esclavitud era ya tanto un problema político como económico. Si se le otorgaban derechos políticos a los negros éstos seguramente votaban por la inmediata abolición de la esclavitud. Si no se les concedía el voto y en cambio se les sometía a un régimen salarial de hecho la esclavitud terminaba. Pero más que ninguna otra cosa presionaba a los gobernantes españoles para mantener la Isla en su status quo que el saber que las cajas de Cuba eran la tesorería de Madrid gracias a los manejos de Martínez de Pinillos, Marqués de Villanueva, y absolutista confirmado, nutrida por los caudales allí producidos por el trabajo esclavo.

El movimiento Reformista tomó un rumbo doctrinario de transacción a través del *Proyecto de memorial a S. M. la Reina, en nombre del Ayuntamiento de La Habana, pidiendo leyes especiales para la Isla de Cuba*, redactado por Delmonte, y por el folleto de Saco *La situación política de Cuba y su remedio*. Los Reformistas se sentían impotentes para superar el complejo que los poseía: el temor de la anexión americana, por una parte, y el problema económico-social de la esclavitud, por otra. Las palabras de Saco, a nombre del Reformismo, hablan por sí solas acerca de ello: «*Reine España, y reine por siempre en Cuba; más para que su reinado sea dichoso, es menester que impere, no sólo en el territorio cubano, sino en el corazón de sus habitantes, y ambos fines conseguirá dándoles instituciones liberales: instituciones que, robustecidas con un tratado que será preciso hacer con la Inglaterra y la Francia para que en ningún tiempo caiga Cuba bajo de alguna potencia extranjera, removerá todos los peligros, y le asegurarán sin ejércitos ni escuadras la tranquila posesión de la Reina de las Antillas.*» Pero ni tampoco esto conmovió a la Monarquía.

En tanto los liberales cubanos libraban en las Cortes sus inútiles batallas por conseguir reformas políticas para la Isla, dirigidos por Saco, los acontecimientos en ésta se sucedían con violencia y alteraban los planteamientos cortesanos. Tacón informó el descubrimiento de una conspiración llamada La Cadena Triangular y Soles de la Libertad de la cual se hacía responsable a Narciso López y en ella se complicaba a Saco, quien estaba en España. Pero como Tacón cayó en desgracia con Pinillos fue sustituido, pero al irse dejaba tras él a la Isla sumida en un estado de grave agitación, rencores y desorden, bajo la tiranía de la Comisión Militar y destruidos prácticamente los lazos políticos que la unían a España, digno colofón a la corrupción introducida y alentada por Dionisio Vives antes que él. El comercio, las tropas y el populacho lo despidieron con grandes muestras de afecto, en otra muestra de incomprensible psicología por parte de los tiranizados habitantes habaneros. Al ascender Espartero a la Regencia, Pinillos fue despedido y los bienes de las comunidades religiosas de la Isla fueron subastados para sufragar los gastos ocasionados por la guerra civil española con lo que se produjo un éxodo de sacerdotes y de monjas. Apenas fue derrocado Espartero, Pinillos fue repuesto con gran pompa. Se efectuó un nuevo censo de población y éste demostró que desde 1827 aquella había aumentado en más de 300.000 habitantes, la mitad de ellos bozales introducidos de contrabando, por lo que el 58 % de la población total eran negros y mulatos, libres o esclavos.

El problema de la esclavitud, que pesaba sobre la Isla como montaña de granito, tuvo una nueva crisis, esta vez motivada por las acciones de Inglaterra contra la Trata y por las sublevaciones de esclavos ya descritas, que desembocó en el intento anexionista. Albión había liberado a sus esclavos antillanos y precisaba de la abolición en las Antillas españolas para prevenir la ruina de sus colonias y se aprovechó del apoyo que dio al gabinete de Madrid contra los carlistas para arrancarles a cambio de ello un tratado por mediación del cual las dos naciones impedirían el tráfico negrero. Inglaterra situó en el puerto de La Habana al pontón *Rodney* con el objeto de amparar a los negros contrabandeados y eso produjo la indignación de Tacón quien recibía media onza de oro por cada esclavo introducido en la Isla. El cónsul inglés, Turnbull, dedicado abolicionista, fue expulsado de la Sociedad Económica y reinstalado después virtud a la valiente defensa de Luz Caballero. El gobierno inglés lo retiró de Cuba y Turnbull regresó como persona privada para ser expulsado por el Gobernador Valdés luego. Valdés llegó a considerar la separación de Cuba de España si se daba el caso de que una revolución triunfante en ésta imponía la abolición desde Madrid. Un grupo de esclavistas lanzó la idea de anexar la Isla a los Estados Unidos si Inglaterra amenazaba ocuparla por causa de su guerra con España. La conspiración de La Escalera se añadió convenientemente a la intriga esclavista y sirvió además para perseguir y alejar de Cuba a los intelectuales de ideas liberales —al Liberalismo Ilustrado— involucrar a Turnbull y obligar a Luz Caballero a retirarse de la vida pública. *Don Pepe* en lo adelante se dedicó enteramente a la enseñanza en su colegio El Salvador.

La suerte de la Gran Antilla se jugaba en los corrillos internacionales con la absoluta ignorancia de la opinión de sus hijos. El imperialista Presidente Polk, de los Estados Unidos, trató de comprarla por cien millones de dólares y al encontrar resistencia por parte de España intrigó, por medio de su embajador en Madrid, para que Inglaterra y Francia le apoyasen en sus ambiciones, incluso con la guerra, pero España resistió las presiones diciendo *«que prefería que Cuba se hundiese en el océano antes que verla pasar a manos de ninguna potencia extraña».* El Club de La Habana, anexionista, trató de conseguir que por tres millones de dólares el general americano Worth, héroe de la guerra contra México, trajera a Cuba un ejército de 5.000 mercenarios reclutados entre sus antiguos soldados. Un grupo de anexionistas dirigidos por Gaspar Betancourt Cisneros. *El Lugareño,* fundó en Nueva York el periódico La Verdad y ofreció a Saco su dirección la cual éste rechazó de rotunda manera. *El Lugareño* aseguraba que ellos eran anexionistas *«no por sentimientos sino por cálculo, por ley imperiosa de la necesidad y por el deber sagrado de la propia conservación».* Sacó destruyó el intento anexionista en el orden filosófico pues a pesar de ser un conservador dentro de su liberalismo se expresó en esta forma: *«Yo quisiera infundir mis ideas a todos mis compatriotas; quisiera que desconfiasen de todas las promesas aunque saliesen de la boca del mismo Presidente, y quisiera que ninguno se prestase incautamente, a pesar de la mejor intención, a ser juguete de planes e intrigas, que si se frustran sólo perjudicarán a Cuba y a sus hijos, y si se realizan aprovecharán a los que nada pierden ni arriesgan.»* Saco fue rudamente atacado por sus compatriotas anexionistas pero los hizo polvo en la polémica y en su folleto *Contra la Anexión* y escribió para sí el siguiente epitafio: *«Aquí yace José Antonio Saco, que no fue anexionista, porque fue más cubano que todos los anexionistas.»*

Los intentos armados de esta época estuvieron matizados de anexionismo por la relación que tuvieron con el general Quitman, Gobernador de Mississippi, aunque la realidad es que no existen pruebas concluyentes acerca de ello. Quien había hecho las proposiciones a Quitman fue la Junta Cubana, organizada en Nueva York, por *El Lugareño* y otros, con la esperanza de lograr la ayuda del Presidente Pierce, y explicaba sus intenciones anexionistas porque *«el pueblo cubano completamente desarmado; sin jefes que lo guíen, porque el gobierno desde larga fecha ha cerrado la profesión militar a los cubanos; sin posibilidad de reunirse en ninguna otra forma, a menos que estén presentes agentes de la autoridad; espiados y vigilados hasta lo más recóndito del corazón; sin preparación e inexpertos en empresas revolucionarias, no han podido combinar o llevar adelante ningún gran movimiento, ni obtener éxito en los que hasta la fecha han emprendido».*

En aquella época Cuba era la llave del Golfo de México, en el crucero del mundo, y los Estados Unidos, Francia e Inglaterra se disputaron diplomáticamente la posesión de la Isla en numerosas ocasiones y estas cuestiones no podían dejar de influenciar la sociología criolla. Jefferson había expresado su intención de preservar la seguridad de Lousiana y Florida en 1805 mediante la adquisición de Cuba e insinuó a su sucesor, Madison, que aprovechase a Napoleón y lograse de éste la cesión a los Estados Unidos de Cuba y Florida. Adams consideró que Cuba y Puerto Rico eran *«por su posición local apéndices naturales del continente americano, y una de ellas, la Isla de Cuba, casi a la vista de nuestras costas, ha venido a ser, por una multitud de razones, de trascendental importancia para los intereses políticos y comerciales de nuestra Unión».* Pero no convenía a los Estados Unidos una guerra por Cuba sino la espera porque *«la fruta madurase en manos de España».* En el Congreso de Panamá se opuso a los planes de Bolívar y el Presidente Taylor hizo fracasar la primera expedición de Narciso López acusándola de poner peligro *«la paz del país y comprometer el honor nacional...»* y lo mismo que él hizo el Presidente Fillmore más tarde. Ya hablamos de la oferta de compra del Presidente Polk y de la respuesta española.

Francia e Inglaterra intentaron firmar un pacto tripartito con los Estados Unidos que comprometiese a todos a no apoderarse de Cuba *«así ahora como en el futuro...»*, en 1852, pero esta última nación eludió el compromiso aduciendo que *«podía llegar el caso en que su posesión se convirtiera para ellos en una condición esencial a su seguridad...»* El Presidente Pierce ofreció 130 millones de dólares por la Isla lo que movió a la Junta Cubana, a pesar de ser anexionista, a declarar que *«una compra como objeto de mercado vil, realizada por el pueblo más libre de la tierra, sería para los cubanos un acto eterno de degradación y de oprobio...»*, con lo que demostraban lo contradictorio de su anexionismo pues antes se habían sometido a Quitman. La declaración española de que en Cuba se mantendría la esclavitud; la pugna entre los Estados del Norte y del Sur americano y los fracasos revolucionarios en Cuba se concitaron, junto con el período de conciliación y armonía que trajo a Cuba el gobierno del general Serrano, para finiquitar la intención anexionista y darle un nuevo impulso al Reformismo. El triunfo de la Unión sobre los Confederados y la terminación de la esclavitud en los Estados Unidos puso punto final a todo este turbio proceso. El resto del anexionismo, en su forma revolucionaria, pertenece a otra etapa que, aunque estrechamente ligada a la anterior, por sus características de acción armada corresponde a la gesta libertadora. Lo mismo se aplica al Reformismo en su segunda etapa pues éste ya no era más que una encubierta forma del Separatismo. Ya los Estados Unidos pesaban sobre Cuba tanto como España.

Las condiciones socio-económicas bajo las cuales se desarrollaron las generaciones criollas sometidas a las *omnímodas* hacen palidecer a las de la *Corte de los Milagros*. Además de lo que las había encanallado la barbarie de la esclavitud se había permeabilizado de corrupción por el mal ejemplo de sus gobernantes peninsulares y por la abyección y el servilismo de los hipano-cubanos. Hoy se hace difícil el comprender que esas generaciones no tuvieran sentido del honor cívico, pero la verdad es que no lo conocían. La Condesa de Merlin, aún dentro del cuadro romántico que pintaba de las costumbres de la época no pudo dejar de notar la indolencia de los habitantes, que ellos achacaban al clima; la indiferencia hacia la religión y la falta de instrucción de ella en las clases populares; el lujo que derrochaban las familias ricas y la afición desmendida por el baile. Un día presenció el asilo de un criminal en una iglesia, fuera de la acción de la justicia. El lujo, el desorden y el vicio del juego hundían los patrimonios y el hispanocubano —como el cubano actual— no vivía sino en tiempo presente. Las negras libres vestían de muselina y andaban descalzas. Pero la contraparte de esta extravagancia aristocrática hay que buscarla en las páginas de *Cecilia Valdés*, donde Cirilo Villaverde describe vívidamente las tragedias humanas que van desde el potentado finquero hasta el sufrido mulato que se buscaba la vida en los bailables de la clase pobre; desde la miseria moral del funcionario peninsular hasta el infeliz esclavo víctima del componte; y en las páginas del *Francisco*, de Suárez Romero, donde se desnudan los horrores de la esclavitud. *El Lugareño* aprovechó sus *Escenas* para anatematizar las prácticas inciviles, el atraso, la indolencia y carencia de iniciativa en que se desenvolvía la sociedad camagüeyana. En las pinturas de Landaluce quedaron indeleblemente impresos los caracteres de *el vividor, la vieja verde, el picapleitos, el calambuco, el gallero, el gurrupié, el mataperros*, etc. Luz Caballero, Saco, Delmonte y Bachiller y Morales arremetieron osadamente contra las depredaciones coloniales, y de sus escritos puede deducirse con exactitud el nivel cultural, social, económico y político de la sociedad cubana de esa época.

* * *

Pero a pesar de todo, tal como había sucedido antes con otros y que habría de suceder siempre después, una *minoría histórica* que formó las filas del Liberalismo Ilustrado, anti-revolucionarios, es verdad, pero llenos de fe en la eficiencia de la difusión de la cultura; opuestos al empleo de los métodos de la violencia; mantenedores convencidos de una doctrina de pacífica resistencia al despotismo; tenaces en el empeño de combatir los males y los vicios del coloniaje con razones y argumentos, en la medida reducida o amplia que permitiesen las circunstancias, fueron los fundadores de un sentimiento que iba a cambiarle a Cuba la clasificación de *País* y de *Colonia* por el de *Patria*. No tenían, como los mexicanos o los peruanos, una heroica tradición o una cultura aborigen donde inspirarse o que vengar, pero se opusieron a la anexión, promovida y realizada por criollos como ellos, porque significaba la renuncia de la futura nacionalidad y porque representaba el suicidio cívico de un pueblo entero, medida desesperada a la cual ningún ciudadano debía resignarse, y para la cual jamás podría hallarse justificación. Se opusieron honradamente a la revolución porque, de buena fe, creían que el patriota podía allanarse a aceptar los más cruentos sacrificios por y para la patria y no comprendían —éste fue su gran error— como el amor a la tierra podía llevar a la destrucción de sus riquezas para con ello destruir al enemigo. Luz Caballero, el paradigma de estos pioneros de la cubanidad, dedicado a la forja de futuras generaciones, pesimista acerca de la posibilidad de unir a los criollos en la defensa de una gran causa nacional, creía firmemente que las dolencias de Cuba eran morales y que sólo podían remediarse mediante una lenta obra de educación pero eso no le impidió instilar en sus discípulos y en sus hermanos de causa el principio de la dignidad personal y nacional como piedra angular sobre la cual comenzar la construcción del gran templo de la Patria.

* * *

Capítulo II

LA SIMIENTE LIBERTADORA

Los Precursores. — El fracaso del Reformismo. — Los Sembradores. — (1851-1867)

Mientras el Reformismo desarrollaba sus actividades dentro del ámbito de las combinaciones políticas y de las presiones diplomáticas, esperando por estos medios lograr los resultados apetecidos por el liberalismo ilustrado, y el anexionismo hacía sus pininos en los Estados Unidos, la idea de conquistar los derechos reclamados por medio de la acción armada fue conquistando adeptos entre los criollos. Naturalmente que las gestiones que a ese efecto se hicieron no pudieron dejar de ligarse a las organizaciones conspirativas que existían, ni se pudo evitar que éstas tratasen de captar para sí a los más activos propugnadores de la guerra contra España, puesto que todos sabían perfectamente que la mejor carta para obligar a la Metrópolis a transacciones sería un ejército en pie de guerra.

El doctrinarismo reformista temía que la guerra arruinara la riqueza del país, o que de ella se aprovechasen los esclavos para hacer lo que en Haiti. El anexionismo veía en la insurrección la oportunidad de continuar el régimen esclavista dentro de la organización política de los Estados Unidos. Y los conspiradores que aspiraban a llevar a cabo la rebelión armada necesitaban del concurso económico de reformistas y anexionistas tanto como éstos precisaban de tropa. Estas intricacias de los conflictivos intereses en juego, así como lo enrevesado de la política hispana, se conjugaron extrañamente en los primeros movimientos armados contra el colonialismo español en Cuba al punto que, unidos al peculiar carácter y pasado de los personajes envueltos en la cuestión, se ha hecho prácticamente imposible el calificar con certeza el contenido ideológico de estos intentos libertadores anteriores a la Guerra de los Diez Años, pero en orden cronológico los sucesos y los nombres que historiológicamente se hallan unidos son los de

Narciso López, Joaquín de Agüero, Isidoro Armenteros y Ramón Pintó.

* * *

Narciso López era venezolano y había llegado a Cuba con el resto de las tropas del cruel Morales, en las cuales había servido luchando contra los patriotas que emanciparon a Venezuela del yugo español y grado a grado había ascendido a teniente-coronel de lanceros. Su valor personal era indisputable y su gallarda figura de jinete le ganaron el amor de una criolla rica y distinguida, hermana del Conde de Pozos Dulces. Después de permanecer en Cuba varios años viajó a España y allí se afilió al Partido Progresista y luchó contra los carlistas. Llegó a ser Gobernador de Madrid, en cuya ciudad se identificó plenamente con los criollos residentes y hasta se afanó por conseguir la dimisión de todos los oficiales de origen criollo en el ejército español en protesta por la exclusión de los diputados por Cuba a las Cortes. Cuando Espartero sustituyó a María Cristina como Regente, en uno de los tantos golpes de estado que se sucedieron en España, nombró a Jerónimo Valdés Gobernador de Cuba y con él vino López a ocupar, bajo su mando, los cargos de Gobernador de Trinidad, Comandante General del Departamento Central y Presidente de la Comisión Militar Ejecutiva. Cuando pendía sobre Cuba la amenaza de la abolición por las gestiones de Lord Palmerston y Valdés previó la separación de la Colonia, Narciso López se sumó al proyecto anexionista de 1842 no por deslealtad a España sino como medida de salvar la riqueza de los blancos de la Isla. No tardó Narváez en derribar a Espartero, y uno de sus generales, O'Donnell, fue enviado a Cuba a sustituir a Valdés y a cesantear a López, su enemigo político de la Península. López, ya afincado en Cuba, se dedicó a los negocios particulares y a conspirar abiertamente contra España junto a criollos entre los cuales se contaban su cuñado Pozos Dulces, Domingo Goicuría, Miguel Aldama, Rafael Mendive y Anacleto Bermúdez, del Club Habana todos ellos, y de filiación anexionista.

Narciso López organizó admirablemente la conspiración conocida con el nombre de Mina de la Rosa Cubana allegándose la cooperación de antiguos subordinados y de criollos distinguidos por su alteza de miras tales como Díaz de Villegas, Sánchez Iznaga y Armenteros. Al ponerse en contacto con elementos de la juventud camagüeyana se relacionó con Agüero quien representaba al Lugareño. Tenía preparado su alzamiento, a todas luces separatista, cuando por gestiones de los anexionistas del Club de La Habana lo postpuso en espera de las gestiones cerca del general Worth pero después decidió llevarlo a cabo independientemente. Delatado por el padre de uno de los conspiradores se vio obligado a escapar, haciéndolo con gran presencia de ánimo por el puerto de Matanzas, dirigiéndose a los Estados Unidos y estableciéndose en la zona de Nueva Orleans.

Su expedición de Round Island fracasó por la intervención americana y por la insuficiente cooperación económica del Club de La Habana. Sin desalentarse continuó sus gestiones y esta vez con el apoyo financiero de americanos y con el producto de la venta de bonos, reclutó una tropa de 600 hombres entre los cuales venían tan sólo 5 cubanos. Desembarcaron por Cárdenas, tomaron la ciudad brevemente y allí por primera vez se izó la bandera nacional, regresando a Cayo Hueso donde López fue recibido como un héroe. Preparó otra expedición, la del Cleopatra, que fue detenida en Savannah por orden del Presidente Fillmore quien calificó los esfuerzos expedicionarios como *aventuras de latrocinio y saqueo*. No se desalentó López y organizó la expedición del Pampero, con 400 hombres de los cuales tan sólo unas pocas docenas eran cubanos y burlando la vigilancia americana y española desembarcó por El Morrillo, Pinar del Río, proclamando el mantenimiento de la esclavitud y *que cesa y queda anulada para siempre la autoridad de la Corona de España en la Isla de Cuba, y ésta se constituye en República libre e independiente, con el nombre de República de Cuba...* Nadie se le sumó y por el contrario, fue capturado por criollos cuando lo delató un compadre. Fue ejecutado en La Habana públicamente, en garrote vil y murió con entereza declarando: *Mi muerte no cambiará los destinos de Cuba...* Su delator fue ajusticiado por un patriota criollo que cambió por ese hecho de Nicolás Vignau, su nombre, al de Nicolás Vengó. Fueron fusilados numerosos expedicionarios y entre ellos el coronel americano Crittenden, hijo de un Senador por Kentucky, quien al ser conminado a arrodillarse para recibir la descarga se negó a hacerlo exclamando: *¡Un americano sólo se arrodilla ante Dios !* La chusma habanera exhibió como trofeo por las calles los miembros sangrientos de los fusilados y hasta pedazos de cráneos, cosa que al saberse en Nueva Orleans produjo motines antiespañoles que resultaron en la invasión y destrozo del consulado español e incendios de comercios de propiedad hispana. Con la ofrenda de su vida Narciso López dejó bien esclarecido el amor por la patria que había adoptado aunque sus esfuerzos insurreccionales se evidenciaran como anexionistas. No había en la Isla una conciencia revolucionaria de independencia y por eso no fueron secundados por la población nativa sus esfuerzos.

Joaquín de Agüero es la figura más gallarda y más limpia de este proceso precursor insurreccional. Dio la libertad a sus esclavos en 1843 ganándose con ello la enemiga de criollos y españoles. Creó una escuela gratuita en Guáimaro y viajó a Canarias con la intención de fomentar la población blanca de la Isla. En el territorio camagüeyano había una proporción pequeña de esclavos y los ricos nativos de la región eran casi todos educados en los Estados Unidos y dedicados a la ganadería. Agüero ajustó su levantamiento a la avisada expedición de López y el 4 de julio de 1851 se pronunció pero tuvo la fatalidad que por una confusión sus tropas se atacaron mutuamente en Las Tunas, población que habían atacado para proveerse de armamentos. Perseguidos por fuerzas superiores los alzados fueron capturados y fusilados Agüero y otros tres compañeros con gran pesar y dolor de la sociedad camagüeyana que abandonó la ciudad en demostración de luto. Antes de morir, Agüero aseguró «*que si el pueblo de Cuba era débil y cobarde entonces, mañana sería fuerte y valiente y sabría combatir por la libertad y morir por ella...*», palabras que resultaron proféticas.

Isidoro Armenteros, quien era propietario de un ingenio y teniente coronel graduado de milicias y de caballería, pertenecía a una de las más distinguidas familias criollas de su época. Comprometido con Narciso López se alzó en armas con 70 hombres aprovechando las fiestas de carnaval en Trinidad y prácticamente había ocupado la ciudad cuando repentinamente sus tropas empezaron a abandonarla sin razón alguna para ello, hasta que se supo que la intriga de un dueño de ingenio les había hecho creer que las dotaciones de esclavos se habían amotinado aprovechando el pronunciamiento. El miedo a *la negrada* pudo más que el espíritu patriótico. Pero en cumplimiento de su palabra empeñada, Armenteros volvió a la carga y en el mes de julio de 1851 fue capturado y fusilado el mes siguiente en compañía de dos de sus oficiales, muriendo valientemente los tres.

Ramón Pintó era un catalán liberal que se había distinguido en España en la lucha contra la invasión francesa. En Cuba sufrió vicisitudes económicas y políticas pero se sobrepuso a ellas y llegó a ser Director del Liceo, redactor importante del Diario de la Marina y persona de confianza del Gobernador Concha. Se relacionó en 1852 con la Junta Cubana y organizó la conspiración más importante de todas cuantas se habían preparado en Cuba, al punto que el informe oficial de las autoridades acerca de ella rezaba: «*No se trata de una conspiración más o menos vasta, de una reproducción de planes anteriormente desbaratados sino una liga general del país, de largo tiempo formada, con inviolable secreto extendida, con armas y dinero, asegurada por un peninsular, por primera vez, dirigida por don Ramón Pintó y por algunos peninsulares aceptada...*» Esta conspiración estaba ajustada a los planes de invasión de Quitman pero el Gobernador Concha, avisado por un delator, redujo a prisión a los principales conjurados, ocupó sus depósitos de armas y municiones y ordenó la movilización de compañías de licenciados, colonos gallegos y paisanos voluntarios y hasta de las fuerzas regulares. Buscando escarmentar a los propios peninsulares Concha rehusó conmutar la pena de muerte dictada por el tribunal y Pintó fue agarrotado en la Plaza de la Punta de La Habana.

Con la muerte de Pintó terminaron los esfuerzos insurreccionales que no volverían a moverse hasta 1868, dentro de la Isla, pero en el exterior aún continuaron y la Convención de Nueva York preparó la expedición del Africain que por equivocación fue a dar a Haiti, donde la internaron. Francisco Estrampes se infiltró por Baracoa, comisionado por la Junta Cubana pero fue capturado merced a la delación de un espía y fusilado en La Habana. Durante el período del gobierno de Concha aumentó el bandolerismo hasta el extremo que los propietarios rurales tenían que refugiarse en los poblados dejando a ladrones y asesinos que a su antojo dispusieran de las fincas. Concha saqueó las cajas de Cuba para financiar los gastos de la expedición intervencionista española contra México así como los ocasionados por la reanexión de Santo Domingo a España. Mediante sociedades anónimas y emisión de valores, Concha produjo una inflación y una quiebra que importó mil millones de reales. Pidió su relevo para ir a disfrutar a España de sus caudales robados y lo sustituyó el general Francisco Serrano, Duque de la Torre, bajo cuyo benigno mando se inició la segunda etapa del Reformismo, ahora reluciente de Separatismo.

Serrano desarrolló una política de apaciguamiento por medio de atraerse a los criollos, mostrándose deferente hacia ellos y permitiendo que se reuniesen, en contrapeso a la camarilla integrista, para expresar sus aspiraciones y tratar él de satisfacerlas moderadamente por vías legales y pacíficas, gestionando reformas y concesiones del gobierno metropolitano. Estas juntas y reuniones de personalidades criollas, hacendados, profesionales, hombres de negocios y letras, que al principio tenían un carácter informal fueron haciéndose regulares y frecuentes y de hecho se constituyeron en un círculo, o comité reformista que con el tiempo y la costumbre se vino a aceptar extra-oficialmente como la agrupación política de los *cubanos*, clasificación que se estaba ya dando a los *criollos* y los *hijos del país*, porque como se extendía su campo de acción propagandística concitaron la inquina contra ellos por parte de quienes se consideraban los más rancios españolistas. El reconocimiento público de Serrano a la personalidad de Luz Caballero en ocasión del fallecimiento de *Don Pepe* originó un resentimiento integrista que se incrementó a causa de una loa del poeta criollo Fornaris al Gobernador Serrano en la cual aparecía Luz Caballero como patriota al lado de Varela y Heredia quienes eran reconocidos independentistas mientras vivieron. El Reformismo trató de obtener la cooperación de Saco para dirigir un periódico en Cuba.

pero éste se negó a regresar a la Isla e insistió en que el periódico debía publicarse en Madrid a lo que no accedieron los criollos, porque creían razonadamente que era en Cuba donde debía hacerse la defensa de los intereses materiales, morales y políticos de ella. Compraron el periódico El Siglo, lo reorganizaron y lo confiaron a la dirección de Pozos Dulces, con lo que se definió la nueva orientación del Reformismo, ahora cerca de José Morales Lemus y lejos de Saco quien seguía pesimista acerca del patriotismo de sus paisanos.

En 1865, bajo el mando de Dulce, quien había continuado la política conciliadora de Serrano, Pozos Dulces dio publicidad a las nuevas ideas reformistas que aparecían como inspiradas en el espíritu de los planes autonómicos previos de Varela, Saco y Delmonte. De hecho quedó constituido el Partido Reformista, que abogaba por la supresión inmediata de la Trata, la inmigración blanca, la supresión de las aduanas, el establecimiento de un impuesto directo que sustituyese a todos los otros que existían en el país y un régimen que se compendiaba en esta sentencia: *«sistema colonial inglés; organización análoga a la de Canadá...»* En esta época había ya surgido en la Isla un nuevo factor político-económico: la clase media artesanal, que aunque no militante se expresaba por medio del periódico La Aurora y un agrupamiento, también no militante, de peninsulares que ni eran negreros ni vivían de la explotación de la patriotería integrista y cuya descendencia era criolla. El censo de 1861 había demostrado que la población blanca de la Isla superaba a la de color libre y esclava pues eran respectivamente el 57 % y el 43 % del total. La de color libre era un 16 % del total lo que hablaba muy alto del esfuerzo de superación de ese sufrido sector de la población que se había liberado de la esclavitud mediante su laborioso sacrificio para comprar su manumisión.

El Reformismo encontró ayuda en España en el periódico La América y en el Duque de la Torre, ahora Senador liberal. El gobierno peninsular pretendía españolizar a Cuba por medio de reformas que la pusiesen en una situación igual al de una provincia ibérica, en tanto que el sentimiento nativo acogía el principio de autonomía implícito en un Consejo Colonial. La asimilación aparecía al Reformismo tan repugnante en esta época como el anexionismo había aparecido a Saco. Nuevamente en España hubo cambios políticos sucesivos que afectaron las gestiones criollas, motivados aquellos por la Guerra del Pacífico contra Chile y Perú y por la reanexión y posterior liberación de Santo Domingo. La nación española parecía estar al borde de un nuevo caos ya que la reina Isabel II seguía la misma política de alcoba con Generales y Ministros que su progenitora María Cristina. Cánovas del Castilo convocó a una Junta de Información para estudiar las bases en que debían fundarse las leyes especiales prometidas a Cuba por la Monarquía Constitucional; sobre la manera de reglamentar el trabajo de la población negra y asiática y de la facilitación de medios a la inmigración blanca; sobre los tratados de navegación y comercio que fuera oportuno celebrar con otras naciones y sobre las reformas que para llevar éstos a cabo fuese necesario hacer en el sistema arancelario y en el régimen de las aduanas cubanas. Se celebraron elecciones para cubrir los cargos de Comisionados a la Junta y a pesar de las triquiñuelas del régimen colonial los criollos lograron elegir a 12 de los 16 comisionados que eligieron los Ayuntamientos, entre ellos a Saco en ausencia, Pozos Dulces, Morales Lemus, Nicolás Azcárate, Calixto Bernal y José A. Echeverría.

A fines de 1866 se hallaban en Madrid los Comisionados criollos y portorriqueños encargados de informar sobre las reformas deseadas para sus respectivos territorios. Los de Cuba contestaron a los interrogatorios socio-económicos de acuerdo con el programa del Partido Reformista y que de implantarse de un salto pasaría a Cuba de un sistema mercantilista tradicional al libre cambio más absoluto; de un régimen de múltiples trabas y restricciones a otro de ilimitada libertad; de una organización fiscal con multitud de impuestos, basada principalmente en el impuesto indirecto de la renta de aduanas, a otra a base de una contribución de un 6 % sobre la renta líquida del capital invertido en toda clase de negocios y con banco de emisión, casa de moneda y moneda provincial propia. La concepción de los reformistas, representantes de las clases productoras de Cuba, era que el libre cambio abarataría todos los artículos de importación, con lo cual se reducirían inmediatamente tanto el costo de la vida general del pueblo como los costos de producción de la agricultura. Cuba podría entonces vender su azúcar, su tabaco, su café, sus maderas y demás productos en competencia victoriosa con los demás países de vida más cara. En lo político pidieron un gobierno autonómico basado en el cese de las facultades omnímodas; la extensión a la Isla de todas las garantías constitucionales existentes en España; la separación del gobierno civil y político del mando militar o séase Gobernador y Capitán General respectivamente; asamblea legislativa local para los asuntos propios y peculiares del país; representación en Cortes sobre las mismas bases peninsulares; división de la Isla en seis provincias y elección popular para los Ayuntamientos.

En Cuba, entretanto, los enemigos de las reformas movían sus poderosos resortes político-económicos en Madrid y lograron la cesantía del general Dulce y su relevo por el general Francisco Lersundi quien, como resultado de otro cuartelazo en España fue relevado por el general Joaquín Manzano. Lersundi irritado manifestó intenciones de apoyar a los reformistas en venganza, cosa que quiso aprovechar Miguel Aldama para atraérselo pero su idea fue impugnada por Morales Lemus y Echeverría quienes dudaban de la integridad de Lersundi. Esto molestó visiblemente a Aldama que amenazó con renunciar la jefatura del Reformismo en la Isla. No estaba aún resuelta esta crisis del Reformismo cuando surgió otra de aún más gravedad: el nuevo Gobierno español, contrario a las reformas, declaró cerrada la Información, echó a un lado las recomendaciones económicas de cesación del monopolio y reformas tributarias y como remache a esto dictó un Real Decreto por el cual imponía un nuevo tributo del 10 % directo sobre las rentas líquidas de las propiedades rústicas y urbanas y sobre las utilidades del comercio, la industria, las profesiones, etc., y se dejaban, además, subsistentes las aduanas y casi todos los impuestos cuya supresión se había solicitado, todo lo que era suficiente para arruinar la propiedad y la agricultura del país. Los reformistas se sintieron indignados ante la burla y quisieron retirarse de España en protesta pero Pozos Dulces y Morales Lemus se hicieron sentir armonizadoramente, en la inútil esperanza de cambiar las cosas, y elevaron una moción enderezada a lograr la revocación del Real Decreto del 10 %, pero todo fue en balde pues ningún caso les hicieron ni a ellos ni a la moción que presentaron. Regresaron a Cuba desacreditados. Quisieron reivindicarse públicamente y les impidieron el acceso a la prensa y las imprentas. Los integristas los acusaron de ser responsables de la imposición del oneroso impuesto del 10 % y para colmo de desgracias hasta las autoridades coloniales hicieron causa común con los esclavistas y les imputaron la acusación de separatistas y traidores. Pero en el ánimo de esos hombres del Reformismo se hallaba arraigada la convicción que habían hecho todo lo humanamente posible por evitar lo inevitable: la revolución por la independencia que sumiría al país en la miseria y a España en la agonía de la hispanidad en América.

* * *

Las generaciones del Reformismo hay que analizarlas a la luz de la época en que se desarrollaron y medir a sus hombres por el sacrificio que hicieron. La Cuba del tercer cuarto del siglo XIX estaba atrasadísima en relación al mundo cultural de esa fecha pues la Colonia se había preocupado que a ella no llegaran las corrientes ideológicas que fluían del continente y la educación popular prácticamente no existía, si la juzgamos por cánones modernos. Toda la labor educativa estaba sujeta a la más estrecha vigilancia colonial y clerical, pero sin embargo no faltaron quienes se entregaran a la misión de crear las juventudes que construirían el futuro. Conscientes de la falta de médula en la sociedad criolla se dieron por entero a forjar las conciencias nativas para que adquiriesen la condición de *cubanas*. Los nombres de los colegios *El Salvador* y *San Anacleto* de La Habana; *La Empresa* de Matanzas y *San Francisco de Asís* de Regla, van asociados a los de sus maestros Luz Caballero, Echeverría, Palma, Guiteras, Delgado, Casado y Mendive y a los de sus notables discípulos, entre otros muchos, Manuel Sanguily, Ignacio Agramonte, Enrique José Varona, Luis de Ayestarán y José Martí.

Los hombres públicos, *hijos del país*, tenían que desenvolverse en unas circunstancias que les traumatizaban ya que el inevitable sacrificio de las riquezas, por una parte, y el miedo a la venganza de los esclavos, por otra, posibilitadas por la guerra, les tenían cogidos en unas implacables tenazas. El ejemplo de las Repúblicas suramericanas, convulsionadas por enconadas luchas de partidos post-revolucionarios que eclipsaron al propio Libertador y asesinaron a Sucre y que produjeron una era de generalotes en el Perú, guerras entre países limítrofes y una cadena de dictaduras les prevenía contra la revolución armada y les convencía de que al triunfo sobre la opresión colonial y posterior consolidación liberal no se llegaría nunca felizmente por un movimiento popular sino por la gestión de las capas altas de la sociedad y la cooperación de mentes liberales en la Península. Lo que no realizaron fue que España no podía, aún a pesar de su pretendido liberalismo, prescindir de las cajas de Cuba, en lo económico, y que en sus gobernantes, en lo político, estaba arraigada la idea de que la soberanía era indivisible y por tanto no susceptible a autonomías coloniales y que las concesiones hechas por las Cortes de Cádiz habían originado su desastre americano a partir de 1812. Y pasaron por alto, ligeramente, los Reformistas la realidad de los apetitos imperialistas sobre Cuba de Inglaterra y los Estados Unidos.

Francisco de Frías, Conde de Pozos Dulces y José Morales Lemus, los máximos exponentes de la segunda etapa del Reformismo, fueron criollos de talento y de profundo saber en cuestiones políticas y económicas, dignos continuadores de Parreño y Saco. El primero era posesor de sólida cultura general e instrucción agrícola adquirida en Europa y Estados Unidos y a ello se unía una amplia experiencia cafetalera. Sus enseñanzas, y las de Alvaro Reynoso, acerca del cultivo e industrialización de la caña de azúcar aún tienen vigencia a pesar del tiempo transcurrido. Morales Lemus, después de una infancia en la mayor orfandad, heredó una cuantiosa fortuna la que multiplicó por medio de su capacidad para los negocios. Fue miembro de los consejos directores de muchas corporaciones de las que era accionista y consultor y letrado de otras muchas, con extensa clientela de comerciantes, industriales y hacendados criollos y poseía gran influencia en los círculos palaciegos. Era un conservador que aspiraba a garantizar la riqueza, la seguridad interior, el orden social existentes y favorecía la abolición gradual de la esclavitud. Estas ideas que hoy nos parecerían ultra-conservadoras en aquella época eran consideradas como liberales. Estos dos jefes del Reformismo no sólo ahogaron en sí sus propios sentimientos anexionistas sino que ejercieron toda su autoridad moral para influir sobre sus conciudadanos para que abrieran una carta de crédito a la Metrópolis, con miras a una duradera reconciliación final que era imposible de lograr a causa de la mala fe y la estupidez de España. No comprendieron, por miedo a la guerra necesaria, que entre el opresor y el oprimido jamás los vínculos de unión serán otros que cadenas.

Los reformistas llegaron hasta ser víctimas propicias de los intereses de Chile, que sostenía una guerra con España. Nada le interesaba a esa nación suramericana el sufrimiento cubano pero sí le convenía que España tuviese que afrontar una rebelión en la Isla que quitase presión militar y naval a Chile. Un agente provocador chileno, Vicuña McKenna, realizando que un exitoso reformismo podía evitar una revolución en Cuba que conviniese a Chile, por medio del periódico *La Voz de América* de Nueva York y de proclamas que hacía circular en Cuba falsamente firmadas por criollos, dirigió a los reformistas durísimos ataques, llegándolos a acusar de «*catervas de hombres sin dignidad, egoístas, ambiciosos y aduladores...*», e incitaba a guerra con estas frases: «*Tomad las armas, cubanos, incendiad, destruir, matad, obligad; no tengáis miedo...*»

* * *

Hoy, mirando el panorama colonial en retrospectiva, comprendemos como el Reformismo estaba condenado al fracaso que sufrió, no por culpa de sus hombres, su programa o ideas sino por la de España que ciega y sorda a las enseñanzas de la historia persistía, con criminal obcecación, en hundirse cada vez más en el pantano de su torpeza colonial. Esa minoría, vilipendiada tanto entonces como hoy por muchos radicales de izquierda y derecha, cumplió, sin embargo, una función indispensable en el crecimiento de un pueblo pues, a un riesgo que la mayoría no quiso correr, organizó y dirigió una campaña política en medio de grandes dificultades y aseguró un triunfo electoral que parecía imposible. Mientras la mayoría de sus compatriotas se conformaban con el status quo, sufrían los rigores de la esclavitud, o disfrutaban cómodamente sus riquezas, ajenos de grado o por fuerza a los más elementales sentimientos de dignidad y civismo que caracterizan a las sociedades fuertes, ellos se jugaron su capital, su prestigio y su tranquilidad en pro de una causa. Mucho se diferenciaron de los autonomistas posteriores pues éstos en todo tiempo sirvieron a España y se opusieron al separatismo, en tanto que en su época este pensamiento aún no había prendido en las conciencias criollas.

En la época del Reformismo las ideas de sus hombres eran revolucionarias frente al absolutismo que a todo trance quería mantener la esclavitud y a Cuba en situación de factoría. Pero el autonomismo fue reaccionario en una época que lo imperante era la independencia y cuando en la manigua se peleaba y en el exilio se luchaba por libertar a Cuba del yugo español que les hacía felices a ellos, leales siervos de Madrid. Y junto a los reformistas hay que recordar agradecidamente a una minoría de liberales españoles que supieron comprender los móviles criollos y les ofrecieron su calor y apoyo, también pagando el precio de ser llamados traidores por la reacción. Pero del viejo tronco caído reformista surgieron los sarmientos de los robles del 68 y de los pinos nuevos del 95.

* * *

Capítulo III

INDEPENDENCIA O MUERTE

Preludio al drama. — Geopolítica cubana. — La fragua de la Cubanidad. — (Diciembre 1867-octubre 1868)

Los reveses sufridos por los precursores insurreccionales en la primera mitad del siglo XIX, unidos a los esfuerzos de conciliación realizados por el Reformismo, contribuyeron a que hubiese un período de paz en la Isla pero sin que ello significase una claudicación por parte de los criollos patriotas. Las enseñanzas de Varela y de Luz Caballero, así como el heroico recuerdo de los primeros mártires y el hecho que ya se contara con un símbolo: la bandera de Narciso López, separaron aún más a los estamentos que constituían la sociedad cubana de la época. Y entre los negros libres se estaba gestando una conciencia de aspiraciones cívicas y de rebeldía que emanaba del sacrificio de Aponte y de Plácido. Los hombres de bufete del Reformismo cedían el paso a los enérgicos caballeros rurales del Este de la Isla y a los fogosos jóvenes profesionales y estudiantes de la capital, hechos en la lectura de los clásicos revolucionarios franceses e inspirados en la epopeya bolivariana. En el orden internacional, ya Inglaterra no era una amenaza y los Estados Unidos se habían negado a garantizarle a España la posesión de Cuba. La consolidación de la Unión americana después de su triunfo en la Guerra de Secesión y la expulsión de los imperialistas franceses de México hacían patente el que no podría haber en el futuro alianzas europeas para apoyar a una potencia de ese continente en sus aventuras americanas de expansión colonialista y que tendrían que dirigir sus ambiciosos ojos hacia África y Asia. Si en Cuba había guerra, España iba a tener que librarla sin ayuda alguna de otra nación europea y además enfrentada en todo tiempo a los problemas internos, incesantes, de su política de rompecabezas.

* * *

De la epopeya cubana que durase treinta años, no vamos a destacar los heroicos hechos de armas ni los detalles de las campañas militares porque ellos han quedado descritos en forma incomparable por dos insignes historiadores cubanos: el doctor Ramiro Guerra Sánchez en su obra *La Guerra de los Diez Años* y el general José Miró Argenter en *Crónicas de la Guerra: La Invasión*, fuentes de información obligadas para quien lea o escriba acerca de los procesos insurreccionales cubanos contra España. Y además, porque historiológicamente mirado ellos nos lucen como la consecuencia y no la causa del móvil libertador, el cual, como los de todas las naciones del mundo, tuvo su origen en las circunstancias políticas, sociales y económicas de Cuba en aquella época, estrechamente unidas ellas al carácter y el pensamiento del ser humano que lo instrumentó: el cubano.

* * *

La decisión ibérica de hacer fracasar las gestiones del Reformismo se sintieron en forma terrible sobre toda la estructura social de la Isla, y a ella se unieron los efectos ruinosos de la crisis económica que hizo estragos en Europa y las abominables exacciones al tesoro insular, ya de si agotado tanto por la merma en las recaudaciones fiscales como por las subvenciones hechas para financiar los gastos provocados por las cuestiones de Santo Domingo y México. Las solicitudes de dineros al Banco Español de Cuba y la inflacionista emisión de bonos hecha por éste, destinadas a cubrir los adelantos, contribuyeron más aún a la gravedad de la situación económica ya de si pésima por la paralización de los negocios y la pobreza de la zafra de 1867 debido a una prolongada sequía. El Gobierno metropolitano estaba decidido a cubrir el presupuesto a cualquier precio y a ese efecto, y por temor de que a pesar del oneroso impuesto del 10 % sobre la riqueza rústica, pecuaria y urbana no pudiese cumplirse, amenazó a los contribuyentes por medio de la Real Orden de 13 de diciembre de 1867 con las siguientes palabras: «*Que no porque se hubiese fijado el 10 % sobre el producto líquido de la renta, había de creerse limitado el impuesto a este tipo sino que en el caso de no alcanzar a cubrir el presupuesto, debía aumentarse en proporción a las necesidades del Tesoro...*» Podemos hacernos una idea de la iniquidad con que se esquilmaba al criollo del fruto de su trabajo al saber que en esa época Argentina, Chile y Bolivia recaudaban juntas 33 millones de pesos y que en Cuba, en razón de los nuevos impuestos, la tributación llegaba a 40 millones de pesos. Pero aún había más encanallamiento español detrás de todo esto pues, como veremos, los únicos afectados eran los que habían, dentro de todo el envilecimiento colonial, levantado económicamente el país dedicados a la agricultura, especialmente en zonas no saturadas de trabajo esclavo.

La riqueza de Cuba radicaba en la fertilidad de sus tierras y en la productiva labor de sus agricultores. Las estadísticas de la época, aunque no exactas como es de suponerse, eran elocuentísimas a esos efectos. De los 1.396.470 habitantes que la poblaban, 831.281 residían en zonas rurales (casi el 80 %) y de éstos 440.079 eran blancos, 100.649 de color libres, 2.399 emancipados y 288.214 esclavos. El cómputo arroja que más de la mitad de la población campesina estaba compuesta por cubanos libres de ambas razas y a éstos habría que sumar el de los propietarios rurales y sus familias que vivían en las poblaciones así como las personas empleadas en ocupaciones e industrias que dependían de la agricultura. El producto bruto de la propiedad rústica era de $ 129.510.518,00 y el de la propiedad urbana era de $ 22.720.057,00. Los propietarios y los agricultores eran las principales clases económicas que en Cuba producían y eran también las primeras en el consumo y sobre sus hombros llevaban el peso mayor de los gastos públicos. En un presupuesto de $ 32.852.223,00 ellas soportaban la carga de $ 26.281.778,00 o séase un equivalente al 17.66 % de sus productos brutos y al 47.67 % de sus rentas líquidas. Estas cargas se cumplían directamente a través del *diezmo* y de la *alcábala*, e indirectamente por medio de la tributación aduanal en las mercaderías de importación.

Pero no se reducían solamente a duras cargas legales los abusos del coloniaje sino que los habitantes eran víctimas de la continuada extorsión de los capitanes pedáneos, funcionarios chantagistas que se enriquecían ilegalmente a costa del vecindario, valorando sus propiedades y ganancias arbitrariamente y embolsándose lo cobrado en efectivo o en especie, siempre en contubernio con el Teniente Gobernador. En las aduanas el fraude no era menos escandaloso pues investigaciones oficiales estimaron su cálculo n un 40 % en La Habana y un 60 % en Santiago de Cuba, del total a.recaudar. Esto era obra de funcionarios y empleados importados de la Península para el Gobierno y de los pertenecientes al comercio monopolista español. Dentro de este tenebroso cuadro de peculado y quiebra económica, Cuba exportaba el 42 % de su producción a los Estados Unidos y solamente el 12 % a España, siendo totalmente inversos los totales de importaciones. Cuba era, en todos los sentidos, una factoría española.

La desigualdad social había llegado al máximo de su expresión pues no podía asegurarse, en forma alguna, que hubiesen relaciones contingentes entre los sectores que componían la familia criolla, ni en lo político ni en lo económico, pues se encontraba dividida en sectores y sub-sectores heterogéneos que hacían de ella un conglomerado de elementos diversos de idiomas, tradiciones, ocupaciones y medios de vida distintos y frecuentemente antagónicos. Sociológicamente considerados, existían cuatro clases sociales o sectores: 1) Españoles peninsulares; 2) Criollos, o blancos nativos; 3) Negros y mulatos libres; 4) Negros esclavos. Existían también asiáticos y yucatecos pero éstos, al igual que otros residentes extranjeros, no influían apenas en el proceso colonial. A su vez estos sectores se hallaban divididos en sub-sectores, de acuerdo esto con la posición política o económica que ocupaban dentro de sus respectivos estamentos, lo que añadía dificultades a la problemática social. Las sub-divisiones podemos considerarlas dentro del siguiente esquema historiológico:

1. — Españoles peninsulares: formados por los nativos de España y por los Canarios. Divididos socialmente de acuerdo con su posición económica. Antagónicos políticamente de acuerdo con su militancia en los partidos políticos en la Península pero unificados en el Integrismo en relación a Cuba, como quedó descrito anteriormente.

2. — Criollos, o blancos nativos: una clase superior económica y socialmente, compuesta de terratenientes, profesionales, comerciantes y propietarios urbanos. Otra clase humilde formada por campesinos aparceros, arrendatarios y precaristas así como por artesanos y proletarios urbanos. Políticamente discriminados por la Colonia, las relaciones entre ellos tenían un carácter personal o regional, tanto de producción como institucional.

3. — Negros y mulatos libres: campesinos como los del sector criollo pero con un nivel económico y social aún más bajo que éstos pues en su mayoría eran precaristas, aparceros, boyeros, carboneros, arrieros, etc. Artesanos y proletarios urbanos, en muchos casos mejor calificados pero inferiormente asalariados que los blancos.

4. — Negros esclavos: una clase de domésticos, de vida menos dura que los otros esclavos, parias infelices de las plantaciones.

Aún dentro de este complejo esquema cabían otras definiciones. Por ejemplo, todos en España, menos los esclavos por supuesto, eran considerados como españoles, con los deberes y derechos de tales, pero sin embargo en Cuba ninguno, ni los mismos peninsulares, tenía derechos políticos y todos, inclusive esclavos, estaban sometidos a la férula del Capitán General en una humillante situación que toleraban mejor los peninsulares que los nativos.

El ordenamiento de esta población era indicativo de las posibilidades que tendría una revolución contra el régimen colonial, tomando en consideración los factores regionales que influirían en ella, ya que las distintas jurisdicciones en que estaba dividida la Isla presentaban unas características diferentes en lo económico y en lo humano que se conocen como Geopolítica. Los peninsulares habitaban en mayor densidad en Occidente; la población esclava aumentaba en número de Oriente a Occidente, alcanzando su mayor densidad en Matanzas; y los libres negros y mulatos disminuían en número de Oriente a Pinar del Río. Los porcientos totales de población por provincias, eran los siguientes en cuanto a esclavos: Oriente, 19.8; Camagüey, 21; Las Villas, 21.5; Matanzas, 46.8; La Habana, 22.2 y Pinar del Río, 30.3. Los porcientos de negros y mulatos libres eran como sigue: Oriente, 32; Camagüey, 15.7; Las Villas, 14.1; Matanzas, 5.5; La Habana, 16 y Pinar del Río, 12. Demográficamente considerado, Oriente era la más cubana de todas las regiones porque en ella existía el menor número de peninsulares, extranjeros y esclavos y el mayor número de criollos libres de ambas razas. Las cinco jurisdicciones del Oeste de Oriente, Jiguaní, Bayamo, Manzanillo, Las Tunas y Holguín reunían un total de 137.000 habitantes de los cuales 87.385 eran blancos, 37.811 negros y mulatos libres y tan sólo 9.200 esclavos, o séase un total de 126.296 personas libres. Las tres jurisdicciones del Este, Cuba, Guantánamo y Baracoa sumaban 37.979 blancos y 46.276 negros y mulatos libres, es decir un total de 84.205 personas libres. Los esclavos eran 49.669, el 39 % de la población total.

Las comunicaciones entre las distintas regiones de Cuba, con excepción de las tres provincias occidentales, apenas existían: ni ferrocarriles, ni carreteras ni puentes. Siglos de aislamiento, de lento desarrollo y casi de total independencia, unidos al tipo de economía particular de cada región —efectos combinados de la geografía y la historia— así como el ancestro étnico de sus habitantes y el efecto de la degeneración moral propia de las administraciones coloniales españolas, hacían de la población de Cuba un mosaico multicolor. La región de Oriente se distinguía de las otras por su recia vitalidad y su espíritu independiente pero dentro de sus marcos existían regionalismos locales también. En Oriente y Camagüey ya se habían dado síntomas de agitación revolucionaria separatista. En Yara, durante las fiestas de San José, en 1866, se dieron vivas a Cuba Libre y se hicieron brindis por la Independencia. En Santiago de Cuba varios jóvenes bayameses recorrieron las calles en tropel montado dando gritos de *¡Viva Cuba Libre!* y creando una alteración del orden gravísima en ese mismo año de 1866. En Puerto Príncipe ocurrieron disturbios entre criollos y españoles el día de San Juan y para calmar los ánimos el Gobierno restituyó la Audiencia que había sido suprimida por Concha. El gobierno colonial tenía control absoluto de sus fuerzas armadas pero los *criollos*, ya definiéndose en *cubanos*, no contaban ni con armas ni con hombres experimentados en ellas para organizar una rebelión que tuviese probabilidades de éxito, según pensaban aquellos que entonces, como ahora, hacían depender el triunfo en el número y calidad de los armamentos y no en el valor y la decisión de los hombres que los empuñan porque miden a los demás a través de su propia indecisión o cobardía.

La clase terrateniente criolla ejercía una función formativa de la conciencia cívica de sus conciudadanos porque era la de más elevada cultura, porque conocía los diferentes regimenes políticos y porque deseaba una vida de libertad y de decoro en su país. Pero la cruda realidad era que tan sólo una minoría de esa clase tenía una estrecha vinculación con las demás clases sociales criollas, pero esta minoría era efectiva porque estaba en posición de influir sobre los otros grupos que, al igual que ella, estaban vinculados a la tierra, o séase los campesinos libres, blancos y de color, quienes en 1867-68 componían una clase sobria, sufrida y apegada a sus predios y a su región, que conocía palmo a palmo en todos sus vericuetos y fuentes de recursos naturales y quienes sentíanse más afines y con cierta comunidad de intereses hacia los terratenientes criollos que con los campesinos canarios pues de los primeros recibían las influencias morales e ideológicas libertadoras en los ámbitos de las logias masónicas y en los círculos conspirativos. Ningún mejor tributo a la labor organizativa de los conspiradores que las palabras de un enemigo, Lersundi, tal como lo dejó escrito en su *Memoria de mi mando en Cuba* y que literalmente transcribimos:

«*Por entonces y en virtud de tales novedades, la Isla entera se vio poblada de periódicos que publicaban descaradamente doctrinas incendiarias; la enseñanza pública costeada por el Estado desde la Universidad hasta la última escuela de aldea, convertida en una conspiración constante contra la unidad nacional; aún a los obreros más rudos, sin distinción de colores, se les daban lecturas encaminadas al mismo fin, consiguiendo con tan diabólicos planes y sistemas, minar por su base dos de los más robustos pilares en que se fundaban el poder de España y el sosiego de esta provincia: la gente libre de color y los campesinos, o guajiros, como aquí se les llaman...*»

El panorama general de Cuba estaba enmarcado, frente a los patriotas, en un fondo de azúcar, esclavos e integristas. Los azucareros, en su mayoría, no tenían otro interés que el de sus ingenios y sus cañaverales, no importaba cual fuese su origen territorial, y por tanto estaban totalmente opuestos a una revolución que acarrearía el incendio de las plantaciones y bateyes y que inevitablemente conduciría a la abolición de la esclavitud que era base de la industria y de sus riquezas y preferían en todo el tiempo el servilismo a España a la honrada miseria de la guerra libertadora. Los esclavos, embrutecidos y encadenados, tendrían que ser liberados de su coyunda por la fuerza de las armas, antes de que pudiesen incorporarse a las fuerzas insurrectas. Los integristas, españoles y criollos por igual, junto con sus intereses iban a defender a toda costa sus privilegios de dominadores y explotadores. Las provincias occidentales con mejores comunicaciones y apenas sin accidentes geográficos, eran el fuerte de la Colonia pues en ellas contaban con recursos humanos, económicos y militares suficientes para dominar cualquier levantamiento oriental y posterior posible invasión del resto del territorio isleño ya que en las ciudades los voluntarios harían las veces de milicia mientras las tropas regulares de línea se enfrentaban a los rebeldes. Es decir, que la logística se mostraba totalmente contraria a las posibilidades revolucionarias.

Pero la clase patricial criolla, elevándose sobre toda la inmundicia colonial en que se revolcaban nativos y peninsulares, y haciendo honor a la raza conquistadora, se dispuso al sacrificio de todos sus bienes materiales en defensa de la dignidad patria, conociendo perfectamente el carácter implacable y feroz de las guerras que libró España para prevenir la libertad de sus colonias suramericanas y estando advertida de su desventaja militar frente a las tropas de línea peninsulares y sin llamarse a engaño alguno en cuanto a las inmensas pérdidas de vidas y propiedades que la guerra significaría así como de la pobreza en que sumirían a sus familias y sin la más remota idea del tiempo que duraría la revolución ni de las probabilidades que tenían de sobrevivirla, y sin otra escuela de guerra que la guerra misma, ni más tropas que las que podría extraer y preparar de un pueblo criado en la esclavitud y el analfabetismo. El desinterés, sacrificio, abnegación y heroismo de esa clase rica criolla, gestora de la cubanidad porque rompió violentamente las barreras del color y del miedo y abrió las puertas de la gloria a los pobres de su tierra está magníficamente representada, entre otros muchos, por Francisco Vicente Aguilera, Carlos Manuel de Céspedes e Ignacio Agramonte porque depusieron, en pro de la causa de su Patria todo sentimiento de orgullo o antagonismo, por legítimo que fuesen, y lo avalaron con el sacrificio de sus vidas y de sus haciendas.

Y los hombres de pueblo que los acompañaron en la sublime empresa estuvieron todos a la altura del momento histórico que vivían pues aunque separados socialmente al estallido de la insurrección los tres sectores sometidos al vasallaje colonial, los blancos, los negros y mulatos libres y los esclavos se hermanaron en la sangre y en su bautismo de fuego adquirieron el patronímico de *CUBANOS* y borrando de un tajo todas las antiguos denominaciones de *hispanocubanos, negros de nación, afrocubanos, hijos del país* y *criollos* conque hasta entonces se les había conocido.

El alzamiento de Yara fue motivado por la conciencia que tuvieron los terratenientes, ganaderos, hacendados y campesinos blancos de que Cuba era por derecho natural su tierra de nacimiento; por la generosidad del negro y del mulato libre que con el filo del machete y el sacrificio de sus ventajas sociales iba a buscar la libertad de su hermano negro esclavizado y a ganarse el respeto y la admiración de su hermano blanco y de sus gentes salieron los colosales Maceo, Crombet, Moncada, Banderas, etc., orgullo de su Patria y honra de su raza; y por la incorporación de extranjeros que, aunque habían prestado servicio en el ejército español en su tierra natal, ahora iban a renacer en nuestro medio para conquistar méritos y laureles por medio de su ejemplar conducta y valor a toda prueba que les granjeó la admiración de los cubanos y les devolvió el afecto perdido de sus compatriotas así como les ganó la acérrima enemistad de España y de ellos los más destacados fueron Máximo Gómez, Modesto Díaz y Luis Marcano.

No fueron solamente los hombres sino la familia entera la que entró en la lucha y se hizo blanco del odio enemigo y que por tanto abonó con su sangre y con sus huesos los campos y las maniguas de Cuba. Esto es lo que expresó el historiador español Pirala —un enemigo— en sus *Anales de la Guerra de Cuba* de las compañeras de los libertadores, de la cepa que fueron Mariana Grajales de Maceo, Bernarda Toro de Gómez y Mercedes Mora de Loret:

«*Las mujeres son las que han hecho la insurrección de Cuba. Ellas, si no fueron las primeras en sentir los impulsos de la dignidad ultrajada, fueron las primeras en manifestarlo. Hablaban sin ambages, sin embozo y sin miedo; a nosotros de nuestros desmanes; a los suyos de sus derechos desconocidos y de sus deberes. Antes de la insurrección se despojaron de sus joyas para cambiarlas por hierro. Después que estalló, como las matronas de Roma y Esparta, le señalaban a los suyos el camino y les decían: "Allí esta vuestro puesto...!" Y los seguían, compartían con ellos todos los azares de la lucha, todos los rigores de la intemperie. O para dejarlos desembarazados y expeditos, volvían a las ciudades, escuálidas, casi desnudas, moribundas, viudas unas, otras con los huérfanos al pecho, secos por el hambre y las enfermedades. Habían visto también con los ojos secos, los cadáveres de sus esposos, de sus hijos... Y siempre firmes, decididas, haciendo en su interior votos fervientes al cielo por el triunfo de los suyos...*»

Las revoluciones se caracterizan, en sus principios, por un desorden organizativo; después por una marcada influencia del brazo armado sobre el elemento civil en ellas y finalmente, si triunfa, por un nuevo desorden organizacional debido a la cantidad de gente que se suma a la victoria y que alteran con su arribismo el equilibrio establecido en la lucha. No hay desviación de este esquema porque las revoluciones tienen una base de secreto y clandestinidad imprescindibles y son llevadas a cabo, generalmente, en zonas agrestes y despobladas donde las fuerzas insurrectas pueden hacer mayor y mejor uso de las desventajas conque se enfrenta el inexperto enemigo; porque la supervivencia de las tropas rebeldes está estrechamente ligada a la estricta disciplina militar y por tanto sujeta ésta a un serverísimo código de sanciones y, por último, porque para consolidar su triunfo necesita de una cooperación masiva. En el ámbito de este esquema se mueven las personas, sus pasiones, y su ancestro cosas que a veces lo hacen variar y como consecuencia de ello la revolución no triunfa. O si triunfa cae en el peligro de desvirtuar sus fines. Todas las revoluciones sufren por los conflictos de personalidades y por la falta de unidad de pensamiento político, pero estos problemas se agigantan en los países hispanoamericanos, sin distinción especial entre ellos, como un reflejo de lo sucedido siempre en España, nuestro pecado original. En la América del Sur las rivalidades entre los jefes causaron el fusilamiento de Piar por Bolívar; la casi muerte de éste en el Alto Perú (Bolivia); las controversias entre Carrera y O'Higgins en Chile; el asesinato de Sucre en Colombia, etc., por lo que en Cuba, donde se había llamado a guerra casi sin concierto, dentro de un proceso de indecisión en San Miguel del Rompe y en Muñoz, por Céspedes, aún después de haber aceptado una fecha posterior al 10 de octubre de 1868 era lógico y natural que se suscitaran recelos y se hiriesen susceptibilidades. Céspedes, en nuestro criterio, está plenamente justificado en su audacia, pues la marcha rápida de los eventos y las disposiciones de Valmaseda requerían una voluntariosa decisión que forzase los ánimos indecisos, aún al precio de parecer coactiva y ofensiva de orgullos.

Los orientales se sumaron de inmediato al pronunciamiento de Yara, aun cuando ello significó el sacrificio de la jefatura de Aguilera en favor de Céspedes, menos popular éste que aquél entre ellos pero sin duda alguna más capaz en el mando y más rápido en la acción. La toma de Bayamo consolidó el prestigio de Céspedes y estimuló a los cubanos y los aprovisionó de armas y vituallas. Su auto-nombramiento de Capitán General, su entrada en la Iglesia bajo palio, con cruz alta y ciriales, al estilo español, es tan sólo una incidencia propia de la época y del natural deseo humano de reconocimiento jerárquico. No es ahí donde hay que buscar la raíz del movimiento sino en la proclama-manifiesto hecha por Céspedes, titulada *Manifiesto de la Junta Revolucionaria de la*

Isla de Cuba, dirigida a sus compatriotas y a todas las naciones, porque en ella, desde la primera palabra hasta la última no se encuentra el más leve matiz autonómico, reformista o anexionista. Coincide en algunos principios económicos y sociales con los de Saco y los hombres del Reformismo y se inspira en los principios liberales entonces en boga, pero en la cuestión de la Independencia es absoluta e intransigentemente separatista. Los reformistas demostraron piedad hacia el esclavo pero no deseos de igualdad con él, en tanto que Céspedes proclama el deseo *«de ser libres e iguales, como hizo el creador a todos los hombres...»*, su creencia en que *«todos los hombres somos iguales...»* así como demanda *«la religiosa observancia de los derechos imprescriptibles del hombre...»* Donde único aparece conservador es en el aspecto de la abolición mediante el pago a los amos pero esto se hizo como manera de no alarmar a los terratenientes de Occidente y lograr su cooperación porque de hecho Céspedes, y todos sus compañeros, dieron la inmediata libertad a sus esclavos y de éstos a los que así lo quisieron los incorporaron a las fuerzas libertadoras. Uno de ellos, Francisco Aguilera, de soldado llegó a Teniente coronel y cuando murió en combate se le tributaron cumplidos honores militares. El miedo atávico al negro y los prejuicios de trescientos años fueron eliminados por los representativos de una clase que ha sido injustamente acusada de reaccionaria por los racistas y autoapoderados líderes proletarios del presente, quienes son más esclavistas, racistas y reaccionarios que los negreros e integristas de aquella época y quienes hoy, al igual que aquellos ayer, cooperan a mantener a Cuba sometida al yugo impuesto por un invasor extranjero.

* * *

El impacto de Yara. — La Junta de Nueva York y la diplomacia americana. — Quesadistas y Aldamistas. — El Patricio. — (Octubre 1868 - Septiembre 1870)

El levantamiento oriental sorprendió a los camagüeyanos en medio de sus trajines conspirativos y sin armamento alguno acumulado, ya que se había fijado la fecha del brote revolucionario para 1869, pero esto no impidió secundar el pronunciamiento y se lanzaron a la lucha decididos a hacerle el frente a todo cuanto España les echase encima pues sabían que Valmaseda había ordenado el aislamiento de su región con el propósito doble de separarlos de los orientales y de destruirlos a ellos. La mayor dificultad revolucionaria que tendrían los bravos camagüeyanos se hallaba en la influencia que había tenido el anexionismo en su región y el conservadorismo de su sociedad, que confiaba más en los arreglos pacíficos entre Cuba y España, virtud al cambio político producido en ésta por el derrocamiento de Isabel II y el ascenso al poder de Serrano, que en el lenguaje de las armas. El clima de indecisión se vio incrementado por la actitud pacifista de quien había sido nombrado nada menos que jefe de la insurrección, Napoleón Arango, quien hacía el juego a los que trataban de frenar la revolución por medio de promesas de reformas hasta que Mora y Agramonte destruyeron los rejuegos pacifistas con sus inflamados alegatos, de uno de los cuales extraemos estas vibrantes palabras del Bayardo: «*Acaben de una vez los cabildeos, las torpes dilaciones, las demandas que humillan: Cuba no tiene más remedio que conquistar su redención arrancándosela a España por la fuerza de las armas...*» Napoleón Arango se vio forzado a renunciar y se constituyó el Comité Revolucionario del Camagüey que dispuso inmediatamente varias acciones militares, efectuadas a puro pecho descubierto, hasta que llegó la expedición del Galvanic con el general Manuel de Quesada a la cabeza de un grupo de fogosos jóvenes occidentales, compañeros de clase y amigos de Agramonte, que luego darían lugar a incontables incidentes con los orientales, por cuestiones de índole asamblearia y legalista.

Las gestiones pacifistas del general Dulce fueron rechazadas por la Junta Revolucionaria oriental y por el Comité camagüeyano, pero Napoleón Arango y sus cófrades lograron atraerse a Augusto Arango, hermano de aquél y jefe revolucionario militar, quien sin contar con la aprobación del Comité ni habérselo comunicado, se dirigió a Puerto Príncipe bajo salvoconducto español para allí ser vilmente asesinado por los voluntarios, originándose con ello el fin de las pláticas mediacionistas. El Comité, influenciado por la juventud, decidió convertirse en una Asamblea de Representantes del Centro que se opondría al programa cespedista del mando único y que procedió a decretar la abolición total de la esclavitud aunque también prometiendo la oportuna indemnización a los dueños; a crear una Corte Marcial imitando la de la Revolución Francesa y a enviar una comunicación al Presidente Grant recabándole su apoyo y en la cual se insinuaba una anexión al estilo de la de Texas con estas palabras: «*...y cuando según el deseo bien manifestado de nuestro pueblo, la estrella solitaria que hoy nos sirve de bandera, fuera a colocarse entre las que resplandecen en la de los Estados Unidos sería una estrella pálida y sin valor*», comunicación que Grant no contestó y que luego se archivó y quedó olvidado su desvarío anexionista que nunca se ha sabido si fue interesado o tan solo un anzuelo cebado que se tendió a Grant para ver si mordía y prestaba su ayuda a la insurrección pues no hay documentos que así lo aclaren o no han sido hallados hasta el presente.

De hecho existían dos gobiernos revolucionarios en Cuba: uno en Oriente y otro en Camagüey, ambos con aspiraciones a ser reconocidos en el país y en el extranjero como legítimos representantes de la República en Armas. Los jóvenes occidentales se situaron junto a Agramonte en tanto que la Junta Revolucionaria de La Habana, dirigida por Morales Lemus, se solidarizaba con Céspedes. En medio de estas querellas, característicamente cubanas, el Ejército Libertador iba formando sus cuadros al mando de oficiales cubanos con experiencia militar en la guerra de México contra Maximiliano, en la de Secesión Americana y en el Ejército Español y de algunos extranjeros, europeos, americanos y dominicanos quienes habían sin reservas abrazado la causa de la Independencia.

Las noticias de los triunfos orientales enardecieron a los villareños quienes, sin armamentos ni organización miliatr, crearon un comité insurreccional, establecieron contacto con la Junta Revolucionaria de La Habana y se lanzaron a la manigua capitaneados por el oficial polaco Carlos Roloff y por Miguel Jerónimo Gutiérrez. Los villareños se situaron del lado de Céspedes, y contaban con la promesa del suministro de material de guerra proveniente de los Estados Unidos. Las provincias occidentales, Pinar del Río, Habana y Matanzas tuvieron asonadas libertadoras que fueron ahogadas en sangre en sus mismos comienzos y entonces sus esfuerzos se dedicaron al *laborantismo* en una forma tal que tuvo caracteres alarmantes para la Colonia y que mantuvo ocupados a grandes contingentes armados españoles que de otra forma hubiesen ido a combatir a Oriente El Occidente, privado de hacer la guerra en los campos, hizo su contribución a la causa por medio de formas muy efectivas, tales como la incorporación de numerosos jóvenes a las filas insurrectas, la organización de clubes, comités, juntas y otras organizaciones en los Estados Unidos y algunas Repúblicas hispanoamericanas. La guerra, aunque no intensa, era total en Cuba.

El impacto de Yara sobre la sociedad cubana fue tremendo, pues su secular indolencia y su alejamiento de las luchas cívicas le produjo un sacudimiento cataclísmico y le despertó un pánico que se tradujo en la huida masiva al extranjero. Los desmanes de los voluntarios en las ciudades y de los guerrilleros en los campos, unidos a las bárbaras medidas de Valmaseda y a las deportaciones a los presidios españoles en África, así como el embargo de los bienes a toda persona acusada de separatista, provocó un éxodo que sólo puede compararse con el que estamos presenciando producido por el comunismo. El integrista Justo Zaragoza, Secretario del Gobierno escribió en *Las Insurrecciones en Cuba* lo siguiente acerca de este fenómeno migratorio: «*Presentóse entonces el espectáculo de una emigración tan considerable y verti-*

ginosa que hubo días en que se disputaron los pasajes con violencia y se llenaron hasta las bodegas de los numerosos buques que salían de La Habana con rumbo a los puertos próximos del continente o de las islas vecinas de dominio extranjero. De todos los puntos de Cuba acudieron presurosos a la capital los fugitivos; no siendo aventurado el calcular que por el puerto de La Habana se embarcaron mensualmente de dos a tres mil familias, de más de cinco individuos cada una, en el tiempo transcurrido de febrero a septiembre de 1869; y pudiendo asegurarse que más de cien mil habitantes, o sea la doceava parte de la población, abandonaron sus hogares para vivir fuera de la Isla...»

* * *

Como consecuencia de los desafueros de los voluntarios en la ciudad de La Habana, en esta época, se produjo la prisión de un adolescente, hijo de españoles, cuya personalidad e influencia ideológica serían decisivos en las posteriores generaciones cubanas. El jovencito era discípulo de Rafael María Mendive y a los 16 años fue enviado a cumplir una condena de trabajos forzados en las canteras de San Lázaro. ¿Su nombre? José Julián Martí y Pérez.

* * *

El proceso revolucionario que se desarrollaba en Cuba tenía dos fases principalísimas: la dirección política de la Revolución y el mando de sus Fuerzas Armadas. Esto no se diferencia en nada de los problemas similares en todas las revoluciones pero en Cuba se complicaba por el hecho de que los líderes políticos no tenían, generalmente, experiencia parlamentaria y que los generales carecían de experiencia militar. En casi todos los casos conocidos recaía en la misma persona el doble cargo de líder político y militar porque dentro de aquella improvisación acelerada subsiguiente a Yara se dieron multitud de grados superiores, casi siempre de acuerdo con el número de hombres aportados a la lucha, impidiendo esto el desarrollo metódico de las fuerzas libertadoras y haciendo imprescindible su reorganización. Esto únicamente podían hacerlo los extranjeros que con el carácter de voluntarios se habían sumado a la lucha y quienes tenían experiencia militar pero en aquellos momentos eran solamente sargentos y alféreces y por lo tanto imposibilitados jerárquicamente para hacerlo.

En el orden político sucedía más o menos lo mismo. La existencia de dos Gobiernos independientes, el carácter regionalista y casi feudal que estaba tomando la Revolución, las diferencias entre orientales y camagüeyanos representados, respectivamente, por Céspedes y Agramonte, estaban decantando en personales antagonismos entre estos insignes patriotas. En diciembre de 1868 se reunieron Céspedes y Agramonte en Guáimaro sin que se resolvieran las rivalidades y la situación de tirantez se agravó cuando el Comité Revolucionario del Camagüey, en febrero de 1869, respondió a una comunicación de la Junta Revolucionaria de La Habana en los siguientes términos: «*No dependemos del ciudadano Céspedes, como parece creer esa Junta, pues estamos resueltos los camagüeyanos a no depender jamás de dictadura alguna ni a marchar por el sendero que ha trazado la primera autoridad del Departamento Oriental...*»

Posteriormente, Mora y Agramonte se trasladaron a Oriente y en una reunión trataron de convencer a Céspedes de que aceptase los puntos de vista camagüeyanos. Aunque la entrevista fue cordial y que ambos caudillos, Céspedes y Agramonte, acordaron ayudarse militarmente (Céspedes cedió al general dominicano Heredia a los camagüeyanos y Agramonte envió a los orientales 400 carabinas de la expedición del Galvanic) no llegaron a un entendimiento final pues ambos persistieron en sus ideas de como llevar a cabo la guerra: Céspedes centralizando los mandos; Agramonte poniéndolos en manos de un cuerpo colegiado. La discrepancia de ideas y el conflicto de personalidades, así como el efecto que tuvieron en las representaciones cubanas en el extranjero, tenían su raíz en el individualismo peculiar del cubano y, sobre todo, del efecto que sobre éste había tenido el medio en que habitaba, saturado de miedo y a la vez pletórico de esperanzas, que magistralmente describe el doctor Ramiro Guerra en su monumental obra *La Guerra de los Diez Años* y que es una copia al carbón de la situación cubana presente:

«El cubano no había podido discutir abierta, libre y francamente en asambleas y reuniones populares, ni en corporaciones u organismos plenamente representativos, ninguno de los problemas, grandes o pequeños, de interés común al país. Habían tenido que actuar en pequeños grupos de amigos y conocidos de íntima confianza; en conciliábulos secretos de las logias masónicas, absteniéndose de hablar demasiado alto y con toda franqueza. En cuanto al derecho del sufragio, nunca lo había ejercido, en general, ni se hallaba en condiciones de apreciar su valor y su positiva efectividad en una democracia. En condiciones de impreparación tan evidentes, el estallido insurreccional echó por tierra todas las barreras de contención levantadas en la Colonia para la expresión de las ideas. De un día para otro, el cubano insurrecto se halló en posición de lanzarse a la política en plena y absoluta libertad. Sin etapa preparatoria alguna, pasó al más libre uso de los derechos ciudadanos. La inevitable consecuencia fue que en el desordenado y agitado ambiente creado por la insurrección, la desconfianza, la

violencia y el apasionamiento estuvieron a la orden del día. En el orden político las enseñanzas y experiencias del pasado eran de carácter negativo para el cubano. Imperaba la idea de que había que estar constantemente prevenido contra los abusos de los gobernantes y de cuantas personas se hallaban investidas de alguna autoridad, dado que siempre se hacía mal uso de la misma. Era imperativo desconfiar a priori de cuantos ejercieran funciones públicas. Debía vigilárseles de cerca, no dejarse engañar por las apariencias ni aceptar de primera intención declaraciones de buena fe y de rectitud de propósitos que podían ser totalmente insinceras. Céspedes, como los demás jefes de la Revolución, estaba llamado a sufrir las consecuencias de tales prevenciones. No podía dejar de ser víctima de la inexperiencia política del pueblo cubano ni de las pésimas enseñanzas recibidas por éste...»

* * *

Ninguna revolución hecha por una minoría puede sostenerse con sus recursos iniciales, sino que tiene que ser aprovisionada desde el exterior mediante expediciones navales, si se trata de una isla, porque las balas se agotan rápidamente y necesitan ser repuestas abundantemente así como los patriotas indispensablemente deben ser suministrados con armamentos pues la propia ley de supervivencia así lo requiere. Los mambises del 68 y del 95 no fueron excepciones a esta regla, como no lo fueron los rebeldes del 52 ni lo son los libertadores actuales, y de inmediato sus simpatizantes se dieron a la tarea de prepararles alijos de armas y de conseguirles simpatías extranjeras y lograrles captaciones de dinero. Pero estas nobles gestiones, como todas en las que intervienen cubanos de opuestos criterios, tuvieron grandes inconvenientes para realizarse, tanto por las contradicciones internas del movimiento libertador como por la tortuosa conducta de los regentes de la política exterior americana.

* * *

Apenas comenzada la insurrección, Céspedes hizo esfuerzos por asegurarse el apoyo de los emigrados cubanos y atraerse las simpatías de los gobernantes americanos con el objeto de obtener de éstos si no ayuda por lo menos imparcialidad. Envió a José Valiente a Nueva York a coordinar labores con el Comité de Patriotas y la Sociedad Republicana de Cuba y Puerto Rico allí existentes desde los intentos de la década del 50, lo que coincidió con la misión encomendada a Francisco Javier Cisneros por la Junta Revolucionaria de La Habana de comprar armas y pertrechos. Éstos y posteriores desajustes en las misiones que se encomendaban eran debidos a que en 1868 no existían facilidades de comunicación que permitiesen un contacto rápido y directo entre los insurrectos y las emigraciones. La Junta de La Habana estaba integrada por cubanos de muy elevada cultura y posición económica y quienes eran muy conocedores de la situación interna de la Isla y de los problemas internacionales de la diplomacia y había ya, con autorización de Céspedes, nombrado comisionados en Nassau, Nueva Orleans, Cayo Hueso y Santo Domingo así como designado un Enviado que, de acuerdo con Valiente, se entendiese con las autoridades norteñas y estableciese un frente diplomático Washington-Madrid tendiente a lograr el reconocimiento de la Independencia de Cuba. Esta designación recayó en Morales Lemus después que éste escapó de La Habana en compañía de Echeverría y de Bramosio.

La presencia en Nueva York de personajes tan influyentes y distinguidos, ex-reformistas, suscitó recelos entre los antiguos miembros del Comité y la Junta quienes de inmediato propusieron la disolución de la Junta habanera y su integración en la ya constituida representación neoyorkina, a lo que se opuso Morales Lemus aduciendo que lo urgente era constituir una Comisión Directa Ejecutiva formada por varios miembros y con un Presidente facultado para tomar decisiones vitales y secretas sin tener que ser discutidas, por su carácter urgente, en consulta con todo el Comité. Los debates de estas cuestiones fueron caldeados pues unos y otros se consideraban propiamente facultados por Céspedes y era imposible una consulta rápida con éste para decidir la cuestión, hasta que el asunto quedó reducido al problema de la designación del Presidente de ese frente. Valiente y el Comité, en un sublime gesto de desprendimiento patriótico, hicieron renuncia de sus legítimos derechos, en pro de la unidad, y quedó constituida la Junta General Republicana de Cuba y Puerto Rico bajo la presidencia de Morales Lemus. La conducta de Valiente al renunciar a su representación para que ésta pasase a Morales Lemus fue muy aplaudida en el campo revolucionario en Cuba. El general Donato Mármol, amigo y coterráneo de Valiente que había gestionado su nombramiento escribió a éste en su nombre y en el de la Revolución:

«El acto generoso y patriótico que usted refiere sencillamente, de haber resignado sus poderes y facultades en manos del C. José Morales Lemus por considerarlo superior en inteligencia e instrucción es no sólo digno de elogio, sino una prueba satisfactoria de que existen entre los hijos de Cuba verdaderos republicanos. Esta bellísima acción debe servirnos de ejemplo para que nunca pongamos en peligro nuestra República naciente por necias ambiciones personales. Yo me complazco en hacerla pública, tanto porque

sirve de lección, cuanto por el honor que recibimos los que tenemos la dicha de ser amigos de usted...»

Céspedes entonces nombró a Morales Lemus Enviado Extraordinario y Ministro Plenipotenciario de la República de Cuba en los Estados Unidos de América, Apoderado General del Gobierno de la misma, Agente de la Revolución y Presidente de la Junta Central Republicana de Cuba y Puerto Rico. El primero de los cargos era una irregularidad porque todavía existían en Cuba dos Gobiernos que se disputaban la legitimidad. Los otros eran cargos que se habían ostentado con anterioridad o que se creaban. Esto ocurría en los momentos que en Guáimaro se celebraba una Asamblea para unificar la Revolución en un solo mando o gobierno que todos acatasen y en ella se ratificó a Morales Lemus. En forma de no quebrar nuestra secuencia historiológica, trataremos separadamente los eventos ocurridos en la Asamblea de Guáimaro.

En el orden expedicionario la Junta tuvo un formidable éxito al hacer llegar a Cuba la expedición del *Perrit*, conducida por Javier Cisneros y al mando del general americano Thomas Jordan, graduado de West Point y antiguo Confederado, con un grupo de americanos, venezolanos y peruanos así como a 300 cubanos que trajeron con ellos 4.000 fusiles, varios cañones y cerca de medio millón de tiros. Entre los expedicionarios vinieron el peruano Leoncio Prado, que llegara a General y el americanito Henry Reeve, *El Inglesito*, quien fuera después legendaria figura sirviendo bajo Agramonte y Máximo Gómez. Esta expedición y la posterior del *Anna* hicieron posible enfrentarse con éxito a las superiores fuerzas españolas. Desafortunadamente, los contratiempos presentados por la diplomacia americana hicieron prácticamente imposible después los envíos de armas a los insurgentes.

Si durante el período de 1805-55 los criollos habían enfrentado las ambiciones territoriales de Francia, Inglaterra y los Estados Unidos y el coloniaje español, ahora los prospectos revolucionarios de los cubanos lucían más halagüeños porque el nuevo Presidente americano, Grant, era un anti-esclavista y un republicano y además la Cámara de Representantes había mostrado sus simpatías por la causa cubana. Pero pronto habrían de quebrarse sus ilusiones pues la Casa Blanca ajustaría su política respecto de Cuba de acuerdo con lo que consideraba su conveniencia económica y su seguridad territorial y no con los ideales de democracia republicana que decía representar. También eran favorables a Cuba los problemas que España tenía en aquellos momentos con varias naciones suramericanas. Morales Lemus se ganó el afecto del general Rawlins, Secretario de la Guerra del gabinete de Grant, quien le llevó a ver al Presidente y ante el cual expuso la situación de la Isla y las esperanzas que tenían cifradas en los Estados Unidos sus esclavizados habitantes. Grant le encareció a que siguieran resistiendo pues podrían estar seguros que obtendrían de él mucho más de lo que esperaban. Pero no fue así pues ante la disyuntiva de tener que escoger entre el reconocimiento de la beligerancia cubana y con ello descalificar una reclamación de cuatro millones de libras esterlinas a Inglaterra por los daños causados por el crucero confederado *Alabama* mediante cuya suma los Estados Unidos aspiraban a adquirir todo o parte del Canadá, Grant dio prelación al caso británico y prefirió escuchar a su Secretario de Estado Hamilton Fish, y no al general Rawlins.

Después de la expedición del Galvanic, España ordenó a un astillero americano la rápida construcción de 30 lanchas cañoneras para custodiar las costas cubanas. La Junta, con la cooperación del Perú y de la Cancillería americana, que entonces hacía presión sobre España respecto a Cuba, logró una retención de su entrega pero Grant ordenó su remesa a España y ésta las dedicó de inmediato a perseguir y capturar a los arriesgados expedicionarios que iban en socorro de los insurrectos. Con la muerte del general Rawlins la causa de Cuba perdió un amigo americano que no encontraría hasta 1895 en la persona de Horacio Rubens. Para agradecimiento nuestro y honra de la nación americana, en su lecho de muerte, preguntado si le quedaba algo que quisiera decir, Rawlins se expresó así:

«*Sí, tengo algo más que decir. Ahí está Cuba, la desgraciada Cuba, hoy combatiendo. Deseo que le prestéis vuestro apoyo. Cuba debe ser libre. Su tiránico enemigo debe ser aniquilado, y no sólo Cuba, sino todas las demás islas sus hermanas, deben ser libres. Esta República es responsable de ello. Juntos hemos trabajado. Ahora corresponde a vosotros velar por ello...*»

Presionados, o influidos, por la opinión pública y el Congreso, Grant y Fish se inclinaron por una mediación entre España y Cuba la que fue aceptada por Morales Lemus basada en las siguientes condiciones: España reconocería la Independencia de Cuba y ésta, a su vez, pagaría a aquélla una suma en compensación del completo abandono por la Metrópolis de todos sus derechos sobre la Isla, inclusive las propiedades públicas de todas clases. De este modo los Estados Unidos no tendrían que reconocer a Cuba su beligerancia y a la vez satisfarían los deseos de sus ciudadanos respecto de Cuba. El Gobierno de Prim dio largas al asunto y cuando se convenció de que los Estados Unidos no se proponían llegar a la guerra con España por la cuestión de Cuba altaneramente declaró que «*España podía ser vencida pero no deshonrada, y era un deshonor para España concederle la Independencia a Cuba...*» con lo que quedó finiquitada la mediación. Treinta años después de este exabrupto ibérico, España fue vencida y quedó deshonrada. Cuba fue independiente por el esfuerzo de sus hijos y los Estados Unidos se vieron forzados a intervenir en la cuestión gracias a la voluntad de su pueblo expresada en la Resolución Conjunta.

La recaudación de fondos se hizo difícil a la Junta porque los exiliados habían sido empobrecidos por los embargos españoles de sus propiedades en Cuba. El Gobierno en Armas trató de obtener fondos mediante una emisión de bonos con interés, aprobada por la Cámara, que se elevó a la suma de $ 50.000.000,00, de los cuales se vendieron algunas cantidades con gran depreciación pero pronto perdieron su valor por la negativa estadounidense a reconocer la beligerancia cubana. La muerte de Morales Lemus, precipitada por la angustia que le produjo la proclama de Grant sobre Cuba, produjo el ascenso de José Manuel Mestre a la presidencia de la Junta, previa la debida autorización de Céspedes. La proclama de Grant fue motivada por una parte por la presión que sobre la Casa Blanca ejercían las protestas del Ministro español en Washington y las de los periódicos a la paga de España que insinuaban que los cubanos trataban de sobornar a Congresistas; y por otra parte por las arengas simpatizantes de la prensa liberal a favor de Cuba, por las actividades filibusteras de los clubes de cubanos y americanos en muchas ciudades de los Estados Unidos y por las impugnaciones al aislamiento yanqui por parte de Congresistas opuestos a la política de Grant y Fish.

La proclama de Grant, rompiendo todo precedente histórico y parlamentario, iba encaminada a cortar de raíz en los cuerpos colegisladores americanos la discusión de los asuntos cubanos y a paralizar y anular cuantos esfuerzos habíanse hecho en ambos cuerpos en favor de los insurrectos. Los términos de dicha proclama, al ser leídos en el Senado, fueron calificados por el Senador por Ohio, Thurman, así: «*Más bien que una proclama dirigida al pueblo de los Estados Unidos para impedirle mezclarse en los problemas de Cuba, era un imperativo mandato a los cubanos a rendirse y deponer las armas...*» Y en ella, de esta forma deprimente se describía a los emigrados cubanos:

«*Durante todo el curso de la lucha se ha hecho una llamativa exhibición por un número considerable de cubanos que han escapado de la Isla y evitado los riesgos de la guerra. Congregados en este país, a salva distancia de la escena del peligro, tratan de hacer la guerra desde nuestras costas, procuran incitar y lanzar a nuestro pueblo a una lucha que ellos evitan y realizan esfuerzos en contra de la ley para envolver a este Gobierno en complicaciones y posibles hostilidades con España. Difícilmente puede caber duda de que es ese el objeto por ellos perseguido, encubierto cuidado-*

samente bajo la engañosa apariencia de una plausible demanda por el reconocimiento de la beligerancia...»

* * *

¿Era enteramente injusto el Presidente Grant en sus apreciaciones acerca de los exiliados y sus actividades? No, no lo era. Era sí, muy cierto, que se extralimitaba y llegaba al insulto en la proclama pero es tan doloroso como honesto el tener que reconocer que los ejemplos de la conducta, disciplina y discreción de nuestros compatriotas dejaba mucho que desear y no comandaba el respeto de las autoridades. Las discordias entre los grupos de emigrados servían de excusa a Hamilton Fish para combatirlos.

* * *

La proclama de Grant hizo que Mestre se dirigiese a Céspedes y obtuviese de éste su aprobación para alterar la representación de Cuba en los Estados Unidos. Mestre pasó a ser tan sólo *Comisionado* y Miguel Aldama disolvió la Junta Central Republicana de Cuba y Puerto Rico y tomó a su cargo los trabajos de la Agencia General, todo con el propósito de no infringir las leyes americanas y de reducir al mínimo las fricciones entre los emigrados. Aldama había hecho contribuciones personales que pasaban de $ 200.000,00 y de su peculio particular mantenía numerosas familias desterradas. Las divisiones que en aquellos momentos, como veremos después, estaban ocurriendo entre los patriotas en Cuba iban a tener su reflejo en la emigración. En cuanto llegó a los Estados Unidos el general Manuel de Quesada, después de su deposición como General en Jefe por la Cámara de Representantes, con una misión encomendada por Céspedes para que tratase de enviar a Cuba expediciones armadas, los problemas se hicieron más complicados y difíciles. Quesada exageró la importancia de su misión, pero Aldama puso a su disposición todos los recursos de la Junta. No obstante eso Quesada nombró a Castillo, enemigo éste de Aldama, como Tesorero de la Junta y partió para Washington a continuar su encomienda de captación de simpatías oficiales por mediación de Domingo Ruiz, quien le presentó a los Secretarios de Guerra y de Marina, al almirante Porter, al general Sherman y finalmente al propio Presidente Grant. Inexplicablemente Quesada antagonizó a Grant con su verborrea y su fanfarronería, llegando al colmo de la estupidez cuando en forma jactanciosa y sin recato le dijo al Presidente americano que de un golpe había fusilado a 650 prisioneros españoles antes que cuidarlos y alimentarlos, cosa que era totalmente falsa y a la que la prensa americana se encargó de darle amplia publicidad con el consabido horror de sus lectores y un daño muy costoso para la causa revolucionaria cubana. Los motivos humanos que indujeron a Céspedes a confiar una misión de tal naturaleza a Quesada aparecen en la relación correspondiente al campo revolucionario, en la página 137.

Nicolás Azcárate, quien había sido miembro de la Junta de Información con Morales Lemus, logró la autorización de Segismundo Moret, Ministro de Ultramar, para realizar gestiones pacifistas en Nueva York con los antiguos reformistas que ahora eran miembros de la Junta Revolucionaria de Nueva York. Las proposiciones de paz presentadas por Azcárate fueron rechazadas por la Junta Cubana por no creerlas bien inspiradas por la Metrópolis, ni aún con la garantía del Gobierno americano porque el yerno de Hamilton Fish era abogado de la Legación española en Washington. Azcárate se comunicó con su viejo amigo, el poeta Juan Clemente Zenea, y éste con manifiesta irresponsabilidad se comprometió a viajar a Cuba en misión pacifista. Fue provisto de amplios fondos y de un salvoconducto del Ministro español en Washington ordenando a las autoridades de la Isla su libre tránsito. Zenea habló en Cuba a Céspedes de las proposiciones de paz pero sin identificarse como un mensajero oficial de las mismas y Céspedes le contestó tajantemente *«que le dijera a Azcárate que no se empleara en una obra tan indigna de un cubano...»* Zenea volvía de su fracasada misión, acompañando a la esposa de Céspedes a los Estados Unidos cuando fue apresado por los españoles. Azcárate hizo saber a las autoridades coloniales la autenticidad del salvoconducto pero el haberle encontrado a Zenea varias comisiones de Céspedes para la Junta de Nueva York fue suficiente para que Valmaseda, cediendo a la presión de los voluntarios lo fusilase.

El peligrosísimo doble juego de Zenea, sin estar capacitado con inteligencia o mala fe para ello, agravó aún más la grave situación del exilio porque durante su proceso tanto la prensa española como los agentes de Madrid en los Estados Unidos propalaron la especie de que Mestre y Aldama estaban de acuerdo con las proposiciones de paz de que era portador Zenea y esto influyó en el ánimo de muchos emigrados para acusarlos de traidores. La principal animadora de esta intriga fue la Liga de las Hijas de Cuba, organización femenina de extraordinaria intransigencia presidida por una gran patriota, Emilia Casanova de Villaverde, pero quien era enemiga acérrima de la Junta, de Mestre y de Aldama y que con implacable celo aprovechó la presencia de la esposa de Céspedes en una sesión de la Liga para tomar los más ofensivos acuerdos, destacando la presencia de la señora Céspedes con una tendenciosa significación política de respaldo. El más vitriólico de los acuerdos rezaba así: *«Los ciudadanos Mestre y Aldama deben considerarse cómplices y principales responsables en la negra traición de Zenea, por haberle facilitado las cartas de recomendación con las cuales pudo llegar a la presencia del Presidente y engañarle vilmente, pasando por comisionado de aquéllos para dar informes verbales; y que,, como tales cómplices, no merecen la confianza de los patriotas cubanos...»*

Aldama, altamente ofendido, renunció irrevocablemente a su cargo en carta a Céspedes, pero éste le contestó en términos elevados y manifestándole su pesar porque involuntariamente su esposa hubiese contribuido a ahondar las diferencias que eran desprestigio de la Revolución en el extranjero. Aldama disolvió la Agencia y constituyó la Sociedad Auxiliadora de Cuba, con la aprobación de Céspedes, y aunque siguió dando todo su concurso a ésta, ya de hecho la organización exterior de la Revolución estaba herida de muerte, dividida entre *aldamistas* y *quesadistas*. Sin representación oficial en los Estados Unidos quedaba el Gobierno en Armas y para colmo de desgracias el caso Zenea iba a ser utilizado por los enemigos de Céspedes, apoyándose en la cizaña de la Liga, para deponerle, como más adelante veremos, acusándole de estar en contubernio con Quesada, de quien era cuñado, para que éste volviera con una fuerte expedición que le ayudase a convertirse en dictador. Céspedes intentó un supremo esfuerzo por lograr un entendimiento entre la emigración y envió al Vicepresidente Aguilera en una misión que rectificase su error de haber confiado en Quesada y que uniese a aldamistas y quesadistas ya que Aguilera, además del alto cargo que ocupaba, no era un incondicional suyo y era un patricio, persona de altos quilates morales a quien todos debían respeto y estarían obligados a ofrecerle el más amplio concurso.

Aguilera fue recibido en Nueva York con grandes muestras de alegría y de inmediato Aldama y Mestre renunciaron a sus cargos de Agente y Comisionado, respectivamente, que pasaron a ocupar Aguilera y Ramón de Céspedes. Quesada y sus amigos procedieron en igual forma que Aldama y Mestre: hicieron traspaso a los nuevos comisionados de los vapores Virginius y Florida así como de cantidades de armas y pertrechos que estaban situados en distintos lugares del continente. Aguilera pronto se vio imposibilitado de llevar a cabo los planes a él encomendados pues el haberse mantenido equidistante de las facciones en pugna le granjeó la enemistad de ambas y sufrió desencanto tras desencanto en sus gestiones cerca de las esferas oficiales americanas, así como también fallaron las diligencias del general Jordan, el general Ryan y de Echeverría con el Senador Banks en pro del reconocimiento de la beligerancia cubana por los Estados Unidos, y las de Bravo en Perú por un empréstito. A todo esto vino a sumársele la última copa de amargura: la Cámara de Representantes americana rehusó pasar una resolución sobre la beligerancia cubana presentada por el congresista Voorhees. La desesperación de Aguilera quedó grabada en su Diario:

«Este último golpe me ha dejado completamente desconcertado, calculando que la ruina de mi pobre patria es inminente, a menos que Dios haga un milagro. Nuestro crédito se hundirá, no sólo entre los extraños, sino entre los mismos cubanos pudientes, los que a pesar de la esperanza de la beligerancia se muestran tan reacios. Y mientras tanto, nuestros pobres hermanos en Cuba, abandonados del mundo entero, sin un tiro con que defender sus vidas, a merced de nuestros implacables enemigos, no tendrán más remedio que sucumbir; los fuertes, en la pelea, y los débiles entregándose a la saña de la cruel opresión, que no los dejará con vida mucho tiempo. ¡Oh! Este día es el más atroz que he pasado aquí, y tal vez el más fatal de toda mi vida...»

Aguilera se trasladó a París con la idea de lograr la cooperación de la colonia cubana allí pero nada logró de provecho tampoco. Un año entero estuvieron sin recibir ayuda los insurrectos cubanos y esto desbordó la amargura en Céspedes contra los emigrados hasta el punto de escribir en su Diario: *«No hemos recibido ni un gramo de pólvora, ni un fusil, ni un hombre, y en cambio los enemigos han recibido de todo en abundancia...»*; y, *«A juzgar por las cartas que escriben los emigrados nos llegarán pronto grandes recursos y se realizarán altas combinaciones diplomáticas para resolver la cuestión cubana en sentido que favorezca nuestras miras. Todo eso viene escrito con frases retumbantes y sibilíticas que ya para nosotros han perdido la novedad y el crédito. Armas y pertrechos, desembarcados en nuestras costas es lo que queremos; y allá se queden las lisonjas y las magníficas promesas, con las que ninguno de nuestros soldados puede cargar su rifle...»*

* * *

Aguilera regresó a los Estados Unidos y allí murió, en la mayor penuria económica, aquel rico terrateniente que todo lo había noblemente sacrificado por su Patria. Pero no sin que antes se viese envuelto en otra controversia que no relatamos aquí porque ello propiamente corresponde a otros eventos históricos de la Revolución dentro de Cuba, mejor que a los de una emigración dividida en la cual la calumnia y las ambiciones de poder reinaban supremas, que ni se respetaba a sí misma ni a sus dirigentes y que, por mala fe, incapacidad, estupidez o vaya a saberse que ocultos móviles negaba el espíritu de cooperación indispensable a la sacrificada y generosa minoría de ella que, frente al egoísmo y la indiferencia, logró enviar a playas cubanas, desde diciembre de 1868 hasta septiembre de 1870, 14 expediciones exitosas en barcos de vela y vapor entre las cuales se anotaban las del Galvanic, Mary Lowell, Catherine Whiting, Grape Shot, Salvador, Perrit, Hornet, Lilliam, Herald of Nassau, George B. Upton, Jessie, Florida, Anna y Virginius. Esta minoría no solamente apropió fondos y personal para los alijos de armamentos sino que ayudó económicamente a muchas familias desamparadas, siempre perseguidos por agentes Pinkerton al servicio de España; sin comunicaciones apropiadas con la Isla; con el desfavor de las autoridades americanas y en la mayor orfandad económica imaginable.

* * *

La Asamblea de Guáimaro. — La funesta rivalidad. — La caída del Bayardo. — (1869-1873)

Adjuntas a las altibajas de los esfuerzos emigracionales por ayudar a los insurrectos, en Cuba, en lo político-militar, gestábanse complicaciones entre camagüeyanos y orientales y las cuales, como hemos leído, habían tenido su origen al verse forzado Céspedes a precipitar el alzamiento en Yara cosa que los camagüeyanos, liderados por Napoleón Arango, resintieron profundamente hasta el extremo de contestar éste a Céspedes su solicitud de apoyo diciéndole *«que dado que no había vacilado en llevar adelante su idea de precipitar la Revolución, no obstante la opinión en contrario del Camagüey, suya sería toda la responsabilidad porque los camagüeyanos no le secundarían y culpable sería él, Céspedes, ante la posteridad de los males que el lanzar a destiempo la insurrección le acarrearía a Cuba...»*

La viril actitud de Mora y Agramonte, antes relatada, dio al traste con lo que luego se comprobarían eran torticeros proyectos de Napoleón Arango ya que en 1870, al presentarse al enemigo, lanzó un manifiesto contra-revolucionario que divulgó ampliamente la propaganda colonial y que perjudicó mucho la causa libertadora. A pesar de la entrevista Céspedes-Agramonte y de la mutua ayuda que se prestaron, siempre quedaron latentes ciertas diferencias de opiniones entre ambos próceres y entre ambas regiones de Cuba. Todos los patriotas de significación concluyeron que se imponía la necesidad de su solución y en la celebración de una junta al efecto de unificar los planes bélicos contra España y de sentar las bases republicanas a que todos aspiraban, escogiéndose a Guáimaro para ello por ser un lugar equidistante de las dos regiones y porque en Camagüey los hispanos estaban todavía a la defensiva y por lo tanto sus operaciones militares en gran escala eran inexistentes.

La ilusión general era el unificar el frente interno y la constitución de un Gobierno en Armas que regulara el reclutamiento y la organización del Ejército Libertador, la fundación de una república más en América que rescatase las riquezas, reivindicase el poder político cubano, fuese reconocida en el extranjero y otorgada la necesaria ayuda expedicionaria. Pero la dinámica de la política y de las ambiciones humanas no siempre se entremezclan armónicamente y la mecánica asamblearia requiere ciertas maniobras matizadas de tacto y diplomacia que fácilmente degeneran en intrigas y chanchullos, por muy honorables que sean los personajes y muy legítimas sus ambiciones. No podía ser excepción a esta regla la Asamblea de Guáimaro pues los camagüeyanos, siguiendo las normas trazadas por su Asamblea de Representantes del Centro, estaban decididos a controlarla y a ser árbitros de sus resoluciones, influidos como estaban por las ideas revolucionarias de sus jóvenes y fogosos elementos encabezados por Agramonte y en oposición a lo que consideraban conservadorismo de los orientales que encabezaba Céspedes y para lograr sus propósitos ya se habían atraído a los jóvenes villareños lidereados por Eduardo Machado y Antonio Lorda y ganado además las simpatías de Aguilera quien, aunque oriental, no tenía estrecha vinculación con Céspedes. Asimismo planearon el exigir representación para el Departamento Occidental, aunque éste no estaba en guerra, para lograr una delegación a los habaneros amigos y compañeros de Agramonte, y aunque no triunfaron en el empeño sí obtuvieron que uno de ellos, Antonio Zambrana, fuese incluido en la delegación camagüeyana. Un testigo presencial, Manuel Sanguily, describió la infatigable labor proselitista pre-convencional de Agramonte y Zambrana como *«amamantadas a los pechos de la Gironda revolucionaria, llenas de muchas hermosas arengas sobradas de lirismo y de espiritualismo político que hubiérase pensado que era el tiempo de otro Evangelio en que se confiaba la conversión y dirección de las almas a la eficacia de la palabra».* Frente a esta coalición de propósitos políticos y emoción patriótica se hallaba la delegación de Oriente capitaneada por Céspedes, mayor en número pero en manifiesta desventaja oratorial y parlamentaria.

La víspera de la reunión de Guáimaro se consumió en discusiones de última hora para ajustar los términos de la agenda y con vista a conseguir acuerdos aceptables a todos por igual. El entusiasmo de Agramonte y de Zambrana así como sus conocimientos legales les concedió el honor y la responsabilidad que entrañaba la redacción del proyecto de la Carta Constitucional. La Presidencia de la Asamblea fue otorgada unánimemente a Céspedes, tanto por su indiscutible jerarquía revolucionaria como por ser el miembro de mayor edad —contaba 52 años— y las dos Secretarías que se habían acordado establecer recayeron en Agramonte y Zambrana, representativos de la juventud. Apenas iniciada la sesión inaugural se hizo evidente el propósito de coparla que tenían los revolucionarios jóvenes y la prudente actitud que frente a ellos y en beneficio de la Revolución iban a adoptar los hombres maduros.

De acuerdo con los cánones representativos proporcionales, a Oriente le correspondía el mayor número de delegados pero Zambrana, hábil en el sofisma y orador altisonante y efectista, se irguió en irritada oposición a lo que consideraba *la tiranía del número* y voceó la irreductible oposición camagüeyana a la misma, bajo el falaz alegato de que si Oriente ejercía ese democrático derecho virtud a su población, cuatro veces mayor que la del Camagüey, a que se había alzado contra España semanas antes que éste y estado recibiendo por más de seis meses todo el peso de la ofensiva sin cuartel de Valmaseda, y lo ejercía como demostración de pujanza revolucionaria sobre los camagüeyanos, que decía eran los representantes de la democracia contra la dictadura, éstos serían víctimas de la tiranía del número. A Céspedes no pasó desapercibida la intención de Zambrana, que no expresaba en realidad una lucha de principios sino una maniobra dialéctica dirigida a asegurar para su grupo el dominio de la Asamblea, y replicó demandando una mayor representación proporcional para Oriente pero terminó por allanarse a la exigencia que claramente demostraba el concierto previo habido entre los camagüeyanos, villareños y habaneros con algunos orientales para hacer prevalecer las ideas de Agramonte respecto de la conducción de la guerra y del Gobierno, ideas que estaban motivadas, en el fondo, por un sentimiento regionalista que se disfrazaba en la forma de un incipiente anticespedismo.

Durante tres días la Asamblea sesionó y al final de ellos, tras intensos y apasionados debates, quedó aprobada la Constitución y firmada por todos los diputados, entre frenéticos aplausos del pueblo allí reunido y vestido con sus mejores galas. Se eligió como oficial la bandera de Narciso López y se constituyó la Cámara de Representantes, de cuya mesa la totalidad de los puestos fueron ocupados por camagüeyanos y villareños. El primer acto de la Cámara fue el rendir tributo a Oriente, y a Céspedes personalmente, disponiendo *«que la gloriosa bandera de Bayamo se fije en la sala de sesiones y se considere como una parte del tesoro de la República...»* Céspedes fue unánimemente aclamado Presidente de la República, Encargado del Poder Ejecutivo, y en igual forma proclamado el general Manuel de Quesada General en Jefe del Ejército Libertador, ascendiéndolo de la jefatura militar del Camagüey, su nativa región, cargo para el cual lo había designado, después de su llegada en el Galvanic, el Comité del Centro y ratificado después la posteriormente constituida Asamblea de Representantes del Centro. Aquí corresponde hacer la salvedad historiológica de que en aquellos momentos Quesada no era aún cuñado de Céspedes ni se hallaba compenetrado con éste acerca de la forma de conducir militarmente la guerra, como sucedió más tarde y que acarreó a ambos graves complicaciones con la Cámara.

Céspedes propuso el nombramiento de Aguilera como Secretario de la Guerra, cosa que la Cámara aprobó e hizo que constara en acta *«que la proposición del Presidente había sido acogida con grandes aplausos y aprobada por unanimidad...»* También se hizo constar en acta que Céspedes, después de exponer en un breve discurso su amor y respeto al nuevo orden de cosas, *«concluyó por desprender de su traje las insignias de su mando y las puso a la disposición de la Cámara, con lo que quería demostrar que todos los jefes debían desnudarse ante ella de la autoridad que habían poseído hasta aquel momento, acto que produjo mucho entusiasmo...»* Quesada, cuadrado militarmente y con ambas manos apoyadas sobre la espada dijo emocionadamente: *«¡Juro sobre su empuñadura que esta espada entrará con vosotros triunfante al capitolio de los libres o la encontraréis en el campo de batalla al lado de mi cadáver...!»*

La primera cuestión de gravedad que la Cámara se vio forzada a considerar no se relacionó con las tareas legislativas sobre la guerra y las cuestiones civiles sino que se trató de una iniciativa anexionista presentada por varios ciudadanos a instancias de un grupo de damas camagüeyanas y que ha sido calificada indistintamente por historiadores bien como un intento de atraerse la simpatía de la poderosa nación del Norte y obtener con ello para los cubanos el reconocimiento de su beligerancia, o bien como representativa del carácter feudal y latifundista de la Revolución de Yara. En honor a la verdad histórica, la relación exacta del proceso es la siguiente:

En el Diario de Sesiones de la Cámara, correspondiente al día 11 de abril de 1869, aparece un penúltimo párrafo que reza así: *«Varios ciudadanos presentaron una petición relativa a que la Cámara de Representantes dirija manifestaciones en sentido anexionista a la República de los Estados Unidos, asunto que fue sometido al estudio de una Comisión compuesta por los C. C. Miguel Gutiérrez, Antonio Lorda, Miguel Betancourt, Jesús Rodríguez y Honorato del Castillo.»* Dos días después, el 13, sin que aún la Comisión hubiese emitido su criterio sobre el asunto, Zambrana propuso enviar una comunicación el Gobierno americano interesando su ayuda a la Revolución, acuerdo aprobado por la mayoría, y que literalmente decía: *«Dirigir a los Estados Unidos una manifestación, en que se apelara a su protectorado para concluir la dominación española en Cuba; este paso nos ha parecido más digno que el de una manifestación anexionista solicitada por una gran parte del pueblo...»* Esta solicitud anexionista a que se referían era la comunicada a Grant, que éste no había atendido, y que aparece en la página 99. En la sesión del día 16, Fernando Fornaris, Diputado por Oriente, inconforme con la demora de la Comisión en dictaminar, promovió un debate con su proposición de que la misma se votase favorablemente, es decir, la petición anexionista *de varios ciudadanos*. Eduardo Machado, por Las Villas, usó de la palabra para oponerse apasionadamente a las mociones anexionistas y causó fuerte impresión a los Representantes pero Zambrana, vocero del Camagüey y a cuya región pertenecían la mayor parte de los firmantes de las mociones, apoyó el anexionismo alegando que lo hacía, no por desconfianza en la capacidad de los cubanos para gobernarse independientemente sino por el deseo de evitar al país la devastación que estaban sufriendo, en aquel momento, Oriente y Las Villas. Con su fogosidad oratoria, más verborrea que sinceridad, abundó en la cuestión citando a Víctor Hugo y a la Revolución Francesa, argumentando que la guerra se había hecho para libertar a Cuba y no para sumirla en la ruina y que si ello podía lograrse sin asolar el país, logrando que Cuba formase parte de la poderosa Unión norteamericana no era aconsejable, ni patriótico, continuar luchando por una independencia que al lograrse sólo recogería cenizas y miseria en su victoria. El gárrulo Zambrana adujo que en el caso de que los Estados Unidos no deseara la anexión podía solicitarse el protectorado de Inglaterra. La arenga inclinó a la Cámara, en su primera gran contradicción, a acceder a la solicitud de anexión, acuerdo que refrendó Céspedes sin ejercer el veto y a pesar de ser contrario a su sentir separatista, pero en pro de la unidad había hecho renuncia a sus reservas mentales respecto del de los camagüeyanos.

La otra, y última incidencia anexionista en el seno de la Cámara tuvo lugar el día 4 de julio de 1869, en el ingenio Sabanilla, en ocasión de haberse reunido para celebrar el día de la Independencia de los Estados Unidos. Miguel Jerónimo Gutiérrez pronunció un discurso francamente anexionista que, en palabras de Manuel Sanguily, *«fue aplaudido y terminó con vivas a los Estados Unidos de América y a Cuba, libre y esplendorosa en la Constelación Americana...»* y al cual se le dio publicidad en el órgano oficial del Gobierno, *El Cubano Libre* sin que fuera objetado por Representante alguno. La comunicación del acuerdo oficial de solicitud de anexión logrado por Zambrana se le envió a Morales Lemus y el Delegado en Estados Unidos se negó abiertamente, bajo su responsabilidad, a presentarla en Washington, expresando que la opinión de Zambrana, habanero como él, no representaba en forma alguna la opinión del Occidente en cuanto a los sacrificios que exigía la guerra. La negativa de Morales Lemus, las duras realidades de la política internacional y el poder de los intereses americanos y españoles en juego hicieron que la quimera anexionista se fuese desvaneciendo, cual humo de opio, de las mentes afiebradas de aquellos que, en los primeros tiempos de la Cámara, se nutrían con el vigor y la fuerza de los discursos y la farolería forénsica y que después despertaron dolorosamente al golpe arrollador de la ofensiva de Caballero de Rodas en Camagüey y al contundente mazazo que les asestó la proclama de Grant.

El instrumento intelectual que fue la Cámara de Representantes, con sus pretensiones supremas político-militares, demostró muy pronto su vulnerabilidad pues se colocó en pugna con el Jefe del Ejército queriendo dirigir la guerra y con el Presidente de la República sometiéndole sus poderes ejecutivos a ella. El primer choque lo tuvo con el general Quesada como consecuencia de las medidas de guerra que éste había tomado, tales como la requisa de ganados vacuno y caballar pertenecientes a hacendados; confiscar estancias, cañaverales e ingenios para sostener al Ejército y las familias de sus miembros; destrucción de casas y edificios estratégicos para la defensa por parte del enemigo, y que le ganaron la ojeriza de las partes afectadas. Fue acusado de querer erigirse en dictador porque pidió el estado de sitio y la suspensión de las leyes que interfiriesen con las acciones militares e impugnado vehementemente por el Representante habanero Rafael Morales, *Moralitos*, joven profesor de democracia, como lo catalogase un contemporáneo suyo. Agramonte pronunció un gran discurso en defensa de Quesada que no produjo efecto alguno en la Cámara, que destituyó al General en Jefe sin aceptarle la renuncia que éste había presentado.

La campaña periodística dentro de las filas insurrectas contra Quesada y en celosa defensa de las prerrogativas camerales, iniciaron el socavamiento de toda la organización revolucionaria y crearon tantos antagonismos entre los hombres de armas que un grupo de ellos se le ofreció a Quesada *«para colgar a los chiquillos de Representantes en las matas de naranja del jardín...»*, proposición que éste rechazó con la recomendación *«de que utilizaran ese entusiasmo para combatir a los azulitos...»* y advirtiéndoles: *«Nosotros debemos acatar las leyes que nos hemos dado...»* Céspedes, considerando que la permanencia de Quesada en Cuba contribuiría a más dificultades le comisionó a los Estados Unidos, con el resultado que ya conocimos, y esto despertó la ira de Agramonte quien vio en ello un insulto a la Cámara que lo había destituido. Thomas Jordan fue nombrado General en Jefe en lugar de Quesada pero no tardó en entrar en conflictos con Agramonte y los camagüeyanos, quienes querían llevar la guerra con estricto sentido regionalista, cosa a la que era opuesto Jordan, mucho más capacitado que todos ellos juntos en el arte de las armas, y el general americano presentó su renuncia y regresó a los Estados Unidos, no sin antes haber triunfado sonoramente sobre superiores fuerzas españolas en Las Minas y El Clueco.

La renuncia de Jordan, que éste atribuyese a las dificultades que le ponían Agramonte y sus hombres a sus planes de desregionalizar la guerra, dejó acéfala a la jefatura del Ejército Libertador e inició un período trascendental en los acontecimientos posteriores porque dio lugar al choque directo de Céspedes y Agramonte que se había conjurado en Guáimaro, motivado ahora porque sobre el primero recaían la supervisión y dirección de todos los asuntos político-militares. La comisión dada por Céspedes a Quesada irritó a Agramonte y a la Cámara quienes sospecharon en ella una intención de sojuzgamiento por la fuerza si Quesada regresaba con una fuerte expedición de apoyo al Presidente. *Moralitos*, en El Cubano Libre, arreció sus ataques contra el Gabinete a nombre de la Cámara. Aguilera, sintiéndose agraviado, renunció a la Secretaría de la Guerra y Figueredo, el Subsecretario, le imitó. La Cámara creó el cargo de Vicepresidente, que Céspedes consideró anti-constitucional. La Cámara nombró a Aguilera para ocupar el cargo con lo que se insinuaba la posibilidad de sustituir a Céspedes con él. Céspedes, a su vez, nombró a Aguilera como Jefe Superior de Oriente, cargo que éste agradeció porque era de su agrado y porque le desagraviaba en su preterición al inicio de la contienda. Como un arreglo a las pugnas camerales, Lorda, cespedista, ingresó en el Gabinete como Secretario de la Guerra en sustitución de Aguilera y *Moralitos*, agramontista, lo hizo como Secretario del Interior, reemplazando a Eduardo Agramonte. Estos cambios políticos tendientes a armonizar los criterios en pugna no resolvieron definitivamente el problema político-militar latente entre Céspedes y Agramonte y el cual estallaría violentamente poco después en una funesta rivalidad. No tanto por las diferencias personales entre tan grandes hombres sino porque el sistema constitucional establecido en Guáimaro era un doble disparate: fortalecer la Cámara interfería con el Ejecutivo; acrecentar el poder de éste tropezaba con la independencia y autoridad local de los mandos militares.

El Camagüey estaba sufriendo terribles golpes militares que estaban desmoralizando sus fuerzas ya que el sistema de hacer la guerra con un carácter federal probaba ser erróneo y funesto. Las presentaciones al enemigo eran frecuentes y entre ellas las más perjudicial fue la de Napoleón Arango, como vimos. Agramonte sufrió la pérdida de su padre en Nueva York y su familia allí quedaba desamparada por lo que solicitó permiso de salida de Cuba, que le fue denegada por Céspedes al considerar su presencia indispensable en Camagüey. La Junta de Nueva York concedió una mensualidad a la familia de Agramonte, a ser deducida de los sueldos de éste en Cuba. Un incidente que tuvo lugar en el Cuartel

Maestre camagüeyano, en el que Céspedes sobrepasó las órdenes de Agramonte y ordenó entregar zapatos a su escolta, provocó la irritación de éste que creyó afectado su decoro de Jefe Superior y renunció a su cargo. El 17 de abril de 1870 le fue aceptada la renuncia por la Cámara y esto, unido a sus tribulaciones familiares, hicieron mella y violentaron el ánimo de Agramonte al extremo de dirigir apasionadas censuras tanto a Céspedes como a la Cámara como al general Cavada, que le había sustituido. Su carta de 26 de abril de 1870, dirigida a los Representantes camagüeyanos a la Cámara habla por si sola de la indignación agramontina:

«Mientras aquí consume el Gobierno recursos necesarios al ejército en escoltas, y en proporcionarles elementos de que carecen las fuerzas, que desnudas, descalzas, y llenas de privaciones combaten con empeño y derraman su sangre en la pelea, no hay pretexto ni recurso alguno a que no se apele para extraer elementos de guerra con destino a Oriente y Las Villas. El Presidente que las codicia para el primero de los Estados últimamente citados, a fin de evitar la oposición de algunos funcionarios que la desean para el segundo, consiente y autoriza la extracción de aquéllos para Vuelta Abajo, y éstos le pagan con igual condescendencia respecto de Vuelta Arriba. Parece que se distribuyen el botín enterito conquistado. Son los judíos que se dividieron la túnica del Señor...»

Su carta del 21 de mayo de 1870 acusaba aún más resentimiento que la anterior. Esta vez la emprendía con Cavada, con Céspedes y hasta con la propia Cámara que había sido tan leal a él. En su ofuscación regionalista Agramonte llega hasta olvidar los tormentos de los villareños casi destruidos por Lersundi y a los que Cavada les había remitido algunos pertrechos:

«¿Hasta dónde nos llevarán las contemplaciones y la falta de energía de la Cámara de Representantes? ¿Hasta cuándo aparecera impasible ante tantos abusos? ¿Esperará que Carlos Manuel y sus secuaces arruinen el país para proceder con energía? No parece sino que se quiere acabar con el Camagüey para poder decir luego neciamente, cuando se le haya reducido a la impotencia, que no hace nada, que el enemigo se pasea impunemente en su territorio; y en tanto sus Representantes, que conocen el mal, que lo palpan como yo y como todos, sufren y callan, por contemplaciones que se avienen mal con la marcha firme y enérgica que exige toda revolución y la conciencia de todo buen patriota. Piensen, amigos míos, que contraen responsabilidades ante los hermanos cuya confianza tienen, ante su conciencia y ante la historia, los Representantes del Camagüey que permiten se le sacrifique en aras de celos mezquinos y de un encono injustificable; y de

una vez pongan coto a esa explotación y devastación inmotivada que amenaza hundir al país y a la revolución...»

El estado de ánimo de Agramonte era explicable, puesto que la guerra que se hacía en el Camagüey, y a la que se había opuesto Jordan, era de extraordinaria valentía pero de tipo feudal, donde cada jefe defendía su heredad con sus hombres y tenía a su albergue a sus familiares, y sobre cada uno de ellos pesaban grandes preocupaciones y cargas que se aumentaban al extenderse los frentes de combate y tener que distribuirse los pertrechos, a veces hecho esto en sacrificio de otras zonas que al debilitarse eran atacadas por el enemigo con grandes fuerzas inmediatamente, causando mortandad y privaciones sin cuento al paisanaje y obligando su presentación al enemigo, con la consabida desmoralización general. Y esto último, para un camagüeyano, era peor que la muerte.

El desquite de Céspedes no se hizo esperar y fue de una mordacidad tal que verdaderamente no hacía honor alguno a su hombría de bien y el cual encendió aún más la cólera de Agramonte hasta el punto que derivó en una cuestión personal entre ellos. En la sesión del Gabinete, del 16 de mayo, Céspedes aplicó la ley en el sentido que se le suprimiera a la familia de Agramonte en Nueva York la mensualidad de $170.00 porque éste se encontraba en excedencia y propuso que se le siguiera abonando la suma pero a cuenta de él, Céspedes. Enterado Agramonte respondió con toda la hidalguía de un caballero injuriado, retando a Céspedes a duelo. Céspedes respondió a los enviados de Agramonte que su cargo de Presidente le impedía aceptar el reto pero que una vez cesado en él pediría reparación a la ofensa. Agramonte incitó a sus amigos legisladores para que relevaran a Céspedes y efectuar el duelo, sin lograrlo, por supuesto. Los acontecimientos que siguieron, marcaron un rumbo distinto a estas cubanas pasiones en tan grandes hombres. Los ejemplos de dignidad personal, de orgullo patrio, de sacrificio y de mutuo respeto que nos legaron hacen que las diferencias producidas por su rivalidad, no importa cuán emponzoñadas llegaron a ser, tengan, en resumidas cuentas, un carácter de desafortunadas incidencias y no uno de desgraciados accidentes.

* * *

El amor de Agramonte por su esposa, Amalia Simoni, sólo era comparable al de ella por él, y de ese romance sus biógrafos han dejado escritas bellísimas páginas que se hace innecesario el repetirlas aquí. En sus horas de la más atroz angustia, sin mando y casi sin escolta, viendo sus más caros ideales político-militares en crisis por equivocados y a su amada región nativa asolada por la guerra a que él la había arrojado, Agramonte encontró un refugio en la Sierra de Cubitas, apropiadamente llamado *El Idilio* que compartía con su encinta esposa, con su pequeño hijo y con la familia de su suegro, entre la que se hallaba la otra hija de éste, Matilde, con varios pequeños hijos de su matrimonio con Eduardo Agramonte y allí fueron hecho prisioneros por un destacamento español. Se cuenta que Agramonte, tan solo con un ayudante, esturo rondando de noche el campamento enemigo con la esperanza de rescatar a su esposa. El impacto fue terrible para él, pero, como correspondía a un ser excepcional, se creció en la desgracia y en él se produjo un renacimiento.

Bajo el rigor de la más cruel adversidad su apasionamiento se atemperó, su ánimo se acrisoló y comprendió la necesidad de cambiar la rigidez esquemática de sus anteriores conceptos sobre la democracia parlamentaria y su ejercicio durante la guerra y aprendió a valorar a los revolucionarios por el cúmulo de sacrificios hechos y por su disposición a hacerlos y a diferenciarlos de los parlanchines que, entonces y ahora, no hacen más que demandar el ajuste a cánones legales que en el fondo no son otra cosa que excusas, en el campo de la acción, para no hacer nada y evitar que otros hagan y en esa forma evitar que el contraste entre la actividad y la inacción delate su cobardía o su envidia. Agramonte se desentendió de los leguleyismos camerales y se entregó de lleno, sin reservas, a la organización militar. Con un pequeño grupo de abnegados camagüeyanos y la cooperación de los villareños comandados por González Guerra le hizo frente a la tremenda ofensiva de Caballero de Rodas y de Valmaseda, manteniendo al Camagüey en la pelea a pesar de las bajas sufridas y de las deserciones. La pavorosa situación camagüeyana, descrita por Sanguily, es la mejor forma de apreciar el esfuerzo organizativo de Agramonte después que se hizo cargo, con amplios poderes, de la División del Camagüey:

«La miseria más profunda reinaba en las filas insurrectas: los cubanos carecían de alimentos y de ropa; los soldados, andrajosos y cubiertos de harapos, formaban un grupo de fugitivos desnudos; las pobres familias que habían acudido al campo de la Revolución para estar cerca de sus seres queridos, estaban literalmente desnudas. Los héroes de la libertad semejaban caravanas de mendigos, porque vivían de frutas y yerbas o de carne de caballo, y hubo insurrecto que en aquella época comió cuero asado de animal porque mejor alimento no era posible hallar en mejores condiciones...

»Apenas si se peleaba: colocábase la gente en emboscadas, siempre por el mismo estilo, cuando más se improvisaba una trinchera de ramas y troncos, y se hacía fuego, hasta que era flan-

queada o se agotaban las escasas municiones. Las partidas se reducían a un corto número de fugitivos desnudos, que emprendían la marcha acosados de cerca por los españoles, dejando en el camino una serie de enfermos y heridos que rápidamente eran rematados por el enemigo. Así sucedía entonces: la muerte se cernía por todas partes, sobre el combatiente, sobre el prisionero, sobre el herido, sobre el enfermo. La mujer no podía contar ni con la vida ni con la honra. El niño no contaba con la piedad ni con la misericordia...»

Las gestiones armonizadoras de Carlos Loret de Mola, unidas a la plena conciencia de la responsabilidad de sus personas y cargos y a la devoción incomensurable que sentían por la causa de la Patria, hicieron que Céspedes y Agramonte se sobrepusieran a su orgullo y su apasionamiento. Céspedes ofreció a Agramonte la jefatura de la División del Camagüey, con plena libertad de acción, y éste la aceptó sin dilación, reproduciéndose en los campos de batalla la anterior avenencia de Guáimaro entre camagüeyanos y orientales. Ya antes Aguilera, como Jefe Superior de Oriente, había ofrecido a Agramonte la jefatura de la División de Holguín, que éste rechazó con nobles palabras de agradecimiento. Valmaseda iba a estrellarse contra la voluntad y el patriotismo de los camagüeyanos una vez que éstos se desentendieron de los leguleyos y los cotorrones que los habían desencaminado. Y los enemigos de Céspedes en la Cámara no se atrevieron a deponerle como intentaban. El divisionismo se replegaba desanimado ante la proclama de Agramonte a los camagüeyanos para que formaran «*la milicia sagrada e invencible del derecho...*» y que terminaba con estas sublimes frases: «*Camagüeyanos, vosotros habéis realizado inmensos sacrificios por la gloria y felicidad de Cuba, y es imposible que retrocedáis por el camino que ya está teñido con vuestra sangre. Muy pronto vuestras indomables legiones asombrarán al tirano y demostrarán una vez más que un pueblo amigo de la libertad y decidido a arrastrarlo todo para tenerla, alcanza siempre el laurel inmarchitable de la victoria...*»

Agramonte, resuelto a levantar al Camagüey del abismo insurreccional en que estaba sumido, comenzó a reorganizar las fuerzas y para ello estableció las más inflexibles ordenanzas militares y las más severas penas para castigar su incumplimiento. Ninguna forma mejor de describir el poder organizativo y la capacidad estratégica y táctica de Agramonte así como para demostrar la perfecta compatibilidad del político con el militar y de la democracia en funciones de guerra que la siguiente cita, tomada de la obra cumbre del doctor Ramiro Guerra:

«*La mayor severidad presidía a la observancia de los preceptos militares, tanto en el campamento como frente al enemigo. Allí, la venia para dirigirse verbalmente al superior jerárquico, el tratamiento de "usted" y por el grado, la rapidez y exactitud con que se cumplían las órdenes, demasiado severas si se quiere, como la de mandar dragones a una comisión del servicio y prevenirles, caso de que se les inutilizasen las caballerías, el regreso a la hora y el punto señalado para dar cuenta de la misión cumplida, cargando la montura y los arreos al hombro o sobre la cabeza; allí la lectura diaria de artículos de las ordenanzas y de las penas aflictivas consiguientes a su incumplimiento; la prohibición de usar lenguaje soez o irrespetuoso; el esmero en cuidar los armamentos y los lomos de las caballerías, exhibidos en revista; la rigidez observada en el servicio de guardias, rondas, avanzadas, descubiertas y piquetes de exploraciones; la formalidad de pasar revista tres veces al día por lo menos, y el deber de conducirse invariablemente con toda la corrección que exige el sistema militar más refinado y absoluto. Coronando esta obra, la depuración de grados y la rebaja de categorías en los casos que se estimó equitativo, después de un largo y no disputado disfrute, para formar el escalafón del ejército.*

»*La institución del régimen cuasi civil establecido en bosques y sabanas, en Camagüey, no desmerecía del militar. Las prefecturas y sus dependencias; las casas de posta y los talleres de curtimbre, de fustas y monturas; las fábricas de serones y de sogas, de sudaderos y de calzado; las salinas artificiales y la instalación de fraguas para la herrería y la armería, todo perfectamente organizado y la provisión inmediata de las vacantes de personal producidas por el fuego o el hierro enemigo, era testimonio de la consagración más generosa al triunfo de una idea patriótica, y de la obediencia más estricta a la disciplina establecida por las exigencias de un servicio que ofrecía oscura muerte por toda recompensa. Del mando de Agramonte podría decirse que fue una dictadura, ya por el aislamiento en que éste hubo de verse respecto del Gobierno, ya por las facultades que éste hubo de otorgarle, así en el orden militar como en el civil; más dicho sea para honra eterna a su memoria, que bajo su férula predominó incesantemente la justicia, no exenta desde luego de la severidad y de la crudeza. Sus disposiciones fueron, en efecto, de máxima energía, porque aún después de haber asumido el mando, las presentaciones siguieron; en algunos casos, de amigos y de jefes de su confianza, que se "presentaron" al enemigo con parte de las fuerzas a sus órdenes. Todo el que pretendiese desertar, o rehuir sus compromisos y sus juramentos de fidelidad al Ejército Libertador, ordenó drásticamente Agramonte, debía ser pasado por las armas. La orden se cumplió rigurosamente, sin excepción, en cada caso, has-*

ta que los ánimos se levantaron y la reacción se produjo. A partir de aquel momento, la influencia y el ascendiente de Agramonte sobre jefes y soldados a sus órdenes pasó a ser esencialmente de orden moral.»

* * *

Desde el 20 de febrero de 1871 hasta el 11 de mayo de 1873, o séase desde el inicio de su campaña camagüeyana con el asalto a la torre óptica de Pinto hasta su muerte en el potrero de Jimaguayú, el historial de Agramonte fue un rosario de victorias épicas entre las cuales las más notables fueron las de Uretania, San Fernando, Hicotea, El Asiento, Najasa y el rescate del brigadier Julio Sanguily, el cual tuvo el efecto de obligar a los militares españoles a variar completamente su estrategia y táctica para enfrentarse a los centauros de Agramonte y Henry Reeve, jinetes que, «*llegaron a tal grado de perfeccionamiento que manejaban sus caballos con las piernas, y con los fusiles y machetes fueron tan hábiles al extremo de que la infantería española fue abatida con resultados favorables por la caballería camagüeyana que se batía muy a menudo en orden abierto..*»

La compenetración entre Céspedes y Agramonte se fue haciendo más intensa a medida que el tiempo transcurría y que los rigores de la guerra los hermanaban allí donde la charlatanería de picapleitos y el sentimiento divisionista del regionalismo los había distanciado. Céspedes recibió de Agramonte, de puño y letra, una carta en la que éste le agradecía le hubiese comunicado todos los acontecimientos de la guerra fuera de su mando, y otra en la que le decía exactamente: «*Tengo la satisfacción de acusar recibo de su comunicación de marzo 8 del corriente, número 63, por la cual se sirve ceder a esta División las armas de precisión pertenecientes a la escolta del Gobierno que quedaron en este Distrito. Las fuerzas a mi mando agradecen debidamente este obsequio, prometiéndose hacer el mejor uso de este obsequio en provecho de la causa nacional y lo estiman tanto más cuanto que es un testimonio de los buenos propósitos de usted en favor de ellas...*»
A Céspedes le produjo gran satisfacción el gesto de Agramonte, que correspondía a la confianza que en él había depositado, y en carta a su esposa, Ana, el 9 de noviembre de 1872, le subraya la frase de aquél referente a la buena disposición «*de las fuerzas a su mando para sostener el prestigio del Gobierno de la República.* »

Agramonte era siempre sincero en sus expresiones, hombre entero y sin dobleces, Caballero sin miedo y sin Tacha al igual que Bayardo. Céspedes estaba convencido de que había modificado radicalmente sus ideas una vez que se separó de *los profesores de democracia* y se había dado a la labor de ir con sus hombres al combate diario y que por tanto hombre tan leal a su deber, quien había expuesto su decisión de apoyar al Gobierno, iba a hacer imposibles los proyectos de destitución que ominosamente se gestaban en la Cámara. La muerte de Agramonte, Jefe Superior de los Distritos de Las Villas y el Camagüey, el héroe sin par que, ante la pregunta derrotista acerca de que con cuales recursos contaba para continuar la guerra que lucía perdida por falta de armas contestó paladinamente *«¡Con la vergüenza de los cubanos...!»*, ha dejado sin resolver la incógnita de lo que hubiera sucedido a la Cámara de haber estado vivo. La verdad incontrovertible que sabemos es que, ante el altar de la Patria, esos dos seres excepcionales, Céspedes y Agramonte, depusieron su orgullo, rindieron sus apasionamientos y se honraron mutuamente sin reservas.

* * *

En tanto que, en distintas etapas, estos acontecimientos se sucedían en las altas esferas políticas de la dirección revolucionaria, la guerra sin cuartel señoreaba en los campos de Cuba. En el Ejército Libertador, a su vez, se producían sucesos en consecuencia con los hechos relatados ya que el brazo armado de la Revolución no podía dejar de ser afectado en su organización y desarrollo por el efecto de aquellas querellas camerales. En su seno se engendraron conflictos entre sus líderes tanto por el partidarismo hacia los dirigentes políticos como por la parcialidad regional y por los atávicos prejuicios coloniales profundamente enraizados en la psicología del cubano de la época.

* * *

La guerra en Oriente, Camagüey y Las Villas. — La crisis entre militares y civiles. — Deposición de Máximo Gómez. — (1868-1872)

Inmediatamente del fracaso del ataque a Yara y de pronunciadas por Céspedes las legendarias palabras: *«Aún quedan doce hombres: bastan para hacer la Independencia de Cuba...!»*, Luis Marcano se unió a él y juntos triunfaron en la acción de Barrancas. Emprendieron la marcha hacia Bayamo y allí tuvo lugar una batalla contra milicianos cubanos al servicio de España los cuales se rindieron después de la patriótica arenga que les pronunció un bayamés. La población fue tomada y en ella establecida la residencia del Gobierno de los cubanos alzados en armas. Al pronunciamiento de Yara siguieron los de Las Tunas, Holguín y Jiguaní dirigidos por Vicente García, Ruvalcaba, los Figueredo, Maceo

Osorio, Mármol y Calixto García y el apoyo de Aguilera y sus fuerzas a Céspedes en Bayamo. Pasados los primeros momentos de la acción bélica y de emoción pública se dieron los primeros pasos para consolidar las ganancias obtenidas y de ello se derivó la constitución de un gobierno y un mando militar.

Hasta el momento de Bayamo ninguno de los conspiradores, con la excepción de Céspedes, había tenido la audacia de precipitar los acontecimientos y arrastrar las voluntades y sólo él había concretado en forma escrita una idea general de los principios por los cuales se regiría el movimiento de liberación, pero era de suponerse que su energía y decisión fuese resentida por sus propios coterráneos. Desde el principio tuvo que hacer frente a la oposición de los orientales que estimaban prematuro el levantamiento de Yara y más aún con las facultades que, de acuerdo con la proclama, Céspedes se había arrogado con la colaboración de sus amigos manzanilleros aunque esto no fue otra cosa que la colocación de cubanos dentro de las instituciones españolas hasta que fuese ganada la guerra. La oposición a Céspedes se vio aminorada por el triunfo de la toma de Bayamo y se contuvo después cuando Aguilera rehusó la proposición de sus amigos de oponerse a Céspedes y dejó a éste hacer su voluntad. No se constituyó la Junta Central Revolucionaria de que se había hablado y propuesta por algunos, pero en cambio se hicieron impugnaciones a la proclama en ciertos puntos de la misma, tocante a lo cual Céspedes dio una respuesta detallada que, si no satisfizo fue aceptada sin protestas, con lo cual se afirmó de derecho una situación que existía de hecho: el mando único de Céspedes.

Durante tres meses el Gobierno en Armas residió en Bayamo y en ese espacio de tiempo se inició la organización del Ejército Libertador y subsecuentemente las primeras operaciones militares de éste. Céspedes, haciendo uso de sus facultades como Capitán General nombró oficiales superiores, copiando la Tabla de Organización del ejército español, a los líderes de los grupos de patriotas alzados que ya habían sido por elección escogidos como tales por sus propios hombres y aunque casi ninguno de ellos tenía experiencia militar todos ellos alcanzaron renombre en la gesta libertadora después, pero asimismo Céspedes cuidó poner en las manos experimentadas de militares profesionales, aunque éstos no fuesen cubanos, la organización de las fuerzas. Dos generales dominicanos al servicio de España que se rindieron en Bayamo, Modesto Díaz y Francisco Heredia, así como el general venezolano expatriado Amadeo Manuit, se incorporaron, sin reservas por parte de los patriotas, a las fuerzas insurrectas y de todos es conocido como el coronel dominicano, Máximo Gómez, con el grado de sargento tomó a su cargo la instrucción de la infantería que luego dio la primera y famosa carga al machete en Pino de Baire. El

Padre de la Patria, fiel a la igualdad proclamada, dio entrada en el Consejo Municipal de Bayamo a tres peninsulares y a dos negros. En Bayamo se izó la bandera de Yara, diseñada con los colores de la chilena, y se cantó como Himno Nacional la composición de Pedro Figueredo, *Perucho*, que antes, subrepticiamente, se entonara como *La Bayamesa*.

La marcha de Valmaseda contra Bayamo, con una poderosa columna de las tres armas, fue resistida en los cruces del Salado y del Cauto por las bisoñas y mal armadas tropas cubanas de Donato Mármol que fueron prácticamente destruidas en tremenda carnicería. En vista de la imposibilidad de defender a Bayamo frente a tales superiores fuerzas enemigas, sus habitantes la redujeron a cenizas en un gesto que se comparaba con los de Sagunto y Numancia. Céspedes se trasladó constantemente de un lado a otro mientras dictaba disposiciones para la continuación de la guerra, una de las cuales fue la de ordenar que se expidiese salvoconducto a los peninsulares que no deseasen permanecer en territorio liberado, así como el respeto a la vida de los prisioneros y el castigo de los culpables de felonías. Un brigadier insurrecto, el canario Juan Monzón, fue ejecutado por haber saqueado el pueblo de Mayarí y asesinado al cura párroco y a los principales comerciantes. El general Dulce, entonces Gobernador, inició una ofensiva de paz y envió a Céspedes una comunicación al efecto por medio de un amigo de Donato Mármol, pero éste no la hizo llegar a Céspedes quien, por vía del Camagüey, había rechazado otra proposición similar de comisionados de Dulce en los momentos mismos que era asesinado allá Augusto Arango quien había creído en ellas instigado por su hermano Napoleón. Hubo una incidencia curiosa: el mismo comisionado amigo de Mármol, era en realidad un agente secreto de Morales Lemus que había aceptado la encomienda de Dulce para notificar a Mármol el arribo de la expedición de la goleta Mary Lowell por el cabo Lucrecia. Dulce dictó un draconiano decreto contra la infidencia que solo era comparable al conocido actualmente contra la seguridad del Estado y Céspedes respondió con uno concediendo amnistía a todos los prisioneros españoles para de esa forma hacer evidente el contraste entre los métodos coloniales y los libertadores.

El general Mármol, después del desastre inicial que sufrió, alcanzó grandes triunfos con sus tropas al inicio de la Revolución que lo situaron como el primero de los jefes insurrectos cubanos. Su Jefe de Estado Mayor era Máximo Gómez y junto a éste se experimentaban los noveles oficiales Calixto García, Antonio y José Maceo, Flor Crombet, Guillermo Moncada, Francisco Borrero y otros que escapan a la memoria. Aunque Mármol acató la superioridad jerárquica de Céspedes, en realidad se movía independientemente de éste. Después del incendio y abandono de Bayamo y frente a la guerra bárbara que hacía el Conde de Valmaseda, Gobernador de Oriente, Eduardo Mármol y un grupo de oficiales idearon erigir a Mármol en dictador prescindiendo de Céspedes y a esos efectos persuadieron a otros jefes menores de la zona bayamesa. Pero necesitaban el concurso imprescindible de Francisco Vicente Aguilera quien, al enterarse del paso dado por Eduardo Mármol, inmediatamente decidió evitar el cisma informándolo a Céspedes y con éste se dirigió a entrevistarse con Donato Mármol en Tacajó, donde quedó ratificado el mando de Céspedes y se fijaron las bases para lograr un gobierno único con los camagüeyanos mediante el debate con Mora y Agramonte que aunque infructuoso inicialmente, luego culminó en la Asamblea de Guáimaro. La goleta Mary Lowell nunca llegó a las costas cubanas pues los pérfidos ingleses la entregaron, con todo su cargamento, a un buque de guerra español en las Bahamas.

La proclama de Valmaseda a los habitantes de los campos especificaba el carácter sanguinario y cruel de la guerra que se iba a hacer a los indomables orientales: «*Todo varón mayor de 15 años sería pasado por las armas si era encontrado fuera de los límites de su finca; todo caserío deshabitado sería quemado; todas las casas que no ostentasen bandera blanca reducidas a cenizas; todas las mujeres que no se hallasen en su casa serían reconcentradas en Bayamo por la fuerza.*» Pero los orientales no se rindieron, antes por el contrario se crecieron en el infortunio y se dividieron en pequeñas partidas que podían valerse mejor que las grandes concentraciones y que vivían a salto de mata y sobre la tierra. Aquí fue la génesis de la guerra de guerrillas en Cuba. Las familias bayamesas soportaron a pie firme, en los montes, el hambre y las penalidades sin importarles otra cosa que la decisión de no rendirse al enemigo. Muchas de las que fueron reconcentradas volvieron a los montes en cuanto tuvieron la oportunidad de escaparse.

* * *

El cubano no se rendía fácilmente y sobre la marcha aprendía las artes bélicas y se preparaba para una guerra de desgaste, porque se daba cuenta de que en el terreno de los hechos era donde iba a liquidarse la cuestión de la lucha a sangre y fuego con España y que aunque se hubiese constituido un Gobierno en Armas y reinase la euforia en el ámbito parlamentario cameral, de bellos discursos patrióticos y de puntillosas exigencias legalistas, las armas y el parque, si no llegaban de la emigración, se les iba a tener que arrancar al enemigo si había de continuarse con éxito el largo y doloroso camino emprendido en Yara. Y las deserciones empezaron a producirse en cuanto las duras realidades de la vida en campaña se sintieron en todo su rigor, cosa que obligó a Donato Mármol a dictar severísimas órdenes de fusilar por igual a desertores y traidores.

Creada intelectualmente en Guáimaro, la República presentaba a sus funcionarios la tremenda dificultad de llevar a cabo las labores de la dirección de la guerra dentro de los estrictos marcos que se habían trazado y el inconveniente de luchar contra las mismas limitaciones que se habían legalmente impuesto. La estrategia y los planes generales de campaña podían ser trazados sobre un mapa y las órdenes de la Cámara impartirse escritas en letras góticas sobre pergaminos de cantos dorados, encintados, lacrados y sellados pero la táctica, la concentración y desplazamientos humanos, la logística y los combates quedaban en las manos y bajo la responsabilidad de los jefes locales quienes, en definitiva se sostenían y emulaban ajenos a la Cámara y sin ayuda de ésta y utilizando sus propias organizaciones de comunicantes secretos infiltrados en las poblaciones, campamentos y puestos enemigos. Esta posición independiente de los jefes locales se robustecía frente al Gobierno en la misma medida que de éste no recibía ayuda material pero al mismo tiempo agravaba la dificultad de constituir un Ejército Libertador con mandos coordinados y unidad de acción por causa de su evidente feudalismo. El balance de esta anomalía se hallaba únicamente en el ascendiente moral que el organismo civil tenía sobre las tropas y por la disciplinada aceptación de su jerarquía por los jefes locales. Esta incongruencia republicana creada en Guáimaro por los celosos civilistas y esquematizados abogados era, potencialmente, un barril de dinamita que para explotar sólo necesitaba una chispa cualquiera.

* * *

La guerra continuó en Oriente bajo la exclusiva y firme dirección de los jefes locales frente a la creciente de Valmaseda mientras en la zona camagüeyana, relativamente tranquila, se sentaban las bases de la Constitución y el Gobierno. Una vez elegido Quesada como General en Jefe, Thomas Jordan fue nombrado Jefe Superior de Oriente y éste trató de imprimirle a la guerra un sentido académico que no se compadecía con la realidad guerrillera y el localismo y aunque fue lealmente secundado en el empeño por los jefes cubanos en las acciones que dirigió, finalmente se vio obligado a renunciar a su mando, que ocupó Aguilera, como quedó explicado en la página 118. La descripción más vívida de la guerra en Oriente la podemos tener de la lectura de los escritos de dos enemigos: Máximo Gómez por los cubanos y Antonio Pirala por los españoles. Decía Gómez:

«*Permanecí los meses de octubre, noviembre y diciembre de 1868 y hasta principios de 1869 sin que tuviera lugar ningún hecho de armas de importancia, pues no me fue posible dar a los españoles más que dos ataques a sus campamentos, de Samá y Dos Bocas. Hubo sí muchos encuentros a la defensiva, como sucedió en Bijarú, donde el coronel José Vázquez casi destrozó una columna enemiga, pues con un pedrerito que preparó en emboscada y con el cual logró hacer un disparo a quemarropa, le causó 30 bajas. La campaña de este invierno, la mejor que han podido combinar los españoles, la pasé en mi campamento de Palmarito, camino real de Bajaragua, donde casi todos los días era atacado. No tenía pertrechos; pedí muchas veces al Gobierno y no los hubo, pero resistiéndole a los españoles, ellos siempre dejaban muchas cápsulas que yo aprovechaba, y así me pude sostener, hasta que en esta situación recibí una orden del Gobierno para que pasara a su residencia a recibir órdenes, dejando mi fuerza al mando del general Vicente García en Las Tunas. Ya casi no contaba más que con los 200 hombres que había sacado de Jiguaní. La mayor parte de los holguineros unos se habían presentado a los españoles y otros se habían desertado para el Camagüey...*»

La versión española la tomamos de Pirala:

«*Habiéndose ausentado para Holguín el general Gómez, Valmaseda desarrolló su campaña en el último tercio de 1869 con tanto vigor, que después de aterrar a los insurrectos en las jurisdicciones de Bayamo y de Manzanillo, pasó a la de Jiguaní, sin dejar montes, cuevas ni escondites que no registrara una y cien veces, persiguiendo sin descanso y con la muerte cuanto era insurrecto. El general Modesto Díaz, veterano de la guerra de Santo Domingo, tuvo que buscar su salvación retirándose a las sierras de Manzanillo, para salir por los altos y faldas de la Maestra como lo había hecho antes su compañero Luis Marcano; en cuyas retiradas pereció lo mejor de la juventud bayamesa y de Manzanillo, contribuyendo a ello las fiebres perniciosas, el cólera, la viruela y el hambre. Es además notorio que tras la retirada de los dos jefes dominicanos, siguió la de las familias que se entregaron al destino, por no hallar quien las auxiliara, aumentándose los trabajos de todos, que imposibilitados de salir por la tierra baja en busca del Cauto para pasar a Las Tunas, se vieron forzados a distribuirse por las riberas de los ríos Bayamo, Guamá, Los Negros y Tili. Como después de la salida de Gómez a operar en Holguín quedara sin defensores la zona del Cautillo, Los Negros, Contramaestre y el Mogote, se verificaron las terribles carnicerías por las guerrillas capitaneadas por el montañés Federico Echevarría, alias Federicón y por las que servían a las órdenes del comandante Carlos Gonzá-*

lez Botet. En una de las excursiones por la Loma del Infierno, entre Guisa y Cautillo, mataron a machetazos a 26 mujeres, entre ellas algunas encintas...»

* * *

En Las Villas el cuadro no era menos trágico. De hecho la situación era aún peor que en Oriente pues tenían muchas menos armas y municiones que los orientales y además las operaciones militares españolas fueron más activas que en ninguna otra parte de Cuba pues Dulce, preocupado por el brote revolucionario a las puertas del Occidente, *«fue reconcentrando en Las Villas cuantas tropas recibía de España, mandadas por jefes veteranos de valor y reputación, generales Peláez, Letona, Puello, Morales de los Ríos y coroneles Trillo Figueroa, Buceta, Herrera y otros...»*, al decir de Pirala. Los villareños no recibieron una sola expedición, ni aún la prometida por Morales Lemus, ni recibieron del Gobierno armas y pertrechos de las recibidas por otras regiones con excepción hecha del puñado de ellas enviado por Céspedes y que provocó el disgusto de Agramonte. Los villareños, prácticamente desarmados, efectuaron múltiples operaciones de ataques a pueblos, convoyes y vías de comunicación. Su heroísmo quedó probado en el ataque a un destacamento español en Loma de la Cruz durante el cual, agotadas las municiones, continuaron la lucha a pedradas hasta vencer al enemigo, así como en la destrucción de la columna del teniente coronel Portal, a quien fusilaron sumariamente en justa venganza por lo que éste había hecho con Honorato del Castillo. Los hacendados y comerciantes españoles de Las Villas financiaron las numerosas tropas regulares, de voluntarios y guerrilleros para lograr efectuar la zafra azucarera a lo que replicó el general cubano Adolfo Cavada con las tácticas que había aprendido de William T. Sherman, bajo quien había servido contra los sudistas en Georgia, quemando 34 ingenios, 16 grandes potreros y 19 fincas en la zona de Cienfuegos y que constituían bases militares y fuentes económicas de los peninsulares.

En enero de 1870, Las Villas estaba quebrantada pero muy distante de estar vencida. La guerra de exterminio no rendía a los revolucionarios sino que por el contrario los reafirmaba en su ideal de la Independencia, produciendo con ello gran irritación en los círculos españoles de Cuba y de la Península que siguieron clamando por el envío de refuerzos hasta el extremo que el cómputo aproximado de tropas en Cuba era, en diciembre de 1869, como sigue: 56 batallones de infantería; 52.400 hombres; 4 batallones de artillería con 64 cañones, 2.000 hombres; 25 escuadrones de caballería, 7.500 hombres; 1 batallón de ingenieros, 1.500 hombres; 4 batallones de infantería naval, 4.000 hombres y 40.000 voluntarios prestando servicios de guarnición. Total: 107.400 hombres sin contar los traidores guerrilleros que se suponían en número de 5 a 10.000 fascinerosos. La pérdida de la expedición del Salvador, fondeado equivocadamente en Casilda, fue el puntillazo a la rebelión villareña pues traía armamento suficiente para 1.500 hombres amén de 4 cañones. Todos y cada uno de sus tripulantes y expedicionarios fueron fusilados sin dilación por los españoles.

* * *

Los conflictos entre la Cámara y el Ejecutivo; entre éste y los jefes locales y entre aquélla y estos últimos han sido motivo de diversas, y legítimas, interpretaciones históricas. Todas realizadas, naturalmente, muchos años después de conocidos los hechos, pero todas concuerdan, básicamente, en que las dificultades habidas tuvieron su raíz en el hecho de que a la Cámara se le asignaron facultades que la convirtieron en el órgano supremo de la Revolución, que sometieron a ella los poderes del Ejecutivo y que se arrogó la función de ser el gendarme de la Revolución sin tener medios prácticos a su alcance para ello, tanto en recursos humanos como armados. El insurrecto necesitaba, entonces como ahora, estímulos morales del organismo que se suponía le representaba y le dirigía y lo que contemplaba, entonces como ahora era una querella de campanario entre *profesores de democracia* que muchas veces se contradecían en sus postulados y que hacían cuestión de ridículo honor el ajustarse a cánones legales absurdos en medio de una guerra de exterminio para pelear en la cual no le daban elementos de combate sino discursos y más discursos.

La ascendencia moral del organismo civil sobre el militar se iría desmoronando al mismo compás que se iba fortaleciendo el poderío de éste y de hecho llegó a convertirse la Cámara en un organismo ambulatorio a merced de la protección física que podía brindarle quien supuestamente era su subordinado: el Ejército. El enemigo se aprovechó ladinamente de la controversia cubana para explotarla en su beneficio y restarle simpatías en los Estados Unidos y Suramérica sembrando en estos continentes la duda sobre la capacidad de los cubanos para gobernarse si algún día llegaban a ser libres. Asimismo, pensando en acortar la guerra, España trató de sobornar a varios jefes cubanos, creó en pueblos y ciudades los Casinos Españoles para que efectuaran labores similares a las de los actuales Comités de Defensa de la Revolución y se plegó a las exigencias y extremismos de los voluntarios hasta el punto de sacrificar a la turbamulta a los siete estudiantes de medicina en La Habana, crimen que repercutió en el mundo entero contra la barbarie española en Cuba. El propio Conde de Valmaseda, desentrañado como era, escribió a Madrid acerca de este funesto suceso: «*Es menester que no vuelvan a acontecer sucesos como los últimos, pues nos retrasan a los buenos españoles más que todas las acciones que Céspedes pueda ganarnos...*» Estos buenos españoles ya quedaron retratados en el Capítulo *El Integrismo*.

* * *

Los continuados ataques al Presidente Céspedes, tanto por el asunto Quesada como por el de Zenea, unidos a una crisis provocada por la renuncia de *Moralitos* a su cargo en el Gabinete, que luego retiró, afectaron de tal manera a Céspedes que éste comunicó al Consejo de Gobierno, en la reunión efectuada en el campamento de Sevilla el 18 de junio de 1871, su determinación a renunciar a su cargo pero los Secretarios se opusieron y así lo hicieron constar en acta. Sin problema alguno con Agramonte, quien estaba dedicado por entero y con libertad de acción político-militar al Departamento Central, Céspedes dedicó toda su atención a Oriente, con lo que comenzaron sus dificultades al enfrentarse con el estado de cosas creado por las necesidades que la guerra había impuesto a los jefes locales. No existía el cargo de General en Jefe desde la renuncia de Jordan y por lo tanto la autoridad e independencia de los jefes militares se había acrecentado en la misma medida que sus recursos y su poder local. El Ejecutivo, sin medios coactivos militares con que disciplinarlos y sin recursos que brindar a los caudillos regionales, muy poco iba a poder hacer para sancionar las faltas de organización y disciplina sin verse envuelto en complicaciones con ellos. La ya referida debilidad del régimen creado en Guáimaro se estaba haciendo sentir negativamente ahora sobre el Ejecutivo y el Ejército Libertador como antes lo había hecho, y después nuevamente lo haría, sobre el Ejecutivo y la Cámara. Los primeros síntomas se dieron al momento de disponer el Ejecutivo el traslado del general Modesto Díaz para Las Villas desde Bayamo. El diputado oriental, Fornaris, pidió cuentas a Céspedes, movido por una queja de Díaz, y el Presidente les respondió cortés y firmemente a ambos explicándoles que muchas de las tropas de Díaz estaban descontentas con él y se separaban de su mando haciendo uso de un insólito derecho reglamentado por la Cámara y de aquí el porqué de la orden de traslado para un nuevo mando. Los jefes locales, verdaderos señores feudales, resentían lo que consideraban una intromisión del Presidente en sus mandos por no creerlo capacitado militarmente para dirigirlos y porque lo creían desconocedor de la intimidad de los problemas de índole político-militar de sus particulares regiones que ellos diariamente enfrentaban, ya que no hablar de los latentes resentimientos que eran rescoldos de la madrugada de Yara.

* * *

Durante el año 1871 las actividades militares consumieron el espacio historiológico sin intervención ni ayuda del poder civil. Agramonte en el Centro y Gómez invadiendo el valle de Guantánamo, estaban creando un nuevo espíritu combativo en las tropas libertadoras y construyendo las generaciones de hombres que luego destruirían el poder español en Cuba. A su vez, los hispanos empezaban a desesperar por una pronta victoria sobre los mambises, nombre que ya oficialmente daban a los insurrectos. Céspedes pidió a la Cámara le otorgase poderes legislativos en previsión de dificultades de reunión y ésta se los concedió, pero con una serie de limitaciones que específicamente le impedían tomar acciones que solamente ella podría determinar por unanimidad, que le obligaban a no infringir algunas de las prohibiciones que establecía la Constitución y a no violar los derechos del pueblo garantizados en ella. En todo el año 1871 fue imposible celebrar elecciones, tanto en Camagüey a causa de la incomunicación y la guerra como en Oriente por la comprobada apatía del Gobierno acerca de llevarlas a cabo. Ese mismo año tuvo lugar la desafortunada publicación de un manifiesto en el que Céspedes participaba a sus conciudadanos el regreso de Quesada al frente de una expedición, algo que levantó beligerantemente los ánimos de los Representantes que lo habían destituido y que tuvo un efecto peor aún: antagonizó a los ascendientes caudillos militares a quienes Quesada les era antagónico por su raro carácter y modo de ser. Una carta enviada desde Cuba y publicada por Enrique Piñeyro en el periódico La Revolución, de Nueva York, en la que se daba por seguro el regreso de Quesada, ahondó aún más el cisma de la emigración entre quesadistas y aldamistas, como ya vimos. La Cámara, aunque irritadísima con el proceder de Céspedes hacia Quesada, no tomó medidas pertinentes para aclarar debidamente las cosas, sino que envió a Luis de Ayestarán a Nueva York a explicar razones anticespedistas que allí no tomaron en consideración debido al prestigio de que gozaba el Presidente entre los emigrados más notables y activos en los Estados Unidos.

Durante 1872 continuaron las heroicidades de Agramonte en el Camagüey, las que unidas a las victorias de Máximo Gómez y Calixto García en Oriente provocaron la renuncia de Valmaseda, el bárbaro que había dado por pacificada y sometida a la Isla. En este mismo período se suscitaron las mayores dificultades del Ejecutivo con la Cámara y con los máximos jefes militares orientales, Gómez y García, y que tuvieron su fin en la destitución de Gómez y de Céspedes.

El primer incidente con Máximo Gómez no fue directamente con Céspedes sino con dos Secretarios de su Gabinete, Mora y Maceo Osorio, quienes visitaron al general en su campamento en febrero de 1872 y al comentarle la posibilidad de traslado del Gobierno a Jamaica por razones de Estado, Gómez saltó furioso exclamando: «*¡Estos pendejos lo que tienen es miedo. De aquí no sale nadie. Aquí muere Sansón con todos sus filisteos...!*», lo que le granjeó la enemistad de sus visitantes quienes, como es de suponer, informaron lo sucedido al Presidente. En junio de ese año 1872, el general Gómez fue depuesto de su mando de la División de Cuba por Céspedes, acusado de desobediencia por negarse a prestar custodia al Gobierno y la Cámara si no simplificaban su impedimenta. Los oficiales de Gómez se mostraron reacios a la destitución y Céspedes tuvo que imponerse enérgicamente para que el oficial de mayor graduación allí presente, el coronel Antonio Maceo, se hiciese cargo interinamente del mando de la División de Cuba. La calma sólo se restableció cuando Gómez, creciéndose sobre el dolor y la presunta injusticia, dijo a sus leales subordinados: «*La mejor muestra de simpatía que ustedes pueden darme, es marchar callados y contentos a ayudar al Gobierno a llevar a cabo un gran plan que hemos estudiado. Yo no soy más que un soldado, como lo sois vosotros, para servir a la Patria...*» Muchas conjeturas se han hecho y muchas habladurías rezongado acerca de lo sucedido, pero a los revolucionarios deben satisfacernos nada más que las propias palabras de Máximo Gómez explicando lo acaecido:

«*Le propuse un plan (a Céspedes) que consistía en poner a mis órdenes las fuerzas de Holguín, Bayamo y Tunas, formar de entre ellas un núcleo escogido y operar con rapidez, en columna, hasta llegar a darme la mano con el general Agramonte, que, previamente avisado, debía tener concentradas sus fuerzas; y, unidos los dos, presentar combates a las fuerzas españolas. Este plan fue acogido con entusiasmo, y enseguida se expidieron las órdenes a los generales Modesto Díaz, Vicente y Calixto García, y la concentración se indicaba para la zona de Holguín. Algún tiempo después, acampado con 400 hombres, bien armados, muy tranquilo, en unión del Gobierno, noto al siguiente día, con inexplicable sorpresa que, por orden del Secretario de la Guerra, se reúnen las tropas y se les lee la orden de mi destitución. Fundábase aquella en un acto de desobediencia de mi parte, por el hecho de no haber provisto el número de asistentes que se me había pedido para la comitiva del Gobierno. Yo quedé aturdido con aquel inesperado acontecimiento. ¿Hubiera Céspedes, por causa tan nimia, rebajado su grandeza, despojando del mando y prestigio a uno de sus generales más antiguos? No. Voy a explicar lo que yo también me expliqué más tarde. Hombres intrigantes y miedosos, unos, desafectos a mí, quien sabe por qué, pusieron en el ánimo de Céspedes la duda o la creencia de que el movimiento iniciado, tan estupendo, lo consideraban, llevaba en sí miras ambiciosas, de malos fines... puesto que en ese plan solicitaba darme la mano con Agramonte (su desafecto personal), y, una vez unido con aquél, y al frente de un ejército triunfante, claro está que sería proclamado Jefe Militar de la Revolución. Es preciso convenir en que la invectiva se prestaba a crédito, máxime cuando yo, sin que jamás cruzara por mi pensamiento ayudar a idea de tal índole, hablaba con cándida franqueza de la candidatura de Agramonte como el futuro gobernante de Cuba. He aquí la causa secreta de mi deposición...»*

Gómez se retiró a La Sierra con sólo doce hombres y continuó luchando al lado de Calixto García, como lo había hecho Agramonte al lado de Boza, hasta que Céspedes, haciendo con él como había hecho con *El Bayardo*, lo llamó para darle un nuevo mando en Oriente. Pero aconteció la fatal caída de Agramonte en Jimaguayú y Céspedes lo comisionó para la difícil misión de sustituirle, cosa que Gómez consideró un alto honor y que aceptó complacido pues iba a hacerse cargo de mandar tropas de caballería, su especialidad militar, por primera vez en la guerra. El dominicano iba por segunda vez a enfrentarse con la difícil misión de emular y superar a un jefe tenido por insustituible. La primera vez sucedió en Guantánamo frente a Policarpo Rustán y los hermanos Maceo Grajales que frecuentemente se desafiaban a coger españoles por el pescuezo. Rustán era un gigantesco negro de valor indomable y de los Maceo no hay ni que hablar. Gómez ordenó atacar un fuerte enemigo y Rustán le reprochó: «¡No se manda a los hombres a la muerte con siete cartuchos por cabeza...!» Gómez serenamente ordenó quitar tres cartuchos a cada hombre y entonces, con cuatro cartuchos por cabeza, se puso al frente del grupo de infantes y los guió personalmente a la victoria.

* * *

Las épicas operaciones de Calixto García en Holguín, que habían sido una sonora despedida a Valmaseda, fueron el ataque a la ciudad de Holguín, el combate de Rejondón de Báguanos, el asalto al campamento español de Samá donde fue derrotado y muerto el coronel Huertas, Gobernador de Holguín y enemigo implacable de los mambises. La guerra en la zona bajo el mando de Calixto García se caracterizó por una extraordinaria ferocidad de parte de españoles y cubanos, quienes ni se pedían ni se daban cuartel. A pesar de la renuncia de los jefes militares que lo acompañaban, Céspedes tomó parte en un combate y lo que presenció hirió de tal manera su sensibilidad que escribió una carta a Calixto en la que se le quejaba de la fiereza vista por él en ciertos hombres de las tropas holguineras y en la que finalizaba diciéndole al general García: «*Nosotros, los que nos preciamos de decentes y honrados no debemos ladearnos con semejantes hombres, sino hacerles la guerra con más vigor si cabe, que a los mismos españoles...*» Es de suponer que aunque Céspedes estuviera inspirado en los más nobles ideales, su manera de exponerlos a un hombre que en aquellos momentos encarnaba el espíritu indomable de la Cuba insurrecta frente a la España bárbara de Valmaseda, acusaba una total ausencia de tacto político que redundaría en su contra tiempo después.

* * *

Antes que tuviera lugar este incidente, en el mes de marzo, Céspedes había enviado un informe a la Cámara participándole el estado de la guerra durante el tiempo que aquella estuvo en receso y acompañó una petición modificando la Ley de Organización Militar en sentido de dar al Ejecutivo mayor influencia y dominio sobre el mando de las fuerzas armadas —que carecían de un General en Jefe— y al mismo tiempo solicitaba la reforma de la Administración de Justicia para quitar las omnipotentes facultades de que disfrutaban los Consejos de Guerra. La Cámara respondió proponiéndole que se pusiera al frente del ejército como jefe supremo y Céspedes le contestó que lo haría gustosamente siempre que la Cámara lo abasteciese con elementos de guerra. La oculta realidad detrás de todo este parlamentarismo superfluo era que la ascendencia, tanto de la Cámara como del Ejecutivo, sobre los hombres que llevaban el peso de la lucha armada sobre sus fatigadas espaldas, era puramente nominal. La desnuda verdad era que la Cámara, antes que ceder al Ejecutivo sus poderes, prefería ponerlo *frente* al Ejército Libertador en lugar de *al frente* del mismo. Y, a su vez, Céspedes se daba cuenta de que para mantener la jerarquía y el prestigio de su cargo como Presidente tenía que hacer algo efectivo que le propiciase los medios de hacerse respetar objetiva y materialmente y no tan sólo ser acatado moralmente. La Cámara, por su parte, en razón de su propia supervivencia, estaba obligada a defender los principios constitucionales que consideraba esenciales a la Revolución aunque algunos de ellos fueran absurdos en plena guerra. Ninguna de las dos partes en conflicto, Cámara y Ejecutivo, podían resolver radicalmente el problema pues no contaban con los necesarios elementos armados, coactivos o punitivos, que respaldasen una acción decisiva, de uno contra otro, y por tanto ambos contendientes tuvieron que proyectarse hacia afuera, buscando el apoyo material que necesitaban para fortalecer sus respectivas posiciones. Céspedes lo buscó en el general Manuel de Quesada; la Cámara en los generales Calixto y Vicente García. Y en el escenario cameral se desarrolló el drama que degeneró en tragedia...

* * *

Confrontación entre la Cámara de Representantes y el Presidente Céspedes. — El mártir de San Lorenzo. — (1872-1874)

La Cámara comenzó las hostilidades modificando su Reglamento, disponiendo que en lugar de 7 fueran 5 los miembros que compusieran un quorum, lo que el Presidente vetó alegando que tal decisión debía determinarse por Ley. El asunto quedó sin definitiva solución cuando recesó la Cámara en Mayo de 1872. El día 11 de ese mes, Céspedes anotó en su Diario *«que el Marqués trabajaba mucho por reemplazarlo...»* Ya un mes antes, en abril, se había suscitado un pleito por la sustitución presidencial pues como Aguilera estaba en misión extranjera la Cámara acordó que el Presidente de ella podía sustituir al Vicepresidente en caso de que en ausencia de éste se presentase la necesidad de sustituir al Presidente de la República. Céspedes había contestado a la Cámara que dudaba que el acuerdo se le hubiese comunicado solamente para su conocimiento y no para su sanción, a lo que la Cámara le replicó que lo había hecho ateniéndose a las facultades que a ella le correspondían por el artículo 7 de la Constitución de Guáimaro. Céspedes, en carta a su esposa, del 11 de mayo de 1872, expresó que el móvil detrás del acuerdo en cuestión estaba en el deseo del Marqués de Santa Lucía *«por ser, aunque un rato, Presidente de la República...»*

El 20 de abril de 1872 se produjo el choque que, en nuestra opinión, fue el verdadero motivo de la destitución de Céspedes. La Cámara votó una nueva Ley de Organización Militar que tendía a fortalecer al Ejército Libertador, cohesionando sus mandos y liquidando el regionalismo, así como quitando virtualidad a este sistema localista respetado en la Ley de julio 9 de 1869. La creación de las Jefaturas de Departamentos daría unidad de acción a los Cuerpos de Ejército e imprimiría vigor a las acciones militares pero en consecuencia la posición del Presidente como orientador o director de la guerra se terminaría. Desde el punto de vista militar el propósito era correcto, pero la maniobra era intencionadamente política: la Presidencia era ya un inconveniente al poder de los jefes militares; la Cámara sería el instrumento legal que justificaría el cuartelazo. A partir de este instante se inició la agonía moral de Céspedes y comenzó a reaccionar en defensa de su dignidad herida, obseso con la idea de lo que consideraba un profundo agravio y esto afectó su cordura, tal como lo prueban los incidentes relatados con los generales Gómez y García, las citas de su Diario y la correspondencia con su esposa. En el mes de mayo de 1872 la Cámara recesó y Céspedes redujo su Gabinete a solamente dos Secretarios: uno del Exterior-Interior y otro de la Guerra así como emitió una alocución al Ejército Libertador loándolo por sus triunfos que habían hecho renunciar a Valmaseda y en la cual elogiaba a la Cámara por *«haber dado cima a importantes trabajos, legislando en armonía con las necesidades de la Revolución...»*

En noviembre de 1872 cometió Céspedes el error garrafal de relevar a Aguilera y ordenarle regresar a Cuba al tiempo que elevaba al general Quesada al rango de Agente Confidencial, precipitando con ello los acontecimientos posteriores. No es posible imaginar en Céspedes ingenuidad cuando tomó una determinación que iba a concitar contra él la animosidad de la Cámara, de Aguilera y de los jefes militares superiores sino deducir la consecuencia de una desesperación atenazadora que le impelía a asirse a un clavo ardiente. La comunicación a Aguilera, aunque cortés era tajante: *«juzgando sólo por los resultados...»* se colegía que habían fracasado sus gestiones de unir a la emigración, de obtener recursos en los Estados Unidos, ni habían enviado auxilio alguno en seis meses ya que estaba comprobado que los pocos que se habían recibido los habían remitido Aldama y sus amigos. Estos hechos sucedían en enero de 1872, como aparecen en la cronología de la emigración en las páginas 110 a 112 y que enlazamos ahora con los acontecimientos del campo revolucionario en Cuba.

El golpe fue doloroso para Aguilera y Ramón Céspedes y el primero, en carta de 20 de febrero a la señora Ana de Quesada, esposa de Céspedes, explicó su posición:

«Por algunas intriguillas el Gobierno nos dice que debemos resignar nuestros empleos en las personas convenientes y volver a Cuba. Yo estoy persuadido de que al abandonar la Agencia, esto se hunde, por la sencilla razón de que los que podrían desempeñarla, quizá mejor que yo, no la aceptan, e iría a parar a manos de especuladores que de lo último que se ocupan es de la Patria, y si mucho de sus intereses, nosotros hemos contestado esto mismo, manifestando al Gobierno que nombre los individuos en quienes debemos resignar, pues nosotros, no queremos cargar con la responsabilidad...»

En junio de 1872, Céspedes estaba en la creencia que Aguilera regresaría y al comprender, a fines de ese año, que así no sería y urgido por las presiones camerales, el 6 de diciembre nombró a Quesada en firme junto con Castillo y Govín, dos quesadistas decididos, como Agente General con todos los poderes requeridos. Al enfriarse definitivamente las relaciones entre Aguilera y Céspedes los adversarios de éste se sintieron reforzados para intentar su destitución en la más propicia y pronta oportunidad. Aguilera estaba enfermo en París cuando recibió un lacónico cable en que le participaban su sustitución por Quesada. *El Patricio* pensó que Céspedes se había vuelto loco al nombrar a aquel, a quien la Cámara había denigrantemente destituido y quien era blanco del odio de parte de la emigración, al igual que Castillo, para cargo tan responsable y delicado y sobre todo conociendo que el anterior nombramiento que había dado a Quesada en 1870 había predispuesto a la Cámara a deponerlo de la Presidencia.

Cisneros Betancourt escribió a Aguilera en mayo de 1873, cuando ya se sabía en Cuba el nombramiento de Quesada, diciéndole que el país estaba corriendo una crisis espantosa, que Céspedes corría hacia la dictadura y que había nombrado a Quesada «*sin conocimiento de los que, con las armas en la mano, estamos defendiendo la Independencia de Cuba...*», y le apremiaba a que regresase a Cuba «*para que si era necesario ocupase la Presidencia de la República...*» Aguilera le respondió: «*Ustedes, que son los dueños de la situación allí, deben proceder con la entereza de los hombres que se han sacrificado por la Patria, y desechando puerilidades que no tendrían disculpa, obrar impulsados por su conciencia, fija la vista en el porvenir de Cuba...*» Esto, en buen romance, equivalía a poner luz verde a la destitución.

El trauma anímico de Céspedes, hombre entero y resuelto, se comprende mejor que nada por medio de la lectura de partes de su Diario y de su correspondencia, que reproducimos cronológicamente a continuación:

Febrero 19 de 1872: «*Con motivo de la actitud que los Estados Unidos tomaron con España, corrieron aquí muchas mentiras y algunos volvieron a creer ciegamente en que esa república nos favorecería; tanta es la simpatía de que entre nosotros goza y tan lógico el que favoreciese a un pueblo americano que trata de darse instituciones iguales a las suyas, libertándose del yugo de una monarquía europea y facilitando así cada vez más que la América sea para los americanos. Yo no he participado mucho de esas lisonjeras esperanzas y he estado temiendo que se siga de nuevo la política observada hasta aquí con España en la cuestión de Cuba, bajo el pretexto de alguna otra mentida promesa de esa nación que, corrompida y débil, sigue hoy la senda, para sostener sus malvadas pretensiones, que Maquiavelo trazó a las de su jaez. Ignoramos todavía las últimas noticias; pero demasiado recelo que toda la alharaca que se ha armado sólo sirva para proporcionar a nuestra feroz enemiga en la exageración del sentimiento nacional, nuevos medios para prolongar la guerra y derramar más y mejor la sangre cubana. Empero, nosotros, suceda lo que suceda, para todo tenemos preparados nuestros corazones y no desmayaremos en la resolución de vencer o morir en la lucha...»*

Agosto 29 de 1872: «*Cumplió hoy, día 29, un año del desembarco de Agüero, es decir, un año que no recibimos ni un grano de pólvora, ni un fusil, ni un hombre! En cambio, los enemigos han recibido de todo en abundancia! Y sin embargo, ¡no nos han vencido...! Pero han derramado arroyos de sangre inocente, aquella sangre que ni aún los salvajes beben en sus cráneos. ¿Podrá durar este estado de cosas? ¿Lo mirarán con indiferencia no sólo los extranjeros, sino los mismos cubanos a quienes hemos confiado nuestra representación? El tiempo vuela, los hechos hablan, y creo que va llegando el día en que salgan a defender a Cuba los hombres de mi confianza. ¡Ojalá que cuando se les llame se encuentren a la altura de su misión...!»*

Noviembre 9 de 1872: «*Bien pronto habrá transcurrido un año desde la hecatombe jurídica de los estudiantes de medicina de La Habana. ¿Qué les ha resultado a los españoles ese acto feroz de barbarie? ¡Nada! ¿Quién les ha exigido la reparación debida a los fueros de la humanidad ultrajada? ¡¡Nadie!! Del grito de horror universal, de las imprecaciones, de las amenazas, sólo queda la memoria. Entre tanto los españoles siguen su carrera de crímenes atroces, que superan al que suscitó tanta indignación. Y para la filantrópica Inglaterra, para la civilizada Alemania, para la republicana Francia y hasta para la América independiente, la España es una nación constituida, con quien no deshonra alternar, por más infamias que cometa, y los cubanos que pelean por la reivindicación de los derechos del hombre son unos bandidos cuyo contacto mancilla, son unos rebeldes a quienes es lícito exterminar por cualquier medio. Para la primera, los honores y los auxilios; para los segundos, los desdenes y las persecuciones. ¿Qué importan esos inválidos, esos moribundos, esas mujeres, esos niños degollados a sangre fría? ¿Quién los mandó que aspirasen a ser libres? ¿No sabían que de todos modos es preciso respetar el derecho de la fuerza? ¡Sufran, pues, y mueran, o sepan vencer, que la victoria todo lo santifica!»*

Noviembre 26 de 1872: «*Nuestros soldados no disparan al enemigo sino a boca de jarro. Hoy, en casi todos los Distritos está prohibido el gastar parque aún para matar animales para la manutención. Se fabrica alguna pólvora y se rellenan algunas cápsulas. Los proyectiles se sacan de donde quiera. De los pueblos, nuestros amigos nos traen algún parque, y nuestros soldados, con su propio dinero lo encargan allí o lo compran en otras partes. En los combates por lo regular se le quitan municiones a los españoles; y por último, los soldados forman juegos en que no admiten sino cápsulas, obligando a los viciosos a buscarlas por todas partes. Usted comprenderá que todos estos recursos han de ser de muy poca importancia; pero nuestros jefes están tan resueltos a no dejar la ofensiva que me han dicho algunos que atacarán al machete...»*

La depresión del ánimo de Céspedes se revela en toda su angustia a mediados de 1873, cuando ya parece resignado a su destino, cuando ya no tiene esperanzas de una rápida victoria sobre España. A su alrededor se levantaba una infranqueable barrera de incomprensión, recelos, resentimientos y hasta de odios de un feroz primitivismo. A su esposa escribió:

Julio 2 de 1873: «*Nosotros triunfaremos de los españoles, es indudable, pero será a costa de mayores sacrificios, y más tarde que si no se observara una conducta tan criminal, porque los enemigos, en vista de nuestra unión y sensatez, perderían más pronto la esperanza que probablemente el espectáculo de esas miserias alimenta, en perspectiva de una disolución funesta de los elementos que están combatiendo su dominación en Cuba. Y los que sufrimos las consecuencias de todas estas luchas, los que agotamos nuestra virilidad en el cuidado y en el insomnio, los que sentimos sobre nuestras cabezas el gran peso de los años, y la ira de nuestros enemigos estamos expuestos, pereceremos de un modo u otro en la contienda. Días hace, querida Anita, que estoy muy triste y me atormenta esa terrible idea; pero no creas que por eso desmayo, ni me desaliento en mi empresa que creo asegurada, sino que los disgustos son numerosos. Por eso me ha servido de mucha complacencia la descripción que me haces de mis idolatrados hijitos. Con ella he gozado como si estuviera viéndolos; y ese será mi último consuelo, porque yo sé que no los veré nunca; moriré sin tenerlos en mis brazos, sin conocerlos siquiera más que por mudos retratos. Sin embargo, estoy resignado a todo...*»

Agosto 9 de 1873: «*Te doy gracias por lo que me dices que me tienes preparado; pero de aquí en adelante no quiero que me mandes nada. Guárdalo todo para ti y los chiquitos. Yo estoy satisfecho con lo que tengo. Vivo en una choza a la intemperie.*

Como lo que me dan. Ando calzado y vestido de una manera grotesca, pero honesta. No tengo necesidades. Hasta ahora me defiende la lealtad de los que me rodean; el día que me falte, sabré morir no peor que Ayestarán. Trabajo sin descansar para Cuba. No puedo asegurar que lo haga con acierto, pero es con buena fe. Procuro proceder imparcialmente en mis resoluciones, y que haya orden y justicia. Jamás transigiré con los españoles sino sobre la base de la Independencia. Más no puedo hacer.»

La muerte de Agramonte, cuando se preparaba la invasión de Las Villas que podría alterar el curso de la guerra y quién había declarado a Céspedes su intención de apoyar al Gobierno, dejó a éste a merced de los jefes militares orientales quienes con estratégica razón demandaban el cambio de la Ley Militar para crear los mandos únicos que diesen fin al localismo insurreccional y a la subdivisión defendida por Céspedes. No importa lo que en el orden moral esto afectara a Céspedes, lo cierto era que la aspiración de los jefes militares era legítima desde el punto de vista táctico, estuviesen ellos interesados o no políticamente en la destitución del Presidente. La incógnita se resolvería después al surgir nuevos problemas que demostraron que hubo quienes quisieron deponer a Céspedes y mantener el localismo y quienes desearon su sustitución para unificar los mandos y hacer una guerra extensiva. La Cámara tuvo entonces que darle el frente a una situación peculiar a la cual no tenía fuerza moral que oponerle. Se cumplió, indefectiblemente, el axioma de que dos errores no suman un acierto.

Céspedes, en su tribulación, necesitaba de un respaldo expedicionario que afirmase su posición y le ganase la adhesión de los generales que se batían casi desarmados contra el enemigo, aunque fuera Quesada, detestado por todos, quien trajera esa ayuda decisiva que la necesidad de armas y refuerzos haría bienvenida. No tenía nadie más a quien acudir en el exterior. Quesada, desde Colombia donde había ido a solicitar ayuda de Guzmán Blanco, con un optimismo rayano en la balandronada hizo que Céspedes construyese una verdad que reafirmase su esperanza. La prueba de esto la encontramos en su Diario:

«Vengan mis amigos, con lo que tanto les pido y lo demás corre por mi cuenta. Las circunstancias mismas, que son las que deciden siempre, van presentándose favorables. Yo necesito hoy un ejército mandado por mí o por un jefe adicto a mi política, que no es otra cosa que el triunfo de la Revolución, para imponer respeto a los enemigos exteriores e interiores. Es preciso depositar la confianza en una persona y levantarla en hombros con todo esfuerzo...»

Céspedes jugó en el azar presuntuoso de su cuñado Manuel de Quesada su carta que consideraba de triunfo y perdió. Ahora sólo le quedaba el enfrentarse a su destino como el cubano y el revolucionario que era. El *«más no puedo hacer...»* de su carta a su esposa era la íntima confesión de que no vería realizada la Independencia y que, por tanto, le correspondía la muerte. Así lo había proclamado en La Demajagua hacía justamente cinco años y ese era el lema adoptado por la Revolución: INDEPENDENCIA O MUERTE.

Ante las ominosas nubes de tempestad que se cernían sobre su cielo, Céspedes volcó su íntimo sentir a la persona que le comprendería, a su esposa, a quien conmovido escribió:

Septiembre 25 de 1873: *«Desde hace días está anunciándose la reunión de la Cámara, para chocar conmigo y llegar tal vez hasta la deposición. Yo estoy procediendo con la mayor prudencia, sin precipitar acontecimientos que puedan ser perjudiciales a la Patria. No me encuentro culpable de nada. Creo, si no es injusto, que el país ha ganado y está conforme con mi administración; pero si de todos modos, sea que se lancen a deponerme, sea que yo presente mi renuncia para evitar un vejamen, cuando con ese acto no comprometa mi honor ni los destinos de la Patria, estoy resuelto a no salir de la legalidad ni contrarrestar la voluntad del pueblo. Si mi suerte es no poder seguir sirviendo a Cuba en el puesto que me colocó, creo que aquí seré perjudicial hasta involuntariamente, y contra mis más íntimos deseos, me marcharé al extranjero, donde quizá seré de alguna utilidad a la Patria. Será un nuevo cáliz que tendré que apurar; pero al menos, mis huesos volverán a descansar en mi amada Cuba. La ingratitud de los pueblos supera a la de los reyes. A la Patria debe servírsele sin interés. No por eso debe enfriarse nuestro amor por Cuba ni el deseo de librarla de sus opresores. La trama está llevada aquí por el Marqués y Fernando Fornaris, de acuerdo con Villegas y otros en el extranjero. Esto es lo que aparece. El pretexto es que el pueblo está descontento con mis supuestos abusos y torpezas...»*

* * *

La situación político-militar del Ejército Libertador es necesario tomarla en cuenta al respecto de la crisis que iba a producirse entre los poderes Ejecutivo y Legislativo, pues además de ser el fiel de esa balanza dentro de su estructura se conjugaban legítimas ambiciones y apasionadas querellas en las cuales el localismo aparecía irreductible.

* * *

En el otoño de 1873, la división militar de la Isla por el Gobierno en Armas estaba dispuesta en tres Departamentos: el de Oriente, el Provisional del Cauto y el de Occidente. Al Departamento de Oriente correspondían dos Distritos: Cuba-Holguín y Guantánamo-Baracoa. Al Departamento Provisional del Cauto pertenecían otros dos Distritos: Jiguaní-Bayamo y Manzanillo-Tunas. El Departamento Occidental abrazaba un territorio que iba desde el río Jobabo hasta el cabo San Antonio, incluyendo como es natural a Las Villas, cuyas tropas estaban evacuadas en Camagüey. El Jefe del Departamento de Oriente era el Mayor General Calixto García quien tenía, bajo su mando, al frente del Distrito, o División, de Cuba-Holguín al Mayor General Manuel *Titá* Calvar y en el Distrito, o División de Guantánamo-Baracoa al Brigadier Antonio Maceo. La oficialidad de este Departamento de Oriente era distinguidísima: Flor Crombet, José Maceo, Leoncio Prado, Guillermo Moncada, Félix Ruenes, etc. El Departamento Provisional del Cauto estaba confiado a la jefatura del Mayor General Vicente García y de su segundo al mando, el Coronel José Sacramento León, *Payito*, y tenía como Jefe Superior de la División Jiguaní-Bayamo al General Francisco Javier de Céspedes y en la de Bayamo-Manzanillo a los Mayores Generales Modesto Díaz y Luis Figueredo. Como se nota, en el Departamento Provisional del Cauto había una anomalía pues se había segregado la zona de Las Tunas y en ella creado una División cuyo mando se reservaba Vicente García. El Departamento de Occidente se hallaba bajo la total dirección militar del Mayor General Máximo Gómez quien era en realidad jefe efectivo del Camagüey y nominal del resto del territorio occidental.

La consolidación de los mandos era indispensable, creando un solo Departamento Oriental para permitir una estrategia apropiada a las concentraciones que hacía el ejército español así como una táctica de operaciones militares rápidas y de desplazamientos de tropas cubanas de un Distrito a otro según lo requiriesen los azares de la guerra, situación que ya comprendían perfectamente los generales mambises por causa de los conocimientos adquiridos durante cinco años de guerra con España. La táctica inicial, cuando carecían de experiencia militar y de tropas adiestradas, de cada jefe local defender sus predios, ya probaba ser un gran inconveniente frente a la estrategia española de aislar las jurisdicciones con trochas, o situando en ellas fuertes contingentes armados que imponían la movilidad de las fuerzas y el desistimiento del localismo. La efectividad de este sistema había sido comprobada en el Camagüey y cuando la puso en práctica Agramonte con el consentimiento de Céspedes, quien ahora se oponía a la implantación de él en Oriente. La oposición de Céspedes se supone haya sido motivada por el deseo de contrabalancear el poder y la autoridad de los más destacados jefes militares con las del Ejecutivo quien, según el artículo 10 de la Ley de Organización Militar era Presidente de la República, Generalísimo Nato de todas las Fuerzas Militares. No existía, desde la época de Jordan, un Comandante General en Jefe, quien según el artículo 15 de la misma Ley «*tendrá el mando de todos los Ejércitos y Departamentos militares de la República, y con arreglo a las instrucciones que reciba del Ejecutivo, los dirigirá*...»

* * *

En el proscenio del drama que estaba a punto de desarrollarse aparecían como actores la Cámara y el Ejecutivo, pero entre bastidores otros personajes movían los hilos de una tramoya que tenía definidos perfiles político-militares. Céspedes era un indudable escollo a los sensatos planes estratégicos y si no accedía a variar sus criterios se impondría su sustitución. De la polémica se sustraían los generales Máximo Gómez y Modesto Díaz por ser dominicanos y el brigadier Maceo porque detestaba las intrigas y estar ajeno a toda ambición de mando. Quedaban solamente como potenciales aliados o neutrales en la discordia los generales Calixto y Vicente García, ambos con legítimas aspiraciones a la jefatura del mando único y méritos más que suficientes para ostentarlo. El último de ellos se creía asistido de un derecho legal superior al de Calixto, tanto por sus méritos militares como por su mayor antigüedad en el escalafón. Salvador Cisneros Betancourt, Presidente de la Cámara, estaba destinado a ocupar por ley el cargo de Presidente de la República si Céspedes era depuesto en tanto que Bravo Sentíes y el general Barreto intransigentemente respaldaban al Presidente por ser Secretarios de su Gabinete. Al fin, después de un largo período de preparación, las fuerzas en conflicto tomaron posiciones para la llegada de la hora de la verdad.

* * *

A mediados de octubre de 1873 coincidieron en Bijagual la Cámara de Representantes y 3.000 hombres del Departamento de Oriente bajo el mando de Calixto García. Durante las deliberaciones de la Cámara se suscitó de nuevo el pleito de la sustitución presidencial que Céspedes había vetado alegando que el asunto debía ser objeto de Ley al igual que en 1870. La Cámara mantuvo la constitucionalidad del acuerdo, que aunque en espíritu no fuese ético en realidad era legal, y Céspedes protestó de que se repudiasen acuerdos suyos emitidos en virtud de facultades que la misma Cámara le había conferido el 14 de enero de 1871. La Cámara replicó a esto ratificando la nulidad del Decreto Presidencial de

4 de junio de 1872 y convalidando el Acuerdo de 13 de abril de ese año respecto de la sustitución presidencial por el Presidente de la Cámara en ausencia del Vicepresidente de la República. Céspedes, como el profeta bíblico, leyó la escritura en la pared y, sentando un precedente, lanzó un desafío a la Cámara que, ni tarda ni perezosa, ésta aceptó. La suerte, pues, estaba echada.

Céspedes dio a la publicidad un *Manifiesto al Pueblo y al Ejército de Cuba* que acompañaba con documentos probatorios de las dificultades entre los poderes Ejecutivo y Legislativo en el cual, después de hacer una reseña de su administración y de sus objetivos patrióticos, instaba a sus conciudadanos a juzgar quién defendía la Ley, quién servía fielmente la Constitución y a quién asistían la razón y el derecho, si a él o a una Cámara que tendía *«a estrecharle y desprestigiarle, de tal modo que su dignidad de hombre libre, su conciencia y la salvación de la República que no pueden surgir de un Gobierno débil le obliguen a presentar la renuncia de su alto puesto; cree más, no duda que acaso si así no lo hiciese, y porque jamás renegará de sus principios, su deposición será un hecho...»* Céspedes hizo constar en el documento que nunca había tratado de imponerse al pueblo, ni de gobernar por la fuerza despóticamente. Había trabajado por la Independencia activamente, asegurando el orden y la libertad. Decía que el cargo de Presidente había significado para él fatigas continuas, insomnio, infinitos disgustos e inmensos sufrimientos a diferencia de cuando se ocupa *«inglorioso y denigrante por la fuerza, engaños o cábalas...»* Ni trataba de crear partidarismos, ni intentaba ganar adeptos, ni adquirir satélites que lo sostuvieran en un cargo al que no tenía amor, para el que se reconocía sin aptitudes pero *«había ocasiones en que el silencio trae responsabilidades, en que puede ser criminal..»* y que cuando del bien de la Patria se trata, *«la libre emisión del pensamiento, la publicidad, más que un derecho, es un deber...»*

No podemos dejar de reconocer, en honor a la verdad, que el Manifiesto en algunas de sus partes contenía frases provocativas y hasta injuriosas tales como que los Representantes eran *«un puñado de ambiciosos, de hombres mal avenidos, con criminales intentos..»* y que en él aparecía este reto: *«Si esta conducta, que creo patriótica, me atrajese que ese Cuerpo acordase mi deposición, tranquilo la espero, apoyado en mi conciencia y en el convencimiento de que la Cámara no ha querido atender al voto del pueblo...»*

La Cámara, reunida el 27 de octubre, bajo la presidencia de Cisneros Betancourt, con un quorum legal, (faltaban Sánchez Betancourt, camagüeyano, que no asistió y Peña, oriental, y Zambrana, habanero, que habían sido expulsados por haber huido de Cuba) procedió a enjuiciar al Ejecutivo. Ramón Pérez Trujillo usó de la palabra para pedir la destitución basándose en las extralimitaciones legales que Céspedes había cometido .Tomás Estrada Palma lo acusó de *«atentar contra los derechos imprescriptibles del pueblo y de practicar un sistema de favoritismo, al conceder los grados militares a deudos y amigos sin mérito, con perjuicio de los altos intereses colectivos...»* Hablaron después Marcos García, Eduardo Machado, Fernando Fornaris, Juan Bautista Spotorno, Jesús Rodríguez y Victoriano Betancourt quienes formularon nuevos cargos contra Céspedes. Todos los Representantes se adhirieron a la proposición hecha por Pérez Trujillo. Sometida a votación después que Cisneros Betancourt se retiró del recinto *«por cuestión de delicadeza...»* que luego Céspedes calificó de hipocresía, se aprobó por unanimidad la destitución de Carlos Manuel de Céspedes como Presidente de la República. El general Calixto García, notificado de la destitución, formó las tropas y ordenó fuese leída la orden del día del Cuartel General anunciándola y participando la investidura de Salvador Cisneros Betancourt como nuevo Presidente de la República junto con una alocución que terminaba con gritos de *¡Viva la República!* y *¡Viva la Ley!* que fueron estruendosamente coreados por las tropas, con excepción de un número de ellas, bayamesas, que demostraron su descontento con lo ocurrido.

Estrada Palma, actuando como Presidente interino, envió a Céspedes, a su campamento de La Somanta, dos lacónicas comunicaciones que rezaban así: *«La Cámara de Representantes, en uso de las facultades que le concede el artículo 9 de la Constitución, depone al ciudadano Carlos Manuel de Céspedes del cargo de Presidente de la República, lo que se le participa a usted para su conocimiento»* y *«Al ciudadano Carlos Manuel de Céspedes, ex-Presidente de la República: En sesión celebrada el día de hoy, acordó la Cámara que se comunique al ex-Presidente Carlos Manuel de Céspedes, haber sido designado el ciudadano Salvador Cisneros Betancourt, para que se encargue interinamente del Poder Ejecutivo, y que en tal virtud debe entregar a éste los archivos y demás dependencias del Gobierno. Lo que se participa a usted para los efectos consiguientes.»*

Céspedes contestó brevemente acusando recibo de las notas y dando las gracias a la Cámara *«por haberme liberado del gran peso que ha gravitado sobre mí...»* y *«sin que pueda decirse que he abandonado mi puesto ni atribuirse a cansancio o a debilidad mía.. »* Pero Céspedes fue aún más allá en su hidalguía, si ello era posible, en la amarga hora de su derrota y cerró el lamentable proceso en forma enaltecedora para su nombre. No podía ser de otra manera pues aquel gran hombre en una demostración de su estirpe mambisa había ido atrás en su ancestro español de la Iberia heroica de la Reconquista y como Guzmán el Bueno prefirió el sacrificio de su hijo antes que claudicar en el cumplimiento de sus deberes. Ahora dejaría, como ejemplo de emulación a sus conciudadanos, la democrática renuncia a acudir al uso de la fuerza en beneficio del ejercicio del derecho, en un Manifiesto intitulado «*Al Pueblo y al Ejército de Cuba*» en el que expresaba su acatamiento al acuerdo de destitución votado por la Cámara y que por su valor historiológico reproducimos íntegramente:

«*Compatriotas: La Cámara de Representantes, en sesión de 27 de octubre, ha resuelto deponerme del cargo de Presidente de la República. Esta solución, ya prevista, ha dejado sin efecto mi manifiesto de 24 de éste, porque ha descargado de mis hombros el peso que los agobiaba, y me pone a cubierto en lo futuro de toda responsabilidad. En desacuerdo desgraciadamente con el Poder Legislativo, y no siéndome posible renunciar a mi puesto sin sujetarme a desfavorables interpretaciones, creí mi deber defender lo que consideraba mis principios, las exigencias de la situación, la observancia de las leyes y la soberanía del Pueblo. En esa defensa creí también mi deber el desplegar toda la inflexibilidad de mi carácter. La Cámara ha hecho uso de su prerrogativa, y acallada la más exquisita susceptiblidad, no me toca otra cosa que obedecer lo preceptuado en ese mismo Código fundamental que tanto me precio venerar. En consecuencia, he dado inmediato cumplimiento a lo acordado por ese alto Cuerpo, dentro de sus atribuciones constitucionales. Como antes, como ahora y como siempre, estoy consagrado a la causa de la libertad e independencia de Cuba. Prestaré con todo corazón mi débil apoyo a cualquier Gobierno legítimo en esa misma línea; en ella sé que estaré al lado de los buenos cubanos.*

»*Tengo el gusto de dejar la Revolución de Cuba en estado próspero, y deseo sinceramente que el actual Gobierno dé en breve feliz término a la obra del 10 de octubre de 1868, confirmada por cinco años de continuos trabajos.*

»*¡Pueblo y Ejército de Cuba! Habéis cumplido con vuestro deber de sensatez y patriotismo. Réstame daros las más expresivas gracias por las muestras de cariño y respeto que generalmente os habéis dignado dispensarme.*»

* * *

Céspedes había defendido sus principios y la Cámara hecho valer sus derechos como representativa del pueblo cubano en armas. El proceso político verificado no era, en verdad, turbio en cuanto a la legalidad del mismo. El origen de la controversia se hallaba, como hemos dicho, en la debilidad del régimen constitucional establecido en Guáimaro, en el que tanto había influido

Zambrana con su demagogia y politiquería, el mismo Zambrana que la Cámara había deshonrosamente expulsado por cobarde deserción. Los conflictos de personalidades quedaban superados implícitamente con el acatamiento del Presidente depuesto, según lo expresaba públicamente en su Manifiesto. Cada una de las partes había actuado con absoluta corrección dentro de lo que consideraban sus atribuciones y derechos. El incidente, aunque muy lamentable, no era diferente al de acostumbrada ocurrencia en cualquier país civilizado. Céspedes no podía considerarse Presidente vitalicio, ni nunca hubo pretensión de ello por su parte. Las formas se habían conservado estrictamente dentro de los marcos constitucionales. Pero el conflicto era de fondo, como pronto se encargarían de demostrarlo los hechos. Y tendría su trágico remate en la muerte de Carlos Manuel de Céspedes y la sedición de Vicente García, en Cuba; y en la desfavorable impresión que causó en las emigraciones, en los círculos gobernantes hemisféricos y en la sensación de victoria que produjo en España.

* * *

Una vez depuesto Céspedes, Cisneros Betancourt ocupó la Presidencia y nombró su Gabinete, entre cuyas personas se encontraban dos enemigos jurados de Céspedes: Maceo Osorio y Félix Figueredo. El primero de ellos guardaba un profundo resentimiento por haberle negado Céspedes el permiso para abandonar el país, cuando se hallaba quebrantado de salud, invocando el sentido restrictivo a ello de la ley en vigor. Cuando Céspedes, a su vez, solicitó permiso para salir al extranjero después de su deposición, Maceo Osorio le aplicó la ley en todo su rigor y además influyó en su ratificación por el Consejo de Secretarios. Figueredo, como Secretario de la Guerra, aplicó estrictamente a Céspedes los preceptos de la Ley Militar retirándole los ayudantes y la escolta, alegando que ya era un simple ciudadano sin derecho a ello. Solamente le permitieron, a solicitud de Céspedes, el acompañamiento de su hijo, coronel Carlos Manuel de Céspedes y Céspedes y de su sobrino, José Ignacio Quesada. Diariamente Figueredo, a nombre del Gobierno, dirigió al ex-Presidente mortificantes comunicaciones exigiéndole múltiples informes y entregas de nimiedades administrativas. La humillación llegó a tener caracteres injuriosos cuando se le exigió que ambulase a la vera del Gobierno hasta tanto fuesen liquidadas las exigencias de Figueredo. Céspedes virilmente contestó inquiriendo si debía considerarse bajo arresto pues esa era la única forma en que estaba dispuesto a seguir de rabo en las marchas y cambios de campamentos que hacía el Gobierno. No quedó otro remedio a éste que dejarlo en libertad de retirarse de su lado, cosa que al instante efectuó Céspedes hacia

San Lorenzo, en la Sierra Maestra, prácticamente indefenso a la persecución que sobre él iniciaría el enemigo tan pronto como se enterase de su residencia en ese lugar.

A nadie podía pasar desapercibido el peligro que corría la vida de Céspedes si no se alejaba de San Lorenzo, o si no se le enviaba protección armada y Cisneros, con plena conciencia de la responsabilidad que estaban contrayendo la Cámara y el Ejecutivo, elevó a ésta un mensaje oficial lleno de elogios para el ex-Presidente y en el cual el Marqués demostraba nuevamente su hidalguía cuando no era presa de sus incomprensiones. Decía el Marqués entre otras cosas:

«En efecto, la personalidad del ciudadano Carlos Manuel de Céspedes está tan adherida a la Revolución de Cuba, que abandonarlo, porque ha dejado de ser Presidente, a sus propios recursos, sería un desagradecimiento. Él fue el primero que proclamó la Independencia y el que por espacio de cinco años ha administrado el poder. Durante este período no ha recibido ninguna remuneración por administrar la República, más que alguno que otro regalo de particulares, ni los sueldos que le corresponden por sus servicios; así es que creo que a nosotros toca, ya que no remunerarlos, por lo menos atender a su subsistencia facilitándole los medios, o proveerle de una custodia que haga difícil cayese en poder del enemigo, si éste continuara en el prurito de cogerle para celebrarlo como una victoria, según ellos de muerte para nuestra causa. La Cámara de Representantes, interesada en que el hombre de Yara pueda ganar los beneficios a que es acreedor por sus antecedentes históricos en los anales del país, debe aceptar lo principal de este mensaje y dictar un acuerdo en que, al dejar en salvo la responsabilidad del Ejecutivo, quede la personalidad del C. Carlos Manuel de Céspedes fuera de todo peligro y de sustento. El Ejecutivo, estricto observador de nuestras leyes, no ha querido por sí dictar ni tomar determinación alguna; pero sí puede, como lo hace, recomendar al hombre que fue el primero en Yara, alzado en armas, que gritó ¡Viva la Independencia! ¡Muera España!»

Si alguna culpabilidad se le ha achacado al Marqués por no haber dispuesto por sí mismo, sin consultar a la Cámara, la protección armada de Céspedes ha sido hecho de manera injusta y difamatoria. Celoso del cumplimiento de las leyes y puntilloso en los procedimientos, del Marqués sólo puede decirse que fue víctima de su cerril civilismo, que en este caso le impedía, equivocadamente, tomar una decisión personal sin previa consulta a la Cámara, algo que tantas veces él había censurado en Céspedes. Después de tres días la Cámara, seca y hostilmente, respondió: «*Que se conteste al Ejecutivo que siendo el asunto a que se refiere en su mensaje algo puramente administrativo, la Cámara no puede inmiscuirse en él...»*

* * *

Al mensaje de Cisneros Betancourt, quien aunque irresoluto por lo menos demostraba su preocupación por la suerte de Céspedes, la Cámara respondía enconadamente, con manifiesto rencor, haciéndose indigna, ante las futuras generaciones, de haber ostentado la representación de la República en Armas en tan aciago momento. No podemos, por más que lo deseemos, atenuar con excusas piadosas tal abominable comportamiento. Sólo podemos hallar una explicación a la conducta apasionadamente negativa de los hombres que la componían, muchos de los cuales sacrificaron fortunas y vidas por su Patria, en el hecho reconocido de que en los cubanos los odios y las rivalidades políticas en ciertos momentos anulan todo sentimiento humanitario y ceden el paso a un sentimiento de primitivismo y crueldad incomprensibles. «*Asunto puramente administrativo...*» juzgó la Cámara lo que era su indeclinable obligación, echando sobre Cisneros la responsabilidad de decidir; «*...dejar en salvo la responsabilidad del Ejecutivo...*» consideró el Marqués era lo único requerido para cerrar el capítulo de su preocupación. Lo que lograron fue dar la oportunidad a que se pensase después que lo que querían era impedir la salida de Céspedes al exterior para desde allí combatirlos, y que este egoísta pensamiento les cegó la visión de los riesgos a que lo sometían.

Meses después, en marzo de 1874, el Presidente Cisneros, con el apoyo de Máximo Gómez, recomendó al general Calvar que pidiese a Céspedes, a título de amigo personal de éste, que retirase su solicitud de marchar al extranjero y sugirió que el general pusiese a la disposición del solitario de San Lorenzo una escolta de sus tropas que le protegiese. Calvar se puso de inmediato en marcha para Oriente en busca de Céspedes, quién dedicaba su tiempo a alfabetizar a los niños de la región donde se hallaba, y cuando se situaba en el cruce del Salado fue informado por un vecino «*que los españoles habían matado al Presidente viejo...*» Efectivamente, eso había sucedido. Céspedes fue sorprendido por una partida enemiga que había sido guiada al lugar de su reclusión por un negro lucumí que se vio forzado a cambiar la información por la vida. Fue muerto batiéndose con un revólver frente a descargas cerradas de fusilería y se despeñó por un alto barranco en el fondo del cual su rostro fue bárbaramente destrozado a culatazos. Su cadáver fue conducido a lomo de mula hasta Santiago de Cuba y allí sepultado sin que, justo es reconocerlo, se hiciesen públicas demostraciones de alegría como en el caso de Agramonte en Camagüey. En la alborada de La Demajagua Carlos Manuel de

Céspedes había jurado vencer o morir. Y como un mártir, en San Lorenzo, había cumplido su palabra.

* * *

Divisiones y querellas recíprocas entre militares, civiles y emigrados. — La sedición de Lagunas de Varona. — Destitución del Presidente Cisneros. — (1873-1875)

Apenas hubo tomado posesión de su cargo, el Presidente Cisneros comenzó a enfrentar dificultades político-militares. Tan pronto unificó los Departamentos de Oriente y Provisional del Cauto se inició un trasiego de oficiales que sentó las bases de un profundo descontento posterior. Para poder nombrar a Calixto García en la jefatura del nuevo Departamento tuvo que pasar por sobre los derechos escalafonarios de los generales Modesto Díaz y Vicente García. A esta injusticia Cisneros buscó y halló una expeditiva solución: nombró al primero en el Instituto de Inspección del Ejército de nueva creación, y al segundo, como chistosamente se dice, *lo tumbó para arriba* o séase lo designó como Secretario de la Guerra. Este festinado arreglo demostró claramente que tras una capa leve de barniz legal el Gobierno se estaba plegando al organismo militar, algo que luego iba a ser muy difícil de rectificar. El barajeo de hombres y cargos fue causa de resentimientos y rencores, tanto por parte de los cespedistas desplazados como por parte de los nombrados para sustituirlos. El más profundo disgusto de todos fue el de Vicente García a quien se le disminuía su poder local al sacarlo de su tunera región, desposeerlo de tropas de línea y *enchucharlo* en la Secretaría de la Guerra. Las únicas organizaciones militares no afectadas por los cambios fueron el Departamento de Occidente, mandado por Máximo Gómez, y la División Guantánamo-Baracoa, a las órdenes del brigadier Antonio Maceo, principalmente porque ambos jefes rehusaban verse envueltos en cuestiones politiqueras que menoscabaran sus mandos.

Las acciones militares de este período fueron gloriosas para las armas libertadoras: La Zanja, La Sacra, Palo Seco y Melones, en las cuales fueron ocupadas grandes cantidades de pertrechos y ocasionadas innumerables bajas al enemigo. Pero los cubanos recibieron dos descalabros importantes en Santa Rita y Manzanillo, fracasos que se debieron a la falta de artillería pues los infantes llegaron combatiendo hasta el centro de ambas poblaciones. El Gobierno, en inteligencia con Máximo Gómez, y contando con el armamento capturado en sus últimas acciones contra el enemigo, planeó invadir Las Villas y requirió de Calixto García el aporte de 500 veteranos orientales bien pertrechados y con experimentada oficialidad. Calixto, a pesar de no estar entusiasmado con el proyecto, reunió 400 hombres de la División Cuba-Holguín y los puso al mando de Antonio Maceo. Los españoles, advertidos de la gravedad de la situación, decidieron prevenir la invasión a cualquier costo y para ello situaron en el camino de Gómez fuertes columnas de las tres armas al mando de sus mejores y más valientes jefes. El choque no se hizo esperar y las fuerzas cubanas obtuvieron tres victorias seguidas: Naranjo, Mojacasabe y Las Guásimas, tan costosas en hombres y armamentos que hubo que suspender los proyectos de invasión hasta rellenar las filas y reponer el parque gastado ya que, infortunadamente, el Virginius había sido capturado y muchos de sus expedicionarios fusilados en Santiago de Cuba por un pelotón al mando del teniente naval español Pascual Cervera. En el orden táctico habían vencido las armas cubanas; en el estratégico el alto mando hispano.

El general Gómez atribuyó el error de haber presentado combate a las superiores fuerzas españolas y el resultado de las pírricas victorias al no haber estado en libertad completa de acción y al tener que hacer consultas con el Gobierno. Persistió en la idea invasora y comunicó al Gobierno que en el futuro prescindiría de informarle los planes, por razones de seguridad exigidas por tamaña empresa, pero aquél severamente le prohibió emprender la invasión sin estar previamente autorizado para ello por el Ejecutivo y la Cámara. Gómez continuó combatiendo en el Camagüey y triunfó en Camujiro asistido por los brigadieres Antonio Maceo y Henry Reeve. Luego atrajo las columnas españolas a las ciénagas del Sur de Camagüey donde éstas, en 12 días, tuvieron 180 muertos y 600 bajas por enfermedades. Gutiérrez de la Concha, por tercera vez Capitán General, desistió de la persecución infructuosa y ordenó la concentración de sus tropas en la *infranqueable* trocha de Júcaro a Morón. Gómez conferenció secretamente con sus oficiales y en la madrugada del 6 de enero de 1875, sin comunicarlo al Gobierno, atravesó la trocha, irguiéndose sobre los estribos después de recibir un balazo en el cuello, el único en toda la Guerra de los Diez Años, gritando roncamente: «*¡Corneta, toque la marcha de la bandera...!*» En los 24 días que siguieron realizó una guerra relámpago, tomando poblaciones y fuertes, destruyendo columnas, ingenios y cañaverales y alarmando en tal forma al gobierno de la Península que éste destituyó a Concha nuevamente. La marcha triunfal de la invasión se vio súbitamente detenida cuando Máximo Gómez recibió una urgente comunicación del Presidente Cisneros ordenándole que regresara inmediatamente con Maceo a reunirse con él en el Este del Camagüey para ayudarlo a sofocar una sedición de las tropas orientales de la División de Tunas que se habían sublevado contra el Gobierno. Los antecedentes de la sedición eran los siguientes:

Regresado a su Cuartel General, después de haber entregado el contingente invasor a Máximo Gómez, Calixto García supo de una conspiración entre oficiales descontentos para relevarlo del mando del Departamento de Oriente y sustituirlo con el general Vicente García y para deponer al Presidente Cisneros. Dos oficiales de la División de Tunas, el coronel Cristóbal Acosta y el comandante José I. Castellanos aparecían como los cabecillas por lo que Calixto García ordenó al coronel Limbano Sánchez que procediera a detenerlos pues estaba decidido a «*ahogar en sangre, si fuese necesario, cualquier motín que se intentase...*» según comunicó al Gobierno. Los dos sediciosos oficiales fueron muertos a tiros «*al resistir el arresto...*» Calixto García se dirigió a Tunas con la intención de reorganizar la División y la Brigada y estando acampado cerca de allí recibió el aviso de la deserción en masa de la caballería tunera que corrió a unirse a la tropa en rebeldía, mandada aquella por el coronel *Payito* León, hombre de confianza de Vicente García. El Gobierno instó a Vicente García que influyese con sus antiguas tropas para que desistiesen en su actitud y en el reclamo de que volviese a mandarlas, pero el tunero eludió el compromiso. Al no tomar medidas enérgicas ulteriores el Gobierno, Calixto García se vio precisado a abandonar el territorio de Tunas y regresar a Holguín.

Calixto García profirió cargos contra *Payito* León que de acuerdo con el Código Militar eran merecedores de la pena de muerte por insubordinación. A su vez, León partió con un grupo armado para la sede del Gobierno, donde acusó a Calixto de los asesinatos de Castellanos y Acosta y pidió la destitución del general holguinero y su sustitución por Vicente García. El Gobierno envió una comunicación a Calixto García informándole que *Payito* León quedaba, por orden del Presidente, a disposición suya para ser juzgado, cosa que estimó el Cuartel General ser una medida sabia y enérgica. Ya se daba por descontado el fusilamiento del coronel Sacramento León cuando la Cámara, dos días después, dictó una amnistía beneficiando a los sediciosos, demostrando nuevamente su debilidad y la del Presidente Cisneros ante los militares localistas, en oposición a la energía demostrada siempre por Céspedes y Agramonte, antes, y por Gómez y Maceo, después. Calixto García supo también de unas gestiones de paz entre Esteban de Varona y el general Barreto con el general español Sabas Marín y partió inmediatamente para Bayamo con una pequeña escolta con el propósito de atajarlas. Sorprendido en San Antonio de Baja por un grupo superior de fuerzas enemigas, Calixto se batió bravamente hasta que, viéndose con una última bala se hizo un disparo bajo la barbilla para morir antes que ser hecho prisionero. El plomo le atravesó la cara y le salió por la frente, donde le dejó una cicatriz como gloriosa estrella. Fue recogido y moribundo llevado a

Manzanillo y de allí a prisión en España una vez curado. Cuando a su madre, espartana mambisa, le informaron que su hijo había caído prisionero del enemigo se negó a creerlo. Cuando más tarde se le rectificó la información con la verdad de lo sucedido, Lucía Iñiguez, exclamó llena de orgullo patriótico: «*¡Ese, ese sí es mi hijo Calixto...!*»

La pérdida de Calixto García de nuevo renovó las querellas político-militares que se habían gestado cuando la destitución de Céspedes. Con calificaciones estrategico-tácticas sólo se encontraba apto para sustituirlo Antonio Maceo pero ante esa realidad se encontraban dos escollos: uno el escalafón, en el que tenía por delante cuatro mayores generales: Vicente García, Modesto Díaz, Manuel Calvar y Francisco Javier de Céspedes; otro, la dificultad de estar sirviendo a las órdenes de Máximo Gómez en Camagüey quien no lo iba a ceder a Oriente. Pero había aún otro escollo, éste invisible: el manifiesto antagonismo que ni la hermandad de la guerra ni la igualdad de la muerte habían todavía borrado, de los prejuicios raciales y los atavismos coloniales. Vicente García logró su nombramiento como jefe interino del Departamento de Oriente, suscitando el descontento de *Tita* Calvar, segundo al mando de Calixto García, quien se sintió preterido y privado de su derecho.

Cisneros Betancourt de nuevo encontró soluciones momentáneas a la cuestión a mano. Unió a Bayamo con Holguín y Jiguaní para formar una Primera División al mando de la cual situó a Calvar para desagraviarlo; unió a Cuba con Guantánamo y Baracoa, formando una Segunda División y poniendo al frente de ella a Maceo, traído del Camagüey y justicieramente ascendido a General; ordenó al general Barreto, excedente al fundirse su mando en la Primera División y sospechoso de pacifismo, que se incorporase a Gómez en el Centro; dispuso el traslado de su opositor Bravo Sentíes al Camagüey como Jefe de Sanidad Militar y sacó a Leonardo Mármol de Bayamo para Guantánamo. Estaba Cisneros en estos trajines cuando recibió la noticia del cruce de la trocha por Máximo Gómez, sin previa consulta, y de inmediato salió con el Gobierno rumbo a Camagüey, no sin antes experimentar la manifiesta desobediencia de Barreto y Bravo Sentíes a trasladarse al Centro y de haber nombrado a Vicente García, en propiedad, Jefe Superior de Oriente.

No había pasado mucho tiempo desde la partida de Cisneros cuando se produjo un conflicto de mandos entre los generales Vicente García y Manuel Calvar como consecuencia de unas órdenes impartidas por el primero, directamente a los subordinados del segundo quien, enterado de ello, ordenó que se cumplieran pero renunció al mando de la Primera División y marchó a presentar queja al Gobierno. A su vez, Vicente García lo acusó de conducta impropia con un superior jerárquico. Cisneros de nuevo encontró una solución obtusa al problema, según él con miras a proveer a Máximo Gómez con un contingente expedicionario, pero de nuevo barajando la geografía con los hombres. Creó un nuevo Departamento, el de Las Villas y Occidente, segregándolo del Camagüey y nombrando como jefe del mismo a Gómez, quien ya estaba combatiendo allí; segregó Las Tunas de Oriente y la unió al Camagüey, formando un nuevo Departamento, al frente del cual puso a Vicente García, a quien, en forma alguna, no hubiera podido separar de Tunas y finalmente dejó al resto del Departamento de Oriente como estaba, nombrando a *Titá* Calvar su Jefe Superior pero pasando por sobre el dominicano Modesto Díaz, primero en el escalafón.

Vicente García no quedó satisfecho con este apurado arreglo y acudió en reclamación ante la Cámara de Representantes la que, después de escuchar a Cisneros contestó a Vicente García *«que la consideración de sus reclamaciones quedaría pendiente para cuando le correspondiese su turno...»*, demostrándose de nuevo la flojedad del Ejecutivo y la Cámara para terciar entre los altos jefes militares. Calvar estaba encontrando muchas dificultades para reclutar los 400 hombres que se le habían pedido para Las Villas, especialmente en las zonas de Manzanillo, Bayamo y Jiguaní, baluartes cespedistas frente a Cisneros a quien acusaban de ser responsable de la muerte de su héroe, ocasión que aprovecharon Barreto y Bravo Sentíes para atraerse al general Francisco Javier de Céspedes, hermano del mártir de San Lorenzo, así como a otros familiares y amigos de aquél, oficiales distinguidísimos, y también a algunos jefes de unidades militares bajo el mando de Calvar quienes desertaron con sus hombres. Todos se dirigieron a Lagunas de Varona, en la zona de Tunas, con sus respectivas fuerzas y allí acampados el 20 de abril de 1875 el general Vicente García asumió el mando de la sedición y publicó una proclama en la cual se hacían cargos al Presidente Cisneros y se detallaban las reclamaciones del movimiento sedicioso: *«Nombrarse en propiedad nuevo Presidente de la República y enmendarse la Constitución, deficiente en unos artículos; expuesta a abusos de los poderes en otros; y adoptar las medidas que para el logro de tales objetos y de los hechos que de ellos se derivaran fuesen necesarios...»* Tres jefes de las tropas de Calvar fueron comisionados para indagar qué pasaba en Lagunas de Varona: Leyte Vidal, Rius Rivera y Estrada Céspedes, al tiempo que Cisneros partía con sólo dos ayudantes a enfrentar la situación (luego de haber enviado a Máximo Gómez el aviso que conocemos) y que la Cámara enviaba como *observador* al diputado Bartolomé Masó. En la emigración de nuevo los cespedistas tomaron impulso y la emprendieron con los amigos de Cisneros y con la representación del Gobierno, creándose tal confusión entre los exiliados que no se sabía quién representaba a quien, ni cuál era la línea a seguir en relación a Cuba, ni que decir ni explicar a los Gobiernos y pueblos de los países en que se encontraban con respecto a los sucesos de Cuba, hasta el punto que la organización revolucionaria del exilio desapareció casi totalmente del panorama libertador.

El día 26 de abril se celebró una asamblea de los pronunciados y los delegados de la División de Holguín en la cual estos últimos combatieron la sedición pero fueron derrotados en la votación que se decidió por ella. Al siguiente día llegó el Presidente Cisneros quién fue informado por una comisión de los sediciosos, presidida por Barreto y Bravo Sentíes, *«que se le recibía como ciudadano pero no como Presidente...»* pues tenían una exposición hecha ante la Cámara y esperaban por su resolución. Cisneros les respondió que él era el Presidente de la República y que sólo la Cámara tenía facultades para deponerlo, parodiando a Céspedes, a lo que respondieron sus enemigos *«que antes se ponían fuera de la ley que obedecerlo...»* Aquí Cisneros se desvió del ejemplo de Céspedes pues replicó que estaba dispuesto a renunciar *«antes que ser el autor de desgracias para su Patria».* Con esto los pronunciados comprendieron que tenían el triunfo asegurado.

El 28 de abril la Cámara recibió los informes verbales de Cisneros y de Masó acerca de todo lo sucedido y en lugar de tomar una determinación radical, optó por enviar una comisión a entrevistarse con los sublevados y conocer de ellos sus pretensiones, cosa que ya sabían perfectamente por Cisneros y Masó, con lo que añadían a su record una nueva demostración de debilidad. Efectuada la entrevista con Vicente García éste concretó las peticiones en cinco demandas: *1) Renuncia o deposición del Presidente Cisneros; 2) Elecciones generales de Diputados y Senadores; 3) Elección de un Presidente interino; 4) Elección de un Presidente en propiedad; 5) Revisión y enmienda de la Constitución por la Asamblea soberana.* La Cámara accedió a elegir un Presidente interino previa renuncia de Cisneros y a la convocatoria a elecciones generales, declarándose incapacitada de resolver sobre las otras demandas sin la presencia de los diputados orientales que habían renunciado, Rodríguez y Masó. Se produjo un atolladero que rompió violentamente Vicente García con un manifiesto dirigido contra el Ejecutivo y la Cámara en el que hacía un llamamiento a Oriente, Camagüey y Las Villas a respaldarlo militarmente y con ello creando una gravísima crisis entre sus seguidores y los de Calvar, Cisneros y la Cámara. La llegada a Lagunas de Varona del general Máximo Gómez quien, según su Diario, encontró a la Cámara *«ofuscada y miedosa...»* contribuyó a aplacar los ánimos. Gómez después de hablar con Cisneros y la Cámara propuso a Vicente García una transacción que éste aceptó y que fue la siguiente: *a) Aprobación por la Cámara de la renuncia del Presidente Cisneros; b) Derogación del acuerdo que prohibía las elecciones generales; c) Presidencia interina de Juan Bautista Spotorno*. Conjurada la sedición y evitada la probabilidad de una guerra intestina en virtud del plegamiento a la militarada de Lagunas de Varona, Cisneros salía de la Presidencia por la misma puerta que había entrado a ella en Bijagual: un cuartelazo revestido de legalidad constitucional. Por fortuna para él, y para nuestros anales historiológicos, no recibió de su sustituto ni de la Cámara la invectiva y el abandono que prodigaron a Céspedes. Máximo Gómez regresó a sus cuarteles de Las Villas atravesando nuevamente la considerada inexpugnable trocha, a continuar su épica campaña invasora que hiciese a la Península temblar de miedo por la seguridad de Occidente y cambiar cinco veces sus Capitanes Generales. Y a enfrentarse a su vez con dificultades político-militares que dieron el puntillazo a la Revolución.

* * *

Medidas de Spotorno. — El Inglesito. — El regionalismo. Decadencia de la Revolución. — Santa Rita. — (1875-1877)

Spotorno, al hacerse cargo interinamente de la Presidencia de la República, nombró a Estada Palma como Secretario del Exterior y lo tomó como su principal consejero y a Fernando Figueredo como Secretario del Interior. Dictó un Decreto, conocido como el de su apellido, en el cual se condenaba a muerte a quien viniese del campo español con proposiciones de paz no basadas en la Independencia; alejó del Gobierno a Félix Figueredo, reputado como intrigante; logró el envío de un contingente de refuerzos expedicionarios orientales a Las Villas; decretó que los jefes y oficiales que se encontraban en el extranjero y que no regresasen a la guerra en un plazo de cuatro meses perderían sus grados, disposición que afectó a Aguilera en su rango de Mayor General y que éste, muy enfermo en Nueva York, amargamente consideró como una ingratitud. Spotorno confrontó problemas con los militares cuando sorpresiva e inexplicablemente nombró a Vicente García para el mando de Oriente, sustituyendo a Calvar, al tiempo que lo ratificaba como Jefe Superior de Camagüey-Tunas, una doble jerarquía que nunca nadie había ostentado en el Ejército Libertador. García fue recibido con frialdad en Camagüey, tierra de Cisneros, en tanto que la Segunda División y el Regimiento de Holguín protestaron al Gobierno, por medio del general Maceo, de que las unidades que se habían mantenido fieles a la Constitución ahora fueran subordinadas a un general sedicioso triunfante. García contra-acusó a Maceo de indisciplinado pero en cuanto se enteró de la acusación presentada por la División y el Regimiento presentó su renuncia que le fue aceptada con general beneplácito y nombrado en su lugar fue el general Modesto Díaz, con lo que quedó terminado el incidente. Henry Reeve pidió su relevo como jefe de Camagüey para trasladarse a Las Villas a servir bajo Máximo Gómez como jefe de la vanguardia invasora y se le sustituyó con el brigadier Gregorio *Goyo* Benítez. Las elecciones generales se celebraron y fue electo Presidente en propiedad Tomás Estrada Palma.

Estrada Palma, inmediatamente de haber tomado posesión de su nuevo cargo, se tuvo que encarar con tremendas dificultades en Las Villas; peores que las que sus antecesores encararon en Oriente. La primera fue de orden militar pues España había realizado un gigantesco esfuerzo para impedir la invasión de Matanzas y por destruir las fuerzas de Gómez en Las Villas. Lanzó contra éste, en un espacio de dos años, dos Divisiones de las tres armas y cinco Capitanes Generales que concentraron todos sus esfuerzos y todos sus recursos en esa provincia. Fueron ellos Joaquín Jovellar quien ocupaba la Capitanía General cuando Gómez efectuó la invasión; José Gutiérrez de la Concha, por tercera vez, quien sustituyó a Jovellar; el Conde de Valmaseda, también por tercera vez, quien relevó a Concha; Buenaventura Carbó, Segundo Cabo, quien relevó a Valmaseda y de nuevo Jovellar, quien dividió el mando con Arsenio Martínez Campos. Valmaseda repitió en Las Villas sus salvajadas anteriores en Oriente y dictó una proclama similar a la de 1869, la cual, sorprendentemente, parece haber servido de modelo a las que dictaran contra los mambises de sus épocas el dictador Fulgencio Batista, primero, y el tirano Fidel Castro, después. Decía la proclama:

1. — «Todos los individuos de los campos que lleven a la cabecera, muerto o vivo, a uno de los bandidos llamados insurrectos, será premiado en el acto con diez onzas de oro, y con cinco si presentase el fusil o la carabina del mismo.

2. — »Todo campesino que diere a las tropas noticias detalladas y precisas de donde están situados los campamentos, y por la veracidad que ellas contengan puedan ser sorprendidos o destruidos, recibirán de 3 a 10 onzas de oro, según la importancia del parte y el mérito de la sorpresa que se verificase.

3. — »Al que diese muerte a un prefecto o subprefecto, o que por sus revelaciones a las tropas se consiguiese igual resultado, se le premiará con 15 onzas de oro.

4. — »*Finalmente, todo el que denunciare con pruebas bastantes para que pueda recaerle legalmente el castigo, a un patrocinador de los insurrectos o a los que les conduzcan artículos de cualquier clase que fueran, se le darán 6 onzas de oro, gratificación que podrá ser mayor si la importancia de la denuncia lo mereciese.*»

Después de casi dos años de continuo batallar y de obtener triunfo tras triunfo, Máximo Gómez, con sus tropas cansadas, maltrechas y casi sin municiones libró la acción del cafetal González, en la zona de Cienfuegos, que le fue adversa. No tanto por las bajas sufridas sino por el aniquilamiento de sus caballerías, agotadas en tantas continuas marchas, por el cansancio de sus hombres y por la casi absoluta carencia de municiones. La decisiva batalla marcó el fin del intento invasor que se convertiría en una obsesión para el general Gómez. Henry Reeve audazmente había penetrado hasta la zona de Colón, Matanzas, y allí, sin poder recibir refuerzos y aislado, el legendario americanito de Brooklyn cayó combatiendo en Yaguaramas.

La integridad personal de Henry Reeve y su sacrificio en pro de la causa de Cuba compensaron para los Estados Unidos la pérfida actuación de Grant y Fish para con ella. Ningún tributo mejor puede rendirse a la memoria de El Inglesito, ejemplo brillante de temeridad desde el mismo instante que desembarcara del Perrit con Thomas Jordan, que la pena que su muerte produjera a Máximo Gómez, quien no se conmovía fácilmente, y que la hiciera constar en su Diario con el lamento de que su cadáver quedase en poder del enemigo. De soldado raso, sin saber hablar español, llegó a Brigadier por méritos en campaña al lado de Agramonte. Aprendió el idioma y se ganó la admiración de todos por su disposición al sacrificio y su alejamiento de los problemas políticos cubanos. Jamás solicitó permiso para salir de Cuba, ni aun cuando el general Jordan renunció y se fue. No ganó un sueldo a la República en Armas ni la Agencia de Nueva York tuvo que entregar un centavo a su familia allí residente. Pirala, el historiador enemigo, se expresó así de este magnífico yanqui:

«*Ni la falta de refuerzos, ni el desorden y desaliento general, menguaban la intrepidez de "El Inglesito". Burlando activo la más decidida persecución, penetró dos veces como un rayo, con un centenar de jinetes, en el término jurisdiccional de Colón, y quemó en una de ellas dos ingenios a la vista del mismo pueblo; más tanto insistió en desafiar el peligro, que al fin quedó muerto con seis individuos de su partida en un encuentro cerca de Yaguaramas. La pérdida de Reeve no tuvo reemplazo; el coronel negro Cecilio González y el blanco Agüero, que continuaron en la Ciénaga y en la línea del Hanábana, distaban mucho de valer lo que aquél. Tenían, ciertamente, la sagacidad y el valor frío, la maña y la paciencia del muerto; pero les faltaba el franco arrojo y la grandeza de la audacia que hacían de Reeve un partidario excepcional, muy querido de Gómez...»*

Reeve tenía tan sólo 26 años de edad cuando fue muerto, era de pequeña estatura, lampiño y de cutis muy blanco, de pelo rubio y ojos azules y tenía una pierna inutilizada a causa de una grave herida recibida en un combate. Los españoles exhibieron su cadáver en Cienfuegos como si fuera un trofeo.

* * *

El regionalismo villareño presentó unas características aún más radicales que el de los camagüeyanos y orientales y había tenido ocasión de comenzar a ejercer malsanas influencias desde el mismo instante en que Máximo Gómez, apremiado por sus operaciones relámpagos, había reemplazado al general Carlos Roloff, villareño muy indeciso, por el coronel Rafael Rodríguez, camagüeyano intrépido, y situado al coronel Enrique Mola, otro camagüeyano, como segundo del coronel Jiménez, villareño, para que reorganizase la caballería al mando de éste, designaciones que habrían de causar serios disgustos entre Gómez y los villareños pòsteriormente. Ya antes, el general Gómez había nombrado a Reeve, considerado como camagüeyano, jefe de la vanguardia invasora, y al general Julio Sanguily, habanero, Jefe Superior de Las Villas, designaciones hechas con vista a la capacidad y experiencia en el tipo de guerra que iba a hacer al enemigo y a la cual eran totalmente ajenos los villareños y por el contrario muy conocedores de ella los discípulos de Agramonte. En cuanto llegaron de Oriente, con el refuerzo de 400 hombres, el general Calvar y el coronel Mariano Domínguez, Gómez los incorporó a su Cuartel General.

Los villareños pusieron tantas dificultades al general Sanguily que éste presentó su renuncia y marchó a Camagüey, cosa que hizo a Gómez escribir en su Diario *«que en Las Villas no podría mandar ningún jefe que no fuera de la región, porque desgraciadamente, se había desarrollado un espíritu de provincialismo horroroso...»* y *«este estado de cosas crea para mí una situación difícil y embarazosa; y a pesar mío, siento en mi alma una especie de desencanto, pues absolutamente puedo tener confianza en esta gente, y no dudo que con el tiempo me suceda a mí lo que al general Sanguily. Así pues, debo hacer todo lo posible por salir del compromiso de este destino...»* Gómez solicitó permiso del Gobierno para pasar a su sede en Camagüey a conferenciar con el

Ejecutivo acerca de la situación villareña, transmitiendo instrucciones al general Roloff para que tomase el mando durante su ausencia.

Estrada Palma, una vez que recibió el informe de Gómez sobre el caso villareño, en el cual éste responsabilizó al coronel Jiménez con la instigación sedicente ya que se sabía que éste había escrito al general Serafín Sánchez, reeditando el problema ya superado en Camagüey de la guerra federalista: «*Nosotros que tanto hemos trabajado en todos los Departamentos, hemos venido por fin al nuestro, y cuatro hombres de mala fe, escudados por un jefe lleno de pasiones, han llegado a colocarse en el puesto de dueños absolutos de nuestro territorio, de nuestras afecciones y en azote de nuestras desgraciadas familias: esto es lo que pasa hoy en Las Villas y esto es lo que nosotros, si somos buenos patriotas debemos evitar...*» Jiménez envió una comunicación al Ejecutivo en la que solicitaba su presencia en Las Villas como vía de allanar los problemas, y en la que sugería se relevase a Máximo Gómez «*por imponer un sistema de extremada rigidez y acritud, en contradicción con los principios de las instituciones revolucionarias y de los principios democráticos ..*» De nuevo se hacían sentir las consecuencias del disparate constitucional de Guáimaro: ahora los que se consideraban ciudadanos constituían dentro del Gobierno y el Ejército una sociedad secreta denominada Unidad Republicana con el propósito de defender sus derechos constitucionales ante las medidas y disposiciones militares de emergencia que rompían el esquema regionalista de hacer una guerra local. Ahora se daba en Las Villas, contra Gómez, el mismo caso que se había dado en Camagüey contra Quesada. Estrada Palma adoptó una actitud enérgica y rechazó las renuncias de Sanguily y Gómez y les ordenó regresar inmediatamente a Las Villas en tanto que conminaba al coronel Jiménez, al doctor Figueroa, quien había llegado a disparar un tiro a Sanguily, y al comandante Barreras, quien había acusado a Gómez de tirano, todos ellos villareños, a comparecer ante él. Gómez llegó a Las Villas el 4 de julio de 1876, con el coronel Ricardo Céspedes. El 20 de ese mes la fuerza camagüeyana del brigadier Suárez asaltó a Morón y en la noche del 21 las tropas villareñas mandadas por *Titá* Calvar atacaron a Santa Clara.

A fines del mes de agosto el general Gómez se hallaba muy pesimista respecto de Las Villas, tanto así que escribió en su Diario durante su marcha hacia Remedios:

«*El objeto de esta marcha es tristísimo. La realizo para ver como encuentro el medio de arreglar las intriguillas de los villareños en contra del general Sanguily y de los camagüeyanos, con mengua y retraso de la Revolución. Yo mismo no cuento con seguridad en el destino que ocupo. Por mi parte, estudiaré el modo de dejar este destino, sin que se perjudiquen los intereses del país, porque no me es posible continuar en esta baraúnda de ambiciones ilegítimas, de hombres sin condiciones ningunas como jefes experimentados, capaces de ayudarme a salvar una crisis. Con tal motivo, pongo correo al general Roloff para hacerle entrega del mando de la Primera División, destino que ocupa el general Sanguily...»*

Máximo Gómez, como un último recurso, dispuso el cese en el mando de todos los jefes de su confianza, camagüeyanos y orientales, para sustituirlos por villareños. Ordenó el regreso a Oriente de los generales Calvar y Sanguily y de los coroneles Mariano y Julio Domínguez, Rafael Rodríguez y Enrique Mola al tiempo que, para sustituirlos, tuvo que dictar un indulto que comprendía a Serafín Sánchez y otros jefes villareños quienes estaban sujetos a los tribunales militares por delitos de indisciplina. Cuando Roloff llegó al Cuartel General para sustituir a Sanguily, dijo a Máximo Gómez *«que algunos jefes villareños creían inconveniente que él, Gómez, continuase al frente de Las Villas y lo aclamaban a él, Roloff, para sustituirlo en el cargo...»* Gómez no contestó una palabra y entregó a Roloff el mando del ejército con que pensaba darle la última batalla a los españoles. Inmediatamente pasó aviso al Ejecutivo de lo sucedido y éste rápidamente le ordenó que permaneciese en su cargo pero Máximo Gómez ya había puesto punto final a su lucha contra el regionalismo de los villareños y pasado la Trocha, por sexta vez en dos años, rumbo al Camagüey acompañado de Calvar. Su entrada en el Diario, correspondiente al día 14 de noviembre de 1876, es expresiva y patética:

«En marcha paso la Trocha del Júcaro, peligrosísima, a las once de la noche; más peligrosa porque voy con muy poca gente de armas, y sí con una inmensa impedimenta que la componen la infeliz de mi esposa y mis pobres niños, y unas cuantas familias más, que me han suplicado no las deje aquí, así como muchos hombres enfermos, de Oriente, que habían quedado abandonados en estos lugares. Es mi retirada una verdadera derrota. ¿Cómo se explicará mañana que los villareños, de quienes me puse yo al frente para ayudarles a conquistar su territorio —que habían perdido—; después que los he organizado, después que hemos puesto al enemigo en raya, me hayan despreciado y por último me hagan salir de semejante modo? Al escribir estas líneas, mientras tomo algún descanso, un mundo de ideas se acumula en mi mente. No es posible que esto, y mucho más que, como consecuencia ha de venir, dé buenos resultados para la pobre Cuba. Jamás estará mi amor hacia ella expuesto a más duras pruebas en estos momentos...»

Una vez que Gómez hubo partido, los villareños prosiguieron bravamente el tipo de guerra localista que deseaban y aunque hicieron derroches de temeridad en acciones notables, la apabullante ofensiva de Martínez Campos, con superiores fuerzas y táctica de embolsillar los núcleos rebeldes, redujo a la nada los esfuerzos villareños, tal como lo había previsto Máximo Gómez.

* * *

Estrada Palma realizó grandes trabajos para reafirmar el prestigio en crisis del Poder Ejecutivo y llegó, en sus trajines, a ostentar el cargo de General en Jefe del Ejército, cosa que ninguno de sus predecesores había hecho. Nombró a Máximo Gómez como Secretario de la Guerra y envió a los hermanos Julio y Manuel Sanguily a los Estados Unidos en un postrer esfuerzo por unificar la emigración y recabar de ella expediciones, pero nada efectivo pudieron lograr pues hallaron a ésta destruida por el divisionismo y las querellas internas. La Cámara nombró al mayor general Francisco Javier de Céspedes Vicepresidente de la República, cargo que se hallaba vacante por el fallecimiento de Aguilera y Estrada Palma lo hizo además Secretario de Relaciones Exteriores en un gesto conciliador con el cespedismo.

Como la pacificación de Las Villas entrañaba un gran peligro para los territorios orientales, Estrada Palma, de acuerdo con la Cámara, planificó el enviar a esa región al general Vicente García quien se encontraba en el pináculo de su gloria por haber tomado y destruido a Las Tunas en septiembre de 1876, y a ese efecto Eduardo Machado, Presidente de la Cámara, sostuvo conversaciones con García quien aceptó encargarse de tal difícil misión, agravada aún más por la deserción del contingente expedicionario oriental en Las Villas que se había negado a continuar allí, en febrero 21 de 1877, inconformes con la salida de Calvar y deseosos de volver a su región de origen. Pasado un mes de esa fecha aún Vicente García no había pasado a Las Villas y cuando en la sede del Gobierno se hacían conjeturas acerca de su proceder se recibieron alarmantes noticias de él, por mediación de la Cámara a la cual había enviado una amenazadora exposición, redactada irrespetuosamente, en la cual se quejaba de que aquella no había resuelto nada sobre «*su protesta aquejando abusos de autoridad e injusticias perpetradas por el Ejecutivo, con perjuicio de los intereses de la Patria y agravio de la dignidad del firmante como ciudadano y como militar, sin que se le hubiese acusado recibo ni tomado determinación alguna...*» Negras nubes de tormenta se acumulaban sobre el horizonte revolucionario, similares en sus presagios a las de Lagunas de Varona. Vicente García claramente hacía amagos de sedición si no le resolvían favorablemente sus propósitos, que eran la segregación de Tunas del Camagüey y su reincorporación a Oriente y su nombramiento como General en Jefe del Ejército Libertador y que la Cámara, por considerar improcedentes, había archivado y olvidado la susodicha protesta y aspiraciones. Ahora, el 6 de abril de 1877, la Cámara le devolvió su amenazadora exposición amonestándolo que en el futuro se abstuviese de dirigirse a ella en tal irrespetuosa forma.

El día 14 de ese mes el brigadier Suárez, jefe de las tropas de Tunas, notificó al Gobierno la negativa de éstas a obedecerlo y la reclamación que hacían de que Vicente García volviera a mandarlas. Estrada Palma pretendió una contemporización y nombró al coronel Francisco Borrero, simpático a los tuneros, para sustituir a Suárez sin tener éxito pues éstos no admitían otro jefe que García. Estrada Palma y la Cámara enviaron a Oriente una comisión formada por los Representantes Collado, Beola y Figueredo para prevenir allí el contagio sedicioso. Mientras tanto, en Santa Rita, presididos por el general Barreto nuevamente, se constituyeron varios jefes y oficiales de las tropas de Vicente García quienes acordaron «*desconocer los Poderes constitucionales de la República y hacer un llamamiento al pueblo y al Ejército en armas contra España, en apoyo a la idea de expulsar de la Presidencia de la República al C. Tomás Estrada Palma y que desapareciera la Cámara de Representantes ...*» Al mismo tiempo publicaron un manifiesto incitando a la rebelión a los demás Distritos, en el cual se proponía la creación de un Senado y el restablecimiento del cargo de General en Jefe y en el que se hacían veladas amenazas de represalias contra los que no lo apoyasen.

* * *

La realidad historiológica de este proceso sedicente tenía su raíz en la inconformidad de Vicente García con los planes invasores desde 1875 y en que veía con suspicacia que en aquellos momentos se le enviase a Las Villas a enfrentarse a la tremenda ofensiva desatada allí por Martínez Campos. El desconfiado tunero consideraba a Estrada Palma como su enemigo personal, empeñado en desacreditarlo o en hacerlo morir en Las Villas, y como defensa contra aquél recurría al motín, sin detenerse a pensar en las consecuencias funestas de su acción en momentos tan críticos para la Revolución, socavada ya por las ofertas pacificadoras de Martínez Campos y debilitándose gradualmente en Camagüey bajo el empuje militar de éste y a cuyo mando había renunciado el brigadier Benítez descontento con la política contemporizadora del Ejecutivo y la Cámara para con los pronunciados.

Impedido de dejar el Camagüey y pasar a Oriente, Estrada Palma comisionó a Máximo Gómez, como Secretario de la Guerra, para que pulsase la situación allí y tanto éste como los Representantes anteriormente citados hallaron un estado de inconformidad rayano en la sedición en todas partes, excepto en los Distritos bajo el mando del general Antonio Maceo quien, en julio de 5 de 1877, al reclamo de Vicente García de que se uniese a la rebelión de Santa Rita, contestó con energía y su característica entereza en una carta famosa en uno de cuyos más sobresalientes párrafos le manifestaba:

«Al mismo tiempo que indignación, desprecio me produce su invitación al desorden y desobediencia de mis superiores, rogándole se abstenga en lo sucesivo de proponerme asuntos tan degradantes, que sólo son propios de hombres que no comprenden los intereses patrios y personales. Al hacerme dicha manifestación, debió tener presente que antes que todo soy militar. Para mí nada implica la amenaza que hace a este Distrito, porque siempre apoyaré al Gobierno legítimo y no estaré donde no pueda existir orden ni disciplina, porque vivir de esa manera sería llevar la vida del bandolerismo. Cumpla usted con el deber que le imponen su grado y la Patria, y verá como ni la fuerza se fracciona ni se desorganiza, como usted dice, pudiendo siempre reclamar el derecho y la justicia. Siendo repetidos por usted los actos de desobediencia al Gobierno, a las leyes del país y a lo que pide la mayoría, resultará ahora como en el 75, y aún creo más, que el pueblo, con el derecho que le asiste, se verá en el caso de exigir de usted estrecha responsabilidad de sus actos inconvenientes a los intereses de la Patria. Después del terrible juez del pueblo, vendrá la Historia que juzgará imparcial y sinceramente sus hechos pasados.»

Maceo dominó el inicio de sedición en su mando y llegó hasta el extremo de enfrentarse personalmente al coronel Limbano Sánchez y desafiarlo «*a que bajase el arma o que matase a un hombre...*», amilanándolo. El Representante Collado, el mismo que había sido enviado a investigar, perturbó de tal modo la zona de Holguín que la trató de convertir en un cantón independiente, fuera de la autoridad del Gobierno. Maceo lo supo y allí se dirigía a terminar el problema cuando fue herido de cuatro balazos en un encuentro, con lo que Gómez se vio privado del único Jefe Superior capaz de controlar los desórdenes que ya se habían extendido a Manzanillo, Bayamo y Jiguaní, alentados en estas zonas por el coronel Bello, de Yara, y el agente confidencial Esteban de Varona, quienes sostenían conversaciones pacifistas con el brigadier español Dabán. Estrada Palma se dirigió a Manzanillo con la intención de cortar de raíz el pacifismo, no sin antes dejar instrucciones a Máximo Gómez de que aplicara el Decreto Spotorno a los enviados por Martínez Campos con misiones de paz. Bello, Varona,

Santiesteban y un práctico cubano al servicio del enemigo, Castellanos, fueron capturados por Gómez y entregados al Gobierno que los sometió a juicio sumario y condenó a muerte a Bello, Varona y Castellanos. Fueron ejecutados los dos últimos pero Bello, quien estaba sujeto a apelación, sobornó a sus custodios y se fugó hacia las filas hispanas. Martínez Campos utilizó las ejecuciones para hacer propaganda a base de contrastarlas con sus métodos humanitarios que habían perdonado la vida al coronel Ricardo Céspedes cuando fue capturado, acusando a Estrada Palma de ordenar asesinatos. Para remachar su propaganda el general español no permitió la ejecución de Estrada Palma cuando fue capturado por sus tropas cerca de Holguín once días después de las ejecuciones.

* * *

La situación del Camagüey, donde operaban cuatro columnas españolas de las tres armas, era terrible en todo sentido. Pirala la describe con descarnada prosa:

«El país estaba destruido casi en absoluto; los potreros, cubiertos de espesa maleza y monte bajo; sin cercar las fincas; cerrados los caminos por la vegetación; extinguida la ganadería, abundantísima antes; empobrecidos los que fueron ricos propietarios; y alrededor de los fuertes españoles, ni aún en la misma capital, había zonas de cultivos para el mantenimiento de sus míseros habitantes y el de los en ella refugiados, extendiéndose la miseria a las clases trabajadoras, a los pequeños propietarios y a los más poderosos hacendados, que habían consumido en nueve años de inacción y de guerra, sus recursos, sus alhajas y hasta su crédito. Los trabajos más penosos y el impetrar la caridad eran los medios buscados por los que antes disfrutaban de abundantes medios de fortuna; y no bastaba la distribución de víveres y limosnas para impedir los horrores del hambre en aquellos infelices, en los que eran frecuentes ejemplos de dignidad y valerosa resignación, tanto más notables cuanto mayor había sido la opulencia en que habían vivido...»

Sumado a lo anterior, el efecto disociador del motín de Santa Rita, la muerte del Presidente de la Cámara Eduardo Machado, la del Representante y coronel La Rúa y el asesinato del coronel Sorí, jefe de la caballería camagüeyana, produjeron la virtual disolución de lo que quedaba de la antaño brillante División del Camagüey.

* * *

Subsiguientemente a la captura de Estrada Palma el general Gómez asumió interinamente la Presidencia. La persecución enemiga era tan fuerte que la Cámara andaba a pie y llegó un momento en que Máximo Gómez se encontró desmontado y completamente solo en el monte. Después de incontables vicisitudes el Gobierno y la Cámara, o lo que quedaba de ellos, se pudieron reunir en Loma de Sevilla el 10 de octubre de 1877 y allí la Cámara procedió a elegir un Presidente en propiedad. Ante la general estupefacción fue electo Vicente García, expediente de último recurso de aquellos dos organismos que, para sobrevivir físicamente sus miembros, se sometían por última vez al caudillo tunero. Lleno de disgusto, Máximo Gómez renunció a la Secretaría de la Guerra y al serle aceptada pasó a ser tan sólo un ciudadano sin cargo alguno, civil o militar, dentro de la Revolución. Las tentativas de armisticio seguían tomando incremento y hasta un estrafalario personaje que alegaba ser Obispo de Haiti, llegó a la sede del Gobierno con un salvoconducto de Martínez Campos. Después de unas misteriosas conversaciones con Estrada Palma, antes de su captura, salió por donde había entrado, sin consecuencias. Figueredo aseguró que propuso a Estrada Palma laborar por el triunfo de Cuba, por mediación de la fraternidad religiosa a que pertenecía, si le aseguraban en la paz la mitra de Santiago de Cuba. Nunca nadie, ni el propio Estrada Palma, supo quien era en realidad Mr. Pope, que así se hacía llamar el singular tipo aquel.

Los acontecimientos que sucedieron a la sesión conjunta del Gobierno y la Cámara en Loma de Sevilla han sido relatados por distintos testigos, pero creemos que ninguna fuente de información más autorizada ni más elocuente existe que el Diario del general Máximo Gómez. El mismo día de la reunión escribió en él: *«se nota una desmoralización completa y los ánimos todos están sobrecogidos, tanto por las operaciones constantes del enemigo, como por la división de los cubanos, pues Holguín se ha separado de todo, nombrándose su Gobierno...»* y también: *«todo está en desconcierto, y el pavor cunde por todas partes, de modo que hay quien opina que debía arreglarse la paz aún prescindiendo de la Independencia...»*

Se celebró una reunión en la cual Gómez propuso el solicitar de Martínez Campos una suspensión de las hostilidades para que los cubanos decidieran por la paz o la guerra en asamblea popular. La Cámara procedió a anular el Decreto Spotorno facilitando con ello el tratar sobre un armisticio y comisionó al coronel Aurelio Duque Estrada para que se trasladase a Santa Cruz del Sur con proposiciones de paz para Martínez Campos.

* * *

El Pacificador. — El Zanjón. — Baraguá. — El último rebelde. — El precio de «LA PATRIA». — (1877-1878)

En el entretanto, en el campo español se ejercían presiones para apresurar a los cubanos a entrar en transacciones ya que la situación política de la Península así lo exigía. Pirala, que mejor que nadie la conocía, la describe de este modo:

«Era casi imposible continuar la campaña sin nutrir de nuevo los batallones, poco menos que en cuadro de un modo o de otro; los enganchados en los banderines de Ultramar eran caros, y por lo general malos soldados, además de ser insuficientes en número. A Martínez Campos no se ocultaba el horror de las madres españolas a una nueva quinta para aquella campaña; para una guerra a la que iban muchos y volvían pocos. Necesitábanse hombres y dinero en grandes cantidades, pero Martínez Campos confiaba en su plan, conocido el cambio que se operaba en las ideas de jefes y soldados insurrectos, y esperaba el resultado de sus operaciones, activadas por él sin descanso y fuera del corto territorio neutralizado y el de su labor política. El año de 1877 había sido anormalmente enfermizo y lluvioso; los hospitales y enfermerías, cuadruplicados ya en número y cabida por la solicitud del Capitán General, no bastaban para recibir todos los enfermos. Estaban llenos de soldados, que aún suponiendo no aumentaran y estuvieran convalescientes, no podían, por lo general, soportar las fatigas de una campaña como la de Cuba, sin peligro para su vida y poca utilidad del sacrificio...»

* * *

Al enterarse Martínez Campos, conocido en España con el sobrenombre de *El Pacificador,* de la misión encomendada a Duque Estrada, ordenó la suspensión de las hostilidades en la parte del Camagüey donde se hallaban el Gobierno y la Cámara. Al hacer esto Martínez campos procedió astutamente y así fue que informó al Ministro de Ultramar, Elduayen, que lo hacía *«porque entonces esperaba que al cabo de algunos días me dijesen que querían tratar bajo bases inadmisibles; había estudiado el pro y el contra; no neutralizaba más que una pequeña parte del territorio de la guerra; aquella fue continuada con mayor actividad toda vez que la estación comenzaba a mejorar y a salir los soldados de los hospitales; en el terreno neutralizado el roce del insurrecto con el soldado nos era provechosísimo, porque en contacto el débil con el fuerte, el hambriento con el que tiene recursos, el desnudo con el vestido, el que no tiene donde cobijarse con el que tiene campamentos y cantinas, se ha de producir una relajación en el ánimo del primero; la cortesía que en el trato tenía ordenada, había de minar a los oficiales; la noticia de la suspensión de operaciones donde estaba la Cámara, y las negociaciones con ella, tenían que influir notablemente en los otros Departamentos...»* Martínez Campos marchó a La Habana después de la reunión con los emisarios de la Cámara a ponerse de acuerdo con Jovellar, pues ambos sabían que España estaba interesada en poner fin a la guerra antes de junio de 1878 a causa de la bancarrota de su Tesoro y de las enormes bajas que sufrían sus tropas en Cuba.

Regresando de Santa Cruz del Sur, los comisionados se encontraron con el brigadier *Goyo* Benítez quien al saber de la misión de paz de que eran portadores ordenó su detención para juzgarlos en Consejo de Guerra, pero ellos le informaron la anulación del Decreto Spotorno, cosa que Benítez desconocía, pero quien a pesar de eso los retuvo y escribió a Gómez para *«que lo ayudara a salir del berenjenal en que estaba metido...»* porque él, Benítez, no aceptaba nada y que si el enemigo se aparecía por allí mandaría hacerle fuego. Decía también a Gómez que lo esperaba junto con el Gobierno *«pues había muchos con miedo y era preciso hacerle comprender a la gente que el honor no debía perderse y que en todo caso se debía saber morir...»* Él estaba dispuesto *«a morir o ver el fin que se había propuesto, porque a los diez años de una guerra terrible no era posible que abandonase su ideal...»* Reunidos con Benítez, Gómez y el comisionado Duque Estrada, en vista de que la Cámara no había podido reunirse con los jefes militares, decidieron pedir al general español Cassola una prórroga de la suspensión de las hostilidades, a lo que éste accedió, y que aprovecharon ellos para enviar a Marcos García a Las Villas y a Enrique Collazo a Oriente a informar sobre las gestiones que se hacían. El brigadier Collazo no pudo localizar a los generales *Titá* Calvar, Modesto Díaz y Antonio Maceo pero Vicente García avisó que acudiría a la cita, aliviando los temores de todos de que adoptara una de sus peculiares actitudes pasadas. Cassola agitó a Benítez diciéndole que España tenía preparado un decreto concediendo la libertad a los esclavos en las filas insurrectas, con lo que insinuaba la probabilidad del abandono de la guerra por parte de éstos con la consecuencia de que los blancos y los negros libres mambises, al faltarles su apoyo, tendrían que rendirse incondicionalmente. Benítez, alarmado, avisó a Cassola que si el Presidente García no hacía acto de presencia, él, como Jefe de la División de Camagüey y de acuerdo con la mayoría de la Cámara, consultaría la opinión de todos y concurriría a la conferencia de paz propuesta por Martínez Campos. El arribo de Vicente García, el día 5 de febrero, hizo esto innecesario.

Benítez informó a García, como Presidente de la República que éste era, de todo lo acaecido. García celebró una entrevista privada con la Cámara y al día siguiente marchó al campamento de Martínez Campos acompañado de su Estado Mayor y de algunos jefes que invitó. Máximo Gómez asegura en su Diario que ignoraba las instrucciones que la Cámara había dado a Vicente García y que a su regreso de la conferencia éste informó haber ofrecido al *Pacificador* el envío de las condiciones para tratar el armisticio, sobre el cual había ya él tratado con el general español Prendergast en Las Tunas. Como el asunto de la paz era inconstitucional puesto que en Guáimaro se había proclamado el lema de INDEPENDENCIA O MUERTE, se decidió hacer una consulta al pueblo para reformar la Constitución y se formó a las tropas y se les preguntó si estaban por la guerra o por la paz, dándoles el tratamiento de ciudadanos. Una vez considerados como ciudadanos los soldados, por mayoría, ratificaron la petición de paz. Consultados los jefes y oficiales sólo votaron por la guerra los brigadieres Gregorio Benítez y Rafael Rodríguez. La Cámara procedió a disolverse y fue nombrada una comisión para ajustar las condiciones del armisticio con Martínez Campos. Hubo largos discursos en la Cámara para justificar su disolución; tantos como los había habido en Guáimaro para proceder a su formación. En el poblado de El Zanjón, se firmó un pacto de paz bajo los siguientes términos:

1. — Concesión a la Isla de Cuba de las mismas condiciones políticas, orgánicas y administrativas de que disfruta la Isla de Puerto Rico.

2. — Olvido de lo pasado, respeto de los delitos políticos cometidos desde el año de 1868 hasta el presente y la libertad de los encausados o que se hallen cumpliendo condena, dentro y fuera de la Isla. Indulto general de los desertores del Ejército Español, sin distinción de nacionalidad, haciendo extensiva esta cláusula a cuantos hubieren tomado parte directa o indirectamente en el movimiento revolucionario.

3. — Libertad de los esclavos o colonos asiáticos que se hallen hoy en las filas insurrectas.

4. — Ningún individuo que en virtud de esta capitulación reconozca y quede bajo la acción del Gobierno español, podrá ser compelido a prestar servicio de guerra, mientras no se establezca la paz en todo el territorio.

5. — Todo individuo que desee marchar fuera de la Isla queda facultado para hacerlo y se le proporcionarán, por el Gobierno español, los medios para hacerlo sin tocar poblaciones si así lo desea.

6. — *La capitulación de cada fuerza se hará en despoblado, donde con antelación se depositarán las armas y demás elementos de guerra.*

7. — *El General en Jefe del Ejército Español, a fin de facilitar los medios de que puedan avenirse los demás Departamentos, franqueará todas las vías de mar y tierra de que pueda disponer.*

8. — *Considerar lo pactado con el Comité del Centro como general y sin restricciones particulares para todos los Departamentos de la Isla que acepten estas proposiciones.*

Una vez aprobado y firmado el Pacto del Zanjón se nombraron cinco comisiones: una para Las Villas, tres para Oriente y una para el extranjero. Las cuatro primeras tenían la misión de explicar a las fuerzas de esos Departamentos lo pactado que obligaba solamente al Centro, sin influir en el ánimo de los combatientes de esos territorios para nada; la última de informar verbalmente de lo ocurrido a los agentes cubanos en el destierro. La comisión de Oriente fue acompañada de Máximo Gómez que quería despedirse de Maceo antes de embarcar para Santo Domingo con Modesto Díaz. Vicente García manifestó su apoyo a la actuación del Comité del Centro; Las Villas aceptó el pacto en febrero 28 y lo mismo hicieron Manzanillo y Bayamo. Sólo quedaron en pie de guerra Antonio Maceo en Oriente y Leocadio Bonachea en Las Villas.

* * *

Máximo Gómez envió a Maceo un recado diciéndole que «*el Comité había nombrado de su seno una comisión para que pasando a Oriente por las líneas españolas fuese a dar cuenta del tratado y en vista de los sucesos decidieran los orientales lo que creyesen más conveniente; que él fue invitado para acompañar a la Comisión, y que esperaba le contestasen designando un punto en que debíamos encontrarnos para celebrar la entrevista...*» Esta tuvo lugar el 18 de febrero de 1878 y en ella Gómez afirmó a Maceo su decisión de dejar el país y su conformidad con el Pacto y aunque Maceo le encareció «*que no lo dejase solo en el campo que juntos habían combatido...*», al día siguiente ambos caudillos se separaron conmovidos. Estando Gómez en el campamento de Maceo hicieron acto de presencia dos enviados de Vicente García a pedirle a aquél que ejecutara a Gómez como reo de alta traición. Figueredo los despachó con cajas destempladas, con la posterior aprobación de Maceo. La calumnia se cebó en Máximo Gómez hasta el extremo de ser acusado de haber recibido cien mil pesos oro y el grado de Mariscal de Campo, de España, por el periódico La Independencia de Nueva York. Luego, en Jamaica, fue mirado con desprecio y amenazado de muerte por los que jamás habían pasado un día en la manigua cubana, cosa que también hicieron con Maceo cuando llegó allí después de Baraguá. Más tarde, a la publicación por Gómez del folleto *La Paz del Zanjón*, el periódico La Independencia se retractó de sus calumnias con las siguientes líneas:

«Su lectura deja una profunda impresión, mezclada de tristeza y satisfacción a la vez. Da tristeza, por las declaraciones que en él hace su autor; de satisfacción, porque se puede decir hoy que el general Gómez no es responsable, como se suponía al principio, del convenio del Zanjón, ni fue quien lo aconsejó ni quien lo propuso, ni lo llevó a cabo, ni tuvo otra intervención que haberse prestado a acompañar a los comisionados del Comité Central cerca del general Maceo; y queda muy alta la reputación moral y militar del general Gómez, que tanto brilló durante la guerra de Independencia...»

* * *

Maceo, después de hablar con los comisionados del Comité del Centro, pidió una suspensión de las hostilidades en su Departamento para consultar con sus oficiales así como una entrevista personal con Martínez Campos *«no para acordar nada y sí para saber que beneficios reportaría a los intereses de Cuba hacer la paz sin la Independencia...»* Maceo se hallaba convalesciendo de sus últimas heridas recibidas, pero que no le habían impedido obtener tres sonadas victorias sobre los españoles. Martínez Campos accedió a la entrevista y ésta se concertó para el 15 de marzo. Mientras tanto fue concentrando numerosas tropas en todo Oriente, traídas desde Las Villas y Camagüey y proclamó la libertad de los esclavos insurrectos de acuerdo con lo estipulado en el Pacto del Zanjón. La víspera de su entrevista con Martínez Campos rechazó indignado la insinuación del asesinato de éste. Vicente García se apareció sorpresivamente y le afirmó que cumplía un deber de patriotismo, para prevenirle contra las conferencias de paz ya que en las anteriores *«la traición y el engaño habían conseguido la ruina de la República...»* Le instó a que no conferenciase con Martínez Campos y a que se pusiese de acuerdo con él, García, *«para llevar la guerra adelante, bien persuadido de que la Revolución volvería entonces a cobrar su antigua pujanza...»* y le aseguró que todos los capitulados *«excepción hecha de los autores del Convenio y de los jefes que lo apoyaron...»* volverían a la brega. El general García era indudablemente, por cánones medicinales modernos, un caso de psiquiatría. Cambiaba de opinión y de actitudes con una facilidad tremenda y parecía olvidarse al siguiente día de lo que se había comprometido el anterior y defendía con tanto calor y decisión lo opuesto completamente a lo que antes había sido contrario. Maceo, desconfiado y receloso del impredictible aunque bravo tunero, le dijo que siempre concurriría a la cita con el general español. Así lo hizo, y después de la infructuosa entrevista conocida de todos como la *Protesta de Baraguá*, se acordó la ruptura de las hostilidades para el día 23 de marzo de 1878.

En la noche del 15 de marzo se celebró una asamblea en el campamento cubano, con la voluntaria ausencia de los tres generales, García, Calvar y Maceo, en la que se pronunciaron fogosos discursos patrióticos, pletóricos de enardecidos gritos de *¡a la guerra!, ¡a la guerra!*, y se decidió que la Revolución se regiría por un Gobierno colegiado que no podría entrar en negociaciones de paz que no fuesen basadas en la Independencia sin el consentimiento del pueblo; que las fuerzas libertadoras contasen con un General en Jefe para la dirección militar; se eligió para la Presidencia de la República al mayor general Manuel *Titá* Calvar, en representación del cuerpo colegiado, para General en Jefe al mayor general Vicente García y para Jefe Superior de Oriente al general Antonio Maceo, ascendido a Mayor General. El general García quedaba al mando de las fuerzas de Tunas; los brigadieres Moncada y Crombet al frente, respectivamente, de las brigadas de Guantánamo y Cuba y el coronel Rius Rivera al frente de la de Holguín. Informado Martínez Campos de la constitución de un nuevo Gobierno en armas invitó a sus componentes a una nueva reunión, a la que éstos concurrieron, pero tampoco en ella se llegó a acuerdo alguno sobre la paz.

Las nuevas hostilidades tomaron un sesgo inusitado. A las descargas cubanas los españoles contestaban con gritos de *¡Viva Cuba!* y de *¡Viva la paz!*, sin responder al fuego y aunque sufrían bajas, cosa que impresionaba fuertemente a las fuerzas insurrectas. Martínez Campos, en tanto, acumulaba batallón tras batallón en Oriente al tiempo que ofrecía tres meses de paga a los presentados y que la libertad concedida a los esclavos insurrectos, muy numerosos en Oriente, producía grandes claros en las filas mambisas. Maceo pidió y obtuvo de Martínez Campos la salida de su familia de Cuba y además recibió seguridades y facilidades para todo aquel que quisiese hacer lo mismo. El 8 de abril la situación cambió de modo violento pues los españoles lanzaron una masiva y destructora ofensiva en todos los frentes, abrumando a las tropas de Maceo con el poder de su fuego y la superioridad en hombres y dividiéndolas en pequeñas partidas. Diariamente se efectuaban acogimientos al armisticio ya forzados por la terrible ofensiva ya por la atracción de la política pacificadora de Martínez Campos. Al realizar lo insostenbile de la situación los oficiales de Maceo idearon sacarlo de la Isla, en comisión a Jamaica, a recabar ayuda de la emigración. Maceo aceptó con la condición de que no se capitulase hasta tanto él regresase o enviase noticias sobre las posibilidades de refuerzos. El Gobierno solicitó salvoconducto de Martínez Campos y éste lo concedió gustosísimo y además se encargó de personalmente despedir a Maceo para Jamaica en un buque de guerra español, con todos los honores.

Una vez ido Maceo los hispanos reanudaron la campaña de exterminio contra los insurrectos al mismo tiempo que incrementaban los esfuerzos de su ofensiva de paz. El 17 de mayo, once días después de llegar Maceo a Jamaica, regresó de allí desalentado el coronel José Lacret Morlot. Todo lo que había conseguido el mayor general Antonio Maceo de la emigración habían sido la incorporación de siete hombres y la recaudación de un puñado de chelines. El 19 de mayo se acogieron al Pacto las fuerzas de los brigadieres Guillermo Moncada y José Maceo; el día 27 lo hicieron las de Las Villas y el 29 el Gobierno en Armas con su escolta. El 6 de junio, Vicente García rendía sus fuerzas tuneras y según consta de documentos en el Archivo Nacional, recibió 40.000 pesos oro de los generales Martínez Campos y Prendergarst por la venta al Gobierno español de una finca de 150 caballerías de su propiedad para poder establecerse en el extranjero con cierto número de los suyos.

El 15 de abril de 1879, trece meses después de la firma de la Paz del Zanjón y diez meses después de la salida de Maceo, se produjo en Las Villas la capitulación de Ramón Leocadio Bonachea, el último rebelde de la Guerra de los Diez Años. Bonachea hizo constar en acta «*que de ninguna manera ha capitulado con el Gobierno español ni con sus autoridades ni agentes, ni se ha acogido al convenio celebrado en El Zanjón, ni con éste se haya conforme bajo ningún concepto, sino que lo hacía por la gestión de algunos compatriotas...*» En este momento, nunca antes, fue que finalizó la insurrección iniciada la madrugada de Yara con el grito de ¡INDEPENDENCIA O MUERTE!

* * *

Los fundamentos de LA PATRIA quedaban definitivamente echados; detrás quedaban El País y La Colonia. Los cubanos contaban ahora con la tradición de su epopeya mambisa y dentro de ella enmarcadas las figuras de sus héroes y sus mártires. El País, como parte geográfica del continente habitada por aborígenes a quienes sólo interesaba el sobrevivir la cruda naturaleza y La Colonia, como una factoría española poblada por una amalgama de pseudo-nacionalidades, cambiaban a una personalidad moral, a una entidad viva, a un ser historiológico con un pasado glorioso y un futuro prometedor. Los cubanos podían considerarse incluidos dentro de una categoría social que no era segunda a ninguna en América. España se había visto forzada a reconocer su beligerancia, su existencia legal y su valor desde el instante en que pactó con ellos en El Zanjón. Sin embargo, los Estados Unidos, a quienes habían pedido reconocimiento y ayuda, aún al precio de ensombrecer su gesta con un tinte anexionista que pronto desapareció, se los negaron y además los persiguieron sistemáticamente con la aplicación de una absurda neutralidad que beneficiaba a España. Era tanta la fuerza moral de aquella *minoría histórica* alzada contra la tiranía española en Cuba que aún agonizante impuso a Madrid las obligaciones contenidas en el Pacto del Zanjón. La gloriosa España de la Reconquista y del Dos de Mayo se honró con el armisticio en la misma medida que se había prostituido en el *Rey Felón* y en María Cristina la Iberia de la Inquisición. Martínez Campos, representativo de la primera, había atenuado los horrores de Valmaseda, fiel imagen de la segunda. La exposición que hizo *El Pacificador* a Cánovas del Castillo respecto a la equivocación que sufrían los gobernantes peninsulares acerca del carácter de los patriotas cubanos y de los móviles de la insurrección era un tributo a Cuba y una admonición a España:

«Las promesas nunca cumplidas, los abusos de todo género, el no haber dedicado nada al ramo de Fomento, la exclusión de los naturales de todos los ramos de la Administración, y otra porción de faltas, dieron origen a la insurrección. El creer los gobiernos que aquí no había más medio que el terror, y ser cuestión de dignidad no plantear reformas hasta que no sonase un tiro, la han continuado; por ese camino nunca hubiéramos concluido, aunque se cuaje la Isla de soldados. Es necesario, si no queremos arruinar a España, entrar francamente en el terreno de las libertades; yo creo que si Cuba es poco para independiente, es más que lo bastante para provincia española, y que no venga esa serie de malos empleados de la Península; que se dé participación a los hijos del país, que los destinos sean estables. Si se cree que esto es ponerles la situación en las manos, yo opino que es peor su enemistad encubierta: no necesitaron el 68 tener cargos públicos para sublevarse, y hoy son aguerridos, y si entre ellos no hay grandes generales, hay lo que necesitan, notables guerrilleros. Yo soy menos liberal que ustedes; deploro ciertas libertades, pero la época las exige, la fuerza no constituye nada estable, la razón y la justicia se abren paso tarde o temprano...»

* * *

En nuestra vida republicana muchas críticas han sido hechas al Pacto del Zanjón y acres censuras dirigidas al desarrollo de la Revolución de Yara, todo a posteriori, por quienes no sufrieron en sus carnes los dolores y las tribulaciones de los Diez Años. Nosotros los revolucionarios reverenciamos el primero y comprendemos las dificultades de la segunda porque en nuestra época nos ha tocado vivir la dinámica de los procesos revolucionarios contra Machado, contra Batista y contra Castro y ser afortunados beneficiarios de la Amnistía General de 1955, el canje de 1962, el Puente Aéreo de 1965 y la flotilla del Mariel. No es la historia narrada en cronicones sino la Historiología, deducida de las palabras y los recuentos de los participantes y testigos de los hechos, lo que para nosotros es la legítima expresión de la verdad histórica. Por eso es que en lugar de criticar *ahora* lo que sucedió, lo que no sucedió, o lo que debió haber sucedido *entonces*, nos atenemos a los informes y las cifras oficiales de las partes combatientes para rendir nuestro homenaje al extraordinario heroísmo y al desinteresado patriotismo de la *minoría histórica* que nos forjó LA PATRIA.

Las estadísticas presentadas oficialmente al historiador español Antonio Pirala y publicadas por él en sus *Anales de la guerra de Cuba*, indican que el número de soldados enviados por España a Cuba, desde noviembre de 1868 a junio de 1878 fue de 181.040. Además de éstos existían al servicio de la Península los voluntarios y guerrilleros en número calculado de 40.000. La lista de los muertos en combate o por enfermedades de los remitidos de España sumaban 81.248, a la cual se agregaban 3.240 fallecidos de los batallones de Infantería de Marina; 1.578 de las tripulaciones de los buques de guerra; 5.000 jefes y oficiales de los Cuerpos de Voluntarios; 1.267 jefes y oficiales de Infantería, Caballería y Artillería y un 10 % que se calculaba de fallecidos durante la navegación, o recién llegados a la Península, entre los 25.122 inútiles y enfermos repatriados a España. En conjunto sumaban 95.025 los muertos tenidos por las fuerzas españolas durante la Guerra Grande.

El Gobernador Jovellar, en una proclama dirigida a los habitantes de la Isla les decía, entre otras cosas: «*Doscientos mil cadáveres de significación opuesta yacen acaso en ignorada sepultura y setecientos millones de pesos desprendidos de la fortuna pública y privada quedan arrojados al abismo de las extorsiones y los gastos de esta guerra...*» Al soldado español expresaba Jovellar: «*Habéis hecho sin reposo una de las guerras más largas, difíciles y mortíferas de los tiempos modernos, sin proporcionada compensación, de gloria oscura y triste en el silencio de los abandonados campos, en la aspereza de los cubiertos montes. Faltos, por consiguiente, de testigos para vuestros hechos, sin más estímulo ni aliento que el eco tardío del constante aplauso, la amarilla muerte ha mermado sin piedad vuestras filas; más, mucho más, infinitamente más en los destacamentos y penosas marchas que en los combates; os habéis batido contra el clima; de cada cinco de vuestros compañeros habéis perdido dos. Ochenta mil hombres de doscientos mil...»*

* * *

Las pérdidas del campo cubano fueron incalculables. De ellas no existen estadísticas. La idea más aproximada de la destrucción la refleja Juan Torres-Lasqueti en su *Colección de datos históricos de Puerto Príncipe* y que nos puede servir para hacernos una somera idea acerca del resto del territorio beligerante. Asevera el autor que en 1878 la población del Camagüey había disminuido en un 11 % desde 1868 y que la pérdida de riquezas era gigantesca. De los 110 ingenios y 2.853 fincas en explotación en 1868, quedaban en 1879 solo un ingenio y dos potreros. De las 350.000 cabezas de ganado existentes en 1868, estimábanse existían tan sólo unas 200 en 1879, dispersas por los campos y famélicas. En la ciudad de Puerto Príncipe, hoy Camagüey, había más de mil casas vacías, a pesar de haberse concentrado en ella las familias del distrito. No existía un sólo carruaje particular, ni una carreta, ni un carretón del campo o del tráfico comercial, sustituidos con carretillas de mano. Virtualmente el Camagüey, la más rica región de Cuba, no existía al terminarse la guerra.

* * *

La trascendencia historiológica de la Guerra de los Diez Años radicó en dos de sus principales consecuencias. Primero, la riqueza privada pasó de las manos de los cubanos ricos que se alzaron en armas, de los que emigraron o fueron desterrados, y de los que se arruinaron, a manos de españoles integristas, cubanos descastados y extranjeros rapaces que se aprovecharon de las confiscaciones hechas por España y de la penuria de los patriotas para adjudicársela en inicuos remates. Como resultado de este proceso usurario se aumentó el colonialismo económico allí donde virtud al Pacto del Zanjón se había disminuido el colonialismo político. Segundo, se produjo la integración patriótica del negro y el blanco en un solo ideal: la Independencia de Cuba. La Patria había nacido y llegado para quedarse: su símbolo era la bandera de Narciso López; su himno era La Bayamesa de *Perucho* Figueredo; su insignia era el Mambí y su arma era el machete.

* * *

La minoría libertadora no estaba derrotada ni vencida. Tan sólo había capitulado honrosamente. Martínez Campos así lo comprendió y lo hizo saber a uno de los comisionados cubanos del Comité del Centro, cuando se firmaba el Pacto del Zanjón. Mirando hacia el campamento mambí le expresó francamente que estaba receloso *«no fuera a ser que se le ocurriese ahí a cualquiera dar un grito de ¡Viva Cuba Libre! y entonces habría guerra para otros diez años...»* Por su parte, el Gobernador Jovellar ratificó sus temores en una comunicación a Madrid que resultó profética: *«El país en su totalidad es insurrecto; no hay duda alguna. De las raíces de esta guerra saldrá otra...»*

LIBRO CUARTO

EL PUEBLO

CAPÍTULO PRIMERO

EL COLONIALISMO

El Partido Autonomista. — Su filosofía . — Sus líderes. — (1878-1898)

El sentimiento patriótico despertado por la Guerra de los Diez Años había creado una conciencia de los valores morales y materiales en los pobladores de la Isla que arraigaría profundamente en ellos y que traspasaría las fronteras de los mares que la rodean para conservarla en los extranjeros lares donde encontraron refugio y asiento. No era solamente un concepto de raza o de localidad o de región lo que los hacía sentirse ajenos a la Colonia y a la Península, sino que el orgullo de saberse diferentes a los lacayos de España, unido esto a las glorias heredadas de los mambises, los hermanaban e identificaban con el ideal separatista y en la voluntad de conquistar la independencia. Los blancos y los negros; los nativos de padres extranjeros y los de largo ancestro familiar cubano; los combatientes y los laborantes tenían ya un solo enemigo común: España.

La Guerra Grande había borrado las diferencias étnicas entre los cubanos que antes los había dividido. La noble miseria en que la contienda los había sumido, estrechaba más aún el lazo que los unía. El sacrificio del bienestar y las riquezas por parte de los terratenientes mambises y de los hacendados y profesionales laborantes los había elevado en categoría ciudadana. La sangre derramada y las vidas perdidas en los humildes negros y blancos por igual, los había ascendido en rango social-político durante la lucha. Los extranjeros libertadores por derecho propio eran tan cubanos ya como cualquier mambí nativo. La población de la Isla, el núcleo de sus habitantes, tenía ya definidos perfiles de Pueblo y perdido sus características de *masa*. Aunque insertos en la estructura colonial, o dispersos por el extranjero, eran cubanos, no españoles ni muchísimo menos colonialistas. El Zanjón era una tregua que aprovecharían para reponer fuerzas y continuar la brega cuando la ocasión fuese propicia. El músculo dormía pero la idea seguía despierta.

* * *

Las condiciones de la Paz del Zanjón crearon en Cuba una nueva situación pues con ellas cesó el régimen que prevalecía desde Vives y Tacón. Las ventajas obtenidas por los cubanos permitieron a un número de personas, principalmente en las provincias occidentales, Matanzas y La Habana, que no habían sufrido los horrores de la guerra, la organización de un Comité Provincial Cubano que comenzó sus actividades ofreciendo un banquete al General Martínez Campos durante el cual se hicieron mutuas promesas de garantizar lo pactado y de confianza en la futura política de España con relación a Cuba. Después de efectuado el banquete, que en realidad no fue más que una excusa para oficializar al Comité, éste se disolvió y en su lugar fue creado el Partido Liberal, el cual posteriormente se convirtió en el Partido Liberal Autonomista. Frente a éste se situó el Partido Unión Constitucional, que ya hubimos de describir en el epígrafe El Integrismo. La lucha electoral de la época, al margen y opuesta al separatismo, se desarrolló entre estos dos partidos españolizantes y colonialistas que, en su época, al igual que sus dirigentes más notables, eran tan cipayos, serviles e inmorales como lo son de infames apátridas y traidores los comunistas de la nuestra. Lo menos que puede decirse de ellos en detrimento a su supuesta buena intención es que eran pusilánimes. Lo más que puede concedérseles en cuanto a pureza de fines electorales es la misma lástima a que se hicieron acreedores los que instigados por viejos politicastros se postularon en oposición a los batistianos a fines de 1958.

* * *

La plataforma de estos dos partidos colonialistas no interesa reproducirlas pues ellas no fueron más que meros expedientes para constituirse en tales. Ninguno tenía, como posteriormente lo demostraron los hechos, la menor intención de arriesgar las comodidades que les franqueaba su leal oposición a la Colonia. Nadie que sea medianamente inteligente podrá aceptar que la intención de los colonialistas (que para nosotros ese es el correcto nombre de los autonomistas) era convertir a España en una Inglaterra por aspirar a que Cuba fuera un remedo del Canadá. En propiedad los colonialistas eran iguales a los abyectos marajaes hindues, educados en Oxford y conscientes amordazadores, en beneficio imperial, de sus hermanos de raza. No podemos admitir el calificativo que se les da de burgueses para justificar su postura anticubana. Burgueses fueron los grandes capitanes del 68; burgueses los ricos que cooperaron a derrocar las dictaduras de Machado y Batista. No se puede dialécticamente usar los términos *burgués* o *proletario* para anatematizar una clase social o para justificar lo injustificable. Los generales mambises de humilde extracción social eran proletarios, como lo eran la mayoría de los comandantes rebeldes. Burgués podrá ser un despectivo calificativo comunista a los poderosos así como *chusma* podrá ser una desdeñosa denominación de éstos para los pobres, pero ante la Historia no cuentan los calificativos sino los hechos y si no se demuestra con éstos por los acusadores su diferencia de los acusados, moral y materialmente.

La más aproximada versión que puede darse en provecho de los colonialistas es que no eran revolucionarios. Sobre esto no cabe duda alguna. La misma interpretación filosófica que hicieron de Hegel es elocuentísima: *renunciar a la revolución*. Creían, según los expresó su ideólogo Montoro, en que la evolución conseguiría lo que las armas nunca podrían lograr, en que la espera y el repliegue harían estrellarse a la violencia hispana y la obligarían a ceder, en que la constante reclamación de derechos ocasionaría su concesión. Bajo estas premisas corrieron a nutrir sus filas muchos cubanos que no eran colonialistas, repitiendo a los reformistas, y hasta muchos desencantados separatistas y resignados laborantes. Esto dio ocasión a que el Partido Autonomista fuese oficiosamente considerado como el partido de los cubanos, cosa que estaba lejísima de ser cierta. Dentro de las limitaciones coloniales, como dentro de la estructura marxista leninista, se permitían hacer críticas a los aspectos administrativos en ciertas esferas inferiores del gobierno y reclamar mejoras que, en definitiva, si eran llevadas a cabo contribuirían a la perpetuación de la opresión política. Pero a la menor insinuación de cubanía o de separatismo por parte de la prensa se apresuraban a proclamar su lealtad a España y su oposición a la independencia. Esto lo demostraron cuando la Guerra Chiquita, primero, y en la de Independencia, después, como lo demostraremos. En su visión filosófica no es de extrañar que se inspiraran en Hegel pues éste, en el fondo, no es más que un apologista del absolutismo y del imperialismo en lo que se refiere, como es natural, a su concepción del Estado. La enorme diferencia entre ellos y los Reformistas se encuentra en que los últimos optaron por la independencia cuando se les hizo evidente la inutilidad de sus esfuerzos, en tanto que los primeros se obcecaron en su lacayismo hasta el extremo de cohonestar los atropellos y la barbarie weyleriana y aplaudir públicamente las muertes de Martí y de Maceo.

Todos y cada uno de los más señeros colonialistas del Autonomismo eran hombres cultos, poseedores de títulos y honores y de acomodado vivir. A ninguno puede atribuírsele ingenuidad política o ignorancia de los eventos trágicos que a su alrededor diariamente se suscitaban. Estuvieron muy atentos al desarrollo de la Guerra de los Diez Años, sin tomar parte en ella, y tan pronto se produjo la tregua del Zanjón se constituyeron oportunísticamente en una organización política dentro de los marcos de la lealtad a España. Todo lo que ésta concedió a Cuba después del Zanjón fue consecuencia de la obra libertadora y no resultado de las peroratas colonianistas. España, tierra de parlamentarios notables y de pésimos políticos, tuvo su contrapartida cubana en estos plumíferos que, con su *pico de oro* enardecían a las masas analfabetas que en aquella época, aún más que en la presente, eran vulnerables a la demagogia politiquera que encuentra su más firme terreno en la incultura y la emocionalidad de las poblaciones oprimidas. Esta característica de mediados del siglo XIX y de su tercio final, los encumbró hasta el extremo de despertar simpatía en ciertos separatistas que vieron una posibilidad de canalizar las ansias independentistas por vías legales, cosa sensata y de legitimidad patriótica en períodos pre-revolucionarios, pero que se retrajeron de sus filas en cuanto realizaron la intención de perpetuar el colonialismo que latía en el corazón de los caciques autonomistas. Dieron este ejemplo Manuel Sanguily, Yero y Sánchez Echeverría. Figueroa y Cortina quienes murieron antes del estallido de Baire probablemente hubieran hecho igual. Todos los demás que persistieron en su colonialismo no fueron otra cosa que un hato de cobardes y arteros intelectualoides y charlatanes que sólo se parangonan, en su avilantez cívica, a los *neutrales de la cultura* que lamieran las botas de Batista y a los *comprometidos* que hoy se atragantan con la mugre de Fidel.

* * *

La Historia de Cuba se tiñe de rubor ante la falacia de ciertos de sus reseñadores quienes para disminuir la responsabilidad de la República que los acogió en su seno y que les concedió no tan sólo el derecho a la representación congresional sino que los premió con cargos ministeriales, los hace aparecer como infelices equivocados Jamás podremos aceptar eso de hombres como aquellos, cultos y perspicaces, quienes como Fernández de Castro escribiese en 1897-98 artículos infundiosos e injuriosos para la Revolución, o Eliseo Giberga quién, en plena Cámara de Representantes, se atreviese a llamar a Martí *hombre funesto para Cuba* sin que, inexplicablemente, se le hubiese hecho pagar con la vida tamaña blasfemia. El calibre moral de esos hombres, en el aspecto político, se puede aquilatar al saber que tan pronto como Bartolomé Masó se alzó en Baire el 24 de febrero de 1895, enviaron al renegado Juan Bautista Spotorno, el mismo del célebre decreto de la Guerra Grande, a convencerlo de que depusiese su actitud y a describirle tan lúgubremente las posibilidades de la Revolución que solamente un patriota de la estatura de Masó fue capaz de rechazarlo y de permanecer firme en su postura y esperando confiado la llegada de Martí, Gómez y Maceo; que el 4 de abril de 1895 dieron a la publicidad un manifiesto que aparecía firmado por todos los componentes de la Junta Central del Partido Autonomista en el cual se insultaba procazmente a los jefes libertadores al tiempo que se hacía en él aparecer a España como la benefactora de un magnífico sistema colonial que ahora venían aquellos a perturbar y que terminaba afirmando «*que venían a arruinar la tierra y a nublar la perspectiva de nuestros destinos con horribles espectros: la miseria, la anarquía y la barbarie...*»; que durante toda la campaña del 1895-98 se mantuvieron fieles a España y contrarios a Cuba sin que nada les hiciese cambiar de pensamiento, propiciando el divisionismo en las filas libertadoras por mediación de otro renegado, Marcos García, quien en Las Villas consiguió la traición y presentación de Massó Parra.

Estos incalificables colonialistas, más villanos aún que los integristas y tan apátridas como los comunistas, a quienes en un texto usado en nuestros Institutos de Segunda Enseñanza se les ha presentado como «*pléyade de hombres ilustres, de cultivada inteligencia, firmes y profundos convencidos en los principios liberales, perfectos conocedores de la ciencia política, maestros insuperables en todas las formas de la elocución...*» y que del Partido Autonomista ha dicho: «*Ningún otro movimiento ha tenido en Cuba un cuadro de hombres tan superior y tan armónico...*», son los mismos que ofrecieron a Weyler, y le dieron durante todo el tiempo de su mando en Cuba, el apoyo más incondicional, solidarizándose de hecho con las sanguinarias medidas de la Reconcentración que mereciese la condenación de todo el orbe y que produjese más de 250.000 infelices víctimas; los mismos entes que arrogándose la legítima representación de un pueblo que los despreciaba, constituyeron un parlamento mediante elecciones fraudulentas en 1898 donde daban vivas a España y muertes a la Independencia y dónde en sesión tras sesión se aprobaban mociones de protesta contra los Estados Unidos, que al fin se habían visto obligados a intervenir en la lucha, para hacer creer a las naciones que tan solo una minoría exigua de cubanos estaba opuesta a la magnanimidad y grandeza del régimen colonial. Si en algo contribuyeron, en lo que se ha dado por llamar el período heroico del colonialismo autonomista, a la difusión de los errores coloniales, sus posteriores actos echaron esos aciertos al albañal. El hecho de que los integristas de Unión Constitucional los acusaran a veces de separatistas debemos contemplarlo con la misma suspicacia que lo hacemos cuando los rusos y los chinos se acusan mutuamente de dogmáticos, o los voceros de Wall Street y del Kremlin se imputan uno al otro de imperialismo, o cuando se pretende hacer creer que hay diferencia entre el comunismo de Rusia y los de Rumania, Yugoeslavia o Cuba. Los colonialistas tenían tanto de cubanos como los comunistas alegan que tienen ellos.

* * *

Con el advenimiento de la República, ganada con el filo del machete mambí y sobre montañas de cadáveres de hombres, mujeres y niños cubanos, algunos de éstos tránsfugas, tal como son y hacen los comunistas, se aprovecharon de la debilidad institucional de la democracia para no tan solo sobrevivir el severo castigo que les correspondía por su criminal complicidad sino para proliferar dentro de ella. Asombrosamente Montoro fue nombrado Embajador en Inglaterra en 1902 y sucesivamente Ministro en Alemania, Delegado por Cuba a la Conferencia Panamericana de Río de Janeiro, Miembro de la Comisión Consultiva que redactó las principales leyes orgánicas de la República, fundador del Partido Conservador Nacional y candidato a la Vicepresidencia de la República en 1908, Delegado por Cuba a la Conferencia Panamericana de Buenos Aires, Secretario de la Presidencia en el gobierno de Menocal y Secretario de Estado en el gobierno de Zayas. Giberga fue elegido Constituyente por Matanzas, por el Partido Unión Democrática en 1900, Delegado del gobierno cubano a la Unión Panamericana, Enviado Extraordinario al Centenario de las Cortes de Cádiz y, cosa curiosa, murió el 25 de febrero de 1916 unas horas después de haber pronunciado en Matanzas un formidable discurso patriótico acerca del aniversario de una epopeya de la cual fue enconado enemigo. Antonio Govín, después que fue libre la patria que él quería siguiera esclava de España, ocupó el cargo de Catedrático de Derecho Administrativo de la Universidad de La Habana y fue más tarde nada menos que Magistrado del Tribunal Supremo.

El resto de esta fauna españolizante no merece una línea más de esta Historiología Cubana. Las que preceden son más que suficientes para que nuestros jóvenes lectores comprendan perfectamente el por qué de algunos de los vicios políticos que aquejan a nuestra sociedad y la razón por la cual nuestra Historia está cuajada de claroscuros y ambigüedades que se han tratado de disimular en los textos cuando debieron hacerse resaltar para con ello evitar su repetición. El habérsenos enseñado a ser tolerantes con la infamia o el habérsenos impuesto por la fuerza la ignominia, ha dado lugar a que nuestra ciudadanía haya retornado a la condición de *masa* y perdido su condición de *Pueblo*. El crimen de lesa patria es más abominable aún en los eruditos que en los incultos pues cuando se comete se hace a plena conciencia del daño que se inflinge a la nación. Los conocimientos, o la capacidad intelectual, no son eximentes al justo castigo que merecen los que ponen estos preciados dones al servicio de tiranos, dictadores, politicastros y ladrones del erario público o lo que es peor aún, como sucede en el presente, cuando se alquilan o se venden los intelectuales a potencias extranjeras y en contra de los intereses nacionales.

* * *

La única excusa que ha podido esgrimirse para explicar el porqué en Cuba siempre los titulados técnicos o los entes conocidos con el remoquete de *bombines* han sobrevivido sus pecados y el porqué se ha recurrido a ellos a pesar de sus nefandos expedientes republicanos, ha sido la falta de capacitación en los patriotas y en los revolucionarios. Esto ha sido verdad, pero solamente hasta cierto punto. Y este punto ha sido el que los gobernantes han encontrado más conveniente, para poder desgobernar, el traer a su lado a quienes pueden ayudarlos en sus latrocinios, no obstante su pasado, que mantener a su vera a los incorruptibles que seguramente se convertirían en sus censores o en capacitar posteriormente a quienes con las armas, o con el sacrificio se hicieron acreedores de ello por parte de una patria agradecida.

* * *

Capítulo II

AGONÍA Y DEBER

La terminación de la guerra se tradujo en dos corrientes migratorias: una hacia fuera de Cuba por parte de los que no querían residir bajo la Colonia después de haber luchado contra ella por diez años; y otra hacia Cuba por parte de los emigrados que volvían con la esperanza del restablecimiento pacífico en ella. La cláusula de olvido de lo pasado contenida en el Pacto del Zanjón hacía a los que regresaban alentar la ilusión de su cumplimiento por parte de España. Los que emigraban llevaban con ellos la certeza de su vuelta a Cuba combatiendo más tarde o más temprano; los que inmigraban lo hacían con la decisión de agotar todos los recursos pacíficos antes de rebelarse nuevamente. En medio de este panorama político se desarrollaba el proceso de índole económica que ejercería gran influencia sobre los acontecimientos futuros. La esclavitud en las provincias orientales había sufrido un rudo golpe con la pérdida de los emancipados virtud a la cláusula del Zanjón sobre los esclavos que sirvieron en los dos ejércitos enemigos, y los nuevos propietarios de los latifundios, por tanto, se hallaban sin mano de obra forzada para trabajarlos por lo que se vieron precisados a la contratación de aparceros y a recurrir al capital financiero para su refacción. También sucedió que los antiguos propietarios de tierras, que las habían perdido por confiscación española o por hipotecas vencidas, se convirtieron en colonos de los nuevos centrales azucareros que se levantaron en sustitución de los derruidos, casi todos ahora de propiedad española o norteamericana. La producción de azúcar de caña iba a ser la base de la reconstrucción económica de la Isla puesto que el número de ingenios había disminuido durante la guerra de 2.000 en 1868 a 1.190 en 1878. En Camagüey y Oriente la pérdida de ingenios había sido mayor que en Occidente pues, por ejemplo, en Bayamo y Manzanillo que contaban con 44 ingenios en la primera de las fechas, no poseían ninguno en la segunda de ellas.

El aumento en la producción de azúcar por ingenio, debido como es natural a los adelantos científicos habidos en la industria unido a la gran demanda del producto en el mercado norteamericano, originaron el colonato, como quedó dicho, y consecuentemente un aumento en las labores agrícolas de quienes producirían otros renglones que aquellos no cultivaban. El pueblo se reintegraba constructivamente al agro, sin dedicarse al comercio que seguiría en manos de peninsulares o norteamericanos. Al extenderse la penetración financiera a las esferas del tabaco y los minerales, nuevos índices de producción se añadieron a la riqueza que se levantaba esforzadamente sobre las ruinas de la guerra. Pero la Corte española, cual buitre, revoloteaba sobre la incipiente prosperidad cubana esperando la oportunidad de clavar en ella sus garras. El mambí había cambiado el fusil por el arado y el machete lo usaba ahora para desmontar la manigua, siempre laborioso, siempre sufrido. El guerrillero, por el contrario, continuaba sus fechorías en el campo del bandolerismo, la extorsión y el juego. La clase artesanal iba tomando cuerpo y la clase media ocupando su lugar correspondiente en aquella sociedad que, indudablemente, era nueva. Hasta en la Iglesia Católica se había ya diferenciado el clero español, reaccionario y enemigo de la independencia, del clero nativo y del que formaban sacerdotes españoles de filiación liberal que fueron desterrados de España. Estos dos últimos sectores del clero católico que eran favorables a la revolución fueron perseguidos con saña tal que ésta tuvo su más cruel expresión en el fusilamiento del cura Francisco Esquembre, párroco de la iglesia de Nuestra Señora del Rosario, en Yaguaramas, el 30 de abril de 1870, acusado *«de haber bendecido la bandera rebelde y predicado con tal motivo un sermón subversivo a las gavillas reunidas en Yaguaramas...»*, según informó El Diario de la Marina el 3 de mayo de ese año.

La Guerra Chiquita (1878-1880)

Aprovechando la amnistía concedida a cuantos hubieran tomado parte directa o indirectamente en el movimiento revolucionario, volvió a La Habana el 31 de agosto de 1878, José Martí, quien había estado en ella subrepticiamente el año precedente bajo el nombre de Julián Pérez, como él mismo dijese *por no ser más que lo necesariamente hipócrita*. La presencia de Martí en Cuba procedente de países extranjeros donde era ampliamente conocido, dio comienzo a la fundación del pueblo cubano. De inmediato se dio a la labor conspirativa con Juan Gualberto Gómez y pronto sería fichado por las autoridades coloniales. Martí fue elegido Vicepresidente del Club Central Revolucionario Cubano, organización clandestina en la que se le conocía con el seudónimo de *Anahuac* y en el acta de constitución hizo constar *«que firmaba en cuanto se crea este Centro para auxiliar activamente a la Re-*

volución, sin entrar a discutir las bases y relaciones de Gobierno que fija...», preocupado desde entonces con el móvil ideológico revolucionario imprescindible. El Club estaba subordinado al Comité Revolucionario Cubano de New York, presidido por Calixto García, que trabajaba en pro del movimiento separatista que luego se conocería con el nombre de La Guerra Chiquita. Las gestiones del Club Revolucionario de La Habana en favor del movimiento se frustraron debido a la prisión de sus principales líderes, Martínez Freyre, Crombet, Mayía Rodríguez y Beola. Martí había sido detenido y expulsado de Cuba en septiembre de 1879 en unas circunstancias que hacen indispensable su relato.

El 26 de abril de 1879 el colonialismo brindó un homenaje a don Adolfo Márquez Sterling y confió a Martí el discurso de agradecimiento al homenajeado. Martí sorprendió a los presentes con una oratoria fogosa en la cual especificó *«que hablaba en nombre de los espectadores de las gradas...»* y vertió conceptos tales como *«el hombre que clama vale más que el que suplica»*, *«los derechos se toman, no se piden; se arrancan, no se mendigan...»* y declaró que la libertad que alegaban los colonialistas teníase en Cuba era *«incompleta libertad conquistada y de nadie recibida...»* y al final de su discurso expresó *«que para hacer política los presentes no debían ser disfraces de ellos mismos sino voces de la Patria...»*. Enterado de lo sucedido el Capitán General, Blanco, concurrió al día siguiente al Liceo de Guanabacoa a escucharle durante una velada en honor del violinista Díaz Albertini. Martí no se inmutó y repitió en su presencia las mismas expresiones patrióticas al extremo de hacer exclamar a Blanco cuando se retiraba del acto: *«Quiero no recordar lo que he oído y no concebí nunca se dijera delante de mí, representante del Gobierno español. Voy a pensar que Martí es un loco. Pero un loco peligroso...»*. Aprovechando la breve sublevación oriental de José Maceo, Moncada y Quintín Banderas, en agosto, lo detuvieron. Blanco le propuso excluirlo del proceso si declaraba su lealtad a España, al igual que los colonialistas, y Martí le respondió con su famosa frase: *«Digan al general que Martí no es de la raza vendible...»*. Durante su viaje a España coincidió en el vapor con Ramón Roa, quien trató de disuadirlo de sus ideas separatistas y quien irónicamente lo calificó de *Cristo inútil* y por quien de inmediato sintió Martí una profunda aversión que se justificaría algunos años después por la tortuosidad del individuo. Poco tiempo después de llegar a España se trasladó a New York, donde llegó el día 3 de enero de 1880.

Enseguida de su llegada Martí se incorporó a la organización que trabajaba en el envío de una expedición a Cuba en apoyo del brote revolucionario que allí había ocurrido el precedente mes de agosto de 1879 y que había sido calificado por la prensa y el gobierno español como una revuelta de negros ambiciosos a pesar de que Serafín Sánchez, Francisco Carrillo y Emilio Núñez, los tres blancos, se habían pronunciado en Las Villas. El Comité de New York había prescindido de Antonio Maceo por decisión de Calixto García, influenciado por Roloff y Pío Rosado, quien había nombrado al brigadier *Goyo* Benítez en su lugar para conducir la expedición a sabiendas que éste era inferior en capacidad y rango a Maceo. Tanta fue la presión que el Comité ejerció sobre Calixto para que soslayase a Maceo que escribió a éste a Kingston, Jamaica, con brutal franqueza: «*Compañero, yo he dispuesto la salida de Benítez antes que la de usted, porque como los españoles han dado en decir que la guerra es de raza y aquí los cubanos blancos tienen sus temores, no he creído conveniente que usted vaya primero porque se acreditaría lo supuesto, aunque usted sabe que yo, que le conozco, no soy capaz de creer tal cosa...*». Maceo, demostrando su grandeza, ignoró la ofensa implícita y se dispuso a organizar una expedición por su cuenta en Jamaica pero no pudo lograrlo y hasta estuvo a punto de perder la vida en un atentado que le fraguó el cónsul español en complicidad con el presidente de Haiti, Salomón. Martí supo de lo ocurrido a Maceo y de su preterición y en oportunidad de haber sido invitado a pronunciar su primer discurso en New York, en el Steck Hall, en la noche del 24 de enero, después de iniciarlo diciendo: «*El deber debe cumplirse sencilla y naturalmente...*» y posteriormente evocar emocionadamente la epopeya del 68, se lanzó de fondo al problema de la discriminación entre cubanos y al menosprecio de los norteamericanos por los latinoamericanos haciendo que sus palabras restallaran como latigazos. Leamos su transcripción:

«*Y sea dicho de paso, desde esta tierra adonde la conquista llegó de rodillas y se levantó de orar para poner la mano en el arado; sea dicho desde esta tierra de abolengo puritano, para descargo de las culpas que injustamente se echan encima de los pueblos de la América latina, que los monstruos que enturbian las aguas han de responder de sus revueltas ondas, no el mísero sediento que las bebe; que las culpas del esclavo caen íntegra y exclusivamente sobre el dueño. ¡Que no es lo mismo abrir la tierra con la punta de la lanza que con la punta del arado...!*»

* * *

El Comité pudo al fin asegurar los medios de financiar la expedición de **Calixto García** merced a las contribuciones del general Carrillo y de un opulento patriota emigrado, don Miguel Cantos, y ésta hizo a la mar a bordo de la goleta Hattie Haskell el día 26 de marzo de 1880 y después de múltiples vicisitudes arribaron al Aserradero, Oriente, el 7 de mayo. Martí quedó encargado de coordinar los esfuerzos subsiguientes para reforzar la insurección.

La nueva guerra no tuvo apoyo alguno en Cuba y poco a poco fueron capitulando sus jefes. José Maceo, Moncada y Banderas, desconocedores del desembarco de Calixto, se acogieron a las gestiones de paz y embarcaron para Jamaica pero en alta mar fueron trasladados a un cañonero español que los condujo a los presidios de África. *Goyo Benítez, Pío Rosado, Gutiérrez* y el revolucionario italiano Natalio Argenta fueron capturados y ejecutados. Calixto García, después de cruel y terrible odisea, hambriento, exausto y desencantado aceptó el ofrecimiento del general Blanco de destierro a España y se rindió el 3 de agosto de 1880. En Las Villas solamente quedaba alzado Emilio Núñez pues Serafín Sánchez había embarcado y Carrillo capitulado. El general Núñez pidió al Comité de New York la autorización para parlamentar con el enemigo pues sin ella no se rendía. El Comité lo autorizó, acompañándole una carta de Martí en la cuál éste le decía:

«*Hombres como usted y como yo hemos de querer para nuestra tierra una redención radical y solemne, impuesta, si es necesario y si es posible, hoy, mañana y siempre, por la fuerza; pero inspirada en propósitos grandiosos, suficientes a reconstruir el país que nos preparamos a destruir. Si todos los jefes de la Revolución no hallaron en los dos años pasados manera de trabajar de acuerdo y vigorosamente; ni, en pleno movimiento revolucionario, y durante un año de guerra, no fue este acuerdo logrado, no es natural suponer que ahora hubiera de lograrse, dominada de nuevo la guerra, presos o muertos sus mejores jefes, aislados y pobres todos. Con lo que vendríamos llevando a la Isla un nuevo caudillo, a hacer una gran guerra mezquina y personal —potente para resistir, más no para vencer— manchada probablemente de deseos impuros, estorbada por los celos, indigna en suma de los que piensan y obran rectamente. Lo que el general Vicente García pudiera hacer hoy, pudo ser hecho antes de ahora y si entonces o por celos, o por flaquezas de voluntad, o remordimiento, o falta de medios —que todo puede ser— no lo hizo, no es natural que intentara hacerlo hoy. La guerra así reanudada no respondería a las necesidades urgentes y a los problemas graves y generales que afligen a Cuba. Un puñado de hombres, empujados por un pueblo, logra lo que logró Bolívar; lo que con España, y el azar mediante, lograremos nosotros. Pero, abandonados por un pueblo, un puñado de héroes puede llegar a parecer, a los ojos de los indiferentes y de los infames, un puñado de bandidos. No depone Ud. las armas ante España, sino ante la fortuna. No se rinde Ud. al gobierno enemigo, sino a la suerte enemiga. No deja Ud. de ser honrado: el último de los vencidos, será Ud. el primero entre los honrados...*».

* * *

El gobierno español acumuló 25.000 hombres contra 6.000 cubanos mal armados y sin ayuda alguna exterior y de los cuales cayó en la lucha una tercera parte de ellos, o séase 2.000. El colonialismo autonomista prestó una ayuda que el gobernador Blanco calificó como más eficaz que veinte batallones reunidos. La canallesca propaganda racista, la exclusión del Titán de Bronce y la tardía llegada de la expedición del Hattie Haskell contribuyeron al final adverso que tuvo la Guerra Chiquita. Tal como lo había previsto Máximo Gómez en carta respuesta a una de Maceo en que lo invitaba a sumarse a los esfuerzos suyos en Jamaica, de fecha 6 de diciembre de 1879: «*Toda empresa grande necesita tiempo para ser segura. No así tan fácil se pueden mover los resortes de una máquina, que, al dejar de funcionar, se han oxidado...*».

* * *

El Plan Gómez-Maceo. — Exclusión del Apóstol. — Rencillas libertadoras. — Hidalguía mambisa. (1882-1886)

Los dieciocho meses subsiguientes a la terminación de la Guerra Chiquita fueron un continuo bregar por la existencia entre los emigrados y los residentes de la Isla. Los primeros se distribuyeron por los Estados Unidos y Centroamérica. En este último lugar Gómez, Maceo y Crombet, quién se había escapado del presidio español de Mahón, se habían establecido con la ayuda del presidente de Honduras. Martí había emigrado a Venezuela. En Cuba el colonialismo autonomista seguía sus rejuegos y lograba una decisión judicial en la cual se legalizaba lo obvio: «*La doctrina autonomista no constituía ataque alguno a la unidad nacional...*». En 1882 las Cortes votaron las llamadas Leyes de Cabotaje, tan onerosas para la economía isleña como las dictadas en el siglo XVIII, por las cuales los productos cubanos seguían monopolizados o sujetos a grandes impuestos en tanto que los productos procedentes de la Península tendrían libre entrada en la Isla. Los productos de otras naciones estaban obligados a ir primero a España para de allí ser reembarcados a Cuba encareciendo, como es natural, su costo. Pasados los primeros efectos del Zanjón, España reincidía en sus iniquidades.

* * *

En 1882 se reanimaron los entusiasmos separatistas y en New York se reorganizó el Comité Patriótico de la Emigración, presidido por Cisneros Betancourt quien al año siguiente cedió sus poderes a Juan Arnao y a su Comité Revolucionario Cubano. Martí, regresado de Venezuela, en el mes de julio de ese año escribió a Gómez y a Maceo a Honduras donde también se hallaban Estrada Palma, Roloff y Eusebio Hernández ocupando cimeras posiciones en el gobierno del presidente Soto. Martí se hallaba animado por Flor Crombet quien había venido de Honduras a New York entusiasmado con la idea de llevar a Cuba una nueva fuerza revolucionaria, inspirado con el descontento presente en Cuba a causa de las rapaces Leyes de Cabotaje, causa suficiente por si sola para determinar un movimiento insurreccional. Martí oyó a Crombet con gran interés pero con el puñal de la duda clavado en las entrañas acerca del peligro de comenzar una nueva guerra que decantase en aventura. Los hombres de armas tiraban a la manigua heroica y prestos se hallaban a correr a ella pero Martí soñaba con una guerra de Pueblo, no en una de castas ni de masas. Y no se le escapaba inadvertido el punto de su escaso expediente bélico a los ojos de los oficiales mambises, como tampoco ignoraba el estado de ánimo de Antonio Maceo a causa de su continuada preterición aún a pesar de que éste lo ocultaba hidalgamente tras el velo de sus palabras después de la ruda explicación recibida de Calixto, en su carta-respuesta a éste: «*Ahora, mañana y siempre existirán en Cuba hombres que hagan a los de mi raza la justicia que merecen, y a los míos, les diré que nunca pidan nada a título de la piel; que lo pidan por las virtudes que deben enaltecerlos y por el patriotismo que debe unir a todos los cubanos...*». Tampoco olvidaba Martí los agravios sufridos por el austero paladín dominicano que ahora sembraba añil en Honduras y quién, después del Zanjón, azotado por la vergüenza tuvo que responder al general Julio Sanguily cuando éste le rogó la devolución de su machete: «*En cuanto al machete que me pide, sólo me queda la hoja. Un día, en que mis hijos no tenían pan, para darles de comer vendí la plata del puño...*». El día 20 de julio de 1882 el Maestro, por manos de Flor Crombet, enviaba sus cartas de auto-presentación a los dos gloriosos generales libertadores y de las cuales copiamos sus más sobresalientes párrafos en la opinión de que ellos demuestran claramente los propósitos revolucionarios del remitente:

«*El aborrecimiento en que tengo las palabras que no van acompañadas de actos, y el miedo de parecer un agitador vulgar, habían hecho sin duda que usted (Gómez) ignore el nombre de quien con placer y afecto le escribe esta carta. Básteme decirle que aunque joven, llevo muchos años de padecer y meditar las cosas de mi patria... Porque sabe Ud., General, que mover un país, por pequeño que sea, es obra de gigantes... Por mi parte, General, he rechazado toda excitación a renovar aquellas perniciosas camarillas de grupo de las guerras pasadas, ni aquellas Jefaturas espontáneas tan ocasionadas a rivalidades y rencores: sólo aspiro a que formando un cuerpo visible y apretado aparezcan unidas por un mismo deseo grave y juicioso de dar a Cuba libertad verdadera y durable, todos aquellos hombres abnegados y fuertes, capaces de reprimir su impaciencia en tanto que no tenga modo de remediar en Cuba con una victoria probable los males de una guerra rápida, unánime y grandiosa, y de cambiar en la hora precisa la palabra por la espada... Nuestro país vive muy apegado a sus intereses, y es necesario que le demostremos hábil y brillantemente que la Revolución es la solución única para sus muy amenguados intereses. Nuestro país abunda en gente de pensamiento, y es necesario enseñarles que la revolución no es ya un mero estallido de decoro, ni la satisfacción de una costumbre de pelear y mandar, sino una obra detallada y previsora de pensamiento... En Cuba ha habido siempre un grupo importante de hombres cautelosos, bastante soberbios para abominar la dominación española, pero bastante tímidos para no exponer su bienestar personal por combatirla. Esta clase de hombres, ayudados por los que quisieran gozar de los beneficios de la libertad sin pagarlos en su sangriento precio, favorecen vehementemente la anexión de Cuba a los Estados Unidos. Todos los tímidos, todos los irresolutos, todos los observadores ligeros, todos los apegados a la riqueza, tienen tentaciones marcadas de apoyar esta solución, que creen poco costosa y fácil. Así halagan su conciencia de patriotas, y su miedo de serlos verdaderamente. Pero como esa es la naturaleza humana, no hemos de ver con desdén estoico sus tentaciones, sino de atajarlas... Pero si no está en pie, elocuente y magnífico, moderado, profundo, un partido revolucionario que inspire, por la cohesión y modestia de sus hombres, y la sensatez de sus propósitos, una confianza suficiente para acallar el anhelo del país, ¿a quién ha de volverse, sino a los hombres del partido anexionista que surgirán entonces? ¿Cómo evitar que se vayan tras ellos todos los aficionados a una libertad cómoda, que creen que con esa solución salvan a la par su fortuna y su conciencia? Ese es el riesgo grave. Por eso es llegada la hora de ponernos en pie...».*

* * *

«*No conozco yo, General Maceo, soldado más bravo ni cubano más tenaz que Ud. Ni comprendería yo que se tratase de hacer —como ahora trato y tratan tantos otros— obra alguna seria en las cosas de Cuba, en que no figurase Ud. de la especial y prominente manera a que le dan derecho sus merecimientos... Mientras no llamaba el país, parecía un acto de insensatez y violencia forzarlo a verter una sangre que se negaba a verter. Pero cuando el país llama, es necesario responderle, so pena de que olvide —con justicia— a los que no le responden, y llame a otros que le parez-*

can mejores. No tengo tiempo de explicarle como ya se reúnen sin esfuerzo al grupo revolucionario activo, los revolucionarios arrepentidos, y los nuevos hombres de Cuba que creyeron que podían prescindir de la Revolución. Ni tengo tiempo de decirle, General, como a mis ojos ya no está el problema cubano en la solución política, sino en la social, y como ésta no puede lograrse sino con aquel amor y perdón mutuo de una y otra raza, y aquella prudencia siempre digna y siempre generosa de que sé que su altivo y noble corazón está animado. Para mí es criminal el que promueva en Cuba odios, o se aproveche de los que existen. Y otro criminal el que pretenda sofocar las aspiraciones legítimas a la vida de una raza buena y prudente que ha sido ya bastante desgraciada... Pero yo he venido conteniendo, por mi parte, todo trabajo aislado y pequeño que no responda a la obra grande que esperan de nosotros. Heroicos hemos de parecer, puesto que nos quieren heroicos...».

* * *

Maceo contestó prontamente a Martí en forma escueta, asegurándole que su espada siempre estaría presta al servicio de Cuba. Gómez lo hizo tres meses después, en una carta de agradecimiento y cortesía al joven desconocido que llamaba a su puerta, volcando en su respuesta toda la justa amargura que consumía a los viejos elementos. Luego de repetirle lo que había dicho a Calixto García: «*Siempre estoy y estaré dispuesto .como el primero, pero permítame decirle que, a mi juicio, el movimiento que Ud. intenta es prematuro; no ha sonado aún la hora y es muy probable que Ud., en vez de victorias, recoja fracasos...*», terminaba admonitorio: «*Es tristísimo, pero necesario, dejar a aquel pueblo, que se cansó en su larga lucha terminada en el Zanjón, que sufra de nuevo los ultrajes... Entonces verá Ud. como amalgamado el viejo elemento con el nuevo, tendremos maduro el momento...*». La triste experiencia de aquellos caudillos con los profesores de democracia que habían creado la caldera de confusión que fue Guaimaro los hacía instintivamente cautelosos con el nuevo elemento.

* * *

En la Isla la situación económica se agravaba por días y en lo político, en 1883-84, los colonialistas fueron atropellados electoralmente por los integristas. El azúcar se cotizó a 2,47 centavos en el mercado de Londres y ello trajo como consecuencia una contracción financiera que sumió al país en la miseria, con su secuela de bandolerismo y de hambre. La sociedad isleña volvía a encontrarse en una situación similar a la de la época de Dionisio Vives. La administración pública era un escándalo; el fraude aduanal rampante; el ñañiguismo y el hampa eran los amos de la seguridad pública urbana; la Guardia Civil atropellaba al campesinado, a quien acusaba de complicidad con los foragidos; las epidemias se cebaban en la población a causa del pésimo estado sanitario del país y la incultura era mayor aún que en años anteriores porque existían muy pocas escuelas y porque el gobierno colonial pensaba que el analfabetismo era la mejor forma de desalentar los intentos libertadores. Hasta en los mismos integristas se gestaba una especie de izquierdismo encaminado a exigir radicalmente mejoras para la Isla por parte de las Cortes en la Península.

* * *

Los ecos de Cuba resonaron fuertemente en la Emigración. No solamente en Nueva York y Cayo Hueso, donde residía la mayor parte de ella, sino en Honduras, donde se encontraba la flor y nata de los grandes jefes orientales que seguían atentos a la cuestión cubana y que conservaban intactos sus bríos guerreros y su dignidad ciudadana. Esto último se comprobó en ocasión de un conato de guerra entre Guatemala y Honduras. El presidente hondureño, Soto, llamó a los militares cubanos con la intención de utilizar su pericia y escuchó de ellos esta firme respuesta: «*Ellos se debían al Gobierno que utilizaba sus servicios con entera fidelidad para la conservación del orden y el sostenimiento de las instituciones; pero desde el momento que surgiera un conflicto con otra República hermana, ellos preferían renunciar a sus cargos, porque habían venido a Centroamérica a sumarle amigos a la causa de Cuba y no a crearle funestas enemistades...*». Maceo renunció a su cargo de Comandante de Puerto Cortés y Omoa antes que rendir homenaje a un crucero español que llegó de visita al último de estos lugares. Los cubanos seguían honrando a su Patria lejana con su intachable conducta y seguían concibiendo nuevos proyectos para libertarla. Leocadio Bonachea, el obstinado rebelde, inició por su cuenta una gira por Centroamérica que finalmente paró en Nueva York, tratando de agenciar recursos para una expedición que le llevase a Cuba. Serafín Sánchez y un grupo de oficiales prepararon una rebelión y enviaron al general Gómez un nombramiento de Jefe pero éste rechazó la invitación recordando el amotinamiento villareño de la Guerra Grande, con estas palabras:

«*Las revoluciones jamás se pierden cuando encarna en ellas una idea grande; puede ser que un acontecimiento grave las obligue a guardar sus armas; poco importa el lugar donde las dejen; ellas vuelven a tomarlas dondequiera, cuando los pueblos despier-*

tan de nuevo... *Yo, como hombre de honor, me encuentro impedido de ponerme al frente, siquiera de una parte, del ejército que ha de combatir de nuevo en los campos de Cuba y le daré mis razones: Mejor que nadie sabe usted que cuando la Revolución no soñaba en el Zanjón, ya los cubanos habían despreciado mi espada. No debo, por bien de Cuba misma, aceptar destino prominente en la nueva guerra...».*

El Club Independencia de Nueva York inició una entusiasta campaña expedicionaria y alentado por el ofrecimiento de un rico cubano, Félix Govín, de aportar doscientos mil dólares si Máximo Gómez se hacía cargo de la jefatura del movimiento, se dirigieron a éste, con el respaldo de un grupo de militares entre los que se encontraban los Maceo, Crombet, Serafín Sánchez, Carrillo, Borrero, Rafael Rodríguez, etc., y civiles como Martí, Eusebio Hernández, Leandro Rodríguez, Lamadrid y Poyo. El general Gómez aceptó la responsabilidad del cargo condicionada a la correspondiente autoridad, pues como expresó a Serafín Sánchez: *«No permito que en mí muera el principio de autoridad, salvador de todas las revoluciones...».* Gómez envió a los representantes de los diferentes Clubes, en marzo de 1884, un programa revolucionario en el que planteaba la formación de una Junta Gobernativa formada por cinco individuos de sólida reputación y merecimientos que, a su vez, encomendaran al General en Jefe del Ejército la organización y ejecución del movimiento, *«sin que puedan tener cabida, mientras no esté plenamente indicada la necesidad por la fuerza de las circunstancias, ninguna institución civil...».* El recuerdo de Guáimaro y de Lagunas de Varona hacían al incrédulo soldado, como quien dice, poner el parche antes de que saliera el grano... Después de renunciar a sus cargos en Honduras, Crombet y Hernández salieron en misión proselitista por Centroamérica; Gómez y Maceo lo hicieron rumbo a Nueva Orleans. De allí a Cayo Hueso, donde se funda el Club Sociedad de Beneficencia Cubana de Cayo Hueso y entre vítores y aclamaciones de los *conchos* salen los dos caudillos hacia Nueva York y los doscientos mil pesos de Govín y a encontrarse con Crombet y Hernández, quienes vienen pletóricos de simpatías y escasos de recaudaciones. Al fin conocen personalmente al hombre de quien tanto les hablara y recomendara Crombet y quien ahora es la cabeza pensante de la Emigración. La descripción del José Martí que conocieron nos la brinda Enrique Collazo:

«Era Martí pequeño de cuerpo, delgado, tenía en su ser encarnado el movimiento; grande y vario su talento, veía pronto y alcanzaba mucho su cerebro; fino por temperamento, luchador inteligente y tenaz, que había viajado mucho, conocía el mundo y los hombres, siendo excesivamente irascible y absolutista, dominaba siempre su carácter convirtiéndose en un hombre amable, cariño-

so, atento, dispuesto siempre a sufrir por los demás... Era muy nervioso, un hombre-ardilla; quería andar tan de prisa como su pensamiento, lo que no era posible. Subía y bajaba las escaleras como quien no tiene pulmones. Vivía errante, sin casa, sin baúl y sin ropas; dormía en el hotel más cercano de donde le cogía la noche o el sueño; comía donde fuera mejor y más barato, ordenaba una comida admirablemente y sin embargo comía poco; días enteros se pasaba con vino "Mariani"; conocía los Estados Unidos y a los americanos como ningún cubano; quería agradar a todos y tenía la manía de hacer conversaciones, así es que no le faltaban desengaños. Era un hombre de un gran corazón, que necesitaba un rincón donde querer y ser querido...».

* * *

El primer fracaso, quizás el más importante de todos, lo experimentaron los conspiradores cuando reclamaron de Govín la materialización de su promesa. Primero éste asumió un significativo silencio ante el pedido y cuando fue apremiado respondió con la verdad de su trapisonda: «*En aquellos momentos tenía pendiente una reclamación al gobierno de España, que fracasaría si le demostraban que alentaba una revolución separatista...*». Todo no había sido más que una chantagista patraña de Govín para cobrar el barato al gobierno hispano amenazándolo con financiar la expedición si no le pagaban su reclamación sobre unos bienes que le habían embargado en Cuba. Ante este tremendo fracaso los conspiradores celebraron una reunión el 10 de octubre en el Tammany Hall con el fin de colectar fondos pero la recaudación lograda fue muy pobre. Entonces constituyeron la Asociación Cubana de Socorros para a su nombre gestionar donaciones y a la vez disimular su propósito revolucionario. Los emigrados de Cayo Hueso contribuyeron con cinco mil pesos pero la apelación personal de Gómez en Nueva York solo produjo una contribución de 50 pesos motivando en el General un arranque de cólera que a duras penas Maceo pudo aplacar. El carácter de Gómez se fue agriando a medida que pasaron los días y no se realizaban las ilusiones que habían hecho a todos abandonar sus provechosas posiciones hondureñas. Martí, en su carácter de Presidente de la Asociación imprimió un ritmo acelerado, aunque muy poco provechoso, a la agitación y organización política, basándose en el programa de Gómez que éste ahora parecía abandonar en pro de una dirección personal de él y Maceo solamente y con delegaciones para París, Kingston, México y Santo Domingo. Zambrana, empedernido oportunista, ahora apoya la idea de una organización civil supeditada a la militar, todo lo contrario de lo que logró en Guáimaro, en oposición directa a las aspiraciones de Martí para el movimiento. Los desencantos gestaban animosidades entre los patriotas.

La obsesión del desastre político-militar del 68 se arraiga en Gómez tan profundamente que no es fácil arrancarla: «*No debemos preguntarnos cómo haremos la guerra, sino con qué haremos la guerra...*», según había expresado a Serafín Sánchez, era el credo por el cual se guiaban sus acciones. Ante la firmeza castrense el civilismo de Martí se revolvía angustiado. ¿Era esa la revolución de Pueblo que soñaba o era una de castas? ¿Y qué de la Junta Gubernativa por el propio Gómez aconsejada? El miedo al caudillismo hace presa en Martí: «*Sentí, sin exageraciones mujeriles, que comencé a morir el día en que este miedo entró en mi alma...*», aseguró más tarde. El dinero a mano es muy poco pues con lo recogido en el Cayo y lo que envía el presidente Bogran, de Honduras, no llegan a siete mil los pesos de que disponen. Habrá pues que acudir a la emigración laboral porque los ricos, en su gran mayoría, no dan más que para las causas que tienen asegurado el triunfo. Gómez dispone sin contar más que con Maceo y decide que éste y Martí vayan a México, porque allí el último vivió años y tiene relaciones de importancia. Martí asiente y comienza a desarrollar sus pensamientos acerca del procedimiento a seguir. Gómez lo corta secamente: «*Mire Martí, aténgase a las órdenes que el general Maceo lleva...*». Y le vira la espalda para irse al baño. Martí lívido espera su vuelta oyendo a Maceo insinuarle que «*ellos debían considerar la guerra de Cuba como una propiedad de Máximo Gómez, en la que nadie debe intervenir y la que debía dejársele totalmente en sus manos...*». Martí se despide cortésmente de ambos caudillos y después de su partida Maceo expresa a Gómez un temor: «*Este hombre, General, se va disgustado con nosotros...*». Gómez, aún molesto por lo que consideraba una intromisión civil en la dirección de la guerra le da como respuesta solamente un «*Tal vez...!*»

El choque entre Martí y Gómez no fue, como muchos han querido verlo así, entre dos personalidades de igual carácter, del mismo ancestro español, suceptibles a la irritación o aferrados al orgullo, sino el conflicto entre dos escuelas de pensamiento, la contienda entre una imagen y una idea, entre una opinión y un criterio. Gómez poseía una imagen del gobierno republicano que creía apropiado para Cuba y una opinión sobre como llevar a cabo una guerra que lo consiguiese. Martí, por el contrario, ya había fomentado la idea nacionalista y afirmado un criterio revolucionario. El combatiente ponía el acento en los medios que lograrían un fin; el pensador enfatizaba los medios que justificarían el fin. Gómez, recordando las querellas del 68, recurría a la disciplina y a la obediencia como formas de evitar el desorden político-militar; Martí vislumbraba en la formación de la conciencia revolucionaria el motor del instrumento bélico. En el General Máximo Gómez sí que hubo un sentimiento personal de autoridad ofendida; lo que hubo en Martí fue sólo la expresión de una agonía y el cumplimiento de un deber.

* * *

Dos días después del incidente, el 20 de octubre de 1884, Martí envió al general Gómez una carta en la que le participaba su separación del movimiento y le explicaba sus razones para así hacerlo. Por su capital importancia ideológica y por haber influido tan decisivamente en los móviles que inspiraran esta Historiología Cubana, la transcribimos en su totalidad:

«Salí en la mañana del sábado de la casa de usted con una impresión tan penosa, que he querido dejarla reposar dos días para que la resolución que ella, unida a otras anteriores, me inspirase, no fuera resultado de una ofuscación pasajera, o excesivo celo en la defensa de cosas que no quisiera ver yo jamás atacadas, —sino obra de meditación madura—: ¡que pena me da tener que decir estas cosas a un hombre a quien creo sincero y bueno, y en quien existen cualidades notables para llegar a ser verdaderamente grande! Pero hay algo que está por encima de toda la simpatía personal que usted pueda inspirarme, y hasta de toda razón de oportunidad aparente: y es mi determinación de no contribuir en un ápice, por amor ciego a una idea en que me está yendo la vida, a traer a mi tierra un régimen de despotismo personal, que sería más vergonzoso y funesto que el despotismo político que ahora soporta, y más grave y difícil de desarraigar, porque vendría excusado por algunas virtudes, establecidas por la idea encarnada en él, y legitimado por el triunfo.

»Un pueblo no se funda, General, como se manda un campamento; y cuando en los trabajos preparativos de una revolución más delicada y compleja que otra alguna, no se muestra el deseo sincero de conocer y conciliar todas las labores, voluntades y elementos que han de hacer posible la lucha armada, mera forma del espíritu de independencia, sino la intención, bruscamente expresada a cada paso, o mal disimulada, de hacer servir a todos los recursos de fé y de guerra que levante el espíritu a los propósitos cautelosos y personales de los jefes justamente afamados que se presentan a capitanear la guerra, ¿qué garantías puede haber de que las libertades públicas, único objeto digno de lanzar un país a la lucha, sean mejor respetadas mañana? ¿Qué somos, General, los servidores heroicos y modestos de una idea que nos calienta el corazón, los amigos leales de un pueblo en desventura, o los caudillos valientes y afortunados que con el látigo en la mano y

la espuela en el tacón se disponen a llevar la guerra a un pueblo, para enseñorearse en él después? ¿La fama que ganaron ustedes en una empresa, la fama de valor, lealtad y prudencia, van a perderla en otra? Si la guerra es posible, y los nobles y legítimos prestigios que vienen de ella, es porque antes existe, trabajando con mucho dolor, el espíritu que la reclama y hace necesaria; y a ese espíritu hay que atender, y a ese espíritu hay que mostrar, en todo acto público y privado, el más profundo respeto, —porque tal como es admirable el que dá su vida por servir a una gran idea, es abominable el que se vale de una gran idea para servir sus esperanzas personales de gloria o de poder, aunque por ellas exponga la vida. El dar la vida sólo constituye un derecho cuando se la dá desinteresadamente.

»Ya lo veo a usted afligido, porque entiendo que usted procede de buena fe en todo lo que emprende, y cree de veras, que lo que hace, como que se siente inspirado de un motivo puro, es el único modo bueno de hacer que hay en sus empresas. Pero con la mayor sinceridad se pueden cometer los más grandes errores; y es preciso que, a despecho de toda consideración de orden secundario, la verdad adusta, que no debe conocer amigos, salga al paso de todo lo que considere un peligro, y ponga en su puesto las cosas graves, antes de que lleven ya un camino tan adelantado que no tengan remedio. Domine usted, General, esta pena como dominé yo el sábado el asombro y disgusto con que oí un importuno arranque de usted y una curiosa conversación que provocó a propósito el general Maceo, en la que quiso —¡locura mayor!— darme a entender que debíamos considerar la guerra de Cuba como una propiedad exclusiva de usted, en la que nadie puede poner pensamiento ni obra sin cometer profanación, y la cual ha de dejarse, si se la quiere ayudar, servil y ciegamente, en sus manos. ¡No: no, por Dios!: ¿pretender sofocar el pensamiento, aún antes de verse, como se verán ustedes mañana, al frente de un pueblo entusiasmado y agradecido, con todos los arreos de la victoria? La patria no es de nadie: y si es de alguien, será, y esto sólo en espíritu, de quien la sirva con mayor desprendimiento e inteligencia.

»A una guerra emprendida en obediencia a los mandatos del país, en consulta con los representantes de sus intereses, en unión con la mayor cantidad de elementos amigos que pueda lograrse; a una guerra así, que venía yo creyendo —porque así se la pinté en una carta mía de hace tres años que tuvo de usted hermosa respuesta— que era la que usted ahora se ofrecía a dirigir; —a una guerra así el alma entera he dado, porque ella salvaría a mi pueblo—: pero a la que en aquella conversación se me dio a entender, a una aventura personal, emprendida hábilmente en una hora oportuna, en la que los propósitos particulares de los caudillos puedan confundirse con las ideas gloriosas que los hacen po-

sibles; a una campaña emprendida como una empresa privada, sin mostrar más respeto al espíritu patriótico que la permite, que aquel indispensable, aunque muy sumiso a veces, que la astucia aconseja, para atraerse las personas o los elementos que puedan ser de utilidad en un sentido u otro; a una carrera de armas por más que fuese brillante y grandiosa; y haya de ser coronada por el éxito, y sea personalmente honrado el que la capitanee; —a una campaña que no dé desde su primer acto vivo, desde sus primeros movimientos de preparación, muestras de que se la intenta como un servicio al país, y no como una invasión despótica; —a una tentativa armada que no vaya pública, declarada y sincera y únicamente movida del propósito de poner a su remate en manos del país, agradecido de antemano a sus servidores, las libertades públicas; a una guerra de baja raíz y temibles fines, cualesquiera que sean su magnitud y condiciones de éxito —y no se me oculta que tendría hoy muchas— no prestaré yo jamás mi apoyo —valga mi apoyo lo que valga— y yo se que él, que viene de una decisión indomable de ser absolutamente honrado, vale por eso oro puro, —yo no se lo prestaré jamás.

»¿Cómo, General, emprender misiones, atraerme afectos, aprovechar los que ya tengo, convencer a hombres eminentes, deshelar voluntades, con estos miedos y dudas en el alma? Desisto, pues, de todos los trabajos activos que había comenzado a echar sobre mis hombros.

»Y no me tome a mal, General, que le haya escrito estas razones. Lo tengo por hombre noble, y merece usted que se le haga pensar. Muy grande puede llegar a ser usted —y puede no llegar a serlo. Respetar a un pueblo que nos ama y espera de nosotros, es la mayor grandeza. Servirse de sus dolores y entusiasmos en provecho propio, sería la mayor ignominia. Es verdad, General, que desde Honduras me habían dicho que alrededor de usted se movían acaso intrigas, que envenenaban, sin que usted lo sintiese, su corazón sencillo, que se aprovechaban de sus bondades, sus impresiones y sus hábitos para apartar de usted de cuantos se hallaban en su camino que le acompañasen en sus labores con cariño, y le ayudaran a librarse de los obstáculos que se fueran ofreciendo —a un engrandecimiento a que tiene usted derechos naturales. Pero yo confieso que no tengo ni voluntad ni paciencia para andar husmeando intrigas ni deshaciéndolas. Yo estoy por encima de todo eso. Yo no sirvo más que al deber, y con éste seré siempre bastante poderoso.

»¿Se ha acercado a usted alguien, General, con un afecto más caluroso que aquel con que lo apreté en mis brazos desde el primer día en que lo vi? ¿Ha sentido usted en muchos esta fatal abundancia de corazón que me dañaría tanto en mi vida, si nece-

sitase yo de andar ocultando mis propósitos para favorecer ambicioncillas femeniles de hoy o esperanzas de mañana?

»*Pues después de todo lo que he escrito, y releo cuidadosamente y confirmo, —a usted lleno de méritos, creo que lo quiero—: a la guerra que en estos instantes me parece que, por error de forma, acaso, está usted representando, ¡no!*»

* * *

Al dorso de esa carta de Martí, el general Gómez escribió su versión de lo sucedido:

«*Al leerla he sentido un dolor profundísimo en mi corazón. Como se ve, este hombre me insulta de un modo inconsiderado y, si se pudiera saber el grado de simpatía que sentí por él, sólo así se podrá tener idea de lo sensible que me ha sido el leer sus conceptos... Dispuse que acompañase al general Maceo en comisión a México, cuyo jefe aceptó mi determinación sin la más ligera observación por parte suya; y aguardaba en silencio mis instrucciones, así como la orden de marcha... Martí seguía visitándome, hablando siempre con igual calor de nuestro plan revolucionario... yo, con blandura, lo contenía en los límites, para no perjudicarnos dejando el mando de la nave a muchos capitanes hasta que, haciendo caso omiso del general Antonio Maceo, que era el jefe designado para la comisión me dijo que (sus palabras textuales) "al llegar a México y según el resultado de la comisión..." yo no lo dejé concluir, con tonos ásperos (mis palabras textuales) "Vea Martí, limítese usted a lo que digan las instrucciones, y lo demás el general Maceo hará lo que deba hacer". Nada más dije; me contestó tratando de satisfacer mis indicaciones. Apenas lo oí porque un criado me anunció un baño que tenía dispuesto... Dejé a Martí con el general Maceo, presente siempre a nuestras conversaciones. Nadie más ha visto esta carta que el general Maceo y el general Crombet. Después supe que Martí, antes de enviarla a mi residencia, la dio a leer a Antonio Zambrana y a Leandro Rodríguez. Este es el hecho.*»

* * *

La renuncia de Martí a la presidencia de la Asociación Cubana de Socorros fue motivo de una reunión de sus miembros para proceder a su sustitución y durante ella se virtieron ácidos conceptos acerca de él. En Cayo Hueso consideraron su renuncia como una deserción. Enterado del mal ambiente que se le había creado, Martí publicó un anuncio en El Avisador Cubano en el que invitaba a sus conciudadanos, «*que eran sus dueños...*» para que acudieran al Clarendon Hall el día 25 de junio de 1884, «*para responder a cuantos cargos se sirvieran hacerle porque todo hombre está obligado a honrar con su conducta privada, tanto como con la pública, a su patria...*». Nadie le hizo imputaciones graves en la sesión y él dio amplias explicaciones acerca de su posición, expresando que lo que lo había alejado de los jefes del movimiento era cuestión de detalles, pero que él estaba y estaría siempre con la patria. Después de esto, Martí se sumergió en un silencio de trabajo por la existencia y de creación intelectual hasta que lo rompió el 9 de octubre de 1885 rehusando la invitación que le hicieron de Filadelfia para que hablara allí en conmemoración del Grito de Yara, pensando que en esa forma no entorpecería las labores de guerra que continuaban haciendo Gómez y Maceo. No deseaba él ser motivo de discordias, pero se mantenía fiel a su criterio de que «*en la hora de la victoria sólo fructifican las semillas que se siembran en la hora de la guerra...*». De esa carta del Apóstol a José A. Lucena hemos extraído su principal aforismo y adoptado como lema: «*Un pueblo, antes de ser llamado a guerra, tiene que saber tras de que va, y adonde va, y que le ha de venir después...*».

* * *

Al margen de las gestiones Gómez-Maceo, el legendario Bonachea solicitó, desde Santo Domingo, al Comité de Nueva York, autorización para en su nombre proceder a conseguir apoyo para una expedición, a pesar de los consejos en contra que todos le dieron. Bonachea obtuvo unos siete mil pesos y con ellos adquirió unas pocas armas y contrató una goleta que lo llevó a las costas del Cabo Cruz junto con diez compañeros. Delatados por unos pescadores, fueron capturados por una cañonera española y conducidos a Santiago de Cuba donde, el 6 de marzo de 1885, fueron fusilados Bonachea y cuatro de sus expedicionarios, antiguos oficiales del 68.

Limbano Sánchez y *Panchín* Varona, con la ayuda del Club Independencia de Nueva York, lograron, después de escaparse de las prisiones españolas y de peregrinar por Centroamérica, desembarcar en Cuba con un reducido grupo de expedicionarios. Nadie se les unió y uno a uno fueron cazados implacablemente por los españoles en complicidad con un compadre de Limbano quien fue asesinado y su cuerpo dejado a las auras tiñosas en una encrucijada.

* * *

Gómez, Maceo y Crombet no cejaban en el empeño de llevar a Cuba las expediciones que planeaban, aún a pesar de los gravísimos contratiempos creados por la falsa promesa de Govín y de la separación de Martí del movimiento. En los diferentes textos de Historia de Cuba que se usan para enseñarla a nuestros estudiantes estos esfuerzos expedicionarios sólo son aludidos con unas breves líneas que se refieren «al fracaso del plan Gómez-Maceo de 1886...», pero lo cierto es que en ninguna de las tres guerras que se libraron en Cuba por la independencia fueron tantos los inconvenientes encontrados por los patriotas, ni más ingentes las labores realizadas por lograr el éxito. Miserias morales y materiales sin cuento experimentaron y nobilísimos sacrificios y aportaciones hizo la Emigración por materializar los intentos. Después de tremendas complicaciones en Nueva York con las autoridades aduanales y de grandes desembolsos, se logró embarcar con destino a Panamá, entonces parte de Colombia, un cargamento de armas a bordo de la goleta Morning Star pero a su llegada a Colón el gobierno colombiano, tratando de agradar a España en virtud de un arbitraje que ésta hacía en un conflicto territorial que sostenía con Venezuela, ordenó su reembarque a Nueva York. Maceo y Cebreco que se hallaban en Colón con más de cien expedicionarios pasaron con ellos innumerables penalidades económicas y de salud. Se ordenó al capitán de la Morning Star llevarla a cierto punto de Jamaica donde la esperaría Flor Crombet, pero el encargado de recibirla allí al no aparecer Flor a tiempo, en lugar de retenerla hasta que éste llegara la re-expidió para Puerto Plata, en Santo Domingo, pero el capitán de la goleta se llenó de miedo y arrojó las armas al agua poniendo luego proa a Nueva York, abandonando a su mala suerte a los cubanos. Máximo Gómez estuvo también muy desafortunado pues las armas que llevó a su país natal les fueron confiscadas y él fue confinado a prisión durante ocho meses, acusado por el general Ulises Heureaux, *Lilís*, de conspirar para restablecer en el poder al derrocado presidente Billini quien era pariente de Gómez. Cerca de dos años de esfuerzos y sacrificios y más de cuarenta mil pesos de recaudaciones entre los humildes emigrados se perdieron irremisiblemente. La Emigración daba un ejemplo espartano de sacrificio: En una semana patriótica celebrada en Cayo Hueso, las damas cubanas se despojaron de sus joyas y las donaron generosamente; los trabajadores del tabaco dedicaron gustosos una parte de sus humildes jornales en una patriótica contribución que contrastaba con la mezquindad de los ricos manufactureros cubanos allí establecidos.

* * *

El residuo de este fracaso expedicionario fue uno de agrias recriminaciones entre sus componentes y motivo de explosiones de mal genio que afortunaadmente no tuvieron funestas consecuencias. Todos los más significados personajes libertadores habían sometido a sus respectivas familias a grandes penurias durante dos años, como consecuencia de sus renuncias a los cargos que ocupaban en Honduras y que les habían permitido llevar una vida modesta. Al mismo tiempo gravitaba sobre ellos la pesada y molesta obligación de dar cuenta a la Emigración del porqué del fiasco y del destino dado a los fondos que tan penosamente se habían recaudado. El 17 de agosto de 1886 se reunió en Kingston la Junta Militar para tratar la cuestión. La reunión fue extremadamente tormentosa y durante ella los generales Antonio Maceo y Crombet se cruzaron tan fuertes palabras que entre ellos quedó concertado un duelo a muerte que si no llegó a efectuarse de inmediato fue gracias a los buenos oficios que ejercieron los padrinos con los bizarros adversarios, consiguiendo de ellos que sacrificaran su orgullo en beneficio de la causa de Cuba y que accedieran a dejar pendiente el duelo hasta la liberación patria.

Máximo Gómez y Maceo se vieron envueltos en otra cuestión personal, aunque sin los violentos caracteres de la anterior, que tuvo su origen en una carta dirigida por Maceo a Gómez referente a su problema con Crombet y en la que le decía que «*no había razón para los insultos que se me dirigieron y que usted no impidió...*» y a la que Gómez respondió diciendo, entre otras cosas, «*que ante el alarde de guapería que dejó en su ánimo una impresión de tristeza...*» le había parecido «*más conveniente dejar correr que atajar ideas, pues que ellas debían decirme con que clase de compañeros ando en pos de un ideal...*». El pago de una cuenta a una hospedera, que Gómez se negó a abonar «*por no haber sido contraída por su orden...*» y que Maceo pagó de su bolsillo para evitar la humillación de los deudores, hizo a éste imputarle a Gómez que su jefatura del movimiento «*le obligaba a no negar ninguna de sus obligaciones...*». Gómez le contestó en forma mordaz, asegurándole que le satisfacía profundamente el haber confirmado algunas dudas que tenía acerca de «*consideraciones, respeto y hasta gratitud...*» que le debía Maceo y terminaba declarándole: «*Todo creo que ha terminado entre nosotros...*» y que el asunto le había despejado las sombras que no le dejaban ver claro una parte del camino que tenía que recorrer en la cuestión de Cuba, y de paso mencionaba «*la ingratitud de los cubanos...*». Antonio Maceo hizo demostración de cada centímetro de su alta estatura de militar, de caballero y de patriota en cada línea de una carta de seis páginas con la que contestó a su respetado jefe y de la cual consideramos un honor, y una enseñanza, el reproducir sus más sobresalientes párrafos:

«Si mi causa no es suya, no es mía la culpa; creo que si usted la abrazó, fue por bien propio que honra y da provecho. A eso se debe la consideración y respeto que le tiene el pueblo cubano, a quien llama usted ingrato, no obstante poner en sus manos la suerte de su patria. Pero lo cierto es, que lo que le da mérito a usted se lo quita deprimiendo a los cubanos con malas palabras e insultos. No ha mucho aplacaba yo a varios que se quejaban de usted; pero entre poco verá usted confirmado el juicio que tengo del gusano que le roe el espíritu.

»Los hombres de sano criterio y rectos principios son los que defienden sus derechos sin mengua de su dignidad, aquellos que no lo hacen, por medrar el auxilio del superior, y por gusto de pelear. ¿A esos les llama usted ingratos? El que reclama sus derechos usurpados por otro, no lo hace porque pretenda separarse de los favores que le hagan a su causa; es porque su dignidad supera en exceso a los servicios recordados por usted. Tanto debe Cuba a usted como usted a ella. Allí nos hemos conquistado amparo social, y por eso quiero ahora que se me respete; eso y nada más es lo que quiero; no tengo ambición mezquina alguna que pueda oscurecer su camino, con perjuicio de mi causa. Estoy joven y hay en mi patria ancho campo para todas las aspiraciones.

»Después de estas declaraciones, quedará para usted y los dudosos de mi futuro, despejado el campo para todos, y libre de sombras, verá claro la parte del camino que tiene que recorrer en la cuestión de Cuba.

»Después de leer su carta, nada me ha quedado de la conducta que Calixto García observó conmigo por la misma causa que usted es decir, porque creyó que oscurecía su porvenir en la revolución, y usted porque piensa lo mismo o porque le estorbo en otros sentidos. Desengáñese General, soy pequeño ante usted y no me hago ilusiones, por más que usted me vea respetar todas las opiniones. Mis aspiraciones son otras más grandes y más nobles que las de un ruin pensador; no nací para intrigas ni para socavar a otro, me creo capaz de continuar haciendo esfuerzos por mi Patria, que me hagan acreedor de la estimación general, sin recurrir a medios deshonrosos.

»¿En la revolución no impedí cuantas sublevaciones me fue posible sofocar, pudiendo por ese medio y otros a que apelaron muchos, para llegar al puesto que otros prominentes de nuestra causa? Si algún mérito tengo es el de la obediencia a la disciplina militar y respeto a la ley, pero usted confunde la dignidad que reclama su derecho con la ambición de un tonto que pretende su puesto.

»Dice usted que todo ha terminado entre nosotros. Eso no lo entiendo; pero lo que fuere lo acepto en la forma que usted lo *determine; suplícole no confunda la causa con nuestras personalidades.»*

* * *

A esta carta Maceo añadió otra explicándole «*su sinceridad y honrada franqueza...*», pero Gómez fue breve en su respuesta: «*Como le dije, todo creo que ha terminado entre nosotros. Sólo queda una cosa común entre los dos, sagrada por cierto, y que la he hecho mía, la causa de su patria...*». Pero de la lectura de su Diario se deduce que Gómez se figura a Maceo un sobregirado a causa de los vítores una vez recibidos en Cayo Hueso y lo compara en vanidad a Vicente García. Aquellos dos grandes hombres, hijos del trópico, en cuyas venas corría la hirviente sangre española, retumbaban coléricos en explosiones de temperamento, pero rendían humildemente su soberbia ante la causa de la Revolución. Enfrentándose a la muerte, ellos, como todos los demás, se hermanaban indisolublemente. Y se honraban con la mayor nobleza. El movimiento Gómez-Maceo, atendiendo al llamado del Club de Cayo Hueso, acordó disolverse. La previsión de José Martí había probado ser correcta. Maceo demostró haberla captado cuando escribió a *Mayía* Rodríguez, quien fungía como director del periódico El Imparcial, una larga carta en que le explicaba su visión de un Partido Independiente y su concepto del gobierno que deseaba para Cuba: «*Un hombre que tenga la virtud de redimir al pueblo cubano de la soberanía española, sin haber tiranizado a sus redimidos...*».

* * *

Durante todo el resto del tiempo de los años 1886-1887, el pueblo cubano siguió trabajando en pro de su bienestar y de su redención. Inserto en la estructura colonial, el cubano trabajaba la tierra sin descanso y conservaba ardiendo la llama de su fe libertadora. Desparramado por tierras extranjeras, no olvidaba la patria lejana y siempre estaba atento a las palabras de sus profetas. Al igual que el pueblo bíblico, el pueblo cubano conservaba sus tradiciones y rendía culto a sus desaparecidos héroes así como veneraba sus fechas gloriosas y rememoraba sus hechos de la manigua heroica. Ese era el verdadero pueblo cubano de la época, al igual que lo es ahora el que dentro del campo de concentración que es la patria no se ha rendido a la tiranía comunista y sigue conservando su fe patriótica y su fe religiosa incólumes. Al igual que lo es la Emigración que trabaja dura y honradamente y lucha por un regreso libertador, que no se ha humillado ante los ojos extranjeros, y con ello evitando la humillación de su patria, aceptando dádivas a título de *refugiados* o cheques por servicios inconfesables de servilismo, comprometiendo así su libertad de acción, de pensamiento y de cívica independencia. El mismo sumiso colonialismo de la *masa* de entonces es el mismo sumiso colonialismo de la *masa* de ahora; el mismo gallardo separatismo del *pueblo* de entonces es el mismo gallardo separatismo del *pueblo* de ahora.

* * *

Gestación de la Independencia. — Maceo regresa a Cuba. El Vindicador. — La Liga (1887-1890)

El desencanto producido por el malogramiento del plan Gómez-Maceo no afectó grandemente a la emigración de Cayo Hueso, como los cubanos llamaban a Key West, la cual siguió abogando por la independencia a través de su vocero El Yara, que dirigía José Dolores Poyo. En Nueva York, Martí infatigablemente continuaba su distinguidísima obra intelectual y en ella volcaba, en cada oportunidad posible su ideología nacionalista y sus propósitos unitarios, fustigando al anexionismo y al autonomismo cada vez que la ocasión se presentaba. Acerca de la gestión de los primeros dijo:

«*Quien ama a su patria con aquel cariño que sólo tiene comparación, por lo que sujetan cuando prenden y por lo que desgarran cuando se arrancan, a las raíces de los árboles, ese no piensa con complacencia, sino con duelo mortal, en que la anexión pudiera llegar a realizarse, y en que tal vez sea nuestra suerte que un vecino hábil nos deje desangrar en sus umbrales para poner al cabo, sobre lo que quede de abono para la tierra, sus manos hostiles, sus manos egoístas e irrespetuosas... La patria necesita sacrificios. Es ara y no pedestal. Se la sirve, pero no se la toma para servirse de ella...*».

El 10 de octubre de 1887 pronunció Martí su acostumbrado discurso en conmemoración de la fecha patria y como fue moderado en sus expresiones separatistas un exaltado corresponsal de El Pueblo de Cayo Hueso lo acusó nada menos que de autonomista. Martí se defendió con energía al tiempo que aseguraba que lo hacía así porque lo que le importaba era «*la opinión de aquellos hijos de Cuba que con más fe la sirven, y jamás han dejado apagar el fuego en sus altares: los emigrados de Cayo Hueso...*». Este suceso estimuló al brigadier Ruz a visitar a Martí en Nueva York ya que de éste había recibido una carta —respondiendo a una de él en la que le pedía a Martí su consejo *«sobre el modo práctico de poner en acción nuestras esperanzas de ver a Cuba libre y redimida...»* — invitándolo a trasladarse a la Babel de Hierro para tratar personalmente la cuestión. Martí, así lo han probado los hechos, no tenía la menor intención de apoyar a Ruz en sus aspiraciones de liderear un movimiento militar, pero aprovechó sagazmente la ocasión para renovar los bríos conspirativos que se hallaban un tanto aletargados y hacerlo dentro del esquema que con tanto cuidado había estado preparando: el equilibrio político-militar que erradicase el peligro del caudillismo y el de la preponderancia politiqueril.

A la entrevista con Ruz acudieron invitados por Martí un número de personas, *«representantes naturales del separatismo.»*, y después de algunos días de entrevistas se acordó el nombramiento de una comisión presidida por Martí y que tomó el título de Comisión Ejecutiva, con el propósito de, según se hizo constar en el acta, *«hacer lo que hoy nadie hace, y es un delito dejar de hacer, —a organizar, por fin, dentro y fuera de la Isla la guerra que la Isla ya desea, a poner de acuerdo en todo lo posible las emigraciones que han de ayudarla, y tal vez iniciarla, y el que ha de seguirla..».* Había dado, por fin, comienzo la gestación de la independencia y los puntos que Martí inspiró como fines para conseguir una provechosa cosecha revolucionaria fueron los siguientes:

1. — Acreditar en el país, disipando temores y procediendo en virtud de un fin democrático conocido, a la solución revolucionaria.

2. — Proceder sin demora a organizar, con la unión de los jefes afuera —y trabajos de extensión, y no de mera opinión, adentro— la parte militar de la revolución.

3. — Unir con espíritu democrático, y en relaciones de igualdad, todas las emigraciones.

4. — Impedir que las simpatías revolucionarias en Cuba se tuerzan y esclavicen por ningún interés de grupo, para la preponderancia de una clase social, o la autoridad desmedida de una agrupación militar o civil, ni de una comarca determinada, ni de una raza sobre otra.

5. — Impedir que con la propaganda de las ideas anexionistas se debilite la fuerza que vaya adquiriendo la solución revolucionaria.

* * *

El 16 de diciembre de 1887 Martí, «*por encargo de los cubanos de Nueva York, excitados y acompañados por los de Cayo Hueso y Filadelfia...*», escribe a Gómez, que se encontraba entonces en Panamá, «*para tomar su parecer, y exponerle el de los cubanos de esta ciudad, sobre el modo más rápido y certero de organizar por fin, dentro y fuera de Cuba, con la cordialidad digna de las grandes causas, la guerra que ya mira el país con menos miedo, y en que parece estar hoy su esperanza única...*», y junto con él firman varios miembros de la Comisión Ejecutiva. Gómez escuetamente responde: «*Estoy dispuesto a ocupar mi puesto de combate por la independencia de Cuba...*». El brigadier Ruz, enojado al ver que la emigración prefiere al general Gómez como jefe, se separa del Comité y publica un manifiesto que aunque bien acogido por la prensa española no hizo mella alguna en las filas separatistas. Al regreso del general Crombet del Cayo, adonde le había comisionado Martí, se reunió el Comité Ejecutivo con el Club Los Independientes, de Brooklyn, en el Pithagoras Hall, en pública asamblea para tratar la unificación de los esfuerzos conspirativos. El análisis de los fines del Comité provoca el disgusto de Crombet quien pretende la prioridad militar sobre las recaudaciones y que profiere gruesas frases que Martí responde con no menos vigor, liquidándose el incidente sin ulteriores consecuencias de animosidad o de rencor entre ellos. Pero los esfuerzos quedaron truncos y no logró realizarse la deseada unidad revolucionaria.

El 10 de octubre de 1888, en la celebración del aniversario de Yara, en el cual Martí siempre hacía el resumen, al ir a ocupar su turno en la tribuna unas voces airadas claman desde el público por otro orador: «*Armas, que es patriota...!*» Martí cede el puesto al reclamado y después que éste termina y sin referirse a la descortesía cometida, pronuncia un conciliador discurso que termina con estas vibrantes palabras:

«*Heridos en la agonía del destierro, tan cerca del hueso que no nos parece que cuelga más que de un hilo de vida, ni nos quejamos, ni bajamos la cabeza, ni abrimos el puño, ni lo volvemos sobre nuestros hermanos que yerran, ¡ni se lo sacaremos de debajo de la barba al enemigo hasta que deje nuestra tierra libre! Nosotros somos el freno del despotismo futuro, y el único contrario eficaz y verdadero del despotismo presente. Lo que a nosotros se concede, nosotros somos los que lo conseguimos. Nosotros somos espuela, látigo, realidad, vigía, consuelo. Nosotros no morimos. ¡Nosotros somos las reservas de la patria...!*»

Y las reservas de la patria eran, efectivamente, los hombres y mujeres de aquel pueblo disperso que hablaba por la voz de sus próceres. Martí, a pesar de las dificultades que encontraba para lograr la unificación de todos en un programa de realizaciones futuras, se sentía alentado y poseído de una fe avasalladora en los destinos de su pueblo. Así como Moisés unificó las doce tribus de Israel y las condujo a la Tierra Prometida, así él unificaría las emigraciones y las devolvería al hogar perdido. Antonio Maceo, bueno entre los mejores, le había escrito desde Bajo Obispo, Panamá, una carta, muy poco divulgada, que expresaba su visión de una República futura inspirada en una social-democracia cristiana y en la que le alentaba a continuar sus esfuerzos en pro del ideal libertador. La carta, que tiene fecha 17 de enero de 1887, *«para que sepan a que atenerse con respecto a mis ideas generales en política...»*, dice en uno de sus párrafos:

«Una república organizada bajo sólidas bases de moralidad y justicia, es el único gobierno que garantizando todos los derechos del ciudadano, es a la vez su mejor salvaguardia con relación a sus justas y legítimas aspiraciones, porque el espíritu que lo alienta y amamanta es todo de libertad, igualdad y fraternidad, esa sublime aspiración del mártir del Gólgota, que acaso utópica aún a pesar de 18 siglos de expresada, llegará a ser mañana, a no dudarlo, una hermosa realidad. Inquebrantable respeto a la Ley, pues, y decidida preferencia por la forma republicana, he ahí concretado mi pensamiento político; esos son, han sido y serán siempre los ideales por los que ayer luché y que mañana me verán cobijarme a su sombra, si la Providencia y la Patria me llaman nuevamente al cumplimiento de mi deber...»

* * *

Contrastando notablemente con estas amplias demostraciones de patriotismo, en la Colonia el desastre iba acumulándose sobre su administración. El gobernador, Sabas Marín, había tenido que ocupar militarmente la Aduana de La Habana para controlar el peculado en provecho de la Península; los proyectos electorales de Becerra no llegaron a convertirse en Ley pero tuvieron la facultad de demostrar a los colonialistas, y al pueblo cubano de la Isla, que ellos no eran más que unos masoquistas políticos. El general Salamanca fue enviado a Cuba comisionado por la Corte para rectificar en lo posible el desorden y la corrupción administrativas y apenas hubo llegado encontró que los desfalcos de la Junta de la Deuda eran fantásticos pues aparecían cobrando muchas personas fallecidas tiempo atrás. Sus esfuerzos se estrellaron contra los intereses creados de los colonialistas y los integristas y Salamanca un día falleció misteriosamente, asegurándose que había sido envenenado en el propio palacio de los Capitanes Generales. El periódico colonialista El País no deploró su muerte ni valorizó sus medidas moralizadoras. A los cubanos les fue indiferente el suceso ya que Salamanca, años antes, había sido uno de los más fuertes opositores al Pacto del Zanjón, que había calificado de indigno y deshonroso para España y quien además había sido tan solo uno de los tantos procónsules enviados por España para desgobernarlos y tiranizarlos.

* * *

En 1890 Antonio Maceo, cansado de esperar una oportunidad expedicionaria, decidió marchar a Cuba, a todo riesgo, para allí mismo iniciar un movimiento revolucionario en Oriente. Pretextó la venta de unos intereses de su anciana madre y Salamanca le concedió el permiso para trasladarse, a esos efectos, a la Isla, lo que así hizo Maceo el día 5 de febrero de ese año, la víspera del misterioso fallecimiento del Gobernador. La presencia de Maceo en La Habana despertó entusiasmos entre la juventud de la Acera del Louvre, de quien era líder el general Julio Sanguily, el glorioso mutilado del 68. Los oficiales españoles de carrera compartían su mesa y le tributaron consideraciones dignas del bravo y leal adversario que Maceo había sido con ellos, en tanto que los voluntarios, remedo colonial de los milicianos comunistas, tragaban su rabia ante el curioso espectáculo. Flor Crombet, por otra vía, también se trasladó a Cuba para secundar los planes de Maceo, en un alarde de coraje por parte de estos patriotas que venían a meterse en las mismas fauces del monstruo español para lograr sus propósitos libertadores, utilizando sabiamente los recursos legales que les franqueaba el enemigo. Este viaje de Maceo y Crombet a Cuba, dos hombres que tenían pactado un duelo a muerte para después de la liberaión, a encontrarse quizá con un destino fatal, es un ejemplo digno de imitación por parte de todos nosotros los herederos de la tradición mambisa, porque demuestra como los intereses del pueblo cubano están en todo momento muy por encima de los sentimientos personales y del apasionamiento político. Los colonialistas del autonomismo huyeron de la presencia de Maceo. Sólo Miguel Figueroa, a disgusto de ellos, lo atendió en su casa varias veces. A unos periodistas que deseaban que el general Antonio les narrase sus campañas los llevó a la habitación del hotel donde se hospedaba y desnudándose dijo a los asombrados reporteros: «¡*He aquí mi historia en cicatrices..!*», y éstos pudieron contar, diseminadas por aquel atlético cuerpo, ¡veinte heridas de bala...! De los colonialistas dice: «*Su conducta de adhesión a los enemigos de la independencia de Cuba es ofensiva a nuestra dignidad de hombres libres y honrados patriotas..*» Allá en España cae el gobierno liberal y asciende al poder, por tercera vez el reaccionario Cánovas del Castillo quien nombra Ministro de Ultramar a Romero Robledo, enemigo que fuera del Zanjón, y Capitán General de la Isla de Cuba al general Polavieja, de funesta recordación para los cubanos. En la capital, Maceo olfatea una encerrona si permanece allí por más tiempo, y toma un vapor en Batabanó rumbo a su indómita región oriental, a la que llega el 25 de julio de 1890.

Maceo fue recibido agasajadoramente en Santiago de Cuba y su presencia en la ciudad galvanizó las voluntades libertadoras que se habían afiliado al autonomismo colonialista, haciéndolas volver al redil separatista. Yero y Sánchez Echevarría se le sumaron de inmediato. Los viejos héroes mambises Moncada, Banderas y Garzón se unieron a él y a Crombet enseguida. Unos prominentes colonialistas, dueños de las minas de manganeso orientales, ofrecieron su colaboración financiera para comprar armas. De Manzanillo, Guantánamo, Bayamo y Jiguaní se recibieron adhesiones al pronunciamiento para cuando se les ordenase. Los periódicos orientales hacían abierta propaganda separatista. Maceo ordenó que la rebelión se ejecutase el día de La Caridad, 8 de septiembre. Enterado Polavieja de los pormenores por los ricos mineros, que ahora se retraían del compromiso al ver sus propiedades en peligro de destrucción, ordenó rápidamente la expulsión de Cuba de Maceo y Crombet, con lo que quedó sellada la suerte de la insurrección, el 30 de agosto. Entusiasmados por el alto precio que en esos días alcanzó el manganeso en el mercado mundial, los dueños de las minas delataron el alzamiento a cambio de una paz comprometida. El resultado de sus gestiones ha sido conocido desde entonces en Oriente con el popular mote de La Paz del Manganeso. Pero aún después de ido Maceo en los oídos orientales resonaban sus tranquilas palabras durante un banquete dado en su honor por Castillo Duany en el hotel Venus, de Santiago, en respuesta al desfachatado anexionista que allí expresó que Cuba llegaría a ser, por la fuerza de las circunstancias, una estrella más en la gran constelación americana: «*Creo, joven, aunque me parece imposible, que ese sería el caso en que tal vez estaría yo al lado de los españoles...*» No debe extrañarnos esta expresión de Maceo de antipatía hacia los Estados Unidos porque en sus viajes por el Sur de ese país había sido víctima, y había visto victimizar a los de su raza, de la ignominia del *Jim Crow* entonces tan rígido del lado meridional de la línea Mason-Dixon.

* * *

Un incidente periodístico ocurrió a Martí en marzo de 1889 cuando el periódico de Filadelfia, The Manufacturer, ante los rumores de una posible compra de Cuba por los Estados Unidos, publicó un artículo impugnándola, bajo el titular *¿Queremos a*

Cuba?, en el cual se injuriaba a sus conciudadanos con los peores epítetos y del cual reproducimos este párrafo insultante y procaz: «*La única esperanza que pudiéramos tener de habilitar a Cuba para la dignidad de Estado, sería americanizarla por completo, cubriéndola con gente de nuestra propia raza; y aún queda por lo menos abierta la cuestión de si esta misma raza no degeneraría bajo un sol tropical y bajo las condiciones necesarias de la vida en Cuba...*» El Saturday Evening Post se hizo eco de la avilantez del Manufacturer en un artículo titulado «*Una opinión proteccionista sobre la anexión de Cuba*», en el cual demostraba un desprecio tal por los cubanos que decía: «*Lo probable es que nos veamos libres de un castigo tal como sería la anexión de Cuba, por la negativa de España a vender la Isla...*» Martí respondió varonilmente, en carta al Saturday Evening Post, a los que habían llamado a su pueblo «*vagabundos míseros y pigmeos morales, afeminados, ineptos y perezosos...*» y que «*su falta de fuerza viril y de respeto propio está demostrada por la indolencia con que por tanto tiempo se ha sometido a la opresión española...*», «*sus mismas tentativas de rebelión han sido tan lastimosamente ineficaces que se levantan poco de la dignidida de farsa...*», y «*el negro más degradado de Georgia está mejor preparado para la Presidencia que el negro común de Cuba para la ciudadanía americana...*», con los siguientes párrafos, entre otros que con entera honestidad y justiciera cooperación reprodujo en sus páginas el Saturday Evenig Post:

«*Es probable que ningún cubano que tenga en algo su decoro desee ver a su país unido a otro donde los que guían la opinión compartan respecto a él las preocupaciones sólo excusables a la política fanfarrona o la desordenada ignorancia. Ningún cubano honrado se humillará hasta verse recibido como un apestado moral, por el mero valor de su tierra, en un pueblo que niega su capacidad, insulta su virtud y desprecia su carácter. Hay cubanos que por móviles respetables por una admiración ardiente al progreso y la libertad, por el presentimiento de sus propias fuerzas en mejores condiciones políticas, por el desdichado conocimiento de la historia y tendencias de la anexión, desearían ver la Isla ligada a los Estados Unidos. Pero los que han peleado en la guerra, y han aprendido en los destierros; los que han levantado, con el trabajo de las manos y la mente, un hogar virtuoso en el corazón de un pueblo hostil; los que por su mérito reconocido como científicos y comerciantes, como empresarios e ingenieros, como maestros, abogados, artistas, periodistas, oradores y poetas, como hombres de inteligencia viva y actividad poco común, se ven honrados donde quiera que ha habido ocasión para desplegar sus cualidades, y justicia para entenderlos; los que, con sus elementos menos pre-*

parados, fundaron una ciudad de trabajadores donde los Estados Unidos no tenían antes más que unas cuantas casuchas en un islote desierto; esos, más numerosos que los otros, no desean la anexión de Cuba a los Estados Unidos. No la necesitan. Admiran esta nación, la más grande de cuantas erigió jamás la libertad; pero desconfían de los elementos funestos que, como gusanos en la sangre, han comenzado en esta República portentosa su obra de destrucción. Han hecho de los héroes de este país sus propios héroes, y anhelan el éxito definitivo de la Unión Norteamericana, como la gloria mayor de la humanidad; pero no pueden creer honradamente que el individualismo exagerado, la adoración de la riqueza, y el júbilo prolongado de una victoria terrible, estén preparando a los Estados Unidos para ser la nación típica de la libertad, donde no ha de haber opinión basada en el apetito inmoderado de poder, ni adquisición de triunfos contrarios a la bondad y a la justicia. Amamos la patria de Lincoln, tanto como tememos a la patria de Cutting.

»*Hemos sufrido impacientes bajo la tiranía; hemos peleado como hombres, y algunas veces como gigantes, para ser libres; estamos atravesando aquel período de acción excesiva y desgraciada; tenemos que batallar como vencidos contra un opresor que nos priva de medios de vivir, y favorece, en la capital hermosa que visita el extranjero, en el interior del país, donde la presa se escapa de su garra, el imperio de una corrupción tal que llegue a envenenarnos en la sangre las fuerzas necesarias para conquistar la libertad. Merecemos en la hora del infortunio, el respeto de los que no nos ayudaron cuando quisimos sacudirlo.*

»*Esos jóvenes de ciudad y mestizos de poco cuerpo supieron levantarse en un día contra un gobierno cruel, pagar su pasaje al sitio de la guerra con el producto de su reloj y de sus dijes, vivir de sus trabajos mientras retenía sus buques el país de los libres en el interés de los enemigos de la libertad, obedecer como soldados, dormir en el fango, comer raíces, pelear diez años sin paga, vencer al enemigo con una rama de árbol, morir —estos hombres de dieciocho años, estos herederos de casas poderosas, estos jovenzuelos de color aceituna— de una muerte de la que nadie debe hablar sino con la cabeza descubierta; murieron como esos otros hombres nuestros que saben, de un golpe de machete, echar a volar una cabeza, o de una vuelta de la mano, arrodillar un toro. Estos cubanos "afeminados" tuvieron una vez valor bastante para llevar al brazo una semana, cara a cara de un gobierno despótico, el luto de Lincoln.*

»*Los conocimientos políticos del cubano más común se comparan sin desventaja con los del ciudadano común de los Estados Unidos. La ausencia absoluta de intolerancia religiosa, el amor del hombre a la propiedad adquirida con el trabajo de sus manos, y la familiaridad y práctica y teoría con las leyes y procedimientos de la libertad, habituarán al cubano para reedificar su patria sobre las ruinas en que la recibirá de sus opresores. No es de esperar, para honra de la especie humana, que la nación que tuvo la libertad por cuna, y recibió durante tres siglos la mejor sangre de hombres libres, emplee el poder amasado de este modo para privar de su libertad a un vecino menos afortunado.*

»Nunca se ha desplegado ignorancia mayor de la historia y el carácter que en esta ligerísima aseveración. Es preciso recordar, para no contestarla con amargura, que más de un americano derramó su sangre a nuestro lado en una guerra que otro americano habría de llamar "farsa". ¡Una farsa, la guerra que ha sido comparada por los observadores extranjeros a una epopeya, el alzamiento de todo un pueblo, el abandono voluntario de la riqueza, la abolición de la esclavitud en nuestro primer momento de libertad, el incendio de nuestras ciudades con nuestras propias manos, la creación de pueblos y fábricas en los bosques vírgenes, el vestir a nuestras mujeres con los tejidos de los árboles, el tener a raya, en diez años de esa vida, a un adversario poderoso, que perdió doscientos mil hombres a manos de un pequeño ejército de patriotas, sin más ayuda que la naturaleza! Nosotros no teníamos hessianos ni franceses, ni Lafayette o Steuben, ni rivalidades de rey que nos ayudaran: nosotros no teníamos más que un vecino que "extendió los límites de su poder y obró contra la voluntad del pueblo..." para favorecer a los enemigos de aquellos que peleaban por la misma carta de libertad en que él fundó su independencia: nosotros caímos víctimas de las mismas pasiones que hubieran causado la caída de los Trece Estados, a no haberlos unido el éxito, mientras que a nosotros nos debilitó la demora, no demora causada por la cobardía, sino por nuestro horror a la sangre, que en los primeros meses de lucha permitió al enemigo tomar ventaja irreparable, y por una confianza infantil en la ayuda cierta de los Estados Unidos: ¡No han de vernos morir por la libertad a sus propias puertas sin alzar una mano o decir una palabra para dar un nuevo pueblo libre al mundo .! Extendieron los "límites del poder" en deferencia a España. No alzaron la mano. No dijeron la palabra.

»La lucha no ha cesado. Los desterrados no quieren volver. La nueva generación es digna de sus padres. Centenares de hombres han muerto después de la guerra en el misterio de las prisiones. Sólo con la vida cesará entre nosotros la batalla por la libertad. Y es la verdad triste que nuestros esfuerzos se habrían, con toda posibilidad, renovado con éxito, a no haber sido, en algunos de nosotros, por la esperanza poco viril de los anexionistas, de obtener libertad sin pagarla a su precio, y por el temor justo de otros, de que nuestros muertos, nuestras memorias sagradas, nuestras

ruinas empapadas en sangre, no vinieran a ser más que el abono del suelo para el crecimiento de una planta extranjera, o la ocasión de una burla para The Manufacturer de Filadelfia.»

* * *

El folleto en que Martí publicó los artículos injuriosos y su respuesta a ellos: *Vindicación de Cuba*, renovó el espíritu nacionalista de las emigraciones y avivó su beligerancia. Martí tuvo conciencia de que la próxima guerra que se hiciera en Cuba tenía que ser una guerra de pueblo. Y parte del pueblo era la raza negra: la parte olvidada de la emigración. A ella se dedicó amorosamente en La Liga, en Nueva York, donde concurre a enseñar y a esclarecer a los cubanos y portorriqueños de tez oscura y luminosidad de aurora en sus almas que la componían. Allí les habló de como *«el negro crece, con la fecundidad de los matrimonios pobres, que en la casa tienen el único placer, y ponen en la esposa todo el amor y compañía que les niega el mundo...»* y de que *«debiera bastar y cesar esa alusión continua al color de los hombres y que el bueno es blanco y el malo es negro y de que sólo debiera llamarse negro a un hombre para aludir a su virtud, o para censurar a los que quieren hacer de su diferencia de color, sofocando acaso un bochorno cobarde, el instrumento de su poder o de beneficio...»*, y le aseguró que *«el negro, por negro, no es inferior ni superior a ningún otro hombre: peca por redundante el negro que dice: "mi raza"; peca por redundante el blanco que dice: "mi raza", porque insistir en las divisiones de raza, en las diferencias de raza, de un pueblo dividido, naturalmente, es dificultar la ventura pública y la individual...»* El Maestro indica como *«el hombre blanco que, por razón de su raza, se cree superior al hombre negro, admite la idea de la raza, y autoriza y provoca al racista negro. El hombre negro que proclama su raza, cuando lo que acaso proclama únicamente en esta forma errónea es la identidad espiritual de todas las razas, autoriza y provoca al racista blanco...»* y les demuestra que tanto los negros como los blancos *«se dividen por sus caracteres, tímidos o valerosos, abnegados o egoístas...»* y profetiza a blancos y negros que *«en Cuba no habrá nunca guerras de razas porque la República no puede volverse atrás; y la República, desde el día único de redención del negro en Cuba, desde la primera constitución de la independencia el 10 de abril en Guáimaro, no habló nunca de blancos ni de negros...»* ya que *«en Cuba hay mucha grandeza en negros y blancos...»* Era tanta la preocupación de Martí por el destino futuro de sus hermanos negros y tanto el amor por su pueblo que en el Manifiesto de Montecristi dejó grabadas indeleblemente frases que demostraban el sentir cristiano de su pensamiento: *«Solo los que odian al negro ven el negro odio...»* En una ocasión en que Juan Serra, el presidente de La Liga se mostró miedoso de hacerle preguntas referentes a las cuestiones de raza que dividían la Emigración, Martí lo instó a que las hiciera con estas varoniles palabras de aliento: «¡*Yo no quiero hombres castrados..!*»

El Maestro. — El Partido Revolucionario Cubano. — El incidente Martí-Collazo (1891-1892)

En 1891 la economía de la Isla dependía prácticamente de sus relaciones mercantiles con los Estados Unidos. El capital financiero americano poseía la industria minera oriental y la mayor parte del control del azúcar y el tabaco. Las inversiones americanas alcanzaban la suma de 50 millones de pesos y el mercado norteño absorbía el 90 % de la producción azucarera. Las exportaciones hacia los Estados Unidos alcanzaban 70 millones de pesetas, comparadas a las 23 millones de ellas que se exportaban a España. Políticamente, Cuba era una colonia española; económicamente era una dependencia americana. El azúcar crudo entraba libre de derechos en los Estados Unidos porque con ello se beneficiaba el Trust del Azúcar, propietario de las mayores refinerías de aquel país, en tanto que las harinas que en Cuba se consumían, venían en su casi totalidad de los Estados Unidos. El gobierno español con su rapacidad característica, estableció una Ley de Presupuestos por la cual se recargaban en un 20 % los derechos de todas las importaciones, lo que originó un descenso en las importaciones de harina americana de 343.000 barriles a tan solo 40.000. Los intereses exportadores americanos ejercieron presión sobre sus congresistas y éstos votaron la «cláusula Aldrich», por mediación de la cual se efectuaban represalias económicas sobre España y que obligaron a ésta a efectuar un Tratado de Comercio con los Estados Unidos que trajo como consecuencia el aislamiento económico de Cuba de todos los demás países del mundo en beneficio de España y los Estados Unidos. El aumento en la producción azucarera, que en ese año llegó a 819.760 toneladas en lugar de beneficiar a los trabajadores agrícolas los sumió aún más en la miseria porque al ser más larga la zafra, más intereses usuarios tuvieron que pagar a los hacendados y capitalistas que los agarrotaban con sus préstamos durante el tiempo muerto, préstamos que eran en su mayor parte vales contra el departamento comercial del ingenio. Estos elevados intereses sobre unos jornales miserables eran en realidad una nueva forma de esclavitud para el campesinado cubano.

* * *

La emigración no descansaba en su labor revolucionaria y Martí, *El Maestro*, como le llamaban, era su heraldo. Toda la obra patriótica de los años en que los militares se sumieron en el silencio de su lucha por la existencia, gira en la órbita de la persona de José Martí. Él mantuvo ardiendo la llamita de la fe hasta verla convertida en tremenda hoguera. Todo su bienestar económico, y hasta su felicidad conyugal, los sacrificó en aras de su ideal libertador. Su intelecto prodigioso lo dedicó enteramente al servicio de la causa de su irredenta patria y de su infeliz pueblo. No vivió un solo instante para sí mismo, sino para sus hermanos encadenados. El prestigio de su persona y el mérito de su obra literaria fueron utilizados por Martí únicamente para que sirvieran de apoyo a los ideales que representaba. Su fama, así como la gloria alcanzada en todos los campos de esfuerzos intelectuales en que se distingió, no fueron para él otra cosa que instrumentos al servicio de su causa. Fue su propósito, y así lo logró, que el nombre y la persona de José Martí fueran sinónimos de Cuba. La suspicacia autóctona cubana fue cediendo a la confianza ciega en su verbo. En 1891, en el aniversario de Yara, pronunció el discurso que iba a ser la fuente del torrente patriótico que luego se convertiría en desbordado río y que al ser difundido por las emigraciones le abrió, sin reservas, las puertas de todos los Clubes y los corazones de todos los cubanos. Al igual que en la leyenda bíblica, este discurso fue la clarinada que derrumbó los muros del Jericó de la desunión cubana en el destierro:

«Con el dolor de toda la patria padecemos, y para el bien de toda la patria edificamos, y no queremos revolución de exclusiones ni de banderías, ni caeremos otra vez en el peligro del entusiasmo desordenado ni de las emulaciones criminales. Todo lo sabemos y todo lo evitaremos. Razón y corazón nos llevan juntos. Ni nos ofuscamos, ni nos acobardamos. Ni compelemos, ni excluimos. Amamos, con todos sus pecados posibles, a los que, en la hora de arriesgarse o de temer, se fueron tras el honor, ya rey al aire. Estimamos con afectuosa cautela aquel mismo talento timorato —pero útil en lo futuro por su preparación crítica y estudio sosegado del arte de gobierno— de los que en Cuba han vivido con aquel exceso de mente, sin válvula de acción, que vicia y desequilibra el carácter... ¡Ah, los días buenos del trabajo después de la redención, del trabajo continuo y de buena fe, para evitar el exceso de política de los desocupados ambiciosos, o de los aspirantes soberbios, o de los logreros de la palabra y del valor, y para reparar, estando como estamos a las puertas de un crítico goloso e impaciente, la época larga de desigualdad y languidez que pudiera darle razón para desconfiar de nosotros mismos! ¿Quién teme al juego natural y necesario de las pasiones y virtudes de los

hombres, ni al conflicto inevitable de sus aspiraciones y cobardías, y de sus ímpetus e intereses? Nace el guao en el campo del hombre laborioso, y silba la serpiente desde su agujero escondido, y pestañea la lechuza desde la torre de los campanarios; pero el sol sigue alumbrando los ámbitos del mundo, y la verdad continúa incólume su marcha por la tierra...»

* * *

Los Clubes revolucionarios de Tampa y Cayo Hueso, animados por la fama y el prestigio de Martí en Nueva York y América Latina, le invitaron a visitarles y el Maestro se apresuró a concurrir a sus sedes, siempre pensando en la tarea unificadora y siempre cuidadoso en extremo de sus relaciones con ellos, para los que era casi desconocido personalmente y quienes tiempo atrás lo habían tildado de desertor cuando se separó del plan Gómez-Maceo y que luego habían visto con desagrado la postergación del brigadier Ruz. Su estancia en Tampa fue un éxito rotundo; sus discursos obras maestras de inspiración revolucionaria. El primero de ellos, pronunciado el 26 de noviembre de 1891 en el Liceo Cubano de Tampa, lo comenzó diciendo: «*Para Cuba que sufre, la primera palabra. De altar se ha de tomar a Cuba, para ofrendarle nuestra vida, y no de pedestal para levantarse sobre ella...*», lo siguió con duras frases para los que tenían miedo al negro generoso, al hermano negro, al español y al yanqui, y hasta a los propios cubanos y a su capacidad de gobernarse. Lanzó después un certero dardo a Ramón Roa, el mismo intrigante que una vez lo calificó de *Cristo inútil* y que ahora servía a la Colonia publicando un libro derrotista en los mismos albores de una revolución porque, como dice el Maestro, «*crea el miedo de andar descalzo, que es un modo de andar ya muy común en Cuba, porque entre los ladrones y los que los ayudan ya no tienen en Cuba zapatos sino los cómplices y los ladrones...*» Ratificó su pensamiento democrático en dos párrafos maravillosos:

«*Yo quiero que la ley primera de nuestra república sea el culto a la dignidad plena del hombre. En la mejilla ha de sentir todo hombre verdadero el golpe que reciba cualquier mejilla de hombre. O la república tiene por base el carácter entero de cada uno de sus hijos, el hábito de trabajar con sus manos y pensar por sí propio, el ejercicio íntegro del sí y el respeto, como de honor de familia, al ejercicio íntegro de los demás: la pasión, en fin, por el decoro del hombre, o la república no vale una lágrima de nuestras mujeres ni una sola gota de sangre de nuestros hombres...!*

»¡Ahora a formar filas! ¡Con esperar, allá en el fondo del alma, no se fundan pueblos! ¡Basta de meras palabras! ¡Pues alcémonos

de una vez, de una arremetida última de los corazones, alcémonos de manera que no corra peligro la libertad en el triunfo por el desorden, o por la torpeza, o por la impaciencia en prepararla; alcémonos para la repúblia verdadera...! Y pongamos alrededor de la estrella, en la bandera nueva, esta fórmula del amor triunfante: "Con todos y para el bien de todos...".»

* * *

Martí no pierde tiempo. Agrupa a su pueblo inmediatamente, tendiendo un puente de cordialidad y patriotismo sobre los orgullos y las reticenciaes organizacionales. Y no olvida a aquéllos a quienes las leyes segregacionistas americanas impiden la fraternización pública, y en una casa humilde, la del negro Cornelio Brito, funda la Liga de la Instrucción para que ésta sirva los mismos propósitos de La Liga de Nueva York y para obligar a los compatriotas blancos de los otros Clubes a que los reciban como sus iguales en los actos y reuniones patrióticas. Por algo había dicho él en su primer discurso: «*Las palmas son novias que esperan; y hemos de poner la justicia tan alta como las palmas...*» La Liga Patriótica Cubana recibió en su seno al Maestro, y con sus miembros redactó unas resoluciones que se aprobaron con el nombre de *Resoluciones tomadas por la Emigración de Tampa* en las cuales, después de un preámbulo en que se hace historia sobre la causa de ellas, se repiten casi exactamente las mismas bases de Nueva York en 1887, que produjeran el disgusto del general Crombet, y que Martí de nuevo acentúa como fundamento de unificación y disciplina:

1. — Es urgente la necesidad de reunir en acción común, republicana y libre, todos los elementos revolucionarios honrados.

2. — La acción revolucionaria común no ha de tener propósitos embozados, ni ha de emprenderse sin el acuerdo a las realidades y derechos y alma democrática del país que la justicia y la experiencia aconsejan, ni ha de propagarse o realizarse de manera que justifique, por omisión o por confusión, el temor del país que no se haga como mero instrumento del gobierno popular y preparación franca y desinteresada de la República.

3. — La organización revolucionaria no ha de desconocer las necesidades prácticas derivadas de la constitución e historia del país, ni ha de trabajar directamente por el predominio actual o venidero de clase alguna; sino por la agrupación, conforme a métodos democráticos, de todas las fuerzas vivas de la patria; por la hermandad y acción común de los cubanos residentes en el extran-

jero; por el respeto y auxilio de las repúblicas del mundo, y por la creación de una República justa y abierta, una en el territorio, en el derecho, en el trabajo y en la cordialidad, levantada con todos y para el bien de todos.

4. — *La organización revolucionaria respetará y fomentará la constitución original y libre de las emigraciones locales.*

* * *

El día siguiente, vigésimo aniversario del fusilamiento de los estudiantes de medicina, pronunció su discurso conocido como el de Los Pinos Nuevos porque comparó con éstos a las juventudes que ahora se unían en racimos a los viejos pinos del 68. Su ideal del triunfo del ala sobre la fiera lo explanó en vibrantes palabras: «*¡Ni es de cubanos, ni lo será jamás, meterse en la sangre hasta la cintura, y avivar con un haz de niños muertos, los crímenes del mundo; ni es de cubanos vivir, como el chacal en la jaula, dándole vueltas al odio...!*» Se marcha de Tampa como llegó: entre vítores. Pero con la ansiedad no satisfecha de haber visitado al Cayo, de haber ido a echarse en los brazos de aquel pedazo de Cuba tan laborioso. Y escribe a Poyo una pudorosa insinuación de su anhelo de ser invitado. El Director de Yara publica la carta de Martí y enseguida se reúne una comisión encargada de invitarle y homenajearle. Se cuenta que un cubano, patriota intachable y hombre de dinero, que no le conocía, respondió a los comisionados que solicitaron su aporte económico para la recepción: «*Tengo dinero para comprar rifles, no para oír oradores...!*» Después que lo conoció y oyó, cumplió con largueza su promesa.

La comisión extendió a Martí la ansiada invitación y éste partió para Cayo Hueso, vía Tampa, donde recoge a los dirigentes de los Clubes Ignacio Agramonte y Liga Patriótica Cubana para que lo acompañasen pues ya tenía trazada su estrategia unificadora. El día de Navidad arriban todos al Cayo donde, en el muelle, abraza al presidente del Club Convención Cubana, su viejo compañero del Comité de Nueva York en pro de la Guerra Chiquita, José Francisco Lamadriz, y mutuamente se saludan como la revolución pasada y la nueva revolución, a un coro de aplausos. El Cayo se vistió de fiesta y se enrolló las mangas de la camisa. No abundaron los discursos, pero sí las labores de coordinación revolucionaria. Las antiguas malquerencias entre aldamistas y quesadistas se disolvieron en la nada al conjuro de las palabras del Maestro; la desconfianza de Figueredo, Arnao y Poyo se convirtió en entusiasmo. ¿Menciona alguien a Ruz? En lo absoluto.

* * *

Martí recorrió los talleres y las fábricas, siempre aplaudido, pero en una de ellas sufrió con el comentario en alta voz de un chusco: «*Ya llegó el vividor...*» Cayó enfermó de su vieja dolencia carcelaria y desde el lecho continúa aunando voluntades y madurando el proyecto que hace tantos años lleva ilusionando dentro del alma: la organización política que reúna en ella a toda la emigración revolucionaria. El día 5 de enero de 1892 materializa la idea en una reunión del Hotel Duval. Allí se aprueban las Bases de los Estatutos porque tiene que regirse el Partido Revolucionario Cubano, dejándose a Martí su redacción final así como los Estatutos Secretos del Partido. Pronto dieron su aprobación los Clubes de la emigración; se dio a la publicidad en Nueva York el periódico Patria, vocero de la revolución; nuevos Clubes se fundaron de acuerdo con los Estatutos y todos los Clubes de la emigración eligieron al Maestro como Delegado, cargo anual que significa la dirección general del Partido. Lo difícil ya estaba hecho. Lo imposible, la guerra necesaria, demoraría un poco más. Pero no sin que antes Martí tuviera que apurar amargos tragos de cicuta...

* * *

Las Bases del Partido Revolucionario Cubano constaban de siete artículos doctrinales y un artículo expositor de los propósitos concretos de la organización. Ellos eran:

1. — El Partido Revolucionario Cubano se constituye para lograr, con los esfuerzos combinados de todos los hombres de buena voluntad, la independencia absoluta de la Isla de Cuba, y fomentar y auxiliar la de Puerto Rico.

2. — El Partido Revolucionario Cubano no tiene por objeto precipitar inconsideradamente la guerra en Cuba, ni lanzar a toda costa al país a un movimiento mal dispuesto y discorde, sino ordenar, de acuerdo con cuantos elementos vivos y honrados se le unan, una guerra generosa y breve, encaminada a asegurar en la paz y el trabajo la felicidad de los habitantes de la Isla.

3. — El Partido Revolucionario Cubano reunirá los elementos de revolución hoy existentes y allegará, sin compromisos inmorales con pueblo u hombre alguno, cuantos elementos nuevos pueda, a fin de fundar en Cuba, por una guerra de espíritu y método republicanos, una nación capaz de asegurar la dicha durable de sus hijos y de cumplir, en la vida histórica del continente, los deberes difíciles que su situación geográfica le señala.

4. — El Partido Revolucionario Cubano no se propone perpetuar en la República de Cuba, con formas nuevas o con alteracio-

nes más aparentes que esenciales, el espíritu autoritario y la composición burocrática de la colonia, sino fundar en el ejercicio franco y cordial de las capacidades legítimas del hombre, un pueblo nuevo y de sincera democracia, capaz de vencer, por el orden del trabajo real y el equilibrio de las fuerzas sociales, los peligros de la libertad repentina en una sociedad compuesta para la esclavitud.

5. — El Partido Revolucionario Cubano no tiene por objeto llevar a Cuba una agrupación victoriosa que considere la Isla como su presa y dominio, sino preparar, con cuantos medios eficaces le permita la libertad del extranjero, la guerra que se ha de hacer para el decoro y bien de todos los cubanos, y entregar a todo el país la patria libre.

6. — El Partido Revolucionario Cubano se establece para fundar la patria una, cordial y sagaz, que desde sus trabajos de preparación, y en cada uno de ellos, vaya disponiéndose a salvarse de los peligros internos y externos que la amenacen, y sustituir al desorden económico en que agoniza un sistema de hacienda pública que abra el país inmediatamente a la actividad diversa de sus habitantes.

7. — El Partido Revolucionario Cubano cuidará de no atraerse con hecho o declaración alguna indiscreta durante su propaganda, la malevolencia o suspicacia de los pueblos con quienes la prudencia o el afecto aconseja o impone el mantenimiento de relaciones cordiales.

8. — El Partido Revolucionario Cubano tiene por propósitos concretos los siguientes:

I. — *Unir en un esfuerzo continuo y común la acción de todos los cubanos residentes en el extranjero.*

II. — *Fomentar relaciones sinceras entre los factores históricos y políticos de dentro y fuera de la Isla que puedan contribuir al triunfo rápido de la guerra y a la mayor fuerza y eficacia de las instituciones que después de ella se funden, y deben ir en germen en ella.*

III. — *Propagar en Cuba el conocimiento del espíritu y los métodos de la revolución, y congregar a los habitantes de la Isla en un ánimo favorable a la victoria, por medios que no pongan innecesariamente en riesgo las vidas cubanas.*

IV. — Allegar fondos de acción para la realización de su programa, a la vez que abrir recursos continuos y numerosos para la guerra.

V. — Establecer discretamente con los pueblos amigos relaciones que tiendan a acelerar, con la menor sangre y sacrificios posibles, el éxito de la guerra y la fundación de la nueva República indispensable al equilibrio americano.

El artículo IX especificaba que el Partido se regiría de acuerdo con unos Estatutos Secretos aprobados por las organizaciones fundadoras, y ellos referían solamente a la mecánica interna de ellas así como a los deberes de los componentes de la Directiva y a la elección y sustitución de los mismos. En realidad lo verdaderamente interesante contenido en ellos, historiológicamente considerado, son las atribuciones del Delegado, cargo expreso de Martí, o de quien lo sustituyese, ya que en tal persona recaían las verdaderas funciones de director intelectual y material del Partido hasta el momento en que se constituyese su brazo armado: el ejército. La constancia y el tesón de Martí respecto a sus ideas así como los fracasos habidos en los intentos militares, heroicos pero sin basamento ideológico, dieron el deseado fruto unificante.

* * *

Los discursos de Martí en Tampa y Cayo Hueso fueron impresos y distribuidos clandestinamente en Cuba y provocaron una reacción en varios antiguos jefes del 68 quienes, instigados por Ramón Roa, vieron un ataque personal a ellos en la crítica del Maestro al libro derrotista de aquel, *A pie y descalzo...* Redactada por Roa, publicaron una carta abierta, con el beneplácito español, en el periódico La Lucha de La Habana, el 6 de enero de 1892, firmada por el comandante Enrique Collazo y refrendada por otros tres veteranos, en la cual se imputaba a Martí el criticar el libro por creer que la juventud cubana podría tener miedo a la manigua porque lo tuvo él, Martí, que no fue a ella. El ataque insultante, de índole personal, revela la ponzoña alevosa de Roa:

«*No nos extraña que usted haya comprendido mal la índole de "A pie y descalzo"; el libro ha debido aparecer a usted terrorífico. El que con ofensa más que suficiente, con edad sobrada, no cumplió con sus deberes de cubano cuando Cuba clamaba por el esfuerzo de sus hijos —el que prefirió continuar primero sus estudios en Madrid, casarse luego en México, ejercer en La Habana su profesión de abogado, solicitar más tarde, como representante del Partido Liberal, un asiento en el Congreso de los Diputados por*

Puerto Príncipe o por Cuba—, el que como usted prefirió servir a la Madre Patria o alejar su persona del peligro, en vez de empuñar el rifle para vengar ofensas personales, aquí recibidas, ese, usted señor Martí, no es posible que comprenda el espíritu de "A pie y descalzo..." Aún le dura el miedo de antaño...»

La carta se hace eco, en esta ocasión injustamente de la secular aversión que siempre han sentido los combatientes internos por los bravucones y charlatanes a distancia:

«*Sepa usted, señor Martí, que aquí, a cara cara del Gobierno nosotros conservamos nuestro carácter de cubanos y de revolucionarios; que no hemos hecho transacción alguna que desdiga o empañe nuestros antecedentes; que somos hoy lo que éramos en 1878...*»

Y termina con una injuriosa profecía:

«*Si de nuevo llegase la hora del sacrificio, tal vez no podríamos estrechar la mano de usted en la manigua de Cuba; seguramente porque entonces continuaría usted dando lecciones de patriotismo en la emigración, a la sombra de la bandera americana...*»

* * *

La emigración se conmovió hasta los cimientos bajo el impacto de la carta de Collazo. Hasta aquel momento se hablaba de Martí a sus espaldas y en voz baja por sus enemigos, y la calumnia y la intriga eran las únicas armas que contra él se habían esgrimido infructuosamente. Pero ahora eran tres héroes de la Guerra Grande, desde el infierno interior de Cuba, los que públicamente lo vituperaban y dudaban de su valor personal hasta el punto de calificarlo de *capitán araña*. La agonía de Martí, tanto espiritual como física pues se hallaba enfermo de cuidado, se hizo profundísima. Escribió al Cayo, a Carbonell: «*Yo no soy indigno, Eligio, de un cariño que tengo en tanto como el de usted. Yo no soy como la carta dice, Eligio, sino como usted me cree y me desea...*» La emigración lo respalda sin reservas. Mítines y reuniones se dan a ese efecto. Y Martí responde serenamente a sus detractores:

«*Hablamos para que se sepa que los cubanos que vivimos en el extranjero no vivimos enconados contra el cubano de la Isla, ni echándole en cara una situación de la que no se puede desembarazar; sino ardiendo en amor por él, y en deseo de juntar con él los brazos.*

»Si mi vida me defiende, nada puedo alegar que me ampare más que ella. Y si mi vida me acusa, nada podré decir que la abone. Defiéndame mi vida. Sé que ha sido útil y meritoria, y lo puedo afirmar sin arrogancia, porque es deber de todo hombre trabajar porque su vida lo sea; responder a usted sería enumerar los que considero mis méritos. Jamás, señor Collazo, fui el hombre que usted pinta. Jamás preferí mi bienestar a mi obligación. Jamás dejé de cumplir en la primera guerra, niño, pobre y enfermo, todo el deber patriótico que a mi mano estuvo, y fue a veces deber muy activo. Queme usted la lengua, señor Collazo, a quien le haya dicho que serví yo "a la madre patria..."

»Creo señor Collazo, que he dado a mi tierra, desde que conocí la dulzura de su amor, cuanto hombre puede dar. Creo que he puesto a sus pies muchas veces fortuna y honores. Creo que no me falta el valor necesario para morir en su defensa.

»Y aquí cumple, señor Collazo, que aluda a lo que se sirve usted decirme sobre "darnos las manos en la manigua". Puede ser que el espíritu patriótico que resplandece en su carta, y la consagración de que a mis ojos gozan cuantos pelearon por la libertad, me permitieran olvidar, al darle la mía, que la mano de usted es la del hombre que ha calumniado a otro. Vivo tristemente de un trabajo oscuro, porque renuncié hace poco, en obsequio de mi patria, a mi mayor bienestar. Y es frío este rincón, y poco propicio para visitas. Pero no habrá que esperar a la manigua, señor Collazo, para darnos las manos; sino que tendré vivo placer en recibir de usted una visita inmediata, en el plazo y país que le parezcan convenientes...»

* * *

La emigración de Cayo Hueso terció en la polémica y envió a La Habana una comisión que se entrevistó con Collazo y el incidente quedó zanjado. Roa quedó estigmatizado y descubierto como envidioso de la popularidad y celo de Martí y como instigador encubierto de la intriga. La controversia, y su desenlace armonioso, establecían a Martí como el indiscutido conductor de la Revolución. El Maestro dedicó todo su tiempo a la propaganda y difusión del ideario revolucionario por mediación de Patria, así como a la coordinación de las labores de todos los Clubes de la emigración. En todos sus discursos y en todos sus escritos, hay siempre claras referencias al Pueblo que hará la revolución y constituirá la República. Pero al igual que a todos los grandes hombres, la envidia lo persigue, y el rencor de un amigo de antaño, Trujillo, lo presenta en El Porvenir, de Nueva York, como un dictador civil y al Partido como organización violenta y artificiosa. Martí no le hace caso, pero ante la actitud resueltamente hostil y perturbadora de Trujillo, el Cuerpo de Consejo de Nueva York, por boca de Juan Fraga, desautoriza públicamente a éste y a su periódico para hablar a nombre de la Emigración. Los profesores de democracia y los pico de oro estaban fuera de lugar con su demagogia y su pedantería. ¡Ésta era una gesta de hombres en la que no había lugar para los fanfarrones...!

El Misionero. — Gerardo Castellanos y Horacio Rubens. — Preparativos de guerra (1892-1894)

Durante el verano de 1892, Martí emprendió una campaña de propaganda y proselitismo que le llevaron a los centros de emigrados cubanos de la Florida, y allí de nuevo su palabra y su capacidad organizacional se hicieron sentir con gran peso. Tampa y Cayo Hueso de nuevo vibraron de entusiasmo y con ellas los generales Carlos Roloff y Serafín Sánchez, quienes se suman a su caravana de heraldos de la independencia. Los viejos soldados, llenos de júbilo, escriben las buenas nuevas a sus antiguos compañeros que, en las Antillas y Centroamérica, esperan la llamada a guerra de alguien con más suerte, o más capacidad, que ellos. Serafín incita a Martí a comunicarse con Máximo Gómez, pero éste diplomáticamente postpone el encuentro con el dominicano hasta sentirse seguro de lo que podrá ofrecerle para hacer la guerra. Hasta los buenos españoles de Tampa desfilan en favor de la libertad de Cuba. Las recaudaciones aumentan por días gracias a las aportaciones de los trabajadores cubanos y de ellas el Delegado guarda la mitad para comprar armas, mientras los Clubes guardan para sí la otra mitad y tener para con que sufragar sus gastos. En Ocala, Martí dice a los emigrados: «*Cuidado, cubanos, que con cada cubano desterrado va Cuba, va el porvenir de Cuba, y si él la honra, la patria en eso crece, y si él la deshonra, la patria en eso perece...*», lección de gran enseñanza para la presente emigración anti-comunista. En Ocala habla en inglés para un auditorio americano de las glorias del *Inglesito* y funda un club revolucionario con el nombre de Henry Reeve y dice que «*es en muestra cariñosa de concordia con el pueblo que es hoy, para nosotros, en la paz, como El Inglesito fue para nosotros en la guerra...*» Y los tabaqueros dan a su barrio el nombre de Martí City.

Martí no olvida a los patriotas que dentro de la Isla añoran la guerra patria y les envía al comandante del 68, Gerardo Castellanos, como mensajero de su estrategia conspirativa: «*Explique la grandeza, la extensión y la energía del Partido... Conózcame todos los elementos revolucionarios en Las Villas, y los hombres e ideas locales con que haya que combatir. Ordéneme de modo que en cada región quede un núcleo, y en concierto y al habla los núcleos de las distintas regiones, y todos ellos en comunicación regular —procurada por ellos para evitar riesgos— con el Delegado. Y sobre todo, Gerardo, acorráleme esa revolución hipócrita, sin la verdad y fuerza revolucionaria suficientes para el triunfo, sin la cordialidad y moderación y equidad suficientes para mover la guerra y para ganarla...»* Castellanos, patriota integérrimo, cumple a cabalidad y con gran presencia de ánimo la encomienda, que va encubierta tras su negocio de compras de tabaco en rama. Se mueve discretamente de un lado a otro dentro de Cuba, con la vida pendiente de un hilo, atando voluntades y calentando entusiasmos. Mientras espera su vuelta, Martí corre un referéndum entre los Clubes para elegir un jefe militar, que de antemano sabe será Máximo Gómez, y en la comunicación dice a los militares mambises, influyendo sobre ellos para que seleccionen al *Viejo* a través del Partido: «*El deber manda sacrificar a la obra unida de nuestros esfuerzos los más caros sueños o las más románticas aspiraciones personales. Todo debe sacrificarlo por Cuba un patriota sincero —hasta la gloria de caer defendiéndola ante el enemigo.*» En cuanto recibe la ratificación de la selección de Gómez por el Partido, Martí sabe que está listo para tratar con el caudillo sobre bases de igualdad político-militar. Sabía por Serafín Sánchez la opinión que Gómez tenía de él, ocasionada por la ruptura del 84, porque había leído una carta en la que éste decía a aquél:

«*Respecto a lo que usted me dice de José Martí, no me parece conveniente que usted se insinúe mucho con él y a mí, mucho menos, de ninguna manera... Pocos conocen a Martí como yo; puede ser que ni él mismo no se conozca tanto. Martí es todo un corazón cubano; en materia de intereses me debe el concepto de que su pureza es inmaculada, y puede ir a los campos de Cuba, a batirse con igual valor que los Luaces o los Agramontes. Todo eso es Martí; pero carece de abnegación y es inexorable. No le perdonará a usted jamás lo que él pueda calificar de desdén y no sea más que desacuerdo. No será nunca capaz de marchar en la mismo fila con usted creyéndose superior. Por eso, para que él mismo no se anule, para que sus rencores no hagan poco eficaces sus valiosos trabajos, es preciso dejarlo hacer...*»

Martí partió para Santo Domingo, donde residía Gómez, en lo que resultaría un penosísimo viaje marítimo y a caballo que fue pura agonía a causa de sus viejas lesiones que nunca sanaban. Antes de partir dejó una circular para los Clubes y Cuerpo de Consejo, la cual fue publicada en la edición de Patria correspondiente al día 3 de septiembre de 1892 bajo el titular de Recomendaciones. En ellas el Maestro, que ahora se convertía en misionero, continuaba incansablemente el adoctrinamiento revolucionario que lograse la firmeza de sus principios nacionalistas:

«Que continuamos la revolución para bien de toda la Isla, y de todos sus habitantes, y de acuerdo con ella, y no para satisfacción parcial de un grupo de cubanos hostil a los demás grupos, ni para servir pensamiento personal alguno.

»Que continuamos la revolución para fomentar y hacer imperar el carácter natural cubano, suficiente a la república pacífica, y para impedir que, so pretexto de independencia, se adueñen de la revolución los caracteres desconfiados, autocráticos o extranjerizantes que impedirían el triunfo de la guerra y de la paz cordial después de ella.

»Que continuamos la revolución sin odio a los españoles, y sin lisonjas, con el propósito sincero de atraer a la neutralidad o a la independencia, por nuestro respeto viril y veraz, a los españoles arraigados en Cuba, o deseosos de vivir en ella sin perturbarla ni dañarla.

»Que continuamos la revolución para su triunfo definitivo, y al menor costo de ella en sangre y obligaciones; y por tanto, a la vez que preparamos con toda actividad el país, a la guerra general y segura, no comprometeremos ésta con tentativas aisladas e insuficientes, —a reserva de acudir con todo nuestro poder sobre la Isla, con toda nuestra decisión y energía caso que estalle con las menores condiciones de vida, la guerra espontánea.

»Que continuamos la revolución para obtener la independencia y libertad de Cuba y Puerto Rico, sin tratos peligrosos con los pueblos de composición diversa, en América y Europa, de quien no puede venirnos ayuda desinteresada.

»Que continuamos la revolución para el beneficio equitativo de todas las clases, y no para el exclusivo de una sola, por lo que se ha de recomendar a los soberbios el reconocimiento fraternal de la capacidad humana en los humildes, y a los humildes la vigilancia indulgente e infatigable de su derecho, y el perdón de los soberbios.

»Que continuamos la revolución para librar la Isla de peligros y no para aumentarlos; por lo cual, en la práctica entusiasta de los deberes de toda especie que estamos cumpliendo, y en la certeza de tener meditados de antemano los puntos y modos de nuestro socorro al país, no hemos de acarrearnos dificultades intencionales algunas, ni en el pueblo de los Estados Unidos, en que vivimos, ni en otro alguno de América o Europa, que por deberes de cortesía o derecho público pudieran verse en la necesidad de aparecer como perseguidores y enemigos de la nueva república americana, cuya creación necesitan y anhelan.

»Que continuamos la revolución en el convencimiento íntimo y

respetuoso de todos los elementos del problema cubano y la condición nueva y alterada de la Isla; así como de todas sus ventajas y medios; y sus deficiencias y dificultades; por lo cual adelantamos nuestra obra con el entusiasmo continuo y activo, sigilosos y fervientes, que está dando y dará con la unanimidad de los pensamientos aleccionados y la agregación de los recursos de fuente perenne, los resultados que no pudieran esperarse del entusiasmo pasajero ni vanidoso, ni de obra floja e interrumpida.»

* * *

Tres días pasaron Martí y Gómez en casa del último en La Reforma, analizando las cuestiones a mano acerca de la unificación política y de los mandos militares, conversando «*sobre los tanteos del pasado y la certidumbre de lo porvenir, sobre las causas perecederas de la derrota y la composición mejor y elementos actuales del triunfo, sobre el torrente y la unidad que ha de tener la guerra que ya revive sus muertos...*» El escepticismo de Gómez no se cura del todo, pero por lo menos se atenúa. Antes de separarse, y para dejar constancia oficial de lo acordado, se dirigen mutuamente carta y respuesta. Martí escribe, entre otros, este párrafo elocuentísimo al Mayor General:

«*Yo le ofrezco a usted, sin temor a negativa, este nuevo trabajo, hoy que no tengo más remuneración para brindarle que el placer del sacrificio y la ingratitud probable de los hombres... Los tiempos grandes requieren grandes sacrificios, y yo vengo confiado a pedir a usted que deje en manos de sus hijos nacientes y de su compañera, abandonada la fortuna que les está levantando..., para que venga a ayudar a Cuba a conquistar su libertad, con riesgo de la muerte. Vengo a pedirle que cambie el orgullo de su bienestar y la gloriosa paz de su descanso por los azares de la guerra y las amarguras de la vida consagrada al servicio de los hombres... En cuanto a mí, señor Mayor General, por el término en que esté sobre mí la obligación que me ha impuesto el sufragio cubano, no tendré orgullo mayor que la compañía y el consejo de un hombre que no se ha cansado de la noble desdicha, y se vio, día a día, durante diez años enfrente de la muerte por defender la redención del hombre...*»

El elegido como encargado supremo de la rama de la guerra respondió, como siempre, brevemente: «*Para la parte del trabajo que me toca, para la parte revolucionaria que me corresponde, desde ahora puede usted disponer de mis servicios.*»

* * *

Dentro de la opresa Isla, el colonialismo continuaba sus labores de mediatización, y el siempre equívoco Antonio Zambrana hacía politiquería en Oriente hasta ser elegido diputado y lograr, mediante su verborrea, que un grupo de viejos libertadores le apoyasen su pretensión por medio de un manifiesto publicado en Manzanillo. En definitiva no pudo tomar posesión de su escaño en el congreso colonialista porque fue declarado ciudadano extranjero cuando se supo que había cambiado de nacionalidad durante su ausencia de Cuba. Romero Robledo les golpeaba sadísticamente una y otra vez desde el Ministerio de Ultramar y los colonialistas continuaban pidiendo a gritos más castigos. En Patria dijo Martí en marzo de 1892 que «*la autonomía no nació en Cuba como hija de la revolución, sino contra ella...*» y que ellos no eran otra cosa que «*represa de la revolución. .*», que «*las columnas son sustento más seguro de un pueblo que los lomos...*» y que «*la obra de las columnas no podría hacerse con los lomos...*»

* * *

Gerardo Castellanos volvió de Cuba con los informes recogidos y de inmediato fue comisionado por Martí para que volviese a Cuba, esta vez a las provincias orientales. Desenvolvió otra vez su misión de la manera más efectiva y dejó organizadas las comunicaciones entre el Maestro y Juan Gualberto Gómez, quien sería el coordinador del movimiento en Cuba. Martí visita constantemente las colonias de exiliados y para demostrar a cubanos y americanos la integración racial y revolucionaria existente, pasea orgullosamente del brazo del matrimonio negro, Pedroso, a cuyo hogar fue a residir después de un intento de envenenamiento que sufrió. Recorría sin falta los talleres de torcer tabaco donde los humildes hombres del pueblo se ganaban un modesto sustento del cual generosamente donaban una parte a la revolución. Porque no da oportunidad a que sepan los secretos del Partido, ni permite en sus cuadros la garrulería asamblearia, la vileza y la calumnia de los envidiosos y mediocres lo calificará de dictador nuevamente. Pero él no se inmuta por ello y dice de los charlatanes: «*Aborrezco la elocuencia inútil...*» Pero no son solamente los humildes quienes le brindan desinteresada cooperación; los cubanos ricos de alma noble y patriótica de esta era: Hidalgo Gato, Recio, Barranco y Pérez, émulos de los patricios del 68, compensan con su largueza la mezquindad de aquéllos «*que sólo abonan el banquete de la victoria...*»

* * *

Sagasta sustituyó en España al archireaccionario Cánovas del Castillo y llevó al Ministerio de Ultramar a Maura, quien lanzó a la perrada colonialista un mendrugo electoral que hizo salir a ésta de su retraimiento y cooperar con los tiranos en la esperanza de frustrar la insurección y preservar el colonialismo. Juan Gualberto Gómez, negro e hijo de libertos, dio una lección de vergüenza y pundonor a estos abyectos autonomistas y serviles aristócratas en la Revista Cubana que dirigía Enrique José Varona. Ya Martí había dicho de ellos en Patria, el 28 de enero de 1893, que como *«la palabra no es para encubrir la verdad, sino para decirla, estos ciegos y desleales castran a su pueblo, y ponen a la diligencia de Jaén a su pueblo castrado».* Las reformas de Maura, redes para crédulos, pasaron como una nube cargada de sangre y tropezaron con la intransigencia de Romero Robledo, desde los bancos de la oposición. La educación pública en la Isla era casi inexistente y el analfabetismo llegaba a la cifra de un 70 %, mantenida esta situación por la España indecisa y viciosa que santificaban los que proclamaban el dogma político de la evolución y eran meros retrógados, como expresara en un largo discurso flagelándolos como lo merecían, el 31 de enero de 1893, en Hardman Hall, su enconado enemigo, José Martí.

* * *

Al aproximarse las elecciones para los cargos del Partido, se dio inicio en Nueva York a una campaña de difamación denunciando intenciones personalistas de Martí para irse a Cuba al frente de una expedición costeada con recursos de los humildes. Martí desmiente el infundio en un artículo titulado Persona y Patria y en el cual, con claridad meridiana expresa: *«Es una idea lo que hay que llevar a Cuba, no a una persona. No es Martí el que va a desembarcar; es la unión magnífica de las emigraciones, juntas en la libertad local, para mantener el espíritu justo y los medios bastantes de la independencia del país consultado y querido...»* Nada les vale a los denostadores: el Delegado es reelecto por unanimidad. Inmediatamente después de posesionado del cargo sale en viaje para distintas ciudades, en misteriosos propósitos que sus enemigos en vano tratan de adivinar, y que sólo conocen él y los vendedores clandestinos de armamentos.

Sorpresivamente, un levantamiento armado se produjo en Purnio, Holguín, encabezado por los hermanos Sartorio. Éstos tenían relaciones con los núcleos del Partido, pero se habían alzado por la libre. El entusiasmo corrió por las emigraciones, pues éstas creyeron que era llegada la hora de la independencia. Martí encontró esto perjudicial, porque las emigraciones demostraban querer la guerra que liberara a Cuba del yugo español y no precisamente su guerra, que naturalmente demoraría todavía algo más porque ella se fundaba en bases firmes de filosofía y programa. Sus enemigos personales se aprovecharon del alzamiento de Purnio para lanzar la especie de que el festinado pronunciamiento había sido responsabilidad de Martí, pero la presentación de los alzados unos días después, acogiéndose a un indulto, sirvió al Apóstol para fustigar la indisciplina y hacerse censor *de toda rebelión parcial e insuficiente...*, a nombre del Partido. Los decaídos ánimos del Cayo se levantaron nuevamente al influjo de su patriotismo y contribuyeron con diez mil dólares para los fondos del Partido. En Nueva York citó a un mitin en Hardman Hall y al público explicó los pormenores del frustrado alzamiento y con ello redujo la animosidad que contra él se había levantado.

Una vez liquidado el contratiempo parte para Santo Domingo y Costa Rica, en viaje misionero a perfilar, con Gómez y Maceo, los planes expedicionarios. Gómez da a ellos su conformidad y envía comunicaciones a todos los jefes de la Guerra Grande, dentro y fuera de Cuba, en quienes confía y todos contestan afirmativamente su pregunta de que si están conformes en comenzar de nuevo la lucha bajo su mando. Maceo acuerda movilizar a Oriente y embarcar con el grupo de bravos mambises que con él residen en Costa Rica. Allí también se encuentra Zambrana, utilizando su elocuencia para abrir puertas que debían cerrársele. Martí dejó establecido su americanismo en Costa Rica, cosa que había evitado hacer en el Norte, por razones políticas y de hospitalidad: *Si quiere libertad nuestra América, ayude a ser libres a Cuba y a Puerto Rico...*

* * *

El otoño de 1893 cae sobre la emigración revolucionaria como un tornado de desdichas. La crisis económica reinante provoca el cierre de muchas tabaquerías, lo que aprovecha el cónsul español para ofrecer la repatriación gratuita a los desempleados. La emigración de Tampa protesta indignada contra el soborno peninsular. En Cuba se alzan Zayas y Esquerra en Lajas, Las Villas, y por un error cablegráfico se interpreta que el Partido apoya el alzamiento, que pronto fue ahogado en sangre. Nuevamente se oyen voces de agria censura para el Delegado y vuelve la mentira a emponzoñar los ánimos. El Porvenir se ceba en la desgracia y acusa a Martí de tener siempre una respuesta conveniente que lo exonere de culpas, cuando el Partido expresa su desconocimiento del hecho rebelde. No ya solamente esto sino que también le imputan el desconocer a los jefes de la pasada guerra y el malversar los fondos del Partido, todo porque él no les dice a los estrategas de café sus trabajos conspirativos con Gómez y Maceo, ni el empleo que dá al efectivo en la compra de equipos de guerra. La demora en regalar la libertad a los impacientes que no irán a pelear por ella a los campos de Cuba, la hace saber al general Serafín Sánchez en una carta: «*Lo primero que debo pensar es que todo queda, en plan general, detalles y personas, acordado con Gómez, sin un ápice de discrepancia, ni más demora que la precisa para terminar la organización de Oriente, menos completa que las demás, y para lo que queda comisionado Maceo, de quien vengo enteramente satisfecho, y que tiene a honor, de él mismo solicitado, el que se sepa su parte del compromiso...*» A Máximo Gómez, de quien ha recibido una carta muy seca, que no guarda, le responde adolorido: «*Yo no fomento algaradas..., no es mi nombre, miserable pavesa en el mundo, lo que quiero salvar, sino a mi patria, no haré lo que me sirva, sino lo que la sirva. Ni siquiera me ofende la injusticia que encuentro en mi camino... El mundo es hiel y bebo, pero no dé usted hiel a beber...*» El Misionero no se llama a engaño sobre las características de su Pueblo; él sabe bien como diferenciarlo de la masa:

«*Está ahora en mi orgullo tal por mi pueblo, que no se lo puedo decir, porque no le parezca lisonja. Por su honor vivo; moriría de su deshonor. ¿Qué importa que, como el albañil, nos caigan encima de la ropa de trabajo unas cuantas manchas de cal o de lodo? Nosotros, como el albañil, al quitarnos al ropa de trabajador, podemos decir: ¡Hemos construido...!*»

* * *

El comienzo de 1894 presagia tormenta para los patriotas de Cayo Hueso: como resultado de una huelga laboral contra los manufactureros de tabaco, ésta toma de improviso un sesgo político al importar éstos, en complicidad con el cónsul español y las autoridades municipales, rompe-huelgas ibéricos desde La Habana, con el doble propósito de arruinar a los huelguistas y al Partido. Los tabaqueros cubanos que protestan son reducidos a prisión inmediatamente, por lo que deciden emigrar en masa a Tampa, donde se halla Martí en esos momentos, y para quien sería poco menos que suicida el trasladarse al Cayo en aquellas circunstancias. Martí recordó a un joven abogado norteamericano que le había sido presentado por Gonzalo de Quesada y quien se le había ofrecido para luchar por su causa y fue a Nueva York a visitarlo. Le explicó los pormenores de la difícil cuestión y la dificultad que significaría para un abogado del Norte el presentarse a defender acusados extranjeros ante tribunales inferiores del Sur, y francamente le expresó lo que significaría en sacrificios para el Partido y sus recaudaciones el desempleo de sus más devotos contribuyentes. El joven abogado aceptó el hacerse cargo del pleito y a la pregunta de Martí acerca de cuándo podría partir para el Cayo, respondió decidido: «*Esta misma noche*...» Así entró en las páginas de nuestra historia un civil norteamericano que sería la contraportada del militar Henry Reeve: Horacio Rubens. Rubens ganó el caso y obligó el retorno a La Habana de los rompehuelgas así como la liberación de los presos. Cuando la fábrica de Seidemberg efectuó un lockout, trasladándose a Tampa, dejando sin empleo a más de 400 cubanos, Patria publicó un artículo titulado ¡A Cuba...!, en español e inglés, en el que los alentaba a crear la patria propia.

* * *

La primavera llega con risueñas esperanzas: la Península ha sustituido a Maura por Becerra, jurado enemigo éste de la autonomía, y consecuentemente se hace evidente el fracaso colonialista. El momento parece ser propicio para la insurrección, tanto por las condiciones en que se halla la Isla como por la cantidad de elementos de guerra que ya están secretamente acumulados en la Emigración. Pero ahora el desconfiado general Gómez no se decide por la acción inmediata, sino que quiere ver personalmente lo que hay de cierto en las promesas pues no quiere una repetición del asunto Govín. La agonía de Martí es más angustiosa que nunca: los riesgos de delación o de sorpresa se multiplican por días; la espera desespera a los futuros invasores; Maceo y los suyos se impacientan en Costa Rica; de la Isla llegan noticias alarmantes sobre el bandolerismo que se está vistiendo con ropajes de patriotismo y que Martí rechaza categóricamente; su viaje a México nada le había producido económicamente para la revolución y su salud se está resquebrajando nuevamente. A Maceo escribe que: «*en conjunto la masa está hirviendo y yo no creo que se la pueda tener hirviendo mucho tiempo, ni que esto se ha de hacer a retazos aislados, sino antes de lo que se espere y todo a la vez...*» Al fin Gómez avisa que irá a Nueva York y allí llega, con su hijo *Panchito*, el 8 de abril de 1894.

La presencia del acatado General en Jefe moviliza la emigración y renueva los entusiasmos patrióticos. Durante su estancia en Nueva York tienen lugar las elecciones anuales del Partido y de nuevo Martí es re-electo Delegado por unanimidad. Se celebra una magna reunión de los representantes y miembros de Clubes en la cual se dá al Delegado un voto de confianza y en la cual hablan él y el General en Jefe. Después ambos se trasladan a Central Valley, donde vive y enseña Estrada Palma, y allí se dan los toques finales al plan expedicionario y a la posterior invasión de Cuba. Gómez se admira de todo lo logrado y así lo hace saber a Enrique Collazo, representante militar de Occidente: «*La obra estupenda de unificación y concordia de los elementos dispersos de fuera, que deben en un momento dado unirse con el elemento sano y dispuesto de adentro, para salvar a Cuba, en mi opinión, está terminada y urge que entremos en el terreno de los hechos positivos...*» Gómez sabe, al igual que Martí, que sus relaciones con Antonio Maceo necesitan de una renovación fraternal y éste último será el misionero de paz. Llevará con él a Panchito, a quien el Titán vio nacer en la manigua y por quien Martí siente «*el cariño del hijo que he perdido...*»

En Costa Rica la impaciencia se une a la penuria económica del grupo de Maceo pues la colonia que laboraban en Nicoya, Guanacaste, no prosperaba. Gómez no había logrado tranquilizar a Maceo, a quien apremiaban los suyos, con sus palabras: «*Después de haber conferenciado con Martí sobre detalles que no podíamos desatender y menos llamar la atención, pues ya estamos demasiado vigilados, sea él quien vaya a verse con usted, y arreglarlo todo con Flor y Cebreco. Los nudos que no puedan desatarse o atarse entre usted, Flor, Cebreco y Martí tampoco me sería posible a mí hacerlo...*» A su vez, Martí tuvo que escribirle, en respuesta a su brava carta: «*Jamás, mientras yo tenga manos en nuestras cosas, se pasaría por sobre usted, ni por esos compañeros que amo como usted mismo puede amar... Descanse usted. Descansen todos. Nadie ha pretendido ni pretenderá pasar por sobre usted ni por sus compañeros. Usted es imprescindible a Cuba. Usted es para mí, —y lo digo a boca llena y a pluma continua— uno de los hombres más enteros y pujantes, más lúcidos y útiles de Cuba...*» En uno de sus arranques de oportunismo, Zambrana tuvo la audacia de concurrir a un banquete español en San José e inducido a parlotear por los anfitriones se prestó a hacer un brindis por Alfonso XII. Enterado de ello, Maceo lo despidió de su representación en San José de la colonia de Nicoya, a lo cual tuvo aquel tribuno de conveniencias la desfachatez de contestar: «*Usted piensa que obro mal siguiendo el camino que me dicta mi conciencia; pero ni usted es infalible ni el patriotismo cubano es monopolio de persona alguna...*» La respuesta del general Antonio fue de tal viril naturaleza y tan desfavorable al trapisondista Zambrana que María Cabrales, ya muerto su esposo, no permitió su publicación «*porque no conviene hacer deslucir a nadie...*»

* * *

Dos semanas del mes de junio estuvo Martí en Costa Rica, y de ellas cuatro días los dedicó enteramente a Maceo, con quien dejó planeado, provisionalmente, que le enviarían del Norte un barco con armas para llevarlo a Cuba con sus hombres, estando la expedición bajo su directa jefatura. Martí aprovechó su estancia para producir una reconciliación entre los generales José Maceo y Flor Crombet quienes tenían pendiente un duelo a muerte causado por un asunto amoroso, así como para humanitariamente sacar a Zambrana del ostracismo a que había sido condenado por la colonia cubana. Flor Crombet tenía ideas propias acerca de cómo llevar a cabo la expedición, pero Martí, después de escucharlas, se decidió por Maceo. Una vez que el Misionero hubo partido de regreso a Nueva York, Enrique Trujillo escribió desde allí a Maceo, de quien era muy amigo, una carta en la que se expresaba desdeñosamente de Martí y a la cual Maceo dio ésta indignada contestación:

«La guerra que usted hace al señor Martí es un crimen de lesa patria. La revolución que se agita sufre las consecuencias con la incertidumbre que se apodera de la gente floja. ¿Cómo tacha usted al señor Martí, porque consuma ahorros de tabaqueros, que usted también explota con su publicación? Si es verdad que lo ameno y variado de El Porvenir le hace a usted acreedor a recoger esos frutos de su trabajo, no es menos cierto que la labor revolucionaria no puede hacerse con solo el pensamiento. El señor Martí consagra todo su tiempo a la causa, sin otra recompensa que la censura imprudente...»

Los espíritus mezquinos no daban tregua a la insidia; cizañaban entre Maceo y Gómez también. Martí escribió al último en relación a ello y al primero: *«El recibió de Santo Domingo cartas por las que pude ver entendía que usted iba a salir con una muy numerosa expedición de hombres, y pude desvanecer el miedo racional de que su caída pareciera pobre.., sin incurrir en más detalles que los indispensables a este fin.»*

* * *

El verano se presentó muy malo en las recaudaciones debido a los problemas laborales del Cayo y a la desidia que la larga espera por la liberación producía entre las emigraciones, por lo que Martí decidió darse un salto a México con la ilusión de ver si allí podía echarle algo más al tesoro del Partido. Nada consiguió allí excepto revivir añoranzas con sus viejos amigos de cenáculos y veladas, en la Capital, sin embargo en la jarocha Veracruz un español, Pérez Pascual, hizo una generosa aportación. Los gastos del Partido aumentaban por días, tanto en la Emigración como en la Isla, con esa natural costosidad del clandestinaje, sobre todo en Costa Rica donde los expedicionarios dependían enteramente, para su sustento, de los envíos que se les hicieran desde Nueva

York. En el otoño ya su plan tiene formas concretas pero necesita una última inyección de dinero para materializarlo y de nuevo acude a los ricos, de alma y de dinero, con la misma hidalguía que supo rechazar el dinero ofrecido por el bandolero Manuel García, porque el dinero de los ricos honrados ennoblece las revoluciones al tiempo que éstas los ennoblecen a ellos. A Hidalgo Gato escribió:

«Yo de estas cosas hablo mal. Doy cuanto tengo, el bienestar que tuve y mi vida. Sé dar más que pedir. Pero con usted me siento a mis anchas: Usted es de mi raza, de la raza de hombres que se levantan solos y de la crueldad y abandono del mundo, se empujan hasta la altura desde donde se puede derramar el bien. Usted ama el trabajo y no ve la riqueza sino como el triunfo de él. Usted sabe que yo admiro en usted, con cierto apego de hermano, la bravura con que se ha hecho paso por entre los hombres y el espectáculo magnífico del desvalido que, sin más apoyo que sus manos de trabajador, ha ido ganando, una por una, tantas batallas a las enemistades de la tierra. Usted defiende la riqueza que con tanto trabajo ha levantado; pero siempre me ha dicho, con acento que guardo con agradecimiento en el corazón: "¿Y usted cree que si mi patria necesita de mí en un momento supremo para su libertad, yo seré capaz de negarle mi esfuerzo?" No; usted no es capaz. Por eso he esperado la hora de la plena convicción de usted y de la necesidad absoluta. Si usted puede adelantar $ 5.000.00 a la Delegación, ella puede inmediatamente atender con desahogo los planes que realiza. Si usted no los adelanta, será indecible la amargura en que se verá y no podré realizarlos por completo...»

Hidalgo Gato dio gustosamente el dinero. Más por el honor justiciero que se hacía a su legítima riqueza y a su clase, generalmente difamada por los fracasados y envidiosos, que por la tristeza encerrada en otro párrafo de la carta del Apóstol más popularmente conocido y citado.

* * *

En el mes de noviembre un suceso inesperado y casi trágico tuvo lugar en Costa Rica: el general Antonio Maceo fue víctima de un atentado personal, siendo herido de gravedad de un balazo a la salida de un teatro. Su agresor, un español, fue muerto de un disparo por Enrique Loynaz del Castillo cuando se disponía a rematar al herido Maceo. Éste tuvo que ser hospitalizado y Loynaz fue expulsado del país. La mala noticia llegó a Gómez y Martí en los momentos que cerraban los últimos detalles del plan expedicionario, pero sin que produjera en ellos otra cosa que ansiedad por el estado de salud del jefe oriental pues prosiguieron las labores sin cesar. Pero se ven precisados a detenerlas un tanto a causa de los informes que vienen del Camagüey por boca de Alejandro Rodríguez: los hacendados de la región, aunque simpatizan con la rebeldía, pretenden que se postponga ésta hasta la terminación de la zafra. Martí desecha la egoísta idea y junto a *Mayía* Rodríguez, quien representa al General en Jefe, y a Enrique Collazo, quien representa a los conspiradores de la Isla, prepara el plan de alzamiento que se envía a Juan Gualberto Gómez, a La Habana, sin mencionar la salida y modo de las expediciones pero ajustándose a éstas en todos sus puntos. Hasta aquel momento sólo Martí conocía los pormenores y detalles de las expediciones todas, que como partes de un rompecabezas, se ajustarán unas a otras en el momento indicado. Los demás comprometidos sólo sabían de sus papeles respectivos en el drama expedicionario. La coordinación era absolutamente perfecta hasta aquel instante. Las instrucciones enviadas a Juan Gualberto, como precisas y finales, acerca de la forma en que debían proceder en la Isla, ocho días después de recibir un cablegrama ordenando el alzamiento, eran las siguientes:

I. — La guerra debe procurar, como medio principal de éxito y robustez inmediatas, y prueba de su cordialidad, asegurarse la benevolencia o indecisión de los españoles arraigados en la Isla, y a este fin debe rigurosamente suprimirse toda medida de pura nacionalidad o de terror y tomarse toda medida que les inspire confianza, a cuyo efecto se debe a la vez usar toda la fuerza de las armas contra el español que salga armado, y aquietar, o proteger en caso justo, al español, que no haga armas, o no ayude probadamente a hacerlas, teniendo siempre como normas, la indulgencia más que la persecución.

II. — Deben respetarse todas las propiedades, y no exigirse, hasta nuevas órdenes, contribución de dinero alguna, y sólo de armas, pertrechos y provisiones.

III. — Las alocuciones serán conformes a las ideas del manifiesto que, con un pretexto u otro, publicará en estos días la Delegación, basado sobre esas mismas ideas esenciales, y de las que rogamos que de ningún modo se prescinda, sino que en todas formas se ayude con ellas a facilitar el arraigo y expansión inmediatos e indispensables del movimiento revolucionario.

IV. — Sólo se obrará, en caso necesario, contra los cubanos que se opusiesen con las armas, a la revolución, o que probable-

mente ayudasen de modo material contra ella, respetando siempre en este último caso sus vidas. Esto decidimos y ratificamos cuidadosamente, y con la mayor vigilancia por la seguridad de los cubanos de la Isla, y el ruego de que ellos contribuyan con el sigilo y unidad a la salvación de la ayuda del extranjero.»

* * *

La Fernandina. — El Levantamiento. — Incidente Martí-Maceo-Crombet. (Enero-febrero 1895.)

El mes de enero de 1895 fue decisivo para todo el proceso que se venía incubando desde la Paz del Zanjón, puesto que hasta allí se remontaba la idea de una nueva gesta de independencia. El colonialismo había ya dado de sí toda la sumisión y todo el maquiavelismo para mantener a Cuba encadenada a la Península y ésta, a su vez, había agotado todos los recursos politiqueriles y coactivos para seguir explotándola en su beneficio. Las emigraciones se hallaban prácticamente empobrecidas y sin otra esperanza de regreso que el rápido comienzo de las hostilidades. Los guerreros en el extranjero padecían escaseces sin cuento mientras aguardaban la hora de embarcar; los del frente interno vivían en constante peligro de ser detenidos por infidencia. El reloj de nuestra historia estaba a punto de marcar la hora cero...

* * *

El plan expedicionario ideado por Martí, y conocido generalmente con el nombre de La Fernandina, era de una simplicidad y eficacia asombrosas. Su éxito descansaba, mayormente, en la discreción de sus participantes y en la ingenuidad de los armadores y capitanes de los buques. Tan perfecto lo creía Martí, que no había hecho previsión de un plan alterno en caso de dificultad o fracaso del original. Su sincronización con los movimientos dentro de la Isla estaban calculados y posteriormente habían sido comprobados en ensayos. La pantalla para el almacenamiento en un solo lugar de todas las armas y pertrechos estaba a prueba de sospechas. La coincidencia de los buques expedicionarios en el puerto floridano de Fernandina y su ulterior partida no ofrecía peligro alguno de ser objeto de suspicacia aduanal. La policía de esa época no funcionaba con el mismo mecanismo que la actual en los Estados Unidos y solamente la Agencia Pinkerton, de detectives privados, hacía las funciones que se le encomendaban, por dinero, de vigilar las actividades de las personas y corporaciones privadas. Los cónsules españoles se servían de ella o de los informes de delatores para tener una idea del progreso conspirativo cubano. Pero ocurría que muchos vicecónsules españoles eran, a veces, ciudadanos o comerciantes americanos establecidos en los puertos de poco tráfico marítimo, como era el caso de Fernandina, con lo que España se evitaba los gastos que significaba el mantener una agencia consular oficial al tiempo que el vice-cónsul gozaba de cierta vanidad diplomática en su ámbito social lugareño. Las facilidades portuarias de Fernandina eran rústicas y propias para buques de poco calado solamente. Allí recalaban generalmente goletas y buques de vapor conocidos en el argot marinero como *cachimbos* (tramp steamers) que se alquilaban al mejor postor para viajes costeros o entre las islas y cayería antillana que no eran visitados por las líneas regulares de navegación. Por último, las mismas cualidades de la gente de mar dedicada a estos menesteres hacía que fueran vulnerables al soborno, una vez en alta mar, para utilizarla en fines contrabandistas. Ese era el telón de fondo en el escenario de Fernandina en 1895. Solamente un error humano, de buena o mala fe, por parte de los jefes conspiradores, podría dar oportunidad al descubrimiento del complot expedicionario que hasta aquel momento se había mantenido en el más absoluto secreto por el Delegado y por los contrabandistas de armas que lo sirvieron con la peculiar y tradicional lealtad de esta clase de gente, una vez que con ellos se cumple fielmente las condiciones financieras que ponen y que se les garantiza el más absoluto silencio acerca de sus personas y métodos de trabajo.

El coronel, ex-confederado, Nathaniel Borden, a la sazón era vice-cónsul español en Fernandina y propietario además de almacenes marítimos y talleres de madera y habitualmente recibía bolos de maderas duras de Centroamérica y embarcaba hacia allá mercancías y herramientas ya que era, a la vez, consignatario y embarcador. Como era persona de crédito establecido y ostentaba una delegación vice-consular, estaba a salvo de sospechas por parte de las autoridades, tanto norteamericanas como de las diplomáticas hispanas. Mr. D. E. Mantell y su hijo, John Mantell, propietarios de unas explotaciones mineras de manganeso en la porción oriental de Cuba, habían estado depositando desde hacía tiempo en los almacenes de Borden, un número de cajas de herramientas e implementos mineros adquiridos en distintos lugares de los Estados Unidos. Los señores Mantell tenían el propósito de embarcar con varios amigos hacia Cuba, en barcos que previamente arrendarían en Nueva York y Savannah, desde Fernandina, haciendo escalas en Santo Domingo, Cayo Hueso y Costa Rica en cuyos lugares recogerían a los amigos de Mantell así como a los obreros y empleados de las minas y también a varios colonos agrícolas que se establecerían en Cuba. Éste era, en líneas generales, el frente del complot que los señores Mantell, padre e hijo, quienes no eran otros que José Martí y Manuel Mantilla, habían cuidadosamente preparado. El fondo era como sigue:

Martí había hecho arreglos con distintos armadores para arrendar, puesto que la caja del Partido no permitía la compra de ellos, tres barcos de buen andar y marineros, dos de ellos ligeros yates, el Amadís y el Lagonda, y un pequeño vapor, el Baracoa, que se dedicaban a la navegación costera y entre-cayos desde Boston a Cayo Hueso y de allí a Centro América y las Antillas, y que coincidirían en su fecha de llegada a Fernandina, aunque sin relaciones entre ellos y sus respectivas tripulaciones. El Amadís navegaría desde Nueva York llevando a bordo a John Mantell y al ingeniero Miranda, quien era en realidad el coronel Patricio Corona, práctico navegante enviado por Maceo. El Lagonda cargaría en Fernandina, viajando también desde Nueva York, y haría escala después en Cayo Hueso. El Baracoa saldría de Boston, atracaría y cargaría en Fernandina, abordado allí por Mr. Mantell, y se dirigiría a Santo Domingo. Respectivamente, el Amadís, en Puerto Limón, Costa Rica, sería abordado por Maceo y su grupo de oficiales cubanos y suramericanos; el Lagonda recogería en Cayo Hueso a los generales Sánchez y Roloff con su numeroso grupo de expedicionarios; y el Baracoa tomaría a bordo en Santo Domingo a Máximo Gómez, Collazo, Mayía y otros oficiales. Cada jefe de grupo había nombrado un emisario para coordinar con Martí los detalles del embarque de su grupo, sin saber nada de los otros. Serafín Sánchez y Carlos Roloff delegaron estas funciones en el coronel Queralta, veterano de la Guerra de los Diez Años, quien había personalmente ajusticiado al delator y causante de la muerte de Miguel Jerónimo Gutiérrez, y quien era hombre probado y de confianza. Martí lo aceptó sin reservas. A fines de diciembre de 1894 se habían extraído los fondos restantes en la caja del Partido, pagado las últimas consignaciones de armas, equipos y fletes, girado dinero a los jefes de grupos y enviado a Cuba el plan de alzamiento antes aludido. Nada sabían los armadores, ni los capitanes de buques, ni las tripulaciones de los mismos, de los propósitos de Martí y sus compañeros. Una vez cumplida la primera parte del plan, o séase la recogida de los expedicionarios y en alta mar viaje a Cuba, se pondría en acción la segunda parte, que era el sobornar a las tripulaciones o en su defecto obligarlas por la fuerza a desembarcarlos en los lugares determinados por los prácticos. Martí decidió no embarcar en Fernandina, para no arriesgarse a ser reconocido a última hora, y decidió hacerlo en Santo Domingo con el General en Jefe.

Queralta empezó poniendo dificultades a los planes de Martí respectivos a su grupo, alegando su experiencia en aquellos trajines durante la pasada Guerra Chiquita, en la que había cooperado con Serafín Sánchez, y como había tenido éxito en la adquisición secreta de armas para Martí, éste descuidó un poco su natural desconfianza en la gente preguntona y curiosa. En cuanto supo qué barco le tocaba y cuáles eran los planes de expedición, Queralta empezó a poner dificultades, especialmente en la que se refería a embarcar simuladamente cuando podía esto hacerse, según él, con un capitán de confianza, tal como él había logrado servir al general hondureño Soto. Martí, en contra de su voluntad y en aras de la concordia, accedió entrevistarse con el capitán de marras y su sorpresa fue mayúscula cuando en lugar de conocer a éste a quien le presentó Queralta fue al contacto del capitán, quien era nada menos que el mismo armador que había fletado a Mr. Mantell, a quien ahora tenía enfrente, los yates Amadís y Lagonda. Martí salió del apuro valiéndose de la torpeza del armador, pero cometió el imperdonable error de no separar a Queralta de la operación y de atenerse al plan original. Sólo dos cosas pueden suponerse hayan precisado que Martí disparatase en esa forma: su desconocimiento del arte del filibusterismo y/o su agonía por acabar de enviar a Cuba a los expedicionarios que desesperados se hallaban en los puntos de partida dentro de gran estrechez económica. Queralta fue más allá aún en su extravío: despachó el equipo para Cayo Hueso por expreso, consignado como suministros militares, en lugar de hacerlo para el almacén de Borden, en Fernandina, y en el vagón de ferrocarril contratado expresamente para ello. Manuel Mantilla rectificó a tiempo el desatino, pero la carencia de un plan alterno le hizo tomar el Lagonda en Nueva York, con Corona, y proceder de acuerdo con el plan original, llevando con ellos parte del cargamento, el día 4 de enero de 1895.

Al llegar a Fernandina, el día 8 de enero, el Amadís y el Lagonda fueron abordados por agentes del Departamento del Tesoro de los Estados Unidos, virtud de una denuncia hecha a éste en Nueva York, y el registro que efectuaron en el Lagonda descubrió en su bodega quince cajas con efectos militares y armas de caballería. Nada comprometedor, ni armas ni documentos, fueron ocupados en el Amadis y el Baracoa, que arribó en el instante del registro. En los almacenes de Borden fueron encontrados por los agentes cerca de mil rifles y seiscientos mil tiros y en el fondo del mar, cerca del fondeadero del Lagonda, tres cajas conteniendo fusiles. El escándalo periodístico en Nueva York fue de órdago y allí llegaron a venderse a 25 centavos los ejemplares de The World. Las autoridades diplomáticas españolas inmediatamente presentaron una queja en Washington y el Departamento de Estado ordenó una investigación del asunto para conocer a fondo el alcance del mismo. Manuel Mantilla y Corona se escaparon del Lagonda y se ocultaron en un hotel de Jacksonville, a unas 25 millas al sur de Fernandina, que era un hervidero de policías y reporteros. Martí recibió las noticias funestas como impacto de terremoto y enseguida acudió a Horacio Rubens, quien con su habitual diligencia y energía se hizo cargo de la defensa de los encartados y de la reclamación del cargamento ocupado. El coronel Borden, aunque perdió su cargo de vicecónsul, se negó a confesar su conocimiento del complot y, aconsejado por Rubens, contrademandó a las autoridades por haber decomisado un cargamento a su depósito sin prueba alguna de que era un contrabando. Los enemigos de Martí, en Cuba y Nueva York, se despacharon contra él en un festival de insultos, denuestos y ofensas gratuitas.

Martí se dirigió a Jacksonville y allí se hospedó anónimamente, hasta recibir el informe de Rubens que fue totalmente favorable pues las leyes federales de la época no consideraban un delito el adquirir armas y pertrechos, al menos que se probase una intención de usarlas contra país amigo, en este caso España. Pero el presidente Cleveland, ayudando a ésta, ordenó la incautación de lo ocupado. Eventualmente Rubens ganó el caso y las armas le fueron devueltas y enviadas posteriormente a Cuba por otras vías. Pero el mal estaba hecho y el elemento sorpresivo se había perdido. Asombrosamente, el desastre tuvo el poder de galvanizar los ánimos de los emigrados en una grandiosa admiración por el hombre que casi había logrado producir una invasión de la Isla, en el más absoluto secreto y que de haberse logrado hubiera dado al traste con el poder español allí en un corto espacio de tiempo. Todos corrieron a contribuir para los gastos del pleito y las fianzas de los encartados y aunque esto se llevó la casi totalidad de los fondos, aún quedó un pequeño resto de unos miles de pesos. Martí regresó a Nueva York con Collazo y Mayía Rodríguez a programar allí una nueva estrategia. Escribió a Juan Gualberto Gómez, Maceo y Máximo Gómez explicándoles lo acaecido. El primero de ellos, con Julio Sanguily, informó lo insostenible de la situación interna y aconsejó el pronto levantamiento. Maceo escribió apremiando el envío de cinco mil pesos para financiar su expedición y querellándose contra Flor Crombet por lo que consideraba intromisiones de éste en su mando superior. Máximo Gómez avisó a Mayía que estaba dispuesto a marchar a Cuba de cualquier modo. Reconfortado por las demostraciones de admiración y confianza de todos los suyos, Martí ideó un nuevo plan de operaciones y el día 29 de enero, él, Mayía y Collazo firman la Orden del Levantamiento, dirigida *Al Ciudadano Juan Gualberto Gómez, y en él a todos los grupos de Occidente* y que decía, literalmente:

«*En vista de la situación propicia y ordenada de los elementos revolucionarios de Cuba, —de la demanda perentoria de algunos de ellos, y el aviso reiterado de peligro de la mayoría de ellos— y de las medidas tomadas por el exterior para su concurrencia inmediata y ayuda suficiente:* —*y luego de pesar los detalles todos de la situación, a fin de no provocar por una parte con esperanzas engañosas o ánimo débil una rebelión que después fuera abandonada o mal servida, ni contribuir por la otra con resoluciones tardías a la explosión desordenada de la rebelión inevitable*—, *los que suscriben, en representación el uno del Partido Revolucionario Cubano, y el otro con autoridad y poder expresos del General en Jefe electo, General Máximo Gómez, para acordar y comunicar en su nombre desde Nueva York todas las medidas necesarias, de cuyo poder y autoridad da fe el Comandante Enrique Collazo, que también suscribe, acuerdan comunicar a usted las resoluciones siguientes:*

I. — Se autoriza el alzamiento simultáneo, o con la mayor simultaneidad posible, de las regiones comprometidas, para la fecha en que la conjunción con la acción del exterior será ya fácil y favorable, que es durante la segunda quincena, no antes, del mes de febrero.

II. — Se considera peligroso, y de ningún modo recomendado, todo alzamiento en Occidente que no se efectúe a la vez que los de Oriente, y con los mayores acuerdos posibles en Camagüey y Las Villas.

III. — Se asegura el concurso inmediato de los valiosos recursos ya adquiridos, y la ayuda continua e incansable del exterior, de que los firmantes son actores o testigos, y de que con su honor dan fe, en la certidumbre que la emigración entusiasta y compacta tiene hoy la voluntad y capacidad de contribuir a que la guerra sea activa y breve.

«*Actuando desde este instante en acuerdo con estas resoluciones, tomadas en virtud de las demandas expresas y urgentes de la Isla, del conocimiento de las condiciones revolucionarias de adentro y fuera del país, y de la determinación de no consentir engaño o ilusión en medidas a que ha de presidir la más desinteresada vigilancia por las vidas de nuestros compatriotas y la oportunidad de su sacrificio, firmamos reunidos estas resoluciones en Nueva York, a 29 de enero de 1895.*»

Mientras en los Estados Unidos tenían lugar estos sucesos, en Costa Rica el general Maceo se enfrentaba a situaciones similares de dificultades y problemas, que se añadían al infortunio de su convalescencia. En Oriente, Lacret se había extralimitado en sus funciones asignadas y Maceo, en orden terminante, había confiado el mando a Moncada. Ya su esposa había tenido que vender todas sus prendas y él mismo se halla sumamente empeñado y endeudado con los gastos de manutención de su grupo y del de Flor, quien anda en gestiones a sus espaldas movido por el buen deseo de servir, pero saliéndose de los marcos de la disciplina militar y de las limitaciones jerárquicas. Los expedicionarios afluyen a Puerto Limón, invitados por Flor, José Maceo y Cebreco, pues el cupo del Lagonda será de doscientos expedicionarios. Consecuentemente los gastos y las deudas aumentan y no se reciben de Martí los cinco mil pesos que cubrirán todos los compromisos contraídos. De pronto llegan las noticias del fracaso de Fernandina y sobre la imposibilidad de la llegada del Lagonda a Puerto Limón en la fecha acordada. Maceo tendrá que valérselas solo para organizar su expedición, consiguiendo transporte a Cuba y además las armas necesarias. Se le ofrecen tan solo dos mil pesos para cubrir gastos habidos y por haber, incluyendo los ya garantizados por él. Maceo repite su ruego del envío de la cantidad total y pidiendo se la sitúen en Jamaica desde donde alijará su expedición. Cuando su carta llega a Nueva York, ya Martí ha partido hacia Santo Domingo a juntarse a Gómez, dejando encargados de remitirle la correspondencia y atender los asuntos del Partido a Quesada, su secretario, y a Guerra, el Tesorero, quien tiene en su poder muy poco dinero disponible, cosa que Maceo ignora totalmente y por ello insiste en la remisión de la suma que permitirá a su orgullo de hombre honrado y cumplidor salir sin manchas de Costa Rica. Flor, por su parte, enterado de las dificultades económicas por el propio Maceo, apresura sus secretas gestiones y se comunica directamente con el Delegado sin previa consulta a su jefe superior, Maceo. Mientras la correspondencia viaja de Costa Rica a Nueva York y de allí es re-expedida a Santo Domingo, los acontecimientos en la Isla siguen un curso independiente, pero influenciados por lo sucedido en Fernandina. Atendamos a ellos pues, para después enlazarlos cronológicamente con los que preceden.

* * *

La Península se sintió preocupada por la efervescencia oposicionista en la Isla, donde había sido ocupado un contrabando de armas en Camagüey, y de acuerdo con los colonialistas ideó la introducción de ciertas reformas en el régimen colonial que en cuanto se supo que eran patrocinadas conjuntamente por el Ministro de Ultramar, Abarzuza, y por el empecinado Romero Robledo, hizo que todos perdieran la fe en ellas. El Comité Autonomista de Santiago de Cuba se disolvió a mediados de enero, sin duda alguna advertidos por la inminencia de un levantamiento en aquella región, siempre separatista. El gobierno español se apoderaba del 85 % de los ingresos de la Isla y era tal el estado de descomposición de la administración colonial que vale la pena transcribir un párrafo ilustrativo de ella, del libro de Estévez y Romero *Desde el Zanjón a Baire:*

«Y entonces el país, harto ya de sufrir, al ver que el Partido Autonomista no había conseguido prosélitos en España después de diez y siete años de propaganda pacífica; al ver que las leyes especiales que habían constituido una esperanza desde 1837 iban a reducirse a la mísera fórmula Romero-Abarzuza; al ver asociado el nombre fatídico de Romero Robledo a las reformas tanto tiempo prometidas, lo que era inequívoca señal de mixtificación; al saber que éste enemigo de los cubanos se jactaba de haber triunfado y que los conservadores de Cuba cantaban victoria, pues la ley electoral quedaba intacta para seguir la eterna farsa de las elecciones; al recordar que España le había extraído sin piedad, y sorda a todo clamor 568 millones de pesos, de ellos 218 millones para guerra y marina, en dieciséis años de paz, y que cuanto significaba fomento y progreso estaba en el más lamentable abandono, como treinta años atrás y los intereses económicos al borde de la ruina; al recordar asimismo que no obstante esos 568 millones desembolsados se debían 185 millones, es decir 115 pesos por habitante, más que en ningún país del mundo; al enterarse por persona autorizada que en los últimos 25 años en las Aduanas se habían defraudado 208 millones de pesos que gravitaban sobre el contribuyente esquilmado; y al considerarse el paria de siempre sometido a una casta dominadora, sin esperanza de otra justicia que la que pudiera hacerse por su mano, no queriendo por dignidad y por vergüenza soportar más las humillaciones y los vejámenes de que siempre fue víctima y que lo deshonraban, tomó su partido y comprendiendo la necesidad inminente de la guerra, y Oriente, sin más demora, emprendió el camino de Baire, seguro de que tan pronto como la misma estallara, la solidaridad y el sentimiento cubano haría emprender el mismo carino sin titubear al Centro y al Occidente; y Oriente no se equivocó, como no se equivocó en 1868...»

* * *

Los colonialistas, sordos al clamor cubano y ciegos y desleales además, seguían su prostibularia vida política abroquelados en su cultura botafumeira y compartiendo los conceptos que de los libertadores tenían sus amos españoles: «*Martí es un vividor; Máximo Gómez un aventurero, sin patria ni bandera, ya viejo, decrépito; Maceo y los suyos, un puñado de negros y mulatos; Juan Gualberto Gómez, otro mulato; Pedro Betancourt, un matasanos, etc., etc...»* El periodista español, Burel, en el Heraldo de Madrid, contaba como Montoro, Giberga y Zambrana, diputados colonialistas, le respondieron al preguntarles por Martí: *«¡Bah! Marchó de Cuba. No tenía fuerza... Quiso ser diputado... No le hicieron caso... Y allá en Nueva York publica una hoja suelta separatista. Pero el separatismo es una extravagancia... El pobre Martí es hombre muerto...»*

* * *

El día 6 de febrero de 1895, llegaron a Montecristi, Santo Domingo, Martí, Mantilla, Collazo y Mayía. Explicaron a Gómez con lujo de detalles lo acaecido en Fernandina y como Guerra había quedado en Nueva York encargado de enviar a Maceo los dos mil pesos dispuestos para él en cuanto avisase su conformidad a aceptarlos. A Gómez no le pareció muy sensato el proyecto de caer en Cuba a como diese lugar, pero convencido por Martí aceptó sin reparos la idea. Mayía parte para la capital dominicana con una carta de presentación para Henríquez Carvajal con el propósito de gestionar ayuda para los expedicionarios mientras éstos hacen lo indecible por burlar la vigilancia de los espías españoles en Santo Domingo. El día 26 de febrero se enteraron por la prensa local de que en Cuba, dos días antes, se había producido un alzamiento revolucionario.

Efectivamente, así había sucedido. Cumpliendo lo dispuesto en la Orden de Alzamiento se impartieron instrucciones para producirlo el día 24 en las provincias de La Habana, Matanzas, Las Villas, Camagüey y Oriente. El gobierno español de Cuba, alertado por los rumores y los movimientos sospechosos de los patriotas, ordenó la detención de los generales Sanguily y Betancourt, con lo que se impidió el alzamiento masivo en Occidente. En Las Villas, el general Carrillo no consideró oportuno el momento y por tanto allí no hubo rebeldía armada. Lo mismo sucedió en Camagüey, porque a pesar de los esfuerzos de Cisneros Betancourt, varios antiguos mambises tramitados al colonialismo, Mora, Moreno y Luaces, ayudados por Spotorno, sabotearon el pronunciamiento. López Coloma y Juan Gualberto, con un pequeño grupo entre el cual se hallaba la novia del primero de ellos, se alzaron en Ibarra, Matanzas, pero fueron dispersados y puesto presos los dos líderes. Sólo quedaba una minoría oriental enfrentada al poderío colonial español y en espera de las expediciones conduciendo a los jefes desde el extranjero.

Bartolomé Masó había salido de Manzanillo el día 22 en previsión de ser hecho prisionero y se trasladó a Calicito, donde se pronunció el día 24, simultáneamente a los hermanos Lora, en Baire, *Periquito* Pérez en Guantánamo, Miró Argenter en Holguín,

Moncada en Santiago de Cuba y Banderas en El Cobre, todos acompañados de un número de sus seguidores. Esta *minoría histórica* encabezada por Masó fue la que echó sobre sí la responsabilidad de mantener latente la insurrección hasta la llegada de las expediciones, aún sabiendo de que en las otras regiones o habían fracasado o se habían frustrado los levantamientos, y resistió los ataques de las fuerzas españolas que se movilizaron contra ellos así como rechazó las proposiciones de soborno y rendición que les hiciera el general español Lachambre por medio de tránsfugas colonialistas.

No obstante habérsele dado el nombre de Grito de Baire al inicio de la Guerra de Independencia, ello no pasa de ser un simbolismo, pues cada uno de los otros lugares de la Isla donde hubo un alzamiento está en el derecho de reclamar para sí el privilegio en cuestión. Desde el punto de vista político-militar, el pronunciamiento y la persona de Masó fueron los que más importancia tuvieron. Masó fue reconocido por los jefes de las partidas de alzados como el líder natural del movimiento ya que Moncada, el jefe nombrado oficialmente por Maceo, padecía de tuberculosis y murió en el monte a los pocos días del alzamiento en una demostración tremenda del cumplimiento de su deber. Los españoles enviaron comisiones a convencer a Masó de la inutilidad del esfuerzo libertador, pero el viejo general del 68 se mantuvo inquebrantable en su actitud, tal como lo había expresado en su proclama que decía:

«A los cubanos: Terminado el largo proceso que las circunstancias nos impusieron en el 78, estamos de nuevo en campaña, esperando por los elementos que contamos conquistar en breve plazo, nuestra independencia; única solución a que debemos aspirar todos los cubanos. Como comprenderéis el movimiento revolucionario se extiende a toda la Isla y coincidirá con el arribo de varias expediciones que conducen a los generales Gómez, Maceo y otros reputados jefes con toda la emigración que se halla en el extranjero. Así pues, de esperar es que no haya un solo cubano que deje de tomar la participación que de derecho le corresponde que aún aquellos que en la década pasada nos fueron contrarios por ignorancia, por error o por cualquier otra causa, hoy pueden reivindicarse. A todos los esperamos con los brazos abiertos. PATRIA Y LIBERTAD. Cuartel General del Distrito de Manzanillo a 24 de febrero de 1895. El Jefe.»

* * *

Ocurrió un incidente curioso en Jiguaní que se disolvió en la nada: un grupo a caballo, por la noche, corrió por las calles dando vivas a la autonomía en la creencia que el levantamiento se producía en virtud de la disolución del comité colonialista de Oriente ocurrido poco tiempo antes.

* * *

En tanto la revolución se consolidaba en Oriente por la concurrencia a ella de la juventud y España fracasaba en sus gestiones pacifistas, entre los jefes revolucionarios de la emigración la fiebre expedicionaria llegaba a su máxima expresión. Los cables y la correspondencia entre Costa Rica, Nueva York y Santo Domingo indicaban una crisis en las relaciones entre ellos. Maceo insistía en recibir suficiente numerario para llevar a Cuba una expedición regularmente preparada y pagar además las deudas contraidas bajo su palabra de honor. Pero la decisión de Martí estaba ya tomada desde que recibió la carta de Flor, escrita sin el conocimiento de Maceo. Echará a un lado los planes de Maceo y lo reducirá a Flor Crombet. Después ya verá como arregla en Cuba el entuerto. Este fue el segundo y grave error de cálculo de Martí, más grave aún que el haber mantenido a Queralta dentro del plan de Fernandina. Su carta a Quesada desde Santiago de los Caballeros, del día 19 de febrero, lo indica claramente:

«Lo de Maceo, solo por cartas, cuando usted me cuente lo del magno viaje a la Florida, lo podré atender. Lo que el cable dice es imposible e innecesario. No haya pena. Este es tiempo virtuoso, y hay que fundirse en él. Luego caerán sobre mí las venganzas...»

La carta de Flor llega a manos de Martí y éste lee: *«Si puede usted remitir las armas que se le piden y los mil seiscientos, que le indiqué en mi carta de ayer, siete días después de la recepción estaremos allá, si no se hace mal uso de esa cantidad. Por eso quisiera me mandara siquiera seiscientos, por si no sale el otro, salir yo. Conozco el plan puesto que es mío, y nadie mejor que su autor puede realizarlo...»*

Maceo desconoce la situación precaria de la caja del Partido y velando por el orgullo de su honor empeñado escribe por última vez:

«Yo no necesito más de 50 rifles, 50 machetes y 50 revólveres para hacer el viaje, con su correspondiente parque. Lo que más necesito es dinero, y es probable que lo pueda hacer con 3.500.00 oro. Mañana pondré cable pidiendo me remitan los elementos pedidos. No conviene más espera y componenda; corramos al peligro, que una vez en él, el machete se encargará de abrir brecha y la libertad sentará sus reales en Cuba.»

Esta carta de Maceo se cruzó en el camino con las que le traía Frank Agramonte, un comisionado de Nueva York, de Máximo Gómez y Martí y que respectivamente decían:

«Como muy bien comprenderá usted, todo lo que ha ordenado y dirigido el Delegado del Partido, ha estado en lo racional, justo y perentorio. Pero lo que avisa y comunica en estos momentos, verdaderamente supremos, reviste carácter de preciso y urgente.

»Después de lo de Fernandina, y después de lo que en este instante mismo, en que le dirijo estas líneas, nos comunica el cable, y es que hay humo de pólvora en Cuba y cae en aquellas tierras sangre de compañeros, no nos queda otro camino que salir por donde se pueda y como quiera.

»Resuelto usted, resuelto yo y resueltos todos los iniciadores, todo cuanto querramos decirnos sería inútil y tardío en estos momentos de pura acción. Así, pues, nosotros acá nos encontramos en camino; y es cuando tengo que decirle... Un consejo solamente y concluyo: que no se aturda su osadía, puesto que le conozco de muy viejo, y no olvide la sensatez del viejo aforismo, el de los denodados pero prudentes guerreros, que son los que meten miedo. Se debe vivir glorioso para la Patria antes que morir por la gloria nada más. Su General y amigo. M. Gómez.»

* * *

«Al General escribo hoy, aún más que al amigo: la guerra, a que estamos obligados, ha estallado en Cuba. Y a la vez que la noticia de ella, que por obedecer a nuestros anuncios y arreglos, nos revela su importancia, y nos llena de solemne deber, recibo de Nueva York la confirmación de su declaración de usted, que a quien le conociese menos que yo parecería un obstáculo, injusto e imprevisto, pero que para mí no lo es. El patriotismo de usted que vence a las balas no se dejará vencer por nuestra pobreza, bastante para nuestra obligación.

»El vapor del Norte sale momentos después de recibidos estos cables, y mi resolución tiene que ser inmediata. Conociendo hombre por hombre la fuente de nuestros recursos, y seguros de que no tendríamos más de lo imprescindible, ni menos, una vez desviados nuestros vapores, escribí a usted a mi acelerada salida de Nueva York, diciéndole que, ajustado con la Isla y a petición de ella el alzamiento, y teniendo presente lo que en Costa Rica vi, y traté con Flor y dije a usted, sobre los modos de ir, a su disposición, la suma de 2.000 pesos en oro, única que podría ofrecerle, para un plan de salida igual al que lleva al General Gómez y a mí. "Decidido" rogué a usted que me pusiera por cable, lo que quería decir que usted estaba dispuesto a ir con ese plan; pero

el cable me decía a la vez que necesitaba seis mil pesos, suma hoy imposible de allegar. Y hoy, estallada ya la revolución en Cuba, recibo otra vez la noticia de que usted considera indispensable para su salida la suma de cinco mil pesos oro, suma que no se tiene, siendo así que se tiene en la mano la de dos mil, y ya está enfrente, ardiendo ya, la revolución en Cuba.

»¿Qué hacer en este conflicto? Usted debe ir con su alta representación y los valientes que están con usted, pero usted me dice una vez y otra, que requiere una suma que no se tiene. Y como la ida de usted y de sus compañeros es indispensable, en una cáscara o en un leviatán y usted está ya embarcando, en cuanto le den la cáscara, y yo tengo de Flor Crombet la seguridad de que, con menos de la suma ofrecida, puede tentarse con éxito la salida de los pocos que ahí pueden ir en una embarcación propia, decido que usted y yo dejemos a Flor Crombet la responsabilidad de atender ahí a la expedición, dentro de los recursos posibles, porque si él tiene modo de que ustedes puedan arrancar de ahí con la suma que hay, ni usted ni yo debemos privar a Cuba del servicio que él puede prestar. Y él pondrá a las órdenes de usted la labor que usted me reitera que no puede hacer en San José sino por una suma hoy imposible, y que no puede quedarse sin hacer, cuando hay quien la echa sobre sí, por una suma que se tiene, y la pondrá hecha en manos de usted.

»Ahora, detalles, abnegación, abandono de todo, menos de la idea de subir al tren y a la mar, costo de los pocos de San José que deben bajar a la costa, olvido inmediato de las cosas tentadoras de la tierra, para lo cual se requiere más valor que para encararse al enemigo. ¿Cómo he de ponerme yo a hablar de estas cosas con usted? ¿a pedirle virtud? ¿a permitir que nadie dude de que la mostrará suprema? ¿a creer que hay en nadie más valor y desinterés que en usted? Cuba está en guerra, General. Se dice esto, y ya la tierra es otra. Lo es ya para usted y lo sé yo. Que Flor, que lo tiene todo a mano, lo arregle todo como pueda. ¿Qué de usted pudiera venirle el menor entorpecimiento? ¿De usted y Cuba en guerra? No me entrará ese veneno en el corazón. Flor tendrá sus modos. Del Norte irán las armas. Ya sólo se necesita encabezar. No vamos a preguntar, sino a responder. El ejército está allá. La dirección puede ir en una uña. Esta es la ocasión de la verdadera grandeza. De aquí vamos como le decimos a usted que vaya. Y yo no me tengo por más bravo que usted ni en el brío del corazón, ni en la magnimidad y prudencia del carácter. Allá arréglense, pues, y hasta Oriente! Cree conocerlo bien, su amigo. José Martí.»

* * *

Maceo aceptó disciplinadamente las disposiciones de Martí y se trasladó a Puerto Limón, reducido a Flor Crombet y sin haber podido cumplir los compromisos adquiridos en servicio a su grupo expedicionario del cual se vio forzado a llevar solamente un puñado a la costa. Si Martí hubiera podido, o no, satisfacer los deseos financieros de Maceo planteándolos a la emigración o a cualquier donante particular, es un asunto de pura conjeturación. El hecho histórico sigue siendo que Maceo se sintió profundamente herido al saber que entre Crombet y Martí se habían hecho planes sin su conocimiento y que a la hora precisa se le subordinaba a aquel. Al igual que había hecho Céspedes en su hora de amargura, Maceo volcó en la esposa fiel su íntimo sentir en una carta del 25 de marzo de 1895, en la víspera de su partida hacia Cuba:

«He pasado tantas amarguras, estoy pasando tantos disgustos y sinsabores, que tengo el alma llena de penas y tristezas por los que tanta mezquindad abrigan en su corazón, disfrazados casi siempre con pulimentos de bondad. ¡Cómo engañan los hombres poco leales a sus amigos! También contigo quiero guardar silencio; no deseo que sufras con la horrible tempestad que ha empezado a subirse a mi cabeza; que no te duela el corazón lleno de dudas y temores; quiero que seas feliz ignorándolo todo. Ahí está mi correspondencia, tú la tienes; ella da luz, y la que te incluyo completa la obra. Guarda con cuidadoso esmero todos los papeles; ellos se encargarán de decir lo que yo prefiero callar...»

* * *

Partieron los expedicionarios de Puerto Limón como pasajeros para Nueva York, en el vapor Adirondack: veinte hombres y trece rifles, residuo de doscientos que originalmente se planearon. Pero llenos a plenitud del espíritu de sacrificio que había expresado Maceo a su esposa: *«La patria ante todo; tu vida entera es el mejor ejemplo; continuar es deber; retroceder vergüenza oprobiosa. ¡Adelante, pues; para el terruño, la gloria de sacrificarlo todo!»* Hicieron escala en Jamaica y de allí fueron a recalar en Fortune Island después de haber sido perseguidos sin éxito por un crucero español. El cónsul americano en la Isla Fortuna les facilitó una goleta para trasladarse a Inagua, pero una vez en alta mar pagaron a los tripulantes para que los desembarcaran en Cuba. Accedieron éstos, y en medio de una tempestad encallaron en Duaba, cerca de Baracoa, en la madrugada del 1.ro de abril de 1895. La invasión de Cuba había dado comienzo.

* * *

En Santo Domingo, Martí y Gómez estaban como se dice varados. Durante la espera por un medio de embarcar para Cuba, Mayía, con la ayuda de Henríquez Carvajal, había logrado una donación del presidente dominicano Heureaux, *Lilís*, previa la advertencia socarrona de éste: «*Que el Presidente de la República no se entere de lo que ha hecho el general Heureaux*...» Gómez persuadió a Martí de que debía regresar a Nueva York a gestionar apoyo a la revolución que habría de estallar en Cuba, pero el Apóstol se muestra recalcitrante después: recuerda los insultos de Ramón Roa: «*...también era elocuente y poderoso el activo, el bravo, el heroico Capitán Araña de quien, refundido el tipo, han surgido apóstoles y misioneros, ilustres y eximios varones y sobre todo héroes y mártires...*» La cuestión se resuelve definitivamente por un golpe del azar: los periódicos que trae Mayía anuncian el inicio de la rebelión en Cuba y la presencia allí de Gómez y Martí. Al saber esto, la decisión de Martí de ir a Cuba se hizo irrevocable y Gómez la aceptó sin reparos. Inmediatamente de saberse el alzamiento, el cónsul español notificó a la Cancillería dominicana que no debía permitirse la salida del país a súbditos de España sin su previa autorización, obligándose el gobierno dominicano a aceptarlo. Todo el mes de febrero y parte del de marzo lo dedicaron Martí y Gómez a preparar un viaje clandestino con la callada cooperación de las autoridades dominicanas. El 25 de marzo de 1895, Martí redactó la ideología del movimiento libertador, en la cual resume todo lo que había expresado anteriormente en los artículos de Patria así como en las Bases del Partido Revolucionario Cubano, las cuales habían tenido su origen en los puntos de 1887 en Nueva York y en las Resoluciones de Tampa de 1891. Este documento, el más trascendental de nuestra historia, que por no haberse materializado con la emancipación de la colonia ha sido causa de todos nuestros males republicanos y que es conocido como El Manifiesto de Montecristi, nos honramos en reproducirlo en su totalidad.

* * *

El Manifiesto de Montecristi. — (Marzo 1895.)

«*El Partido Revolucionario Cubano a Cuba.*»

«*La revolución de independencia, iniciada en Yara después de preparación gloriosa y cruenta, ha entrado en Cuba en un nuevo período de guerra, en virtud del orden y acuerdos del Partido Revolucionario en el extranjero y en la Isla, y de la ejemplar congregación en él de todos los elementos consagrados al saneamiento y emancipación del país, para bien de América y del mundo; y los representantes electos de la revolución que hoy se confirma, reconocen y acatan su deber —sin usurpar el acento y las declaraciones sólo propias de la majestad de la república constituida— de repetir ante la patria que no se ha de ensangrentar sin razón ni sin justa esperanza de triunfo, los propósitos precisos, hijos del juicio y ajenos de la venganza, con que se ha compuesto, y llegará a su victoria racional la guerra inextinguible que hoy lleva a los combates, en conmovedora y prudente democracia, los elementos todos de la sociedad de Cuba.*

»*La guerra no es, en el concepto sereno de los que aún hoy la representan, y de la revolución pública y responsable que los eligió, el insano triunfo de un partido cubano sobre otro, o la humillación siquiera de un grupo equivocado de cubanos; sino la demostración solemne de la voluntad de un país harto probado en la guerra anterior para lanzarse a la ligera en un conflicto sólo terminable por la victoria o el sepulcro, sin causas bastantes profundas para sobreponerse a las cobardías humanas y sus varios disfraces, y sin determinación tan respetable por ir firmada por la muerte que debe imponer silencio a aquellos cubanos menos venturosos que no se sienten poseídos de igual fe en las capacidades de su pueblo ni de valor igual con que emanciparlo de su servidumbre.*

»*La guerra no es la tentativa caprichosa de una independencia más temible que útil, que sólo tendrían derecho a demorar o condenar los que mostrasen la virtud y el propósito de conducirla a otra más viable y segura, y que no debe en verdad apetecer un pueblo que no la pueda sustentar; sino el producto disciplinado de la reunión de hombres enteros que en el reposo de la experiencia se han decidido a encarar otra vez los peligros que conocen, y de la congregación cordial de los cubanos de más diverso origen, convencidos de que en la conquista de la libertad se adquieren mejor que en el abyecto abatimiento las virtudes necesarias para mantenerla.*

»*La guerra no es contra el español, que, en el seguro de sus hijos y en el acatamiento de la patria que se ganen podrá gozar respetado, y aún amado, de la libertad, que sólo arrollará a los que le salgan, imprevisores, al camino. Ni del desorden, ajeno a la moderación probada del espíritu de Cuba, será cuna la guerra; ni de la tiranía. Los que la fomentaron, y pueden aún llevar su voz, declaran en nombre de ella, ante la patria, su limpieza de todo odio, su indulgencia fraternal para con los cubanos tímidos equivocados, su radical respeto al decoro del hombre, nervio del combate y cimiento de la república, su certidumbre de la aptitud de la guerra para ordenarse de modo que contenga la redención que la inspira, la relación en que un pueblo debe vivir con los demás, y la realidad que la guerra es, y su terminante voluntad de respetar, y hacer que se respete, al español neutral y honrado, en la guerra y después de ella, y de ser piadosa con el arrepentimiento e inflexible sólo con el vicio, el crimen y la inhumanidad. En la guerra que se ha reanudado en Cuba no ve la revolución las causas del júbilo que pudieran embargar al heroismo irreflexivo, sino las responsabilidades que deben preocupar a los fundadores de pueblos.*

»Entre Cuba en la guerra con la plena seguridad, inaceptable solo a los cubanos sedentarios y parciales, de la competencia de sus hijos para obtener el triunfo por la energía de la revolución pensadora y magnánima, y de la capacidad de los cubanos, cultivada primero en diez años de fusión sublime, y en las prácticas modernas del gobierno y el trabajo, para salvar la patria desde su raiz de los desacomodos y tanteos, necesarios a principios del siglo, sin comunicaciones y sin preparación, en las repúblicas feudales y teóricas de Hispanoamérica.

»Punible ignorancia o alevosía fuera desconocer las causas, a menudo gloriosas y ya generalmente redimidas, de los trastornos americanos, venidos del error de ajustar a moldes extranjeros, de dogmas inciertos o mera relación a su lugar de origen, la realidad ingenua de los países que conocían solo de las libertades el ansia que las conquista, y la soberanía que se gana por pelear por ellas. La concentración de la cultura meramente literaria en las capitales; el erróneo apego de las repúblicas a las costumbres memoriales de la colonia; la creación de caudillos rivales consiguientes al trato receloso e imperfecto de las comarcas apartadas; la condición rudimentaria de la única industria, agrícola y ganadera; y el abandono y desdén de la fecunda raza indígena en las disputas de credo o localidad que esas causas de los trastornos en los pueblos de América mantenían, no son, de ningún modo, los problemas de la sociedad cubana. Cuba vuelve a la guerra con un pueblo democrático y culto, conocedor celoso de su derecho y del ajeno; o de la cultura mucho mayor, en lo más humilde de él, que las masas llaneras o indias con que, a la voz de los héroes primados de la

emancipación, se mudaron de hatos en naciones las silenciosas colonias de América; y en el crucero del mundo, al servicio de la guerra, y a la fundación de la nacionalidad le vienen a Cuba, del trabajo creador y conservador de los pueblos más hábiles del orbe, y del propio esfuerzo en la persecución y miseria del país, los hijos lúcidos, nagnates o siervos, que de la época primera de acomodo, ya vencida, entre los componentes heterogéneos de la nación cubana, salieron a preparar, o en la misma isla continuaron preparando, con su propio perfeccionamiento, el de la nacionalidad a que concurren hoy con la firmeza de sus personas laboriosas, y el seguro de su educación republicana. El civismo de sus guerreros; el cultivo y benignidad de sus artesanos; el empleo real y moderno de un número vasto de sus inteligencias y riquezas; la peculiar moderación de las diversas secciones del país; la administración recíproca de las virtudes iguales entre los cubanos que de las diferencias de la esclavitud pasaron a la hermandad del sacrificio; y la benevolencia y aptitud creciente del liberto, superiores a los raros ejemplos de desvío o encono, que aseguran a Cuba, sin ilícita ilusión, un porvenir en que las condiciones de asiento, y del trabajo inmediato de un pueblo feraz en la república justa, excederán a las de disociación y parcialidad provenientes de la pereza o arrogancia que la guerra a veces cría, del rencor ofensivo de una minoría de amos caída de sus privilegios; de la censurable premura con que una minoría aún invisible de libertos descontentos pudiera aspirar, con violación funesta del albedrío y naturaleza humanos, al respeto social que sola y seguramente habrá de venirles de la igualdad probada en las virtudes y los talentos; y de la súbita desposesión, en gran parte de los pobladores letrados de las ciudades, de la suntuosidad o abundancia relativa que hoy les viene de las gabelas inmorales y fáciles de la colonia, y de los oficios que habrán de desaparecer de la libertad. Un pueblo libre, en el trabajo abierto a todos, enclavado a las bocas del universo rico e industrial, sustituirá, sin obstáculo, y con ventaja, después de una guerra inspirada en la más pura abnegación, y manteniendo conforme a ella, a pueblo avergonzado donde el bienestar sólo se obtiene a cambio de la complicidad expresa o tácita con la infame tiranía de los extranjeros menesterosos que lo desangran y corrompen. No dudan de Cuba, ni de sus aptitudes para obtener y gobernar su independencia, los que en el heroísmo de la muerte y en el de la fundación callada de la patria ven resplandecer de continuo, en grandes y en pequeños, las dotes de concordia y sensatez sólo inadvertibles para los que, fuera del alma real de su país, lo juzgan con el arrogante concepto de si propios, sin más poder de rebeldía y creación que el que asoma tímidamente en la servidumbre de sus quehaceres coloniales.

»De otro temor quisiera acaso valerse hoy, so pretexto de prudencia, la cobardía; el temor insensato, y jamás en Cuba justificado, a la raza negra. La revolución, con su carga de mártires, y de guerreros subordinados y generosos, desmiente indignada, como desmiente la larga prueba de la emigración, y de la tregua en la Isla, la tacha de amenaza de la raza negra con que se quisiese inicuamente levantar por los beneficiarios del régimen de España, el miedo a la revolución. Cubanos hay ya en Cuba de uno y otro color, olvidados para siempre, —con la guerra emancipadora y el trabajo donde unidos se graduan— del odio en que los pudo dividir la esclavitud. La novedad y aspereza de las relaciones sociales, consiguientes a la mudanza súbita del hombre ajeno en propio, son menores que la sincera estimación del cubano blanco por el alma igual, la afanosa cultura, el fervor del hombre libre, y el amable carácter de su compatriota negro. Y si a la raza le nacieran demagogos inmundos, o almas ávidas cuya impaciencia propia azuzase la de su color, o en quien se convirtiera en injusticia con los demás la piedad por los suyos, —con su agradecimiento y su cordura, y su amor a la patria, con su convicción de la necesidad de desautorizar por la prueba patente de la inteligencia y la virtud del cubano negro la opinión que aún reine de su incapacidad para ellas, y con la posesión de todo lo real del derecho humano, y el consuelo y la fuerza de la estimación de cuanto en los cubanos blancos hay de justo y generoso, la misma raza extirparía en Cuba el peligro negro, sin que tuviese que alzarse a él una mano blanca. La Revolución lo sabe, y lo proclama: la Emigración lo proclama también. Allí no tiene el cubano negro escuelas de ira como no tuvo en la guerra una sola culpa de ensoberbecimiento indebido o de insubordinación. En sus hombres anduvo segura la república a que no atentó jamás. Sólo los que odian al negro ven en el negro odio; y los que con semejante miedo injusto traficasen, para sujetar, con inapetecible oficio, las manos que pudieran erguirse a expulsar de la tierra cubana al ocupante corruptor.

»En los habitantes españoles de Cuba, en vez de la deshonrosa ira de la primera guerra, espera hallar la Revolución, que ni lisonjea ni teme, tan afectuosa neutralidad o tan veraz ayuda, que por ellas vendrá a ser la guerra más breve, sus desastres menores, y más fácil y amiga la paz en que han de vivir juntos padres e hijos. Los cubanos empezamos la guerra, y los cubanos y los españoles la terminaremos. No nos maltraten, y no se les maltratará. Al acero responda el acero, y la amistad a la amistad. En el pecho antillano no hay odio; y el cubano saluda en la muerte al español a quien la crueldad del ejercicio forzoso arrancó de su casa y su terruño para venir a asesinar en pechos de hombres la libertad que él mismo ansía. Más que saludarlo en la muerte, quisiera la Revolución acogerlo en vida; y la República será tranquilo hogar para cuantos españoles de trabajo y honor gocen en ella de la libertad y bienes que han de hallar aún por largo tiempo en la lentitud, desidia y vicios políticos de la tierra propia. Este es el corazón de Cuba, y así será la guerra. ¿Qué enemigos españoles tendrá verdaderamente la Revolución? ¿Será el ejército, republicano en mucha parte, que ha aprendido a respetar nuestro valor, como nosotros respetamos el suyo, y más sienten impulso a veces de unírsenos que de combatirnos? ¿Serán los quintos, educados ya en las ideas de humanidad, contrarias a derramar sangre de sus semejantes en provecho de un cetro inútil o una patria codiciosa, los quintos segados en la flor de su juventud para venir a defender, contra un pueblo que los acogiera alegres como ciudadanos libres, un trono mal sujeto, sobre la nación vendida por sus guías, con la complicidad de sus privilegios y sus logros? ¿Será la masa, hoy humana y culta, de artesanos y dependientes, a quienes, so pretexto de patria, arrastró ayer a la ferocidad y al crimen el interés de los españoles acaudalados que hoy, con lo más de sus fortunas salvas en España, muestran menos celos que aquel con que ensangrentaron la tierra de su riqueza cuando los sorprendió en ella la guerra con toda su fortuna? ¿O serán los fundadores de familias y de industrias cubanas, fatigados ya del fraude de España y de su desgobierno, y como el cubano vejados y oprimidos, los que, ingratos e imprudentes, sin miramientos por la paz de sus casas y la conservación de una riqueza que el régimen de España amenaza más que la Revolución, se revuelvan contra la tierra que de tristes rústicos los ha hecho esposos felices, y dueños de una prole capaz de morir sin odio por asegurar al padre sangriento de suelo libre al fin de la discordia permanente entre el criollo y el peninsular; donde la honrada fortuna puede mantenerse sin cohecho y desarrollo sin zozobra, y el hijo no vea entre el beso de sus labios y la mano de sus padres la sombra aborrecida del opresor? ¿Qué suerte eligirán los españoles: la guerra sin tregua, confesa o disimulada, que amenaza y perturba las relaciones siempre inquietas y violentas del país, o la paz definitiva, que jamás se conseguirá en Cuba sino con la independencia? ¿Enconarán y ensangrentarán los españoles arraigados en Cuba la guerra en que puedan quedar vencidos? ¿Ni con que derecho nos odiarán los españoles, si los cubanos no los odiamos? La Revolución emplea sin miedo este lenguaje, porque el decreto de emancipar de una vez a Cuba de la ineptitud y corrupción irremediables del gobierno de España, y abrirla franca para todos los hombres al mundo nuevo, es tan terminante como la voluntad de mirar como cubanos, sin tibio corazón ni amargas memorias, a los españoles que por su pasión de libertad ayuden a conquistarla en Cuba, y a los que con su respeto a la guerra de hoy rescaten la sangre que en la de ayer manó a sus golpes del pecho de sus hijos.

»En las formas que se dé a la Revolución, conocedora de su desinterés, no hallará sin duda pretexto de reproche la vigilante cobardía, que en los errores formales del país naciente, o en su poca suma visible de República, pudiese procurar razón con que negarle la sangre que le adeuda. No tendrá el patriotismo puro causa de temor por la dignidad y suerte futura de la patria. —La dificultad de las guerras de independencia en América, y la de sus primeras nacionalidades, ha estado, más que en la discordia de sus héroes y en la emulación y celo inherentes al hombre, en la falta oportuna de forma que a la vez contenga el espíritu de redención que, con apoyo de ímpetus menores, promueve y nutre la guerra, y las prácticas necesarias a la guerra, y que ésta necesariamente debe desembarazar y sostener. En la guerra inicial se ha de hallar el país, maneras tales de gobierno que a un tiempo satisfagan la inteligencia madura y suspicaz de sus hijos cultos, y las condiciones requeridas para la ayuda y respeto de los demás pueblos— y permitan, en vez de entrabar, el desarrollo pleno y término rápido de la guerra fatalmente necesaria a la felicidad pública. Desde sus raíces se ha de constituir la patria con formas viables, y de sí propias nacidas, de modo que un gobierno sin realidad ni sanción no la conduzca a las parcialidades o a la tiranía. Sin atentar, con el desordenado concepto de su deber, al uso de las facultades íntegras de constitución, con que se ordenen y acomoden, en su responsabilidad peculiar ante todo el mundo contemporáneo, liberal e impaciente, los elementos expertos y novicios, por igual movidos de ímpetu ejecutivo y pureza ideal, que con nobleza idéntica, y el título inexpugnable de su sangre, se lanzan tras el alma y guía de los primeros héroes, a abrir a la humanidad una república trabajadora; sólo es lícito al Partido Revolucionario Cubano declarar su fe en que la Revolución ha de hallar formas que le aseguren, en la unidad y vigor indispensables a una guerra culta, el entusiasmo de los cubanos, la confianza de los españoles y la amistad del mundo. Conocer y fijar la realidad; componer en molde natural la realidad de las ideas que producen o apagan los hechos, y la de los casos, y la de los hechos que nacen de las ideas; ordenar la Revolución del decoro, el sacrificio y la cultura de modo que no quede el decoro de un solo hombre lastimado, ni el sacrificio parezca inútil a un solo cubano, ni la Revolución inferior a la cultura del país, no a la extranjera y desautorizada cultura que se enajena el respeto de los hombres viriles por la ineficacia de los resultados y el contraste lastimoso entre la poquedad real y la arrogancia de sus estériles poseedores, sino al profundo conocimiento de la labor del hombre en rescate y sostén de su dignidad: esos son los deberes, y los intentos, de la Revolución. Ella se regirá de modo que la guerra, pujante y capaz, dé pronto casa firme a la nueva República.

»La guerra sana y vigoriza desde el nacer con que hoy reanuda Cuba, con todas las ventajas de su experiencia, y la victoria asegurada a las determinaciones finales, el esfuerzo excelso, jamás recordado sin unión, de sus inmarcesibles héroes, no es sólo hoy el piadoso anhelo de dar vida plena al pueblo que, bajo la inmortalidad y ocupación crecientes de un amo inepto, desmigaja o pierde su fuerza superior en la patria sofocada o en los destierros esparcidos. Ni es la guerra el insultante prurito de conquistar a Cuba con el sacrificio tentador, la independencia política, que sin derecho pediría a los cubanos su brazo si con ella no fuese la esperanza de crear una patria más a la libertad del pensamiento, la equidad de las costumbres y la paz del trabajo. La Guerra de Independencia de Cuba, nudo de haz de islas donde se ha de cruzar, en plazo de pocos años, el comercio de los continentes, es suceso de gran alcance humano, y servicio oportuno que el heroísmo juicioso de las Antillas presta a la firmeza y trato justo de las naciones americanas, y al equilibrio aún vacilante del mundo. Honra y conmueve el pensar que cuando cae en tierra de Cuba un guerrero de la Independencia, abandonado tal vez por los pueblos incautos o indiferentes a que se inmola, cae por el bien mayor del hombre, la confirmación de la república moral en América, y la creación de un archipiélago libre donde las naciones respetuosas derramen las riquezas que a su paso han de caer sobre el crucero del mundo. ¡Apenas podría creerse que con semejantes mártires, y de tal porvenir, hubiera cubanos que atasen a Cuba a la monarquía podrida y aldeana de España, y a su miseria inerte y viciosa!

»A la Revolución cumplirá mañana el deber de explicar de nuevo al país y a las naciones las causas locales, y de idea e interés universal, con que para el adelanto y servicio de la humanidad reanuda el pueblo emancipador de Yara y Gudímaro una guerra digna del respeto de sus enemigos y el apoyo de los pueblos, por el rígido concepto del derecho del hombre, y su aborrecimiento de la venganza estéril y la devastación inútil. Hoy, al proclamar desde el umbral de la tierra venerada el espíritu y doctrinas que produjeron y alientan la guerra entera y humanitaria en que se une aún más el pueblo de Cuba, invencible e indivisible, séanos lícito invocar, como guía y ayuda de nuestro pueblo, a los magnánimos fundadores, cuya labor renueva el país agradecido, y al honor, que ha de impedir a los cubanos herir, de palabra o de obra, a los que mueren por ellos. Y al declarar así, en nombre de la Patria, y deponer ante ella y ante su libre facultad de constitución, la obra idéntica de dos generaciones, suscriben juntos la declaración por la responsabilidad común de su representación, y en muestra de unidad y solidez de la Revolución Cubana, el Delegado del Partido Revolucionario Cubano, creado para ordenar y auxiliar la guerra actual, y el General en Jefe electo en él por todos los miembros activos del Ejército Libertador. José Martí - M. Gómez.»

* * *

El Testamento. — Las Despedidas. — El Diario. — La Inmolación. — (Marzo-mayo 1895.)

En la misma fecha en que se firmó el Manifiesto de Montecristi, Martí dirigió a Federico Henríquez Carvajal una carta, complemento de aquél, que es su verdadero Testamento Político. Decía en ella a su amigo y hermano:

«*Tales responsabilidades suelen caer sobre los hombres que no niegan su poca fuerza al mundo, y viven para aumentarle el albedrío y decoro, que la expresión queda como vedada e infantil, y apenas se puede poner en una enjuta frase lo que se diría al tierno amigo en un abrazo. Así yo ahora, al contestar, en el pórtico de un gran deber, su generosa carta. Con ella me hizo el bien supremo, y me dio la única fuerza que las grandes cosas necesitan, y es saber que nos la ve con fuego un hombre cordial y honrado. Escasos, como los montes, son los hombres que saben mirar desde ellos y sienten con entrañas de nación, o de humanidad. Y queda, después de cambiar de manos con uno de ellos, la interior limpieza que debe quedar después de ganar, en causa justa, una buena batalla. De la preocupación real de mi espíritu, porque usted me la adivina entera, no le hablo de propósito: escribo, conmovido, en el silencio de un hogar que por el bien de mi patria va a quedar, hoy mismo acaso, abandonado. Lo menos que, en agradecimiento de esa virtud puedo yo hacer, puesto que así más ligo que quebranto deberes, es encarar la muerte, si nos espera en la tierra o en la mar, en compañía del que por la obra de mis manos, y el respeto de la propia suya, y la pasión del alma común de nuestras tierras, sale de su casa enamorada y feliz a pisar, con una mano de valientes, la patria cuajada de enemigos. De vergüenza me iba muriendo —aparte de la convicción mía de que mi presencia hoy en Cuba es tan útil por lo menos como afuera—, cuando creí que en tamaño riesgo pudiera llegar a convencerme de que era mi obligación dejarlo ir solo, y de que un pueblo se deja servir, sin cierto desdén y despego, de quien predicó la necesidad de morir y no empezó por poner en riesgo su vida. Donde esté mi deber mayor, adentro o afuera, allí estaré yo. Acaso me sea dable u obligatorio, según hasta hoy parece, cumplir ambos. Acaso pueda contribuir a la necesidad primaria de dar a nuestra guerra renaciente forma tal, que lleve en germen visible, sin minuciosidades inútiles, todos los principios indispensables al crédito de la Revolución y a la seguridad de la República. La dificultad de nuestras guerras de independencia y la razón de lo lento e imperfecto de su eficacia, ha estado más que en la falta de estimación mutua de sus fundadores y en la emulación inherente a la naturaleza humana, en la falta de forma que a la vez contuviese el espíritu de redención y decoro que, con suma activa de ímpetus de pureza menor, promueven y mantienen la guerra, —y las prácticas y personas de la guerra. La otra di-*

ficultad, de que nuestros pueblos amos y literarios no han salido aún, es la de combinar después de la emancipación, tales maneras de gobierno que sin descontentar a la inteligencia primada del país, contengan y permitan el desarrollo natural y ascendente —a los elementos más numerosos e incultos, a quienes un gobierno artificial, aun cuando fuera bello y generoso, llevará a la anarquía o a la tiranía. Yo evoqué la guerra: mi responsabilidad comienza con ella, en vez de acabar. Para mí la patria no será nunca triunfo, sino agonía y deber. Ya arde la sangre. Ahora hay que dar respeto y sentido humano y amable, al sacrificio: hay que hacer viable, e inexpugnable, la guerra; si ella me manda, conforme a mi deseo único, quedarme, me quedo en ella; si me manda, clavándome el alma, irme lejos de los que mueren como yo sabría morir, también tendré ese valor. Quien piensa en sí, no ama a la patria; y está el mal de los pueblos, por más que a veces se lo disimulen sutilmente, en los estorbos o prisas que el interés de sus representantes ponen al curso natural de los sucesos. De mí espere la deposición absoluta y continua. Yo alzaré el mundo. Pero mi único deseo sería pegarme allí, al último tronco, al último peleador: morir callado. Para mí ya es hora. Pero aún puedo servir a este único corazón de nuestras repúblicas. Las Antillas libres salvarán la independencia de nuestra América, y el honor ya dudoso y lastimado de la América inglesa, y acaso acelerarán y fijarán el equilibrio del mundo. Vea lo que hacemos, usted con sus canas juveniles, y yo, a rastras, con mi corazón roto.

»De Santo Domingo, ¿por qué le he de hablar? ¿Eso es cosa distinta de Cuba? ¿Usted no es cubano y hay quien lo sea mejor que usted? ¿Y Gómez no es cubano? ¿Y yo que soy, y quién me fija suelo? ¿No fue mía, y orgullo mío, el alma que me envolvió, y alrededor mío palpitó, a la voz de usted, en la noche inolvidable y viril de la Sociedad de Amigos? Esto es aquello, y va con aquello. Yo obedezco, y aún diré que acato como superior dispensación, y como ley americana, la necesidad feliz de partir, al amparo de Santo Domingo, para la guerra de libertad de Cuba. Hagamos por sobre la mar, a sangre y cariño, lo que por el fondo de la mar hace la cordillera de fuego andino.

»Me arranco de usted y le dejo, con mi abrazo entrañable, el ruego de que en mi nombre, que sólo vale por ser hoy el de mi patria, agradezca, por hoy y para mañana, cuanta justicia y caridad reciba Cuba. A quien me la ama, le digo en un gran grito: hermano. Y no tengo más hermanos que los que me la aman.

»Adiós, y a mis nobles e indulgentes amigos. Debo a usted un goce de altura y de limpieza, en lo áspero y feo de este universo humano. Levante bien la voz: que si caigo, será también por la independencia de su patria.»

* * *

Pero aún ha de vaciar en otras dos cartas la agonía de su deber postrero. Vibra la cuerda más tierna y sonora en lo más profundo de su corazón y en sus arpegios envía su despedida a las dos mujeres que son su único eslabón con el mundo de los hombres. A la primera de ellas, Carmen Mantilla, *la otra*, la compañera abnegada que en la sombra del anónimo entibó su fría soledad y su triste abandono, y que alivió sus angustias sin la menor ilusión de recompensa mundana, conociendo perfectamente que, por indisputables razones sociales, la historia la situará discretamente en la penumbra de un rincón, escribió:

«Muchos días han pasado, y pasarán, después de aquel doloroso de mi salida, sin que ni este mar nuevo ni el cielo claro me hagan olvidar tu pena y tu cariño. Es un pensamiento parecido al sol, que sale de repente de entre las nubes negras, y llena de color la mar oscura. El recuerdo de ustedes, de tu alma limpia y leal es en mí una luz siempre encendida. ¿Y yo? ¿Yo soy nube y cosa ida? Iré yo pensándote y deseando, con mi ternura mayor que la vida respete y premie tu virtud, tu verdad, tu piedad... Tú callas y quieres. Tú sabes que la pureza y la lealtad son la dicha única. Hay pocas almas como la tuya de fidelidad, que es la aristocracia verdadera. Deja que la gente vanidosa e infeliz se entretenga royendo los huesos del mundo...»

* * *

A la segunda de ellas, Leonor Pérez, su madre, quien desde su adolescencia ha llevado la cruz de su martirio patriótico y con él ha sufrido el dolor de su quebranto matrimonial, le dirigió estas líneas:

«Hoy, 25 de marzo, en vísperas de un largo viaje, estoy pensando en usted. Yo sin cesar pienso en usted. Usted se duele, en la cólera de su amor, del sacrificio de mi vida; ¿y por qué nací de usted con una vida que ama el sacrificio? Palabras, no puedo. El deber de un hombre está allí donde es más útil. Pero conmigo *va siempre, en mi creciente y necesaria agonía, el recuerdo de mi madre.*

»*Abrace a mis hermanas, y a sus compañeros. Ojalá pueda algún día verlos a todos a mi alrededor, contentos de mí. Y entonces sí que cuidaré yo de usted, con mimo y orgullo. Ahora, bendígame, y crea que jamás saldrá de mi corazón obra sin piedad y sin limpieza. La bendición...*

»*Tengo razón para ir más contento y seguro de lo que usted pudiera imaginarse. No son inútiles la verdad y la ternura. No padezca.*»

* * *

Las tremendas dificultades que confrontaron para embarcar se atenuaron con la cooperación secreta de Heureaux el mismo *Lilís* que antaño encarcelara ocho meses a Gómez y le confiscara el armamento quien ahora simpatiza profundamente con la causa de Cuba. Al fin pudieron contratar una goleta que los trasladara a Inagua pero cuyo capitán y tripulantes se retractaron de llevarlos a Cuba, como habían convenido en alta mar, cuando llegaron a esa isla. Martí logró la devolución del dinero pagado y embarcaron en un vapor alemán que allí tocó y cuyo patrón fue susceptible a los ruegos y al dinero. Regresaron de incógnito al Cabo Haitiano y después de tres días de ocultamiento en tierra, de nuevo abordaron el frutero germano, esta vez con proa a Jamaica, llevando con ellos un bote adquirido en Inagua. Al pasar cerca de las costas de Oriente una tormenta les presagia desastre, pero Gómez ordena arriar el bote sin más dilaciones ante el asombro del capitán y los tripulantes. Se introducen en él seis hombres y unos cuantos fusiles, residuo de los doscientos expedicionarios y mil fusiles del malogrado Baracoa, y luego de casi trágicas peripecias en el embravecido mar, tocan tierra en Playitas. El viejo general Gómez besa al tierra cubana, conmovido, gesto que imita superticiosamente su gigantesco ayudante, el negro dominicano Marcos del Rosario, *por creerlo cosa de brujería de los blancos.* Impedido de dar un grito de victoria, Máximo Gómez cantó como gallo según aseguró, ya en la paz el aludido ayudante, que había ascendido a coronel en las filas del Ejército Libertador.

* * *

En tanto las fuerzas orientales resistían las columnas españolas enviadas contra ellas y esperaban las expediciones prometidas, en el mes de marzo hubo alzamientos en Camagüey que pusieron a esta provincia en pie de guerra. A esa región se dirigieron, al igual que en el 68, un grupo de jóvenes habaneros a incoporarse a la revolución que no había materializado en Occidente. En abril se produjeron dos rebeliones locales en Las Villas, en Vega Alta y en Vueltas. La insurrección estaba tomando cuerpo cuando la Península decidió enviar al general Martínez Campos, el pacificador de la Guerra Grande, con un refuerzo de veinte mil hombres al Departamento Oriental.

* * *

Apenas llegados a Cuba, Maceo y su grupo fueron dispersados y en uno de los siguientes encuentros murió Flor Crombet, después de un dificultoso peregrinar por entre las sierras de Baracoa, donde habían tenido por alimento solamente naranjas agrias. A los veinte días del desembarco, Maceo estableció contacto con tropas mambisas y oficialmente tomó posesión del mando de Oriente, dictando una primera Circular en la que estableció el carácter definitivo de la insurrección: *«Que sea ahorcado todo emisario del gobierno español, peninsular o cubano, que se presente en nuestros campamentos con proposiciones de paz, y cualquiera que fuese la jerarquía que ocupe, cumpliéndose esta orden sin debilidades de ningún tipo ni obediencia a otra indicación en sentido contrario, que nuestro lema es vencer o morir..»* Al mismo tiempo escribe al cónsul inglés aclarándole la muerte accidental del patrón jamaiquino de la goleta que los condujo a Cuba, ya que los españoles lo acusan de haberlo asesinado.

* * *

Martí y Gómez, poco tiempo después de desembarcar, establecieron contacto con las fuerzas del coronel Félix Ruenes. El Diario de Martí es explícito y detallado en todos los pormenores de su ruta a través del sur de Oriente, y en él cuenta emocionado como, en consejo de jefes, fue nombrado Mayor General del Ejército Libertador: *«¡De un abrazo igualaban mi pobre vida a las de sus diez años! Me apretaron largamente en sus brazos...»*, escribió enternecido, añadiendo: *«Es muy grande mi felicidad; puedo decir que llegué, al fin a mi plena naturaleza... Hasta hoy no me he sentido hombre. He vivido avergonzado y arrastrando la cadena de mi patria toda mi vida. La divina claridad del alma aligera mi cuerpo; este reposo y bienestar explican la constancia y el júbilo con que los hombres se ofrecen al sacrificio...»* El día 2 de mayo, conjuntamente con Gómez, dirigió una larga exposición al pueblo de los Estados Unidos, por mediación del periódico New York Herald, que es un verdadero ensayo sociológico cubano y en el cual exponía las razones cubanas para lanzarse a la guerra de independencia, reflejando, en síntesis, todo su pensamiento político-social en forma que sea comprendido por el público norteamericano y que terminaba diciendo:

«A los pueblos de la América española no pedimos aquí ayuda, porque firmará su deshonra aquél que nos la niegue. Al pueblo de los Estados Unidos mostramos en silencio, para que haga lo que deba, estas legiones de hombres que pelean por lo que pelearon ellos ayer, y marchan sin ayuda a la conquista de la libertad que ha de abrir a los Estados Unidos la Isla que hoy le cierra el interés español. Y al mundo preguntamos seguros de la respuesta, si el sacrificio de un pueblo generoso, que se inmola por abrirse a él, hallará indiferente o impía a la humanidad por quien se hace...»

* * *

Maceo recibió aviso de la llegada de Gómez y Martí pero no quiso comunicarse con ellos de inmediato. Por el contrario, indicó a Masó que pusiera a la disposición de Gómez doscientos jinetes para que lo acompañaran al Camagüey. Tenía que atender a la organización militar de Oriente antes de que Martínez Campos se le echase encima con todo el poderío español. Martí y Gómez siguen insistiendo en un encuentro con él, que se produjo casi accidentalmente, según lo cuenta Martí. De allí procedieron a La Mejorana, donde ocurrió la célebre entrevista entre los tres próceres y sobre la cual se ha especulado tanto y se han proferido tantos juicios por cronistas e historiadores. A nosotros nos es suficiente la evidencia documental: el *se dice que...*, no tiene cabida en esta Historiología. En el Diario de Martí faltan las páginas correspondientes al 6 de mayo, día posterior a la entrevista, según su numeración, las cuartillas entre la 28 y la 31. El Diario de Gómez contiene anotaciones correspondientes a los días 5 y 6 de mayo que no arrojan luz ninguna sobre un asunto que se ha querido hacer aparecer oscuro, por interpretación de un *se dice que*. . establecido como hecho histórico por Enrique Collazo. Maceo jamás se refirió, en su correspondencia conocida, en forma airada a la entrevista de **La Mejorana.** Lo que allí ocurrió entre ellos, los tres grandes de la revolución, lo describió Martí en su Diario sin medias tintas:

«*Maceo y Gómez hablan bajo, cerca de mí: me llaman a poco, allí en el portal: que Maceo tiene otro pensamiento de gobierno: una junta de los generales con mando, por sus representantes, —y una Secretaría General—: la patria, pues, y todos los oficios de ella, que crea y anima el ejército, como Secretaría del ejército. Nos vamos a un cuarto a hablar. No puedo desenredarle a Maceo la conversación: ¿pero usted se queda conmigo o se va con Gómez? Y me habla, cortándome las palabras, como si fuese yo la continuación del gobierno leguleyo y su representante. Lo veo herido "lo quiero —me dice— menos de lo que lo quería" —por su reducción a Flor en el encargo de la expedición, y gastos de sus dineros. Insisto en deponerme ante los representantes que se reúnan a elegir gobierno. No, quiere que cada jefe de operaciones mande el suyo, nacido de su fuerza: él mandará las cuatro de Oriente: "dentro de 15 días estarán con usted —y serán gentes que no me las pueda enredar allá el doctor Martí. —En la mesa, opulenta y premiosa, de gallina y lechón, vuélvese el asunto: me hiere y me repugna: comprendo que he de sacudir el cargo, con que se me intenta marcar, de defensor ciudadanesco de las trabas hostiles al movimiento militar. Mantengo, rudo: el Ejército, libre, —y el país, como país y con toda su dignidad representado. Muestro mi descontento de semejante indiscreta y forzada conversación, a mesa abierta, en la prisa de Maceo por partir. Que va a caer la noche sobre Cuba, y ha de andar seis horas. Allí cerca están sus fuerzas: pero no nos lleva a verlas: las fuerzas reunidas de Oriente, Rabí, de Jiguaní, Busto, de Cuba, las de José, que trajimos. A caballo, adiós rápido. "Por ahí se van ustedes" —y seguimos con la escolta mohína; ya entrada la tarde, sin los asistentes que quedaron con José, sin rumbo cierto, a un galpón del camino, donde nos desensillamos. Van por los asistentes: seguimos a otro rancho fangoso, fuera de los campamentos, abierto a ataque. Por carne manda Gómez al campo de José: la traen los asistentes. Y así, como echados, y con ideas tristes, dormimos.»*

* * *

El día 9, Martí hace referencia a su situación dentro del ámbito militar que se organiza: «*Un detalle: "Presidente" me han llamado, desde mi entrada al campo, las fuerzas todas, a pesar de mi pública repulsa, y a cada campo que llego el respeto renace, y cierto suave entusiasmo del general cariño, y muestras del goce de la gente en mi presencia y sencillez. —Y al acercarse hoy uno: "Presidente", y sonreír yo: "No me le digan a Martí Presidente, díganle General; él viene aquí como General; no me le digan Presidente". "¿Y quién contiene el impulso de la gente, General?; le dice Miró; eso les nace del corazón a todos." "Bueno; pero él no es el Presidente todavía: él es el Delegado." Callaba yo, y noté el embarazo y desagrado en todos, y en algunos como el agravio.»*

El día 10, Martí relata un incidente de palabras entre Gómez y el coronel Bello, al respecto de los llamados a él de Presidente: «*Y cuando Gómez dice: "Pues lo tienen a usted bueno con lo de Presidente. Martí no será Presidente mientras esté yo vivo": y* enseguida, "*porque no sé yo que le pasa a los Presidentes, que en cuanto llegan ya se echan a perder, excepto Juárez, y eso un poco, y Washington*", Bello, animado, se levanta, y da dos o tres brincos, el machete le baila a la cintura: "*Eso será a la voluntad del pueblo*": y murmura: "*Porque nosotros —me dijo una vez acodados a mi mesa con Pacheco— hemos venido a la revolución a ser hombres, y no para que nadie nos ofenda en la dignidad de hombres*".»

* * *

El día 14 el Apóstol, según se deduce de sus palabras, se debate en un angustioso dilema: ¿lucha o desiste? «*Escribo, poco y mal, porque estoy pensando con zozobra y amargura. ¿Hasta que punto será útil a mi país mi desistimiento? Y debo desistir en cuanto llegase la hora propia, para tener libertad de aconsejar, y poder moral para resistir el peligro que de años preveo y en la soledad en que voy, impere acaso, por la desorganización e incomunicación en que mi aislamiento no puedo vencer, aunque a campo libre, la revolución entraría, naturalmente, por su unidad de alma, en las formas que asegurarían y acelerarían su triunfo.*»

* * *

El 16 de mayo recoge en su Diario su visión sociológica de la guerra que comienza: «*Convicción de Pacheco, el Capitán: que el cubano quiere cariño y no despotismo: que por el despotismo se fueron muchos cubanos al gobierno, y se volverán a ir: que lo que está en el campo es un pueblo que ha salido a buscar quien lo trate mejor que el español, y halla justo que le reconozcan su sacrificio. Calmo —y desvío sus demostraciones de afecto a mí, y las de todos.*»

* * *

El día 18 de mayo, víspera de su caída en Dos Ríos, Martí escribió su inconclusa carta a su hermano queridísimo, el mexicano Manuel Mercado, que transcribiremos íntegramente:

«*Ya puedo escribir, ya puedo decirle con qué ternura y agradecimiento, y respeto lo quiero, y a esa casa que es mía y mi orgullo y mi obligación; ya estoy todos los días en peligro de dar mi vida por mi país y por mi deber —puesto que lo entiendo y tengo ánimos con que realizarlo— de impedir a tiempo con la independencia de Cuba que se extiendan por las Antillas los Estados Unidos y caigan, con esa fuerza más, sobre nuestras tierras de América. Cuanto hice hasta hoy, y haré es para eso. En silencio ha tenido que ser y como indirectamente, porque hay cosas que para lograrlas han de andar ocultas, y de proclamarse en lo que son, levantarín dificultades demasiado recias para alcanzar sobre ellas el fin.*

»*Las mismas obligaciones menores y públicas de los pueblos, —como ese de usted y mío—, más vitalmente interesados en impedir que en Cuba se abra, por la anexión de los Imperialistas de allá y los españoles, el camino que se ha de cegar, y con nuestra sangre estamos cegando, de la anexión de los pueblos de nuestra América, al Norte revuelto y brutal que los desprecia, —les habían impedido la adhesión ostensible y ayuda patente a este sacrificio, que se hace en bien inmediato y de ellos.*

»*Viví en el monstruo, y le conozco las entrañas: y mi honda es la de David. Ahora mismo, pues días hace, al pie de la victoria con que los cubanos saludaron nuestra salida libre de las sierras en que andamos los seis hombres de la expedición catorce días, el corresponsal del Herald, que me sacó de la hamaca en mi rancho, me habla de la actividad anexionista, menos temible por la poca realidad de los aspirantes, de la especie curial, sin cintura ni creación, que por disfraz cómodo de su complacencia o sumisión a España, le piden sin fe la autonomía de Cuba, contenta sólo de que hay un amo, yankee o español, que les mantenga, o les cree, en premio de oficios de celestinos, la posición de prohombres, desdeñosos de la masa pujante, la masa mestiza, hábil y conmovedora, del país,— la masa inteligente y creadora de blancos y negros.*

»*Y de más me habla el corresponsal del Herald, Eugenio Bryson: —de un sindicato yankee— que no será con garantías de las aduanas harto empeñadas con los rapaces bancos españoles, para que quede asidero a los del Norte; —incapacitado afortunadamente, por su entrabada y compleja constitución política, para emprender o apoyar la idea como obra de gobierno. Y de más me habló Bryson, —aunque la certeza de la conversación que me refería, sólo la puede comprender quien conozca de cerca el brío con que hemos levantado la Revolución, —el desorden, desgano y mala paga del ejército novicio español, —y la incapacidad de España para allegar en Cuba o fuera los recursos contra la guerra, que en la vez anterior sólo sacó de Cuba. —Bryson me contó su conversación con Martínez Campos, al fin de la cual le dio a entender éste que sin duda, llegada la hora, España preferiría entenderse con los Estados Unidos a rendir la Isla a los cubanos. —Y aún: me habló Bryson más: de un conocido nuestro y de lo que en el Norte se le cuida, como candidato de los Estados Unidos, para cuando el actual Presidente desaparezca, a la Presidencia de México.*

»Por acá yo hago mi deber. La guerra de Cuba, realidad superior a los vagos y dispersos deseos de los cubanos y españoles anexionistas, a que sólo daría relativo poder a su alianza con el gobierno de España, ha venido en su hora en América, para evitar, aún contra el empleo franco de todas esas fuerzas, la anexión de Cuba a los Estados Unidos, que jamás la aceptarán de un país en guerra, ni pueden contraer, puesto que la guerra no aceptará la anexión, el compromiso odioso y absurdo de abatir por su cuenta y con sus armas una guerra de independencia americana.

»¿Y México, no hallará modo sagaz, efectivo e inmediato de auxiliar a tiempo, a quien lo defiende? Si lo hallará, —o yo se lo hallaré. —Esto es de muerte o vida, y no cabe errar. El modo discreto es lo único que se ha de ver. Ya yo lo habría hallado y propuesto. Pero he de tener más autoridad en mí, o de saber quien la tiene, antes de obrar y aconsejar. Acabo de llegar. Puede aún tardar dos meses, si ha de ser real y estable, la constitución de nuestro gobierno útil y sencillo. Nuestra alma es una, y la sé, y la voluntad del país; pero estas cosas son siempre obra de relación, momento y acomodos. Con la representación que tengo, no quiero hacer nada que parezca extensión caprichosa de ella. Llegué con el general Máximo Gómez y cuatro más, en un bote en que llevé el remo de proa bajo el temporal, a una pedrera desconocida de nuestras playas; cargué, catorce días, a pie por espinas y alturas, mi morral y mi rifle; —alzamos gente a nuestro paso; —siento en la benevolencia de las almas la raíz de este cariño mío a la pena del hombre y a la injusticia de remediarla; los campos son nuestros sin disputa, a tal punto, que en un mes sólo he podido oír un fuego; y a las puertas de las ciudades, o ganamos una victoria, o pasamos revista, ante entusiasmo parecido al fuego religioso, a tres mil armas; seguimos camino al centro de la Isla, a deponer yo, ante la revolución que he hecho alzar, la autoridad que la emigración me dio, y se acató dentro, y debe renovar conforme a su estado nuevo, una asamblea de delegados del pueblo cubano visible, de los revolucionarios en armas. La revolución desea plena libertad en el ejército, sin las trabas que antes le opuso una Cámara sin sanción real, o la suspicacia de una juventud

celosa de su republicanismo, o los celos, y temores de excesiva prominencia futura, de un caudillo puntilloso o previsor; pero quiere la revolución a la vez sucinta y respetable representación republicana, —la misma alma de humanidad y decoro, llena del anhelo de la dignidad individual, en la representación de la república, que la empuja y mantiene en la guerra a los revolucionarios. Por mí, entiendo que no se puede guiar a un pueblo contra el alma que lo mueve, o sin ella, y sé como se encienden los corazones, y como se aprovecha para el revuelo incesante y la acometida el estado fogoso y satisfecho de los corazones. Pero en cuanto a las formas, caben muchas ideas, y las cosas de los hombres son quienes las hacen. Me conoce. En mí, sólo defenderé lo que tengo yo por garantía o servicio de la Revolución. Sé desaparecer. Pero no desaparecería mi pensamiento, ni me agriaría mi oscuridad. Y en cuanto tengamos forma, obraremos cúmplame esto a mí, o a otros.

»*Y ahora, puesto delante lo de interés público, le hablaré de mí, ya que sólo la emoción de este deber pudo alzar de la muerte apetecida al hombre que, ahora que Nájera no vive donde se le vea, mejor lo conoce y acaricia como un tesoro en su corazón la amistad con que usted lo enorgullece.*

»*Ya sé sus regaños, callados, después de mi viaje. ¡Y tanto que le dimos, de toda nuestra alma, y callado él! ¡Qué engaño es éste y qué alma tan encallecida la suya, que el tributo y la honra de nuestro afecto no ha podido hacerle escribir una carta más sobre el papel de carta y de periódico que llena al día!*

»*Hay afectos de tan delicada honestidad...*»

* * *

El día 19 de mayo de 1895, de cara al sol, José Martí se inmoló en aras de su ideal y en beneficio de su Pueblo. Páginas innumerables, y de impar belleza, han sido escritas acerca del fatal encuentro en la confluencia del Contramaestre y el Cauto. A nosotros, revolucionarios, nos llena de orgullo el describir su holocausto copiando letra a letra y fonéticamente el relato vivido que hiciera del combate de Dos Ríos uno de los pobres de la tierra que el Maestro y Apóstol tanto amara, porque en sus frases huérfanas de erudición y retórica late el sentimiento noble y puro de un héroe de nuestra independencia y último sobreviviente de los seis expedicionarios de Playitas, el Coronel del Ejército Libertador, Marcos del Rosario. Su versión fue publicada en un periódico

dominicano, ya ganada la independencia, y reproducida en el libro
Martí en Santo Domingo, de Rodríguez Demorizi:

«*Fue en Dó Río... Ese fue el primer pleito el primer día en
que di machetazos... Martí era un valiente. ¡Dígalo! Martí era un
valiente. Eso dígalo uté. Martí murió, porque se metió peliando
en medio del campamento epañó... y montaba su caballo y venía
corriendo tirando tiro. Le diré como. A Martí lo dejamo ese día
atrá, en una sitiería por orden del generá Góme. Lo dejamo en
casa de Veguita, el jefe de la escolta del generá; y salimo a atacar
a Remancanagua y a cogé un convoy. Habíamos eperao inútilmente, dipué de poné embocá. El convoy no venía. El generá Góme
ordenó situarno en otro potrero. Y mandamo carta a Martí con
un expreso. Lo españole cogien el hombre y lo amarrán. Querían
que le enseñara cual era Máximo Góme... El hombre le dijo: "Uno
que anda en el caballo blanco es él..." Y dipué, el hombre le dijo
que lo iba a llevá donde taba Máximo Góme... y lo llevó pa lo lao
donde taba Martí... Martí venía hacia donde tábamo nojotro, en
compañía de Masó, que bía llegao con tropa cubana y ya Martí
lo bía comunicao al generá Góme. Nojotro tábamo contento, por
eso noticia, y hata leche bebíamo en un corrá... Ahí mijmo, por
coincidencia, dipué cayó Martí... Yo vide su sangre... Y así fue...
él venía y nojotro del otro lao y veníamo tirando y él se metió
entre la tropa española... Cuando lo mataron yo hata tuve al llorá .. porque hombre como ese... ¡Ná, ná...! yo creía que tábamo
perdio ya... Y el generá Góme se entriteció, pero eran un gallo
tremendo, y me dijo: "Marco: ahora, por dó cosa contra lo epañole... por la libertá de Cuba y por la sangre de Martí..." Si Martí hubiera tenío siquiera tré mese de guerra no lo matan...*»

* * *

La historia de la frustración mambisa de rescatar el cadáver
de Martí y de su apoderamiento por el enemigo; su enterramiento
y exhumación en Remanganaguas; el traslado de sus restos a Santiago de Cuba para su positiva identificación y posterior y definitivo enterramiento, son una serie de hechos de sobra conocidos
para volver sobre ellos. Quédanos sólo el rendir tributo a la hidalguía demostrada por el coronel español, Ximénez de Sandoval,
quien después de invitar a los presentes en las exequias a que
dijeran las palabras de duelo funeral que deseasen y no recibir
respuesta alguna, pronunció una breve oración que hacía honor
a la España de los Grandes Capitanes, de los oficiales Federico de
Capdevila y Nicolás Estévanez cuando el fusilamiento de los estudiantes del 71, que fluía por las venas de Martí:

«*Señores: Cuando pelean hombres de hidalga condición, como nosotros, desaparecen odios y rencores. Nadie que se sienta inspirado de nobles sentimientos debe ver en estos yertos despojos un enemigo... Los militares españoles luchan hasta morir; pero tienen consideración para el vencido y honores para los muertos.*»

* * *

El epílogo martiano sólo era comparable al sacrificio hecho por Cristo hacía justamente 19 siglos. Los dos, el Hijo de Cuba y el Hijo del Hombre, habían caminado hacia la muerte con plena conciencia de sus actos y sabiendo el deber que cumplían de sacrificarse para que su sangre brotara un Pueblo. Ambos fueron Fundadores y Maestros y a ellos seguirían fieles discípulos que continuarían su obra, también con la plena conciencia del sacrificio y del deber. En José Martí se produce la hipóstasis de su naturaleza humana, susceptible a fallas, y la transfiguración patriótica por su inmolación en Dos Ríos. No puede separarse, en el ámbito secular cubano, al Martí revolucionario —verbo hecho carne— del Martí redentor de nuestra ciudadanía que ascendiera al Infinito, nimbado de gloria, en la confluencia del Contramaestre y del Cauto más que puede separarse, en el ámbito religioso universal, al Jesús revolucionario —Verbo hecho Carne— del Cristo redentor de la humanidad que resucitara y ascendiese al Infinito envuelto en majestuoso esplendor después de su crucifixión en la colina del Gólgota. No fue un accidente su muerte porque se lanzó de frente y al galope hacia las filas enemigas emboscadas. No fue un suicidio porque éste solamente lo cometen los dementes y los cobardes. Fue una inmolación, una ofrenda de la vida en aras de la Patria. Un extraordinario ejemplo de sacrificio heroico para unificar voluntades. Un saber morir que debe ser la consigna sagrada de un verdadero revolucionario!

* * *

Capítulo III

PATRIA Y LIBERTAD

La Asamblea de Jimaguayú. — El Gobierno en Armas. — La Invasión. — (Junio 1895 - Enero 1896)

Las muertes de Martí, Moncada y Crombet fueron rudos golpes que tempranamente recibió la Revolución pero de ellos se repuso rápidamente. Maceo reorganizó prontamente sus cuadros de orientales y puso a Mariano Corona al frente del periódico El Cubano Libre. Máximo Gómez se movió hacia el Oeste con el propósito de ir preparando el terreno militar para la idea que bullía en su cerebro desde el 68 y que se había malogrado en el Cafetal González: la invasión de Oriente a Occidente para sublevar todo el país y hacer la guerra de pueblo con que Martí tanto había soñado. La minoría mambisa habría de convertirse en abrumadora mayoría combatiente tan pronto se liberasen los territorios en que o bien predominaba el miedo a España o bien estaban mediatizados por los colonialistas.

Como el Departamento Oriental se encontraba firmemente controlado por Maceo y Masó, Gómez estaba deseoso de trasladarse a Camagüey, región donde habían tenido lugar sus mejores campañas de la Guerra Grande y donde residía la mejor parte de los viejos oficiales que a sus órdenes habían servido en aquella gesta. Allí se encontraba también Cisneros Betancourt quien, como siempre, profesaba un decidido separatismo y con quien simpatizaban los jóvenes camagüeyanos ansiosos de lanzarse a la manigua a emular las glorias de Ignacio Agramonte y de Henry Reeve. Pero igual que en el 68 el Camagüey titubeaba antes de lanzarse de lleno a la lucha por la Independencia. Primero habían sido los anexionistas los que habían saboteado el alzamiento y ahora, inexplicablemente, eran distinguidos ex-mambises los que, pasados al colonialismo, cometían disparates rayanos en bribonadas similares a los que antaño dimanaran de Napoleón Arango. Después de tres meses de alzado Oriente y de que partidas insurrectas operaban en Las Villas, las llanuras camagüeyanas se hallaban vacías de jinetes libertadores porque Enrique Mola, Gonzalo Moreno, Aguilera y Luaces, entre otros, se negaban a cooperar con la Revolución y condenaban el movimiento. El Marqués de Santa Lucía escribió a Masó acerca de las dificultades camagüeyanas, que eran idénticas a las del 68: «*Como la Revolución fracasó en Occidente, Camagüey pedía que diese contraorden y postpusieran el movimiento...*» Viendo que Oriente no hacía caso a sus reconvenciones, el Marqués repitió que «*Camagüey se sostiene en sus propósitos de resolución irrevocable...*», pero añadía a Masó: «*Yo en particular estoy dispuesto a compartir con usted su suerte, sea cual fuere; así, avíseme para determinar ir allá o ver que hago...*» Contrastando su actitud, el colonialista Gálvez escribió a su tío, turiferario mayor del españolismo: «*Sólo el Marqués de Santa Lucía, que es un fanático, hace propaganda... Sería de buen efecto moral y de provecho que Montoro se diera una vuelta por aquí. Puede decirse que aquí la guerra la han secundado el Marqués y las mujeres...*» Gómez, cuando se enteró de la situación camagüeyana exclamó iracundo: «*¿No quieren guerra? Pues yo se la voy a meter a la fuerza, como taco en escopeta...!*»

* * *

Gómez partió para Camagüey con un pequeño grupo de orientales, a los cuales se les unió en Las Tunas un contingente de 200 jinetes al mando del general Capote, y después de una penosísima marcha en plena época de lluvias y con un tal descontento por parte de la tropa que hizo exclamar al viejo general: «*Aunque me quede sin un hombre, sigo solo para Camagüey...!*», penetraron en la región agramontina donde inmediatamente se les sumaron el Marqués y lo más granado de la juventud camagüeyana de abolengo mambí: Sánchez, Boza, Varona, Mora, Recio, Vega, etc., a quienes Gómez les dio de jefe al oriental Borrero. En menos de una semana Gómez había puesto en pie de guerra a Camagüey y comenzado su campaña circular alrededor de Puerto Príncipe. Inmediatamente dictó la prohibición de la zafra azucarera en Occidente amenazando «*hacer cumplir lo ordenado con mi firma, con mi espada...*» cosa que provocó la risa de los hacendados habaneros, tan seguros por su lejanía. Gómez dio inicio a la materialización del proyecto invasor escribiendo a Maceo el 30 de junio de 1895:

«*Por todo esto es urgente que usted prepare un contingente lo más pronto que pueda y con jefes escogidos y experimentados trate de incorporárseme cuanto antes, para que demos el golpe definitivo en Occidente, donde se nos espera. En el mismo sentido escribo al general Masó; he dispuesto y protegido desde aquí los levantamientos de Las Villas y los valientes que allí se han alzado esperan ansiosos que yo y usted emprendamos la marcha para aquella comarca. Solamente empujado por circunstancias fortuitas, emprendería esa marcha sin esperar su valioso concurso, y siempre será mi propósito aguardarlo para asegurar el éxito y compartir la gloria. P. D. Mi querido amigo: no me deje a José. Yo creo que usted puede dejar a Oriente con guerrillas y venir con el gran ejército de Alejandro Magno.»*

Maceo recibió la carta poco después de haber triunfado en una de las más brillantes acciones de su carrera y en la cual estuvo a punto de capturar a Martínez Campos y que costó la vida al general español Santocildes: la batalla de Peralejo. El Titán no estaba de acuerdo con dejar a Oriente tan sólo con guerrillas antes de emprender la Invasión sino que era partidario de dejar consolidado el Departamento y dejar constituido el Gobierno, tal como habían sido los deseos de Martí, a los cuales él se había opuesto pero que ahora, noblemente, rectificaba su opinión contraria. Con su leal proceder de siempre le comunicó a Masó:

«Le incluyo una comunicación del General en Jefe para que se imponga de las órdenes que me comunica... El Departamento Oriental, que está a cargo de nosotros, si se quedara como dispone el General en Jefe, desaparecería por completo... Creo mi deber manifestarle que si bien es verdad que ganaríamos mucho con el terreno que ocupásemos en una invasión, sin constituirse Gobierno, perderíamos quizás el todo dejando acéfala la dirección...

»A su ilustradísimo criterio no escapará la importancia de todas las consideraciones que le hice y acabo de significarle ahora; pues si bien es verdad que a la llegada del general Gómez y Martí, creía un lujo prematuro la formación de Gobierno, también lo es el que lo crea hoy de imperiosa necesidad.

»...y advirtiéndole que constituido o no el país, secundaré los planes del General en Jefe, que ahora me propone y que fueron los míos para cuando dejásemos constituido el Gobierno, sin embargo de que creo que nos será de grave inconveniente para nuestra causa dejar a Oriente en la forma que indica el general Gómez... Por otro lado, eso daría tiempo a desenvolver mis planes, en favor de la Revolución, con la introducción de elementos de guerra que espero realizar de un momento a otro.»

* * *

Gómez ordenó que cada uno de los Cuerpos de Ejército al mando de Maceo y Masó, respectivamente, contribuyera con 1.100 hombres, cálculo optimista que aunque aceptado por Maceo fue protestado por Masó dando origen a un serio disgusto entre estos dos Generales. Maceo y Masó, por disposición del General en Jefe, se dividían el mando del Departamento Oriental pues a pesar de que Maceo había sido nombrado para el mando por el Partido Revolucionario Cubano, al desembarcar se encontró que los alzados del 24 de febrero habían nombrado a Masó para ese mando. En forma de evitar problemas desde tan temprano en la guerra Gómez dispuso esa división del mando. Otra cosa tuvo el estricto general dominicano que pasar por alto: los generales Maceo y Masó permitieron hacer la zafra a ciertos ingenios orientales que pagaron contribución al Ejército Libertador. Con el dinero recaudado Maceo inmediatamente giró a Costa Rica el importe de las deudas allí contraídas por cuenta de la Revolución y además envió al Delegado, en Nueva York, más de cien mil pesos en giros y pagarés «contra los señores de París y Nueva York», para que fuesen utilizados en la compra de Remingtons 43, artillería de montaña y pertrechos.

* * *

El 24 de julio llegó a Cuba, a la zona de Tunas de Zaza, después de una odisea en el Caribe, la expedición que conducían los generales Roloff y Serafín Sánchez quienes traían con ellos al grupo original del Lagonda y a su rescatado armamento. En Nueva York, por acuerdo del Partido, Tomás Estrada Palma se había hecho cargo de la Delegación que ocupaba Martí y poco a poco iba rehaciendo los contactos que habían quedado truncos a la muerte del Apóstol. No obstante que Martí había escogido personalmente a Gonzalo de Quesada como su discípulo y confidente, éste no estuvo nunca a la altura de la obligación que se le imponía y prefirió ocupar lugares secundarios en el proceso revolucionario posterior a la muerte del Apóstol. La cardinal preocupación de Estrada Palma fue la creación y organización de un Departamento de Expediciones que tuviese a su cargo el trabajo de comprar, almacenar y embarcar clandestinamente los equipos requeridos desde Cuba y para ello nombró distintas Delegaciones del Partido en ciudades de los Estados Unidos y Centro y Sur-América. El 27 de octubre llegó a Maisí la expedición del Laurada destinada a Maceo, al mando de un hijo del Padre de la Patria, el joven Carlos Manuel de Céspedes y Quesada, con ciento veinticinco rifles y cincuenta mil tiros. Los generales Aguirre y Carrillo, detenidos la víspera de Baire, fueron excarcelados por gestiones consulares norteamericanas y se trasladaron a Nueva York para conducir expediciones que los regresaran a los campos de Cuba en Armas. Merece aquí aclarar que muchos cubanos ostentaban la ciudadanía americana porque habían renunciado a la española y adoptado la primera durante su larga residencia en los Estados Unidos. Otros muchos se habían visto obligados a naturalizarse extranjeramente porque España les había cancelado los documentos que los acreditaban como súbditos de ella. Como se echa de ver, lo que sucede en nuestro tiempo con el exilio, en este orden de cosas, no es más que una repetición de los hechos de aquel tiempo.

* * *

Maceo tomó la iniciativa de propiciar una reunión de patriotas para que redactasen un proyecto con vista a la constitución de un Gobierno en Armas previa una Constituyente y a ese efecto se reunieron en Bijarú, Holguín, un grupo de ellos entre los que se contaban Portuondo, Salcedo, Miró y Manduley. Macedo decidió no tomar parte en las conversaciones a fin de que su presencia no influenciase las decisiones a tomar. Lo único que hizo fue el sugerir que Masó ocupase la Presidencia de la República en Armas, no solamente honrándolo con el más elevado cargo civil sino a la vez, diplomática e inteligentemente, relevándolo del mando militar de Oriente que con él compartía y que era necesario unificar. Máximo Gómez no dio instrucciones precisas acerca de como debía constituirse el Gobierno ya que su interés mayor radicaba en la constitución del mismo para que, una vez logrado esto, se le enviase el contingente invasor que reclamaba y que Maceo pretería a la formación del Gobierno. Los reunidos acordaron, en principio que el Gobierno podía ser un Consejo formado por el Presidente y Vicepresidente de la República y varios Secretarios con funciones ejecutivas y legislativas y que la Jefatura del Ejército debería contar con cierta independencia de aquél y con mayores facultades para disponer la estrategia de la campaña, aunque el Gobierno estuviese en el derecho de intervenir en los planes siempre que fuese para el propósito de promover altos fines políticos y diplomáticos. Nada se mencionó del Partido Revolucionario Cubano como organismo político director del movimiento armado porque, infortunadamente, Martí no había previsto el papel que jugaría el Partido en una situación como la que ahora se presentaba. La realidad, a ojos de todos, era que el brazo armado de la Revolución tenía en aquellos momentos todos los resortes del poder.

* * *

Los preliminares de la Constituyente estuvieron impregnados con las ideas de Maceo acerca de la formación de un Gobierno que careciese de los defectos que habían perjudicado las relaciones entre el Ejecutivo, la Cámara y el Jefe del Ejército en la Guerra de los Diez Años y como que él había sido el promotor de la idea, su influencia era indiscutible aún a pesar de que voluntariamente se retiró del seno de las deliberaciones pre-convencionales de Bijarú. Que Antonio Maceo ya tenía pre-concebida la estructura del Gobierno quedaba demostrado ahora en Bijarú y además con el recuerdo de aquellas palabras del Diario de Martí: «*...y serán gentes que no me las pueda enredar allá el doctor Martí...*» Cisneros Betancourt, como siempre celoso defensor de los fueros civiles e irreprimible cabildero, se buscó un gratuito problema con el líder militar oriental del que salió mal parado epistolarmente pues ya Maceo no admitía el rebajamiento ni de su persona ni de su cargo y, además, seguía siendo un enemigo jurado de los embrollos politiqueros. Cisneros sobreestimó su respetable condición patricial del 68 y su ascendiente sobre los humildes generales de la Guerra Grande y no realizó que éstos de ahora eran nuevos tiempos. Cometió dos desaguisados: escribió a Estrada Palma censurando a Maceo y profiriendo contra él conceptos indebidos y escribió al Titán en un tono paternalista que no se compadecía con la jerarquía de éste. Maceo, determinado a no dar alternativas a los antiguos profesores de democracia le contestó con meridiana claridad e irrebatible franqueza dándole al Marqués, de pasada, la lección de civilismo que éste pretendía darle a él. Veamos el incidente:

Cisneros había escrito a Estrada Palma: «*Considero que Maceo le habrá remitido El Cubano Libre, que está publicándose allá. Hemos releído el segundo número; no ha dejado de chocarnos aquello de Órgano oficial de los insurrectos de Oriente, no sé a lo que viene, y me temo que la hormiga quiera criar mucha ala y que esta ambición desmedida nos dé mucho que hacer. Antonio Maceo que se conforme con sus laureles militares, y será bueno que usted le aconseje...*» A Maceo le escribió una carta de tonos amables en la que le insinuaba que los delegados orientales a Bijarú no eran otra cosa que meros figurones suyos y le aconsejaba prudencia y cordura al tiempo que le aseguraba que le sería dado «*un cargo de importancia...*» La fulminante respuesta que recibió del bravo santiaguero se condensó en estos párrafos breves y severos:

«*...su oferta está buena para los que mendigan puestos, o para las personas que no sepan conquistarse con sus propios esfuerzos el que deban desempeñar en la vida pública. No olvide mis condiciones de hombre de este temperamento si en otra ocasión se le ocurre hablarme de puestos y destinos que nunca he solicitado, pues como usted sabe, tengo la satisfacción de no haber desempeñado ninguno por favor; al contrario, con oposición manifiesta hasta para lo más insignificante. La humildad de mi cuna me im-*

pidió colocarme desde el principio a la altura de otros que nacieron siendo jefes de la Revolución. Quizás por eso usted se cree autorizado para suponer que me halaga con lo que me indica me tocará en el reparto...

»El Cubano Libre se fundó nuevamente debido a mis esfuerzos, sin que ni a mí ni a nadie le guiara idea de predominio ni de imposición, ni mucho menos la de preferencias regionalistas. Por el contrario, como a su publicación sólo estaba arraigada la guerra en Oriente, quisimos dejar en libertad de acción a las demás provincias y respetar las facultades que deben residir en el Gobierno que ha de constituirse, por si éste determinaba la fundación de un periódico que fuese su órgano oficial. Haberle dado yo ese carácter antes de constituirse el Gobierno, hubiera sido arrogarme una atribución de que carecía, y además habría falseado los hechos. Aparte de eso no me ocupo en el periódico como no sea para tenerlo bien provisto de material de imprenta, creyendo evitar con eso el que se le suponga que sirve particulares intereses míos. En él escriben los que quieren y pueden hacerlo sin que jamás haya impuesto mi criterio político a ninguno de sus redactores. Me estimo mucho para exponerme al reproche de los escritores que en ese semanario colaboran. Si ustedes no hubieran venido a la Revolución con tantas prevenciones, acaso no les habría sido fácil suponer que las tiene El Cubano Libre respecto de ustedes...»

* * *

El criterio de nombrar representantes de los Cuerpos de Ejército en lugar de hacerlo por las regiones de Cuba, como se había hecho en Guáimaro, fue aceptado por todos y además se incluyó al Quinto Cuerpo, que estaba en proceso de formación. El 12 de septiembre de 1895 se reunieron en Jimaguayú los veinte representantes de los cinco cuerpos armados para redactar una Constitución y constituir un Gobierno. En esta ocasión los Constituyentes poseían la experiencia necesaria para ser prácticos en sus proyecciones y para prescindir de toda la palabrería petulante y toda idea perfeccionista que entorpeciese las labores. Cierto es que surgieron opiniones contrarias y que se defendieron ardorosamente los puntos de vista de cada uno, pero todo se realizó en un marco de pragmatismo revolucionario y de inspiración patriótica. Y todos llevaron a Jimaguayú la decisión de hacer las cosas de la manera más sencilla posible. En tan sólo cuatro días se celebraron las sesiones, se aprobó la Constitución y quedó establecido el Gobierno en Armas.

Los debates se centraron sobre dos opiniones fundamentales: la unidad del gobierno republicano y el establecimiento de suficiente autonomía para el General en Jefe. No se consideró para nada el establecimiento de una Cámara de Representantes. Una tendencia, mayormente representada por los orientales, defendió la tesis de la unidad civil y militar en la persona del Presidente de la República, alegando que si éste era el máximo representante del pueblo cubano, y a su vez ese pueblo eran los soldados, lógicamente debía ser el jefe de ese pueblo armado. Los opuestos a esta tesis, en su mayoría camagüeyanos y habaneros, defendían la separación de poderes ya que, alegaban, *existía el pueblo cubano, no sólo en las familias que viven en las poblaciones y que están de acuerdo con la Revolución, sino también las emigraciones que ayudan con todos sus esfuerzos al actual movimiento...* La solución al dilema se halló en la fórmula de establecer la unidad orgánica del Poder y la separación personal de su ejercicio, o séase que el Presidente era el jefe nominal del Ejército en tanto que el General en Jefe era el director de sus operaciones. La tesis, que se pudiera llamar *militarista*, triunfó en definitiva, ya que lo que se constituyó fue una organización centralizada del poder aunque con órganos paralelos: el Consejo de Gobierno, integrado por un Presidente y un Vicepresidente y con cuatro Secretarios y sus respectivos Vices, a saber: de Relaciones Exteriores, de Hacienda, del Interior y de la Guerra y el General en Jefe, sujeto a la regulación constitucional y al cual se le confirió la dirección estratégica, las operaciones tácticas y la organización de las fuerzas armadas. El Consejo de Gobierno estaba investido de facultades legislativas y su tiempo de permanencia era de dos años si es que antes no terminaba la guerra con la independencia. Nada se estableció acerca de los derechos civiles, como se había hecho en Guáimaro, sino tan solo un deber cívico: la obligación de todos a servir con su persona y sus bienes, según sus aptitudes, a la Revolución.

El Preámbulo de la Constitución y sus principales Artículos, decían como sigue:

«La revolución por la independencia y creación de Cuba en República democrática, en su nuevo período de guerra iniciada en 24 de febrero último, solemnemente declara la separación de Cuba de la monarquía española y su constitución como Estado libre e independiente con gobierno propio, por autoridad suprema, con el nombre de República de Cuba, y confirma su existencia entre las divisiones políticas de la tierra. Y en su nombre y por delegación que al efecto les han conferido los cubanos en armas, declarando previamente ante la patria la pureza de sus pensamientos, libres de violencias, de ira o de prevención y sólo inspirados en el propósito de interpretar en bien de Cuba los votos populares para la institución del régimen y gobierno provisionales de la República, los

representantes electos de la Revolución en Asamblea Constituyente, han pactado ante Cuba y el mundo civilizado, con la fe de su honor empeñado en el cumplimiento, los siguientes artículos de la Constitución:

1. — El Gobierno Supremo de la República residirá en un Consejo de Gobierno, compuesto de un Presidente, un Vicepresidente, y cuatro Secretarios de Estado, para el desempeño de los asuntos de Guerra, de lo Interior, de Relaciones Exteriores y de Hacienda.

2. — Cada Secretario tendrá un Subsecretario de Estado para suplir los casos de vacante.

3. — Serán atribuciones del Consejo de Gobierno: a) Dictar todas las disposiciones relativas a la vida civil y política de la Revolución; b) Aprobar la ley de organización militar y ordenanzas del Ejército que propondrá el General en Jefe; c) Conferir los grados militares de Coronel en adelante, previos informes del Jefe superior inmediato y del General en Jefe y designar el nombramiento de este último y del Lugarteniente General en caso de vacantes de ambos; d) Ordenar la elección de cuatro representantes por cada Cuerpo de Ejército cada vez que, conforme a esta Constitución, sea necesaria la convocatoria de Asamblea singular.

4. — El Consejo de Gobierno solamente intervendrá en las operaciones militares, cuando a su juicio sea absolutamente necesario a la realización de altos fines políticos.

7. — El Poder Ejecutivo, residirá en el Presidente, o en su defecto en el Vicepresidente.

11. — El tratado de paz con España, que ha de tener precisamente por base la independencia absoluta de la Isla de Cuba, deberá ser ratificado por el Consejo de Gobierno y la Asamblea de Representantes, convocada expresamente para ese fin.

17. — Todas las fuerzas armadas de la República y la dirección de las operaciones de la guerra estarán bajo el mando directo del General en Jefe, que tendrá a sus órdenes, como segundo en el mando un Lugarteniente General, que le sustituirá en caso de vacante.

19. — *Todos los cubanos están obligados a servir a la Revolución con su persona e intereses según sus aptitudes.*

20. — *Las fincas y propiedades de cualquier clase pertenecientes a extranjeros, estarán sujetas al pago del impuesto en favor de la Revolución, mientras sus respectivos Gobiernos no reconozcan la beligerancia de Cuba.*

* * *

El 18 de septiembre, fecha de clausura de la Asamblea, se procedió a la elección del Consejo de Gobierno, que quedó constituido así: Presidente: Salvador Cisneros Betancourt; Vicepresidente: general Bartolomé Masó; Secretario de la Guerra: general Carlos Roloff; del Interior: doctor Santiago García Cañizares; de Relaciones Exteriores: doctor Rafael Portuondo; y de Hacienda: Severo Pina. Dos orientales (Masó y Portuondo), un camagüeyano (Cisneros Betancourt), un villareño (Roloff) y dos occidentales (Pina y García Cañizares) formaban el Consejo en un balance regional perfecto. Máximo Gómez fue ratificado en su cargo de General en Jefe; Antonio Maceo nombrado Lugarteniente General; y Tomás Estrada Palma escogido como Agente Diplomático en el Exterior. Los generales Masó y José Maceo quedaron al mando del Segundo y el Primer Cuerpo del Ejército respectivamente.

* * *

La Asamblea de Jimaguayú, como se puede ver, mantuvo las ideas de Martí encerradas en su carta a Mercado: «*una asamblea de delegados del pueblo cubano visible, de los revolucionarios en armas...*»; «*plena libertad en el ejército, sin las trabas que antes le opuso una Cámara sin sanción real, o la suspicacia de una juventud celosa de su republicanismo...*»; «*los celos y temores de excesiva prominencia futura, de un caudillo puntilloso o previsor...*» y todo esto dentro de «*la constitución de nuestro gobierno, útil y sencillo...*» Pero no era menos cierto que se había echado a un lado al Partido Revolucionario Cubano como el motor ideológico y revolucionario y se confió al Ejército la facultad de poder inclinar la balanza en ocasiones de crisis al tiempo que la Emigración pasaba a ser tan solo una agencia auxiliar de la insurrección. Aunque adolecía de un defecto parlamentario, la carencia de una Cámara popular, sus resultados probaron ser saludables y, sobre todo, un freno a las pasiones que habían distinguido a los líderes de la Guerra de los Diez Años, aunque éstas se reeditaron en menor escala por el incorregible Marqués de Santa Lucía y varios de sus adláteres, como más adelante veremos, ya que este cubano, patriota indiscutible, no podía sustraerse a los vicios de la política de camarillas y cubileteos por la que siempre han descollado los parlamentos españoles y cubanos.

* * *

Una vez establecido el Gobierno en Armas, Maceo se trasladó a Baraguá a organizar el contingente invasor que le había solicitado Máximo Gómez y al cual debía contribuir Masó con mil y pico de hombres. Maceo se cansó de esperar por Masó y sus hombres y en compañía del Gobierno emprendió la marcha hacia Holguín en medio de un temporal de agua que desfondaba los caminos y sacaba de madre los ríos. El Cubano Libre, ansioso de publicidad, dio la noticia de la marcha de la Invasión y Maceo ordenó la recogida inmediata del periódico indiscreto aunque no pudo evitar que el enemigo se enterara, por éste, de su partida y a causa de ello lanzara tras él tres columnas, obligándolo a alterar sus planes de marcha. La dificultad con Masó era la idea errónea que éste tenía de que la Invasión no era procedente en tanto no se hubiera ganado y asegurado Oriente, o séase, que pensaba en una Invasión por etapas en lugar de una penetración profunda y rápida, demostrando con ello tener un sentido conservador de la guerra que no se ajustaba al momento. Masó informó su incapacidad de cumplir la orden recibida de aportar más de mil hombres y solamente se incorporó a las fuerzas invasoras el general Rabí con un pequeño número de soldados del Segundo Cuerpo. La situación se iba haciendo tensa día por día entre los generales Gómez, Maceo y Masó hasta el punto que el primero increpó al segundo por su demora en incorporársele, la que provocó que Maceo, a su vez, increpase a Masó. Máximo Gómez, previendo las dificultades en que entraría la Invasión a causa de los males del localismo y el regionalismo, envió a Maceo una terminante comunicación en la que le ordenaba que dejase a José Maceo en Oriente y en la que, además, le decía: «*Tenemos en Oriente, sobre todo en Bayamo y Manzanillo, muchos jefecitos que más tienen de comerciantes que de guerreros limpios... Para omitir averiguaciones sería bueno que usted, sin consideraciones, los meta en las filas del gran cuerpo del Ejército Invasor, que como bola de nieve debe empezar su formación desde los confines de Oriente... Y finalmente dejará usted a José, con menos gente, pero más depurada...*» Maceo, una vez que recibió estas órdenes dictó a su vez las suyas: «*Todos aquéllos que por su conducta sospechosa o desarreglada puedan ser agentes de perturbación ingresarán en la columna expedicionaria. Me propongo con esta medida depurar las fuerzas que han de quedar aquí...*» No cabía duda alguna, pues, que los dos generales, Gómez y Maceo, sabían muy bien que en esta nueva guerra que comenzaban tenían que implantar, desde el primer día, métodos nuevos y que la disciplina tenía que hacerse cumplir y los castigos aplicados sin contemplaciones. Estaban decididos a guillotinar inmediatamente la cabeza de la discordia regionalista y de la indisciplina que perjudicó la gesta del 68 tan pronto como apareciese en las filas del Ejército Invasor.

Maceo continuó lentamente su marcha en previsión de que se le uniese el contingente del Segundo Cuerpo, llevando con él al Gobierno. Cisneros Betancourt apreció su equivocación y noblemente rectificó escribiendo a Estrada Palma: «*El general Masó, sorprendiendo nuestro modo de pensar con respecto a él, a pesar de las órdenes que se le han dado, no aparece aún con el contingente de otros tantos que el Segundo Cuerpo, que es el de su mando, debía aportar al Ejército Expedicionario. En cambio, el general Maceo del que temíamos seriamente por las pretenciosas ambiciones de que se le culpaba, lo he encontrado en el mejor terreno, esto es, en el de patriota íntegro, obediente en un todo al General en Jefe y a este Gobierno...*» Gómez piafaba de impaciencia en Las Villas y a las excusas que le daba Maceo por su demora en incorporársele replicó a éste: «*Me extraña que usted, cuyo carácter tengo bien conocido, no haya procedido con un poco de más energía haciendo cumplir mis órdenes...*» A fin de cuentas, el Segundo Cuerpo solamente aportó doscientos hombres mal armados a las órdenes del coronel Tamayo y con ellos, y con la incorporación de un refuerzo camagüeyano mandado por el impar Mayía Rodríguez, jefe del Tercer Cuerpo, Maceo caminó hacia el Poniente en busca de Máximo Gómez. Antes de hacerlo, y celoso de su mando, inquirió del Consejo de Gobierno cuales eran sus atribuciones como Lugarteniente General a la que aquel le aclaró «*que mientras estuviera presente el General en Jefe, las que éste tuviera a bien designarle como superior jerárquico, a cuyas órdenes estaba como segundo en el mando...*», razones que Maceo satisfactoriamente aceptó.

Durante la marcha se produjeron deserciones de orientales, víctimas del mal del regionalismo, y Maceo reaccionó con violenta energía ordenando un Consejo de Guerra el cual, presidido por Mayía Rodríguez, condenó a muerte, en ausencia, a quince oficiales orientales así como dispuso el fusilamiento de todos los prófugos que fuesen capturados. El resultado obtenido fue el que allí mismo se terminaron las deserciones. Los desertores se pusieron a buen recaudo por un tiempo y luego se reincorporaron a sus respectivos mandos en Oriente, sirviendo heroicamente en ellos hasta hacerse merecedores de un posterior indulto. Habían desertado a causa de sentimientos localistas y no por cobardía. La columna invasora continuó su marcha, ahora al compás del Himno Invasor compuesto por Enrique Loynaz del Castillo y a sus acordes atravesó la Trocha en medio de una neblina, propiciada esta acción mediante un movimiento distraccionario efectuado para obligar a los españoles a descuidar el fortificado sector. El 29 de noviembre de 1895 se abrazaron Gómez y Maceo en los potreros de Lázaro López al son de La Bayamesa y con un fondo de vítores mambises. Eran, en su totalidad, cerca de cuatro mil hombres.

Al día siguiente la diana mambisa llamó a formación y las tropas fueron revistadas por el Presidente Cisneros, el General en Jefe y el Lugarteniente General. El legendario dominicano, erguido en los estribos y atronando el espacio con su vibrante voz, arengó aquellas filas de infantes y jinetes ripiados y andrajosos, muchos de ellos descalzos y armados solamente con machetes y estacas pero llenos de fervor patriótico hasta el último hombre, con un discurso que presagiaba dolor y muerte pero así mismo honor y gloria para aquellos héroes quienes tenían como divisa y meta el lema con que se firmaban todas las comunicaciones y partes de guerra: PATRIA Y LIBERTAD. Dijo Gómez:

«*En estas filas que veo tan nutridas, la muerte abrirá grandes claros. No os esperan recompensas, sino sufrimientos y trabajos. El enemigo es fuerte y tenaz... El triunfo sólo puede obtenerse derramando mucha sangre. ¡Soldados!, no os espante la destrucción del país, no os extrañe la muerte en el campo de batalla.. Poco se ha hecho hasta ahora, poco hemos andado. Esta guerra no registra más que dos hechos notables: Peralejo y la expedición de Roloff. No estamos aún en Las Villas, donde nos esperan grandes peleas... España ha mandado para combatirnos al más experto de sus generales. ¡Y bien!, con eso demuestra nuestro poder porque empieza ahora por donde acabó la otra vez... y llegarán los invasores a las puertas de La Habana con la bandera victoriosa, entre el humo del incendio y el estrépito de la fusilería. ¡Soldados!, llegaremos hasta los últimos confines de Occidente, hasta donde haya tierra española...*»

* * *

Las Crónicas de la Guerra del general José Miró Argenter, libertador que era catalán de nacimiento y Jefe del Estado Mayor del Ejército Invasor, son las más elocuentes y clásicas relaciones de la Campaña de Invasión que emprendieran las tropas cubanas desde Baraguá hasta Mantua, y ellas debían ser leídas con la reverencia que merecen las grandes obras militares por la conquista de la libertad y con el mismo sentimiento que los cristianos leen en la Biblia los fastos del pueblo de Dios. La invasión del Occidente cubano en el 95 tuvo su repetición sesentitrés años después, en 1958 y en la misma época estacional, por el Ejército Rebelde del Movimiento 26 de Julio frente a la dictadura de Fulgencio Batista. La similaridad de las jefaturas es sorprendente: un dominicano y un cubano, Máximo Gómez y Antonio Maceo en 1895; un argentino y un cubano, Ernesto Guevara y Camilo Cienfuegos en 1958. La única gran diferencia, para nuestra vergüenza histórica, consiste en el que llamar a Gómez extranjero en aquella época era una canallada, en tanto que calificar de cubano a Guevara, en la nuestra, es una blasfemia.

* * *

Cisneros Betancourt contestó a Gómez, a nombre del Gobierno, con sentidas palabras y entregó la bandera al general Maceo, quien había sido nombrado Jefe de la Columna Invasora con facultades omnímodas. Bartolomé Masó llegó al campamento y tomó posesión de su cargo de Vicepresidente de la República. Ya con anterioridad había sido destituido, por el General en Jefe, de su jefatura del Segundo Cuerpo del Ejército Libertador por su débil actuación al frente del mismo. A Maceo le fue dado el mando de los Cuerpos Cuarto y Quinto, que habrían de ser formados en los territorios occidentales al paso de la Invasión. El problema de la autorización de la zafra surgió de nuevo entre Maceo y el Consejo pero éste fue solucionado por la intervención del general Gómez quien decidió que fuesen respetados los compromisos contraídos con los azucareros de Oriente por Maceo y Masó, como excepciones a la orden prohibiendo la zafra ya que ella debía cumplirse con todo rigor en el resto de la Isla. La forma que usaban *los literatos del Consejo*, como les llamaba Maceo, de pedir cuentas a los jefes militares a menudo irritaba fogosamente a éstos.

Al penetrar La Villas, la Columna Invasora sostuvo un fuerte combate en Iguará y el 4 de diciembre se decidió que el Consejo de Gobierno regresara a Oriente y que el Secretario del Interior, García Cañizares, se quedara en Las Villas representándolo. Los generales Cebreco y José Maceo quedaban luchando en Oriente al mando del Segundo y el Primer Cuerpo, respectivamente, con Mayía Rodríguez en Camagüey al frente del Tercer Cuerpo. El anciano Presidente, Cisneros, frente a la tropa en formación puso en las manos de Maceo una bandera de seda con flecos de oro, donada por las patriotas villareñas, para que viajase con los invasores hacia Occidente en aquella, según les dijo, «*empresa heroica, llena de peligros y sembrada de obstáculos, pero que serán vencidos por el valor y la fe que a todos os anima, y por el poderoso brazo de vuestro ilustre caudillo, ¡de nuestro Maceo!, a quien hago donación de esta bandera para que flamee al soplo de las brisas de Levante, sobre el risco más avanzado del cabo San Antonio.*»

Maceo, ya actuando como Jefe del Cuarto Cuerpo, dictó una proclama a los villareños, seguramente recordando la actuación regionalista de éstos en el 68, en la que les explicaba los progresos alcanzados hasta aquel momento por las fuerzas invasoras y asegurándoles que se habían conseguido por no haberse conformado los orientales a quedarse en sus reductos montañosos haciendo una guerra localista, y los exhortaba a la unidad invasora diciéndoles:

«*Nuestra misión es más elevada, más generosa, más revolucionaria; queremos la libertad de Cuba, anhelamos la paz y el bienestar de mañana para todos sus hijos, sin poner tasa al sacrificio ni tregua al batallar, llevando la guerra a todas partes, hasta los baluartes más remotos de la dominación y batir en ruinas sus murallas opresoras... Para eso pedimos vuestro concurso ¡animosos villareños! Sólo así el sacrificio será meritorio; sólo así podrán cumplirse los ideales supremos de la Revolución, únicamente así el sol de la libertad, que ya brilla radiante en el cielo de la Patria, no sufrirá otro eclipse pavoroso...*»

El general Roloff resignó el mando superior del Cuarto Cuerpo y se contrajo a sus obligaciones como Secretario de la Guerra, haciéndose Serafín Sánchez cargo de las fuerzas villareñas. La infantería de este cuerpo se dio a la responsabilidad del negro oriental general Quintín Banderas, quien tenía como segundo al general José Miguel Gómez, villareño. La guerra de pueblo era ya una verdad indiscutible y milagrosa. La muchedumbre española se iba a desmoronar al impacto de la mayoría cubana. Porque las *minorías históricas* se convierten en mayoría de pueblo, en tanto que las masas, frente a ésta, no son más que muchedumbre. El número grande en una masa no indica calidad, sino cantidad. Los componentes de una mayoría, aunque menores en número que los de una muchedumbre, son superiores a ésta por su calidad y por su condición de Pueblo y no de masa.

* * *

La Columna Invasora siguió su paso hacia Occidente a través de las montañas villareñas hasta arribar a las planicies del perímetro cienfueguero, donde una vez fueron detenidos, en el Cafetal González, los bríos expedicionarios de Máximo Gómez tanto por la carencia de parque como por el cansancio de su caballería. Ahora son magníficos corceles y jinetes los que forman sus escuadras y tiene a Maceo ocupando el puesto de Reeve, *El Inglesito*, pero al igual que en el 75 sus cartucheras están casi vacías. Ante la disyuntiva de avanzar o retroceder, los jefes invasores dan la orden epopéyica: tocar a degüello y cargar al machete. ¡Que el acerado filo y el valor cubano se midan con el plomo español en lucha a muerte! Martínez Campos dividió sus columnas en secciones de 500 hombres y las distribuyó por la llanura en una combinación que destruyese a las supuestamente maltrechas y agotadas tropas mambisas. La caballería libertadora se lanzó incontenible, con Gómez y Maceo al frente, sobre los cuadros españoles y los destrozó en tan sólo quince minutos, segándolos como si fueran cepas de caña nueva. Tal fue el terror que hizo presa en los cuadros hispanos y batallones de caballería del coronel Rich, que solamente cuatro invasores fueron muertos y veintitrés heridos en la batalla. El botín recogido renovó las agotadas cananas mambisas pues se recogieron innumerables fusiles y cajas de balas. Esa fue la épica jornada de Mal Tiempo.

Maceo nombró al general José Lacret jefe del Cuarto Cuerpo y envió a Camagüey por Mayía Rodríguez para ponerlo al frente del Quinto Cuerpo que va a organizarse. Martínez Campos, todavía anonadado por el fragor de Mal Tiempo, se propuso reconcentrar sus fuerzas en puntos determinados en lugar de dividirlas. Seguirá los pasos en el mapa, por supuesto, de los invasores y cuando en éste haya trazado sus combinadas les dará la batalla aniquilante. Y Martínez Campos —siempre de acuerdo con el mapa militar— decide que la próxima cita será en Coliseo. En la retaguardia que se den sólo escaramuzas piensa el antaño Pacificador, el problema radica en detener y destrozar la Columna Invasora en Coliseo. En ella va su honor de militar español y su prestigio de que es el más grande general de Iberia. Si no triunfa en Coliseo, se irá de regreso a España.

* * *

Los cañaverales son largos y anchos como mares en la llanura de Colón. Aquí está la sagrada e intocable propiedad de los poderosos que se rierán de la amenaza de Máximo Gómez. Y las llamas y las columnas de humo se elevan hasta el cielo en un hermoso crisol que purifica aquella tierra impregnada de la sangre y el sudor esclavo que sirvieran de base al caudal de los magnates que apoyan y mantienen los vicios de la Colonia. No es la riqueza del pueblo cubano la que se pierde en el fuego vengador; es la cochambre capitalista reaccionaria que sufre su depuración entre el crepitar de los campos incendiados. En la paz se reconstruirá con amor, trabajo y capital honrado lo que el odio provocado ahora destruye. Es la Sodoma y Gomorra de los adoradores de Baal la que sufre su merecido arrasamiento. Dígalo el Generalísimo por nosotros:

«*Yo había oído hablar de la riqueza de las comarcas occidentales, consistentes en su mayor parte, en sus soberbios campos de caña y fábricas de elaborar azúcar... que me pintaban de un modo maravilloso... Pero cuando llegué al fondo, cuando puse mi mano en el corazón adolorido del pueblo trabajador y lo sentí herido de tristeza, cuando palpé al lado de toda aquella opulencia, alrededor de toda aquella asombrosa riqueza, tanta miseria material y tanta pobreza moral; cuando todo esto vi en la casa-del colono, y me lo encontré embrutecido para ser engañado, con su mujer y sus hijos cubiertos de andrajos y viviendo en una pobre choza, planta en la tierra ajena... cuando no vi absolutamente nada que acusara ni cultura, ni aseo moral, ni pueblos limpios, ni riquezas limpias . entonces yo me sentí indignado y profundamente predispuesto en contra de las clases elevadas del país y en un instante de coraje, a la vista de tan marcado como triste y doloroso desequilibrio, exclamé: ¡Bendita sea la tea...!»*

* * *

La estrategia invasora dispuso que Lacret operara al Norte de Matanzas, destruyendo las vías de comunicación y telegráficas y hostilizando constantemente a las guarniciones españolas mientras Vigoa y Clotilde García hacían igual por el Sur de la provincia. Gómez y Maceo iniciaron una serie de marchas y contra-marchas tácticas que desconcertaron al enemigo que las calificó de *culebrear* en sus partes militares. La víspera de Nochebuena chocaron Gómez y Martínez Campos en Coliseo, con el apoyo decisivo de Maceo, en una batalla que decidió la suerte del Capitán General pues después de vencido corrió a La Habana y allí confesó su determinación de ser relevado. Gómez lo había engañado cruelmente simulando una retirada hacia Las Villas y Martínez Campos así lo comunicó a España y luego envió 10.000 hombres tras de él. Mientras la buscaban por los límites de Las Villas, la Columna Invasora se deslizó por el Sur de Matanzas y acampó en Calimete, donde fueron atacados y experimentaron un fuerte revés que, sin embargo, no les desanimó. Regresaron a los bordes de la Ciénaga de Zapata y allí dejaron sus heridos y la impedimenta que estorbaba sus rápidos movimientos de culebreo. Una vez aligerada y reforzada con 600 hombres que llegaron de Las Villas al mando del coronel Roberto Bermúdez, la Columna Invasora levantó su marcha y después de algunas breves e incruentas escaramuzas penetró en la provincia habanera por Nueva Paz y Melena del Sur el día de Año Nuevo de 1896. El ánimo de los soldados invasores se hallaba decaído con motivo del regreso a las tierras de Occidente después de aquella contra-marcha hacia Oriente que los había ilusionado con un retorno al hogar. Maceo sacó de ellos fuerza de flaqueza con esta histórica arenga:

«*¡Soldados! Os halláis compungidos y vacilantes; el retorno a estas tierras ha sido caro y soy el primero en lamentarlo. Pero ha* *sido necesario para los planes de la Revolución. El entusiasmo y el coraje de que habéis dado muestras en esta provincia, son admirables, y las consecuencias dolorosas de la guerra no pueden restaros valor. Estoy con vosotros para llevaros hasta el más remoto pueblo de Occidente. Dentro de pocas horas advendrá un nuevo año, y yo os prometo saludarlo en la provincia de La Habana. ¿Me ayudaréis a lograrlo?»*

* * *

Martínez Campos puso a La Habana en alerta de combate y lanzó cuarenta mil hombres, en ocho columnas de las tres armas, al mando de ocho generales: Echagüe, Valdés, Navarro, Aldecoa, Luque, Prats, Galbis y Segura para tratar de detener a una Columna Invasora que no se armaba más que con los fusiles y el parque que quitaba al enemigo, que no contaba con más de cuatro mil hombres que se batían al machete contra los cuadros de máuseres y bayonetas y que vivía de la tierra, sin maestranza ni logística. Los Grandes de España se mesaban los cabellos sin comprender que sucedía, sin concebir que un ejército de *ripieras*, mandado por *cabecillas* pudiera ridiculizar a los mejores, y más reputados militares de academia. La misma pregunta que se harían medio siglo después los graduados en El Morro y Managua y especializados en Fort Bragg y en Panamá frente a los *barbudos* del Ejército Rebelde. La misma pregunta que hoy no tiene respuesta para los que traicionaron al Pueblo y se vendieron a Rusia. Y sin embargo esa respuesta se halla en la Historia de Cuba desde Hatuey: las batallas no se ganan en los campos si antes no se ha ganado el corazón de los hombres que a ellas van a vencer o morir.

* * *

Mientras en la ciudad de La Habana se hacían preparativos febriles para evitar su toma, la Columna Invasora se movía impunemente, aunque casi desprovista de ropas y armamentos municionados, por entre la red ferrocarrilera y caminera de la provincia más habitada y defendida de la Isla, pues en ella existían movilizados más de 80.000 soldados regulares, voluntarios y guerrilleros. La propaganda integrista acerca de la ferocidad mambisa les estaba reuslbando a éstos un bumerang psicológico. La valentía a toda prueba demostrada por los dos supremos jefes libertadores al cargar al machete al frente de sus tropas en Mal Tiempo, llenaba de pavor a los quintos y a los voluntarios. El triunfo más sonado de la campaña invasora en la provincia habanera se obtuvo en la toma de Güira de Melena, reducto español de notable riqueza. Maceo dispuso el ataque del pueblo por tres puntos y ofreció la oportunidad a los reclutas invasores de armarse y vestirse en la ciudad si penetraban combatiendo en ella, lo que hicieron éstos a la carrera. El botín capturado, después de la rendición del Casino Español y de la Iglesia fue enorme: más de cien mil pesos en efectivo, 300 armas de fuego y 10.000 cartuchos contados ya que la tropa bisoña no reportó los de ella por temor a que les fueran quitados por los veteranos. El general Gómez, para desvirtuar la propaganda criminal que se les hacía por la prensa española, ordenó libertar a los prisioneros después de la siguiente amonestación:

«Españoles: si se invirtieran los papeles y ustedes fueran los vencedores, ni uno solo de nosotros quedaría con vida para contar el suceso; pero somos los cubanos los que triunfamos y ni Antonio Maceo ni yo sabemos matar prisioneros de guerra. Ambos respetamos como se debe al enemigo vencido y éste es siempre más digno de consideración cuando como ustedes es valiente. Así, pues, españoles, quedan ustedes en completa libertad a pesar de haber hecho derramar sangre nuestra, por una mal entendida defensa de sus intereses. Adviertanles a sus compañeros los comerciantes españoles, que el gran Ejército Libertador Cubano respetará en sus personas e intereses a los que acaten y respeten nuestra Revolución, ¡pero a los que le hagan frente a ella, los arrollará con sus briosos corceles y les cruzará por encima...!»

* * *

En medio de un mar de llamas la punta de lanza de la vanguardia invasora continuó tomando pueblo tras pueblo en un rosario de victorias: Alquízar, Ceiba del Agua, Caimito, Vereda Nueva, Punta Brava y Hoyo Colorado hasta ir a situarse en Banes, a las puertas de Marianao. La recogida de armamentos era una verdadera cornucopia bélica y las incorporaciones de soldados españoles y de voluntarios a las fuerzas cubanas llegaron a un centenar. En la playa de Baracoa se tomó la decisión de dividir las fuerzas invasoras en dos grupos, porque la invasión tiene que llegar a Mantua. Maceo seleccionó un total de 1.560 hombres al mando de Juan Bruno Zayas, Silverio Sánchcez, Sotomayor, Peña y Gil y a ellos sumaría luego las tropas de los coroneles *Cayito* Álvarez y Bermúdez. Estos dos oficiales se encontraban ya infiltrados en territorio pinareño. Nadie se imaginaba que ambos, más tarde en la guerra, serían ejecutados por los desmanes cometidos en abuso de la autoridad conferida a ellos por la Revolución. Gómez se quedó con 2.300 jinetes para operar en la provincia de La Habana pues como había dicho a su Lugarteniente: *«Uno de los dos tiene que quedarse para guardar la puerta. Vaya usted para Pinar del Río, que yo lo esperaré en La Habana...*» Y en La Habana quedó acompañado de los coroneles Ángel Guerra, los dos hermanos Ducasse, Massó Parra, Pedro Díaz, Carballo y Boza.

La despedida de los dos colosos está descrita por Benigno Souza en vivísimos colores: «*Maceo, cuidadosamente afeitado, pulcro, irreprochablemente vestido de dril crudo, elegante, limpísimo, cubierta la expresiva cabeza con un finísimo jipijapa, sobre soberbio caballo alazán de bastante alzada y junto a él, Máximo Gómez, un viejecito hosco, seco, cenceño, de pera y bigotes canos, en un caballito blanco, aunque de condiciones, de poca alzada...*» En nada se parecían a las descripciones que de ellos hacían los colonialistas, que presentaban al primero como un cafre y al segundo como un sádico. Sus personalidades se pueden conocer mejor por sus viñetas:

Maceo, que de su turbulenta juventud guarda Santiago de Cuba vivos recuerdos, era en su edad madura de una austeridad puritana. Aborrecía el alcohol y el tabaco, cosa que parecía incomprensible a su hermano José, que decía de él a sus íntimos: «*Con decir que Antonio usa esencia y jabón perfumado cual si fuera una dama!*» Una vez dio de planazos a un coronel de su tropa que estaba bebiendo en la cantina de un pueblo que acababan de ocupar y cuando aquél, entre sorprendido e indignado, se identificó, Maceo le contestó violento: «*¡Pensé que se trataba de un soldado borracho dando un mal ejemplo a la tropa...!*» Era tartamudo, pero sin embargo este defecto vocal desaparecía milagrosamente en los momentos de arengar o dar órdenes a la tropa.

Gómez era un disciplinario y un asceta aunque le gustaban las libaciones ocasionales de ron fuerte. Su lado débil eran las súplicas infantiles o femeninas y así lo demostró al desistir de la quema del pueblo de Bejucal, donde habían sido muertos por francotiradores algunos de sus hombres. Sin embargo, era inflexible en el cumplimiento del deber. Una vez que ordenó dar un cepo de campaña a un comandante de su escolta, el general Lacret fue comisionado por los compañeros del castigado para que protestase la sanción aplicada a un oficial. Gómez estaba sentado en su tienda escribiendo y cuando Lacret le participó su protesta, el *Viejo* le contestó con voz firme y sin siquiera levantar la cabeza: «*Es que un cepo de campaña se lo doy también a un General...*»

* * *

El alto mando español movilizó sus tropas en un afán determinado a destruir la bifurcada Columna Invasora y echó tras ellas lo mejor de sus batallones y de sus generales. Tras del rastro de Maceo envió seis columnas al mando, respectivamente, de Echagüe, Arizón, García Navarro, Luque, Canellas y Sánchez Echeverría. Sobre Gómez envió ocho: Aldecoa, Cornell, Galbis, Linares, Tort, Prats, Macón y una columna de caballería traída de Las Villas, a las órdenes del general Marín. La prensa española loaba la presencia de Maceo y Gómez en Occidente pues la achacaba a una estrategia destinada a embotellarlos.

* * *

Maceo continuó su curso victorioso hacia el Oeste, tomando poblaciones que apenas ofrecían resistencia y avituallando sus tropas con armas, municiones y ropas así como entrenando y organizando los reclutas que se incorporaban a la Columna Invasora. En Pinar del Río, región huérfana de latifundios cañeros, no se aplicó el régimen de la tea incendiaria y se ordenó respetar en sus personas y sus labores agrícolas, a todos los habitantes pacíficos de cualquier nacionalidad. En el lomerío de Los Órganos se recibieron quejas de las depredaciones cometidas por unos bandoleros que se titulaban mambises y tres de ellos fueron ahorcados después de un juicio sumario. Los coroneles Álvarez y Bermúdez aparecían complicados y Maceo les ordenó su presentación ante él. Bermúdez obedeció y culpó a Álvarez pero éste no pudo ser hallado porque huyó a Las Villas. Después de un combate sin decisión en Las Taironas, Maceo pasó por Guane y al fin, el día 22 de enero de 1896, faltando un mes y dos días para el primer aniversario del Grito de Baire, hizo su entrada en Mantua, término fijado para la Invasión, la hueste libertadora. Allí fue levantada y firmada la correspondiente Acta que daba fe de la epopeya consumada al conjuro de la consigna de Patria y Libertad.

* * *

La jornada invasora había tomado sólo 92 días desde su salida de Baraguá; recorrió 424 leguas en 78 jornadas repartidas en la siguiente forma, por provincias: 19 días en Oriente; 21 en Camagüey; 17 en Las Villas; 13 en Matanzas; 8 en La Habana, y 14 en Pinar del Río. Sostuvo 27 combates, entre ellos los decisivos de Mal Tiempo y Coliseo; ocupó 22 pueblos de importancia, bien por asalto o bien por rendición; cogió al enemigo 2.036 fusiles con 77.000 cartuchos, sin contar los no inventariados, que pueden suponerse el doble de los contados; se renovaron las caballerías hasta el punto de sumar 3.000 los corceles obtenidos tan sólo en Matanzas y La Habana. Todo esto fue realizado por menos de 5.000 infantes y jinetes que comenzaron con la tercera parte de este número y con tan sólo 15.000 cápsulas que estaban prácticamente terminadas al enfrentarse a las tropas de Martínez Campos y Rich en Mal Tiempo. No recibió una sola expedición de ayuda del extranjero y se movió constantemente, día y noche, por un territorio hostil ocupado por más de 110.000 soldados enemigos, erizado de fuertes y cruzado de costa a costa por dos trochas que eran consideradas impasables. Desde el punto de vista militar, la Invasión se compara favorablemente con la Marcha hacia el Mar del general William T. Sherman durante la Guerra de Secesión americana.

El recuento historiológico de la Invasión se puede sintetizar brevemente: La Invasión quebró las finanzas de la Colonia al destruir grandemente su emporio azucarero; unificó territorialmente al pueblo cubano en armas al desarraigar el regionalismo; provocó la alarma en los elementos acomodados y en los indiferentes al sufrimiento cubano al hacer llegar a ellos los inconvenientes de la guerra; sentó las bases para el reconocimiento internacional del prestigio insurrecto; elevó a primeros planos el valor de las juventudes cubanas; determinó la ruina del colonialismo mediatizador; renovó el entusiasmo revolucionario de las emigraciones y, por último, creó una mayoría organizada que derrumbaría posteriormente a la muchedumbre desorganizada de la Colonia y de sus lacayos nativos del autonomismo colonialista.

* * *

La Campaña de Occidente. — Weyler, El Carnicero. — La Reconcentración. (Febrero-Agosto 1896.)

Martínez Campos presentó una vez más su renuncia y esta vez le fue aceptada por Cánovas del Castillo, el cerril jefe del gobierno español, quien ordenó al general Sabas Marín hacerse cargo interinamente de la Capitanía General hasta la llegada de Valeriano Weyler, nombrado para hacer la guerra de exterminio que el propio Martínez Campos había recomendado pero confesado que él era incapaz de llevarla a cabo y advirtiendo que solamente Weyler podía efectuarla sin remordimientos de conciencia.

* * *

En los predios de la Emigración, Estrada Palma se dedicó personalmente a preparar las expediciones a Cuba, sin contar con experiencia alguna para tal empresa aunque lleno de buena fe y con acrisolada honradez. Embarcó a Calixto García, en enero de 1896, en un barquichuelo llamado Hawkins que naufragó de inmediato en una tormenta a la vista de Nueva York con la pérdida de varias vidas, de mil rifles, medio millón de tiros, un cañón y cientos de libras de dinamita. Las censuras al Delegado y al Tesorero, Guerra, fueron ácidas y severísimas pero obtuvieron un voto de confianza. Se decidió crear un Departamento de Expediciones a cargo del general Emilio Núñez y con el auxilio a éste del coronel Pérez Carbó y del general Castillo Duany, enviado desde Cuba este último. Horacio Rubens actuaría de consejero legal, cargo que disfrazaba sus actividades de filibustero mayor, como él mismo se titulaba. La vista gorda de las autoridades americanas fue un importantísimo factor en el éxito logrado por este grupo. Un nuevo intento de Calixto por embarcar hacia Cuba en el Bermuda culminó en un fracaso al ser detenidos los expedicionarios y confiscado su armamento. De nuevo intervino Rubens con energía y ganó el pleito y la devolución del material ocupado. Una noticia periodística propalada como procedente de la emigración filadelfiana al respecto de que «*el general García no sabía guardar secretos y era culpable de la pérdida de dos expediciones...*», llenó de ira a éste y le hizo exigir una aclaración a Estrada Palma quien, con su habitual parsimonia dio largo al asunto. Calixto, lleno de cólera le notificó «*que si el representante del Gobierno en el extranjero no puede defender la honra de un general de la República, éste se considera bastante para defenderse...*» y entonces el Delegado se apresuró a dirigir una carta al director del Herald desautorizando la información y ratificando la confianza que en García había puesto el Partido Revolucionario Cubano, ya en estado de coma político. Rubens activó las gestiones filibusteras y puso el Bermuda a las órdenes de uno de los más pintorescos y audaces tipos de la grey marina, el capitán John O'Brien, el famoso *Capitán Dinamita* de la flota expedicionaria cubana. El Bermuda condujo la expedición de Calixto a Baracoa, en marzo de 1896, con 900 fusiles Remington para infantería, 90 Máusers largos, 50 carabinas Remington-Lee, 200 carabinas Remington para caballería, 300.000 tiros y un cañón. Calixto García se encontraba bajo fianza, pendiente de un juicio por violación de la Ley de Neutralidad, pero salió para Cuba dejando una carta pública al pueblo americano en la cual explicaba que violaba la Ley para ir a cumplir con su deber en su patria y que si salía con vida de la empresa regresaría a responder los cargos, cualesquiera que fueran las consecuencias de su acción, gesto que fue imitado, punto por punto, también en Nueva York, en 1954, por otro patriota, durante la lucha contra la dictadura batistiana.

* * *

Durante 43 días permaneció Máximo Gómez en la provincia de La Habana, moviéndose continuamente y trazando un laberinto de marchas y contra-marchas que mareaban a sus perseguidores. Maravilla el pensar que no fuese emboscado ni capturado y que llegase hasta el Cotorro y que cortase la carretera de la Capital a

Güines en las mismas narices de ocho columnas españolas que lo buscaban. Tomó a Bejucal y perdonó la destrucción del pueblo a causa de la súplica infantil que ya hubimos de relatar. Maceo emprendió el regreso de Mantua hacia un nuevo encuentro con Gómez, a través de la Sierra de los Órganos, combatiendo incesantemente y batiendo al general Luque en Pilotos y Paso Real. En Candelaria sufrió un molesto revés pues no pudo tomar el pueblo a pesar de que sus tropas penetraron combatiendo hasta el centro de la población porque llegó una columna española de auxilio. Maceo y Roberto Bermúdez tenían mayúsculo interés en tomar a Candelaria, porque la guarnición del pueblo se componía de *chapelgorris* (negros cubanos al servicio de España) pero lo cierto es que éstos, con la desesperación de los que se saben condenados a muerte, pelearon con bravura hasta lograr ser reforzados. Maceo había dejado en su retaguardia al coronel Sotomayor con dos compañías de infantes para consolidar lo ocupado y para mantener en jaque al enemigo. En el combate de Río Hondo que aunque abandonado el campo por el enemigo fue un revés cubano por el número de muertos que tuvieron, ocurrió un hecho heroico que conmovió al estoico Titán de Bronce hasta la más íntima fibra de su ser: la tropa novata y desarmada de Pedro Delgado, atacada por la columna de Segura se había batido con ésta ¡con los puños! Sufrieron enormes bajas y Maceo al contemplarlas murmuró admirado y triste: «*Yo nunca había visto eso; gente novicia que ataca inerme a los españoles ¡con el vaso de agua por todo utensilio! ¡Y yo que les daba el nombre de impedimenta...!*»

Al tiempo que Maceo proseguía su marcha para unirse a Gómez en La Habana, éste había nombrado al general José M. Aguirre jefe de la División Habana. A su vez, Aguirre organizó un regimiento de caballería que operaba bajo la dirección de los coroneles Rafael de Cárdenas, Néstor Aranguren y Adolfo del Castillo. En Las Villas, Serafín Sánchez reorganizó las fuerzas que habían sido drenadas de oficiales y soldados para la Columna Invasora. El Ejército Libertador iba formándose dentro de Tablas de Organización apropiadas a sus caarcterísticas guerrilleras y jerarquizándose debidamente. Su método de lucha era el de guerrillas, pero dentro de un molde clásico de disciplina y planificación táctica. El ejército español que tenía como enemigo se ceñía al método de dividir el territorio en sectores y mover y dentro de éstos sus masas de infantería y de artillería de campaña, tratando de aniquilar lentamente a las menores tropas mambisas. Éstas, a su vez, compensaban su desbalance numérico con su constante movilidad y su independencia de un Cuartel Maestre, puesto que vivían sobre la tierra y con la ayuda del campesinado que había sido organizado en prefecturas. España, desesperada en su vileza, envió a Weyler a Cuba con la misión de acabar de una vez con la insurrección libertadora a la que calificaban de *lucha contra bandidos*, término que en esta época ha oficializado la tiranía comunista para calificar la gesta de los libertadores contemporáneos.

* * *

Valeriano Weyler no era un ser humano sino una fiera con una contrahecha figura de hombre. Su escuela de crueldad la había tenido con Valmaseda en el 68 y fue un aprovechado discípulo de tan asesino maestro. En aquella época organizó un cuerpo de fascinerosos denominado Cazadores de Valmaseda que se componía de hombres llenos de odio y de rencor, que sentían la voluptuosidad de matar y que arrasó el territorio camagüeyano en la Guerra Grande. Era *chueta*, o séase un judío mallorquín renegado. Ni siquiera podíase, por esta misma causa, considerársele hebreo o español por lo que es totalmente injusto achacar a consideraciones raciales su ferocidad criminal. Su insensibilidad y barbarie sólo encuentran paralelo en la de su maestro, Valmaseda, y en la de los engendros infernales Fidel y Raúl Castro Ruz y Ramiro Valdés Menéndez. Esteban Ventura, Conrado Carratalá y Julio Laurent, torturadores batistianos, son aventajados discípulos de este mentor de atrocidades que fue Valeriano Weyler y Nicolau, Marqués de Tenerife, Capitán General y Jefe del Ejército Español en Cuba, *monstruo nunca ahíto de sangre, ogro insaciable* como fuera justamente llamado por los cubanos.

En 1891, siendo Capitán General de las Filipinas, exterminó casi totalmente a los moros insurrectos y destruyó sistemáticamente los cafetales, plantaciones y campos de labor en los territorios rebeldes de esas Islas. No obstante que su período de desgobierno y salvajismo duró en Cuba un año y ocho meses, desde febrero 10 de 1896 hasta octubre 9 de 1897, debemos hacer un alto en nuestra cronología para dedicar especialmente algunos párrafos a sus depredaciones, para que puedan ser comparadas con las que actualmente cometen los comunistas y con las que cometieron éstos y los fascistas en Europa, y sobre todo, para que al leerlas los cubanos jamás olvidemos estos hechos tétricos que sucedieron en nuestra patria y que después no se les ha recordado continuamente a nuestras juventudes por la vergüenza de que muchos de los que los apoyaron y aplaudieron después de la independencia formaron parte muy principal y activa de nuestros gobiernos republicanos. Esta telaraña de vergonzosidades que pusieron sobre nuestros ojos ha tenido mucha culpa de la pérdida del sentimiento ciudadano que hemos adolecido en la República y cuya posesión es indispensable para la reafirmación del carácter cívico y para impedir la cobardía o la resignación en idénticas circunstancias del terror totalitario actual.

* * *

La llegada de Weyler, *El Carnicero*, al mando de Cuba no fue un accidente sino una premeditada felonía española. No cabía ingenuidad en cerebro alguno en la Corte acerca de sus métodos de guerra ni era Weyler hombre desconocido a los colonialistas del autonomismo. La reacción peninsular y colonial, política, económica y clerical, deseaba a toda costa el triunfo de las armas españolas para poder seguir en posesión de sus ominosos privilegios. El presbítero Juan Bautista Casas, gobernador que fue del Obispado de La Habana, publicó en Madrid, con licencia eclesiástica, una obra titulada «*La guerra separatista de Cuba, sus causas, medios de terminarla y evitar otras...*», en la que propugnaba la concentración de campesinos «*porque no darán a la insurrección los brazos y los recursos que la dan... Los rebeldes no dispondrán de los cómplices y espías que hoy disponen, debiendo a eso su existencia y no se ocultarán ni huirán como ahora huyen, y en plazo no muy largo se verán obligados a disolverse y a rendirse... nuestras fuerzas destruirán y arrasarán todos los bohíos y prenderán y castigarán a los individuos que vayan por los campos, pues ya no podrán burlar la autoridad y escudarse con la capa de inofensivos labriegos y pastores que de día se incorporan a los insurrectos y se suben a las ceibas y a las palmas para servirles de centinelas o colocan en los árboles, en los caminos y en sus bohíos, ramas, palos inclinados en cierta dirección, latas vacías de petróleo y gallardetes que sirven de norte a aquéllos según el sistema de señales convenido, y por la noche descansan en el bohío con su familia y a la vez engañan y desorientan a nuestros soldados con la astucia e impavidez que les son muy peculiares... Si no se adopta ese sistema, la presente guerra no se terminará nunca, al menos por la fuerza de las armas...*»

Martínez Campos, al confesar su impotencia de triunfar sobre la Revolución, escribió una carta particular a Cánovas del Castillo en la que recomendaba a Weyler para sustituirlo ya que la reconcentración era, en su opinión, el único medio de poner fin a la insurrección popular que él trataba de disminuir despectivamente, cerrado a la banda en su españolismo intransigente. Decía a Cánovas del Castillo:

«*Los pocos españoles que hay en la Isla sólo se atreven a proclamarse tales en las ciudades: el resto de los habitantes odia a España; la masa, efecto de las predicaciones en la prensa y los casinos; de la conjuración constante y del abandono en que ha estado la Isla desde que se fue Polavieja, han tomado la contemplación y licencia, no por lo que era, error o debilidad, sino por miedo, y se han ensombrecido; hasta los tímidos están prontos a seguir las órdenes de los caciques insurrectos. Cuando se pasa por los bohíos del campo no se ven hombres, y las mujeres, al pre-*

guntarles por sus maridos o hijos, contestan con una naturalidad aterradora: "En el monte con Fulano..." Ni ofreciendo 500 a 1.000 pesos, por llevar un parte, se consigue; es verdad que si los cogen, los ahorcan; en cambio, ven pasar una columna, la cuentan y pasan los avisos voluntariamente con una espontaneidad y una velocidad pasmosas...

»No puedo yo, representante de una nación culta, ser el primero que dé el ejemplo de crueldad e intransigencia; debo esperar a que ellos empiecen. Podría reconcentrar las familias de los campos en los pueblos, pero necesitaría mucha fuerza para defenderlos; ya son pocos los que en el interior desean ser voluntarios: segundo, la miseria y el hambre serían horribles, y me vería precisado a dar ración, y en la última guerra llegué a dar 40.000 diarias; aislaría los poblados del campo, pero no impediría el espionaje; me lo harían las mujeres y los chicos.»

* * *

A su salida de España en viaje a Cuba, Weyler se hizo bendecir en Barcelona por el Obispo y se puso bajo la protección de la Virgen, sacrilegio imperdonable cometido al concederlo las autoridades católicas de la época, quienes merecen la más enérgica condenación por su abominable actitud, indigna de hombres de religión. No podemos, por razón de honradez historiológica, echar piadosamente un manto de olvido sobre la actuación de la jerarquía clerical que de manera contumaz se puso de parte de la barbarie española en Cuba. Los crímenes sin cuento de Weyler, cometidos en nombre y representación de España, no se deben borrar de nuestras memorias jamás y la complicidad que en ellos tuvieron los católicos ultramontanos les podrá ser perdonada únicamente por el Todopoderoso si es que Él no los ha condenado a consumirse eternamente en el fuego y el azufre del Infierno. La evidencia los condenará siempre ante el tribunal de nuestra Historiología. Dantesca fue la actuación de «El Carnicero» y dantesco debió ser el castigo y el oprobio que merecieron sus congéneres del colonialismo y el integrismo.

* * *

Weyler fue recibido en La Haban con estruendosa alegría por los integristas y recibió la solidaridad de los colonialistas, tal como quedó relatado en los epígrafes correspondientes a ellos en esta Historiología Cubana. A poco de tomar posesión de su cargo de Capitán General, dictó una prohibición a los corresponsales nacionales y extranjeros de acompañar las columnas españolas en operaciones como forma de evitar que se supieran las atrocidades que había ordenado a éstas cometer. De la misma atropellante forma sujetó a los tribunales militares *«a los individuos que propalen noticias que puedan favorecer a la insurrección; los que destruyan o causen deterioro en las vías férreas y líneas telegráficas o telefónicas, provoquen incendios, vendan, guarden o proporcionen armas al enemigo; emitan de palabra o por escritos conceptos en menoscabo del prestigio de España y del ejército español...»* y ordenó un rápido procedimiento militar para ejecutar, con visos de legalidad, a todos los prisioneros de guerra cubanos. En octubre 21, ocho tenebrosos meses después de su arribo, hizo público el siguiente bando draconiano:

ORDENO Y MANDO

1. — Todos los habitantes en los campos o fuera de la línea de fortificación de los poblados, se reconcentrarán en el término de ocho días, en los pueblos ocupados por las tropas. Será considerado rebelde y juzgado como tal todo individuo que transcurrido ese plazo, se encuentre en despoblado.

2. — Queda prohibido en absoluto la extracción de víveres de los poblados y la conducción de uno a otro por mar o tierra, sin permiso de la autoridad militar del punto de partida. A los infractores se les juzgará y penará como auxiliares de los rebeldes.

3. — Los dueños de reses deberán conducirlas a los pueblos o sus inmediaciones, para lo cual se les dará la protección conveniente.

* * *

El trasiego hacia las poblaciones de los aterrorizados habitantes de las zonas rurales, huyéndole a las represalias que pronto se harían sentir, debió haber tenido los mismos caracteres horrendos que en nuestra era hemos presenciado en los noticieros cinematográficos acerca de los pueblos desplazados por las invasiones fascistas y comunistas en Europa y Asia. El relato de los cronistas que presenciaron el éxodo de los reconcentrados debe ser, para nosotros, la mejor descripción de lo que fue la Reconcentración pues nos faltarían palabras apropiadas, otras que blasfemias y maldiciones, para hablar de ella:

«El terrible Bando, aplicado de un modo brutal, elevó la mortandad a la cifra incalculable de una epidemia pestífera que arrasa campos y ciudades. La reconcentración

de pacíficos dispuesta por el fascineroso soldado que representaba la Regencia, tomó el carácter de plaga mortal que elegía sus víctimas entre los apocados y misérrimos. Los insurgentes no carecían de víveres en la montaña, e iban por ellos a las zonas de cultivo de los destacamentos españoles, si alguna vez llegaban a faltar en los lugares ocultos de la sierra: pero los depauperados, que no podían militar en las filas revolucionarias con el carácter de actores, fueron pasto de esa calamitosa reconcentración que no tenía más objetivo que el exterminio del vecindario rural, por medio de la matanza en los despoblados, por medio de la aflicción lenta y metódica dentro del perímetro de las plazas guarnecidas. El calvario de los reconcentrados excede en horror a cuanto pudiera decirse: fue el más estudiado de los martirios públicos, el más persistente y cruel de los azotes, aplicado por el despotismo de una autoridad que quiso obtener la triste gloria de exterminar la población cubana, si los acontecimientos se le mostraban propicios, o si la deidad del mal seguía brindándole sus favores. La feroz batalla la planteó contra hombres y mujeres a la vez, que no tenían manera de salvarse de las jaurías perseguidoras, y extremó el rigor contra los infelices de la población rural, que ante el cuadro horrendo de la matanza, viendo incendiados sus bohíos, destruidas las siembras y dispersados a tiros los animales domésticos, aceptaron la boleta del mísero alojamiento bajo la denominación de "reconcentrados". Esa cartulina, en la que únicamente se estampaba el número del individuo pues el reconcentrado era un ser anónimo, venía a ser el pasaporte legal para el otro mundo, expedido comúnmente por el furriel de la guarnición, especie de cómitre irresponsable.

»*Los reconcentrados devoraban los residuos hediondos del puchero después que la tropa había apurado el caldo y el jamón, relamiéndose de gusto; y, a veces las espinas del bacalao podrido, menos escuálido que la gente hambrienta. Dormían en promiscuidad, hombres, mujeres, viejos y niños sobre los camastros del barracón, bajo la vigilancia de los centinelas: hacinamiento humano, compuesto de todas las miserias y de todos los infortunios. Después del primer toque de fagina, el cabo o el sargento de retén les pasaba revista de comisario, amenizaba con estos insultos y otros de mayor calibre: ¡A ver esos reconcentrados! ¡fuera del corral! ¡a poner los piojos al sol! La crueldad y la grosería andaban aparejadas. Si durante la noche alguno de estos infelices, por decencia o por pu-*

dor, trataba de escurrirse del barracón para ir a vaciar en sitio más a propósito las heces de la miserable comida, le pegaban un tiro o le mataban a palos: ¡era juzgado como rebelde cogido en la manigua! Las víctimas de Weyler se conocían por el vientre abultado, la faz cadavérica, los ojos hundidos y apagados, el habla sutil y quebradiza, el estupor pintado en el rostro y las ropas cayéndose a pedazos...»

Esta infernal política de exterminio, sólo comparable a la efectuada en Europa y Asia por los fascistas nazis y los comunistas rusos y chinos, costó trescientas mil inocentes vidas en menos de dos años en Cuba. Comparada la población total de Cuba en esa época con la de Europa y Asia durante la II Guerra Mundial, ni los campos de concentración de Auchwitz y Buchenwald, ni la masacre de Varsovia, ni la del bosque Katryn, ni los genocidios de Kwantung y Peking, ni la destrucción de Manila por los nipones, se paralelan con la pérdida de la quinta parte de la población cubana durante la Reconcentración. Las fotografías en que aparecen las víctimas de las medidas exterminadoras de Weyler son espeluznantes, sobre todo las de los infelices niños inocentes. Hierve la sangre en cólera incontenible cuando se leen párrafos como el que sigue, publicado en El Diario de la Marina, el 7 de mayo de 1896, en pleno apogeo de esos horrores; titulado Patria y Religión:

«Hermoso y consolador es el espectáculo que está dando en los momentos actuales la nación española, merced al férvido celo de los prelados de todas las provincias, que siguiendo el nobilísimo camino que con su iniciativa trazó el ilustrado Obispo de Oviedo, excitan a sus feligreses, exaltando en ellos el sentimiento del amor patrio, a formar batallones de voluntarios que vengan a Cuba a compartir con el heroico y también voluntario ejército las fatigas, los peligros y la gloria de la campaña...»

O este otro, publicado en el mismo periódico el 17 de mayo de 1896, copiando las palabras con que el Arzobispo de Compostela despidió a los soldados peninsulares que se embarcaban para su cementerio cubano:

«Vais a combatir contra los enemigos de España, lo mismo contra los negros y mulatos que contra los blancos y criollos; contra los que ingratos a la Madre Patria y abusando de la libertad que ésta les ha concedido le hacen una guerra cruel. Vais a sostener una guerra de religión, porque los insurrectos destruyen las iglesias e impiden el culto divino...»

Lo que no decía el farisaico Arzobispo era que esas mismas iglesias católicas las transformaban las tropas españolas en fuertes y atalayas y por ende en objetivos militares, al igual que hicieron los nazis con la Abadía de Monte Cassino y que tuvo que ser destruida por la aviación anglo-americana en febrero de 1944.

El Primer Ministro Cánovas, interpelado por los parlamentarios españoles, tuvo el cinismo de declarar: «*El gobierno de Su Majestad se solidariza con los actos de la política seguida por el General Weyler en Cuba y asume la responsabilidad...*» Esta depravada afirmación sirve de inhumana rúbrica a los horrores de la Reconcentración.

* * *

Maceo, enterado de esta bravuconada de Weyler: «*Vengo a mantener el alto nombre de la patria y acabar con la guerra en los campos y ciudades...*», se dispuso a darle un recibimiento a la mambisa y para ello se deslizó al través de las filas enemigas desde Pinar del Río a La Habana cruzando por Artemisa, Guanajay, Güira de Melena y San Antonio de las Vegas, lugar donde añadió a sus tropas la infantería de Pedro Díaz y la caballería de Massó Parra. Mientras en la capital se celebraban las fiestas de bienvenida a Weyler, Maceo incendió a Jaruco en la madrugada del 18 de febrero de 1896 y luego continuó en operaciones por San José de las Lajas para finalmente irse a abrazar con Gómez en la finca Borroto, de ese término municipal, en cuya cabecera se encontraba el Cuartel General español. Weyler, desconociendo totalmente la geografía de La Habana, ordenó moverse por ferrocarril a las tropas españolas en esos dos lugares acantonadas cuando no existían vías ferroviarias entre esos lugares y San José de las Lajas. Gómez había estado entrenando a las bisoñas tropas habaneras en el arte de las guerrillas montadas ya que a su partida éstas quedarían detrás y por su cuenta. La caballería habanera ya había recibido su gran prueba de fuego en el combate de Mi Rosa. La ley de promedios al fin alcanzó a los dos generales cubanos y fueron batidos sonoramente en el combate de Moralitos al punto de quedar dispersas las tropas de infantería de Maceo. Pero al día siguiente Maceo se desquitó el porrazo sufrido, batiendo y causando muchas bajas al enemigo en Loma del Gato, Madruga. Gómez y Maceo decidieron trasladar su campo de operaciones para Matanzas, moviéndose hacia allá por el Sur de la provincia el primero y por el Norte el segundo. El 27 de febrero se unió a Maceo, en los límites de Matanzas, el regimiento de caballería habanero al mando del general Aguirre, quien enteró a Maceo de los horrores que se estaban cometiendo por orden de Weyler y mostrándole una carta ocupada a un soldado español en la que éste decía a un amigo:

«Ahora nuestros jefes no se andan con chiquitas; a todo el que encontramos por el campo, le cortamos la cabeza...» Impresionado, Maceo escribió a Weyler la siguiente carta:

«A pesar de todo cuanto se había publicado por la prensa respecto de usted jamás quise darle crédito y basar en ella un juicio de su conducta: tal cúmulo de atrocidades, tantos crímenes repugnantes y deshonrosos para cualquier hombre de honor, estimábalos de imposible ejecución en un militar de la elevada categoría de usted. Parecíanme más bien aquellas acusaciones obra de la mala fe o de ruin venganza personal; y creía que usted tendría buen cuidado de dar un solemne mentís a sus detractores, colocándose a la altura de la caballerosidad que exige el adoptar en el trato de los heridos y prisioneros de este Ejército, el sistema generoso seguido desde su comienzo por la Revolución con los heridos y prisioneros españoles. Pero, por desgracia, la dominación española ha de llevar siempre aparejada la infamia; y aunque los yerros y abusos de la pasada guerra parecieron corregirse al comenzar ésta, hoy viene a demostrarse que sólo desconociendo ciertos antecedentes invariables y una tradicional incorregible intransigencia, hubiera podido juzgarse olvidada para siempre, por España, la senda funesta de la ferocidad contra gentes inocentes, e indefensas, de los asesinatos impunes. En mi marcha, durante el actual período de esta campaña, veo con asombro, con horror, como se confirma la triste fama de que usted goza y se repiten aquellos hechos reveladores de salvaje ensañamiento.

»¡Cómo! ¿Es decir que hasta los vecinos pacíficos, nada digamos de heridos y prisioneros de guerra, han de ser sacrificados a la rabia que dio nombre y celebridad al Duque de Alba? ¿Es así como corresponde España, por medio de usted, a la clemencia y benignidad con que nosotros, redentores de este sufrido pueblo, procedemos en idéntico caso? ¡Qué baldón para usted y para España! La tolerancia de incendios de bohíos y asesinatos como los de Nueva Paz y Loma del Gato, y otros crímenes más repugnantes aún cometidos por columnas españolas, especialmente las de los coroneles Molina y Vicuña, le hacen a usted reo ante la humanidad entera: el nombre de usted quedará para siempre infamado, y aquí, y fuera de aquí, recordado con asco y horror. Por humanidad, cediendo a a impulsos honrados y generosos, a la vez que identificado con el espíritu y tendencias de la Revolución, yo jamás tomaré represalias, pero al mismo tiempo preveo que tan

abominable conducta por parte de usted y los suyos provocará en no lejano plazo venganzas particulares, a las que sucumbirán, sin que pueda yo evitarlo, aunque haya de castigarlo, centenares de inocentes. Por esta última razón, puesto que la guerra sólo debe alcanzar a los combatientes y es inhumano hacer sufrir las consecuencias de ella a los demás, invito a usted a que vuelva sobre sus pasos, si se reconoce culpable, o a que reprima con mano severa aquellos delitos, si es que fueron cometidos sin su anuencia. En todo caso evite usted que sea derramada una sola gota de sangre fuera del campo de batalla; sea usted clemente con tantos infelices pacíficos, que obrando así, imitará con honrosa emulación nuestra conducta y nuestros procedimientos.»

El general Aguirre entregó la carta a uno de sus laborantes en la capital, quien la hizo llegar a manos de Weyler, cosa que se comprueba porque un cronista español la menciona en sus relatos sobre la guerra en Cuba.

* * *

Maceo ordenó al coronel Roque un movimiento diversionario, apoyado por Lacret, al Norte de Matanzas, y en tanto que Máximo Gómez se corría al Sur de la provincia, él tomó a Santa Cruz del Norte donde estuvo a punto de fusilar a un grupo de guerrilleros negros que salvaron la existencia por la intercesión del Jefe de Estado Mayor, Miró Argenter, quien les había prometido la vida. De inmediato Maceo avanzó hacia las puertas de Guanabacoa, destruyendo las vías de comunicación ferroviarias, telegráficas y telefónicas en Bacuranao, Minas y Campo Florido. Terminadas estas correrías que llenaron de alarma a la población capitalina, pasó a Matanzas, donde sufrió un serio descalabro en La Diana mientras ayudaba al atacado Lacret. Al día siguiente fue derrotado nuevamente en Río de Auras, tanto por la superioridad numérica enemiga como por su escasez de municiones. Turulato aún por los fuertes golpes recibidos, Maceo se dirigió hacia Galeón, en los bordes de la Ciénaga de Zapata. Gómez llegó al campamento el día 10 de marzo, abatido también por la desgracia pues había perdido en la adversa batalla de Algarrobo a su estimado compañero de la Guerra Grande y de Playitas, el brigadier Ángel Guerra. Antes había sido herido en Olayita, lugar donde sufriera una tremenda derrota la infantería atiborrada de impedimenta del general Banderas a la cual había rescatado, y conducía ahora a Galeón, el Generalísimo. Un solo día duró la reunión del General en Jefe y el Lugarteniente General y en ella planearon la futura estrategia: Maceo retornaría a Pinar del Río mientras Gómez volvía a Las Villas y Camagüey a activar la guerra en esos Departamentos y a gestionar el envío de refuerzos y parque a Maceo. En el momento de la despedida, la última entre ellos, Maceo dijo lleno de ternura al comandante Boza, jefe de la escolta de su viejo maestro de armas: «*Cuide bien al Viejo. ¡Nadie como él defiende nuestra bandera!*»

* * *

La ausencia de Gómez y Maceo de La Habana hizo a Weyler anunciar la pacificación de esta provincia y *«la huida de ambos cabecillas hacia Oriente...»* Maceo dio una desmentida rotunda al *Carnicero* tomando e incendiando a Batabanó y pasando luego de nuevo a Pinar del Río. Durante el combate de Galope hubo una confusión en la transmisión de órdenes y no se pudo copar al general Suárez Inclán. Maceo montó en enorme e injusta cólera que lo hizo atropellar de palabras al fiel Quintín Banderas y destituirlo del mando de la Brigada de Infantería. Inmediatamente dictó una terrible orden que causó gran disgusto a sus brillantes oficiales: «*Se autoriza a los soldados a que hagan fuego sobre cualquier oficial que vuelva la espalda al enemigo, de cualquier graduación que aquél fuese ..*» Nunca hubo oportunidad de cumplir tan deshonrosa disposición. Tratando de conseguir municiones, Maceo atacó al poblado de La Palma, baluarte integrista que fue tenazmente defendido hasta por las mujeres y allí recibió un nuevo quebranto la tropa insurrecta. Desesperado por recibir una expedición, Maceo recorría sin cesar la costa Norte pinareña, pero tuvo la fatalidad de que la que le traía Enrique Collazo desembarcara por Varadero, Matanzas, creyendo éste que en esa provincia se encontraba el destinatario. Weyler decidió aislarlo en Pinar del Río y ordenó la construcción de una trocha formidable, de Mariel a Majana, erizada de alambradas, fortines y pozos de lobo y custodiada y defendida por miles de soldados. Entre la tropa insurrecta se iniciaron unos rumores acerca de una posible gestión de paz y Maceo dictó una Circular que vino a ser el decreto Spotorno del 96. Decía así la Circular de Maceo:

«*Siendo únicamente de la competencia del gobierno de la República y del General en Jefe de nuestras fuerzas resolver las proposiciones que del gobierno español puedan venir a nosotros basadas en la independencia de Cuba, he resuelto, en mi carácter de segundo jefe del Ejército Libertador, con el fin de evitar engaños y sorpresas, que las fuerzas de mi mando no se distraigan en asuntos ajenos a sus funciones, con lo cual podría el enemigo desenvolver sus funestos planes contra nuestra causa, y que sean ejecutados, en el acto de ser aprehendidos, los emisarios que pasen por nuestras filas en las condiciones antes dichas. Idéntica estrecha responsabilidad alcanzaría a cualquier individuo del Ejército Libertador que diese oídas a aquellas proposiciones, o celebrase conferencias con nuestros enemigos o con los ayudantes de éstos.»*

* * *

Mientras Maceo se batía desfavorablemente en Pinar del Río, Máximo Gómez atravesaba Las Villas y llegaba al Camagüey, en cuya región halló un peculiar estado de la guerra pues apenas se combatía y además se comerciaba ampliamente con el enemigo. Lo mismo ocurría en Oriente, excepción hecha de los territorios ocupados por las fuerzas de José Maceo. Los cubanos se habían acomodado a la inactividad española. Pero apenas hubo llegado *El Viejo* puso en movimiento a los camagüeyanos batiendo al general Jiménez Castellanos en Saratoga, con lo que obligó a los españoles a salir en persecución de los alzados precisando a éstos, a su vez, a tener que defenderse. Volvía el viejo dominicano a *meterles guerra a la fuerza* y a sacar de su letargo a los bravos camagüeyanos de quienes conocía tan bien su psicología. En cuanto pasó a Oriente, de entrada fusiló al coronel insurrecto Bejerano por actos de manifiesta criminalidad cometidos con su propia tropa. Ordenó el arrasamiento de los cafetales y de los campos agrícolas al alcance de las tropas cubanas. Casi todos los cafetales orientales eran propiedad de extranjeros: americanos, ingleses, franceses y alemanes. Los dueños de ellos vinieron a exigirle a Gómez en la cafetal La Aurora, el mismo que él y Jordan habían inútilmente tratado de tomar en el 71, el respeto a las propiedades de súbditos de poderosas naciones. Máximo Gómez, haciendo gala de su clásica furia ante lo que él consideraba como alardes de guapería, les denostó violento:

«Yo tengo que combatir a España en todas las manifestaciones de su poder, y la combato en sus ejércitos, en su comercio, en sus industrias y en todo lo que signifique poder y de ella dependa... Y no vale alegar que son ustedes ciudadanos franceses o americanos, porque para nosotros, ¡oíganlo bien!, no hay más que ciudadanos cubanos, y más cuando carecemos de esa ciudadanía ante las naciones de ustedes... Cuando ellas nos reconozcan, cuando llenen ese deber, podrán exigirme derechos. Váyanse pues, a reclamarle al gobierno español, que, en lo que a nosotros respecta, tenemos el valor necesario para consumar nuestros propósitos... ¡Llévense sus cafetales para su tierra...!»

Ya establecida la República, y muerto el Generalísimo, las potencias nombradas establecieron una reclamación por daños y perjuicios a la joven Cuba, metiéndole miedo de nuevo, pero tampoco lograron nada de ella.

* * *

Preocupado con la situación precaria de Maceo en Pinar del Río, el General en Jefe dispuso que el brigadier Juan Bruno Zayas fuera en ayuda de aquél con quinientos hombres y parte del material recibido en la expedición de Calixto García y también en la de Braulio Peña. Serafín Sánchez, ahora Inspector General del Ejército Libertador, había cumplido las órdenes de Gómez y ordenado a Mayía Rodríguez que se trasladara a Occidente, cosa que pudo lograr solamente después de zanjar las diferencias que se originaron, por razón de esa orden, entre Gómez y el Consejo de Gobierno. El general **Manuel Suárez había sido nombrado por** el General en Jefe para el mando del Tercer Cuerpo pero fue reemplazado por el general Javier Vega al encontrarse el *Viejo* descontento con su actuación bélica durante su ausencia en la invasión. Mientras los dos máximos jefes de la Revolución habían estado llevando la guerra hasta los confines mantuanos, el Consejo se había tomado la atribución de disponer cambios en las fuerzas armadas, algo que estaba fuera de sus derechos, logrando con ello suscitar un problema de jurisdicciones con Máximo Gómez. En Oriente había un grave problema que resolver pues la llegada de Calixto García daba origen a una peculiar situación en los mandos del Primero y Segundo Cuerpo pues Calixto era Mayor General, rango superior al de los generales José Maceo y Jesús Rabí. García, sin duda alguna, era más capacitado que todos los demás jefes superiores del Ejército Libertador con excepción de Gómez y Maceo. Sus méritos de guerra se parangonaban con los de todos ellos y su cultura era más elevada que la de muchos de ellos. No podían quedar reservas en el ánimo de nadie de que Calixto desempeñaría el cargo de jefe supremo de Oriente con más capacidad militar y diplomática que José Maceo, sin que ello significase menosprecio o discriminación con éste. La guerra y las complicaciones que de ella se derivaban necesitaban en los jefes supremos virtudes más allá del valor personal sin límites, cosa que era patrimonio indiscutible de ambos próceres, Calixto García y José Maceo. Pero Calixto llegaba al teatro de operaciones cuando ya *El León de Oriente* lo había organizado y cuando contaba con la simpatía de todos sus subordinados. El General en Jefe al comienzo de la guerra había dispuesto que todos los jefes de la gesta del 68-78 que se incorporasen a esta nueva lucha, lo hiciesen con el rango que tenían al terminar aquella y, naturalmente, a García correspondía el mando superior en Oriente. Pero José Maceo no creyó que era justo esto, quizá si rumiando su disgusto por lo acaecido con su hermano Antonio en la Guerra Chiquita, y ello fue motivo de ulteriores antagonismos e indisciplinas en el territorio oriental.

* * *

La Delegación y su Departamento de Expediciones estaban realizando una labor excepcionalmente buena en favor de la Revolución pues ya existía un número grande de clubes en varias ciudades del Continente que ayudaban con dinero y con armamento para alijar embarques. En Nueva York funcionaban 12 clubes; en West Tampa, 11; en Tampa, 30; en Cayo Hueso, 23 y en Jamaica, 12. La Delegación del Partido Revolucionario Cubano había pasado a ser oficialmente, desde la constitución del Gobierno en Armas, la Delegación de la República de Cuba en Nueva York y como tal recibió una Ley de Expediciones, redactada por Roloff, para que por ella se rigiese en cuanto a disciplina filibustera. Al efecto disponía la existencia de un buque-madre desde el cual debían partir goletas o lanchas para efectuar los desembarcos, siempre bajo la responsabilidad de las personas designadas por el Departamento de Expediciones. Para ayudar al Delegado, Estrada Palma, fue enviado desde Cuba el Subsecretario de Hacienda, Castillo Duany. El día 2 de agosto de 1896 se fijaron legalmente las atribuciones y deberes de la representación diplomática de la República en Armas que quedó integrada, y así funcionó posteriormente, con el nombre de Ministerio Plenipotenciario en la forma siguiente: Delegado Ministro Plenipotenciario: Tomás Estrada Palma; Secretario: Gonzalo de Quesada; Tesorero: Benjamín Guerra; Jefe de Expediciones: general Emilio Núñez; Consejero Legal: doctor Horacio Rubens y Vocal: Manuel de la Cruz. Al fallecimiento de éste, ocupó su lugar Eduardo Yero. Como demostración del éxito del Departamento de Expediciones, bástenos decir que durante la Guerra de los Diez Años sólo llegaron a Cuba doce expediciones y que en la de Independencia arribaron felizmente treinta y cuatro.

Durante el año 1896 llegaron a Cuba, por las diferentes provincias, las siguientes expediciones: coronel Juan Monzón en la Competitor, brigadier Leyte Vidal en el Three Friends y general Rius Rivera, también en otra del Three Friends, por Pinar del Río; comandante Juan Cowley en el Three Friends, por La Habana; general Enrique Collazo en el Three Friends y coronel Ricardo Trujillo en el Commodore, por Matanzas; Miguel Betancourt Guerra en el Dauntless por Las Villas; coronel Braulio Peña en el Commodore y brigadier Juan Ruz en el Laurada por Camagüey; y Rafael Portuondo en el Three Friends, Calixto García en el Bermuda y coronel Rafael Cabrera en el Dauntless por Oriente.

El capitán del Three Friends, Napoleón Broward, de cuyo barco era co-propietario, era un verdadero dolor de cabeza para los aduaneros americanos. A nada ni a nadie temía y era tan popular en la Florida que después de la guerra Hispano-Cubano-Americana fue electo, en sucesión, Gobernador y Senador, por ese Estado de la Unión. Broward County fue nombrado en su honor.

El embarcar para Cuba a expedicionarios con familia era un grave problema para la Delegación pues éstos, naturalmente, esperaban de ella el sostenimiento de las mismas en su ausencia. Para evitar las complicaciones derivadas de esta situación se decidió el no remitir a Cuba expedicionarios casados, al menos en casos excepcionales. Bastante influyó en esta determinación una carta enviada a Estrada Palma por la esposa del Generalísimo, Bernarda Toro de Gómez, que merece ser reproducida como un ejemplo de abnegación y patriotismo:

«*Mucho me ha entristecido la comunicación de usted en que me notifica que esa Junta ha acordado socorrerme con una cantidad mensual para atender a mis necesidades.*

»*Las que hemos dado todo a la Patria: padre, esposo, hermanos, hijos..., apenas si tenemos tiempo para ocuparnos de las necesidades materiales de la existencia.*

»*Aún me queda mi hijo Maximito —de 17 años— que labrando la tierra me trae el pan bastante blando y bastante blanco con que satisfacer las exigencias de la vida; aún nos queda con qué contribuir mensualmente a la redención de la Patria y no debe gastarse en pan lo que hace falta para pólvora.*»

* * *

La familia Toro estaba compuesta de catorce hermanos: ocho varones y seis hembras. Todos se fueron al monte en el 68 y el 95. Con la excepción de uno de los varones, Sixto Toro, y dos de las hembras, Juana Toro, esposa del comandante Manuel Calás y *Manana*, esposa de Máximo Gómez, todos los demás perecieron en la lucha por la libertad de Cuba.

* * *

El conflicto civil-militar. — Angustias de Maceo. — Muerte del Titán. (Mayo 1896-Febrero 1897).

Las complicaciones de Máximo Gómez con el Consejo de Go-

bierno no fueron propiamente entre la persona del General en Jefe y la República en Armas, sino consecuencias de las reservas, los rencores y el complejo de inferioridad de que sufrían los miembros del Gobierno, encabezados por el propio Salvador Cisneros Betancourt. Debemos recordar que la Constitución de Jimaguayú había concedido facultades amplias a los jefes militares por voluntad de los mismos elementos civiles que componían la Asamblea pero que ahora demostraban que habían hecho aquello solamente por imperio de las circunstancias ya que, como ahora demostraban, en el fondo de su ser alentaban la idea de someter el brazo armado de la Revolución a sus instituciones civiles a cualquier precio, inclusive el de la intriga y quizás hasta de la infamia.

Ante los hechos inocultables de las victorias en los campos de batalla de los jefes invasores y de la conflagración total de la Isla debida a sus triunfos, los acomplejados miembros del Gobierno envolvían sus decretitos y sus ordenanzas en una fraseología rimbombante y altanera que ofendía la sensibilidad de los rústicos generales mambises, como si con aquellos aires de superioridad cultural y engreídas actitudes retóricas fuesen a lograr la humillación ante ellos de los bravos jefes libertadores. En cuanto Gómez y Maceo se alejaron de las comarcas orientales los decantados civilistas se vieron libres para comenzar sus rejuegos politiqueros a la sombra de la debilidad parlamentaria de Cisneros, tan íntegro y honrado en lo personal y en lo separatista frente a España. No puede decirse que Gómez, los Maceo y Calixto García, que fueron los escollos del Gobierno, eran mansas palomas o querubines porque eran todos hombres de armas tomar y estrictos, severos y rudos en el hablar y en el actuar, pero tampoco eran unos ingenuos a quienes no se les hiciese evidente las trampas y las componendas que a sus espaldas se gestaban, máxime cuando contaban con fieles subordinados que se los informarían sin falta.

* * *

El militar debe ser un subalterno de los poderes civiles, pero nunca de ellos un mesnadero o un pretoriano. El militarismo sólo surge a la vida pública de un país cuando lo genera el caldo de cultivo de la politiquería. El hecho de que el Presidente de la República sea el constitucional Jefe Supremo de las Fuerzas Armadas es solamente simbólico de la subordinación de éstas a su superioridad jerárquica como jefe de estado, sin que esto dé derecho, ni autorización, a que un civil sin conocimientos ni experiencia militar se erija en Mariscal de Campo —como Montgomery, Rommel o Zukhov— o en General de Ejércitos —como Eisenhower o McArthur— y pretenda dirigir victoriosamente batallas o que aspire a ganarse el respeto y la admiración de los profesionales de la estrategia y la táctica por el hecho de que la Constitución lo haga Generalísimo, Almirante o Cosmonauta. Los altos fines políticos se logran después del triunfo sobre el enemigo en el campo de batalla o en el de la diplomacia, pero nunca después de una derrota causada por la ineptitud en el mando o por la estúpida sobre-estimación producida por una jerarquía de papelitos. El verdadero político es aquel que no teme morir por lo que predica y que jamás usa el cargo para personal provecho. Y que con su ejemplar conducta impide el desenfreno de los militarotes que, a su vez, prostituyen el sagrado honor militar y se confabulan para tomar por asalto el poder para implantar en una nación democrática una dictadura militar de corte fascista o comunista.

* * *

La primera agresión del Consejo contra Máximo Gómez, premeditada o no, se efectuó cuando a pesar de los deseos de éste expresados a Estrada Palma en carta de febrero 6 de 1896, enviada con un propio para asegurarse de su entrega, en la que decía al Delegado: «*Una expedición por Occidente es lo que usted debe enviar. El arribo de Calixto García (pero ha de ser él), aunque no sea más que con veinte y cinco hombres dará el triunfo a la Revolución. Esta carta la lleva un hombre de confianza con el encargo de especificarle en el mapa los lugares escogidos para el alijo...*», se envió a Calixto por Oriente. Máximo Gómez deseaba la presencia de García en Occidente pues en esa forma estarían los grandes capitanes libertadores distribuidos por el territorio y se consolidarían los logros de la Invasión. Pero a espaldas de Gómez, y contraviniendo la Constitución, el Marqués escribió a Estrada Palma en febrero 5 del mismo año: «*Se divide en dos departamentos, Oriental y Occidental. En el primero se nombrará a Carrillo hasta que venga Calixto García. Por eso tanto deseo la venida de Calixto, por más que a algunos les pesa, como verá por mis apuntaciones... No comprendo como Gómez, con su carácter, se ha dejado dominar por completo de este elemento...*» Carrillo había llegado con Aguirre a Oriente el 5 de noviembre de 1895, en el vapor Horsa, casi un mes después de la partida del contingente invasor y el Consejo lo nombró Jefe del Departamento de Oriente, ignorando deliberadamente a José Maceo quien allí estaba desde el desembarco de Duaba y que había sido dejado detrás especialmente por Gómez y su hermano Antonio. No existen documentos que aclaren el porqué Calixto llegó por Oriente y no por Occidente. Si fue que así él lo exigió o que Estrada Palma, influido por Cisneros, decidió enviarlo por esa región para neutralizar a José Maceo. Pero la acción del Consejo reduciendo a José Maceo a Francisco Carrillo no necesita comentarios...

Al pasar por Las Villas, de regreso a Oriente de acuerdo con el proyecto trazado en Galeón, Máximo Gómez encontró que el Secretario del Interior, García Cañizares, que había quedado en aquella región como representante del Gobierno, estaba actuando como si fuera el Gobierno mismo, dictando proclamas y disponiendo movimientos militares que contravenían los derechos que a él, Gómez, correspondían como General en Jefe. Después, en Camagüey, sufrió un gran disgusto al saber que a Mayía Rodríguez se le había impedido por el Gobierno cumplir sus órdenes de ir en ayuda de Maceo, según alegaron sus componentes con miras de altos fines políticos. Como si esto fuera poco, el Consejo había ordenado los descabellados ataques a La Zanja y Sagua de Tánamo, también con altos fines políticos, donde las tropas orientales habían sufrido grandes pérdidas en hombres y equipos, así como gastado inmensas cantidades de valiosísimo parque inútilmente. En medio de estas dificultades y en ausencia del titular, Portuondo, el Subsecretario de la Guerra, Eusebio Hernández, había creado un gratuito problema de jurisdicciones con el Presidente Cisneros quien, molesto por ello, había presentado la renuncia de su cargo pero la cuestión fue resuelta con la oportuna llegada de Portuondo en una expedición. El Consejo también había promovido en rango a un número de oficiales de sus tropas de custodia sin previa anuencia del General en Jefe, siempre abroquelándose en el Artículo Cuarto de la Constitución de Jimaguayú. Y a todo lo anterior había que añadir la acción del Secretario de Hacienda, Severo Pina, que había autorizado el comercio con el enemigo y autorizado el tránsito y expedido pases sin previa aprobación del Presidente Cisneros, cosa que movió a Gómez a ordenarle a los jefes militares en operaciones que no los aceptasen. Todo indicaba que muy pronto se iba a producir un choque frontal entre el Consejo y los militares.

El Consejo actuaba con una anarquía disociadora que no podía permitirse se reflejara en el Ejército Libertador. Además, sostenía una indigna correspondencia con el Delegado, Estrada Palma, que comprometía a éste en sus funciones de tal pues lo hacía aparecer como parcial al Consejo en el envío de expediciones a Cuba. Cuando Gómez ordenó el traslado de Carrillo a Las Villas, su territorio natural, el Consejo nombró a Mayía Rodríguez para sustituirlo en Oriente y luego nombró a Calixto García para reemplazar a éste pero al así hacerlo emitió en la orden juicios despectivos sobre José Maceo que éste resintió, con sobrada razón, y reaccionó a ellos negándose a aceptar la jefatura de Calixto García. Luego José presentaría su renuncia como jefe del Primer Cuerpo pero Calixto se negó a aceptársela porque sabía de su valor y sus méritos. Que la agresión a los hermanos Maceo por parte del Consejo era premeditada y artera no queda más remedio que admitirla al leer este párrafo de la carta de Cisneros a Miguel Betancourt, de mayo 16 de 1896.

«El pensaba renunciar. Nos vino de perillas, porque José Maceo no es de nuestra confianza. No sirve para desempeñar el puesto.. Hemos nombrado Jefe del Departamento a Mayía para contener la ambición de José Maceo...»

Y este otro párrafo, de una carta a Estrada Palma de julio 4 de 1896, también de Cisneros:

«También acá hemos tenido nuestros puntos negros. José Maceo se creyó que él en Oriente y su hermano en Occidente, debían ocupar y dirigir todo el cotarro... Permítame esta disgresión. En cartas anteriores escribí sobre este individuo y sé positivamente, aunque me tiene sin cuidado, que lo que yo he mandado a decir en cartas particulares se lo han mandado a decir a él por este mismo correo, y sin duda ha sido causa de resultados posteriores. Hace tres días que se ha recibido su renuncia de Jefe del Primer Cuerpo: no me ha cogido de sorpresa, pues lo sabía y lo esperaba, pues él no consentía a nadie que se le sobrepusiera; pero si el motivo que da para la renuncia: "Por saber o constarle que el Gobierno no está contento con él..." Si por mí hubiera sido, mi contestación hubiera sido lisa y llanamente admitirle la renuncia, pero como eso dependía del Jefe del Departamento y del General en Jefe, el primero ha contestado no admitiéndosela... Todo lo hace atenido a ciertos adulones que tiene a su lado...»

El Jefe del Departamento susceptible a adulones ¡era nada menos que Calixto García...!

* * *

Calixto García y Francisco Carrillo quisieron suavizar la trifulca y escribieron a Gómez tratando de explicarle la ineptitud del Consejo, pero el *Viejo* no se transaba fácilmente y le respondió al primero de ellos el 29 de mayo de 1896:

«¡Fines Políticos! Es la ridícula muletilla en que se apoya el Consejo Civil para ordenar a un jefe militar (Mayía) que desatienda las órdenes de este Cuartel General...! ¡Altos fines políticos! repite muy orondo nuestro Consejo de Gobierno... para marchar a dar paseos y para hacer nada entre dos platos... ¡Altos fines políticos! para ir a fracasar frente a Sagua de Tánamo y La Zanja y dar grados a roso y belloso...»

Al general Carrillo contestó el mismo día 29 de mayo de 1896:

«Yo no he pedido la Jefatura del Ejército, sino que se me ha dado, y no por una agrupación civil, sino por la misma Revolución. Tampoco he venido aquí a representar papelones... Hay grandísima diferencia entre una orden firmada por mí o por el general Antonio Maceo, y otra firmada por el Marqués de Santa Lucía o por Severo Pina...»

* * *

Maceo, aislado y combatiendo incesantemente contra tremendas concentraciones de tropas españolas en sus reductos pinareños, no recibió ninguna de las expediciones prometidas pero en cambio llegó a sus manos una carta que le dice que el general americano Sickles aboga por la intervención en Cuba. Maceo se apresuró a escribir a Estrada Palma: «*No necesitamos de tal intervención para triunfar en un plazo mayor o menor. Y si queremos reducir éste a muy pocos días, tráigame a Cuba veinticinco o treinta mil rifles y un millón de tiros en una, o a lo sumo, dos expediciones...*» Gómez y Maceo soñaban con un Ayacucho cubano, una batalla decisiva que expulsase a España de la Isla. Hombres les sobraban; armas les faltaban. Al fin le llegó la expedición de la Competitor y cuando iba en busca de sus pertrechos se enfrentó en Cacarajícara al general Suárez Inclán, fusilándole a mansalva sus tropas durante un día y una noche y propinándole el mayor revés sufrido por el ejército español en toda la campaña. En esa batalla murió el más valiente de los libertadores pinareños, el coronel Carlos Socarrás, a cuya esposa escribió Maceo una sentidísima esquela. Maceo se replegó hacia su peleadero de las Lomas de Tapia y de allí bajó una noche para incendiar a Consolación del Sur y capturar botín con que avituallar sus tropas. Weyler echó sobre Maceo y sus quinientos mambises, cuatro columnas con doce mil hombres y doce cañones los cuales, después de cinco días de continuo batallar logró dispersar a los cubanos por el lomerío del Roble no sin que antes Maceo hubiera recibido su herida número 24, en la prolongada batalla de San Miguel de Lombillo. Mientras convalescía de su herida en la sierra artemiseña llegó a sus manos la correspondencia que lo ponía en antecedentes de los conflictos entre su hermano José y el General en Jefe con el Consejo de Gobierno. En aquellos momentos en que se hallaba aislado totalmente del resto de Cuba, acosado por Weyler en proporción de diez a uno, sin pertrechos apenas y con la amenaza de intervención americana en el ambiente, las angustias del Lugarteniente General fueron expresadas elocuente y esclarecedoramente en sus epístolas. Leámoslas:

Al coronel Federico Pérez Carbó, del Departamento de Expediciones, 14 de julio de 1896:

«He leído con mucha satisfacción su carta del 29 de junio. Estoy medio contento con el alijo del doctor Castillo. La falta de elementos no me llevó a la desesperación porque la suplí con otros, no menos importantes para el caso. Por eso gestiono ahora el envío de cuanto tengo pedido; no quiero verme en las astas del toro. Parece que ni el Delegado ni el Gobierno, han tenido en cuenta la importancia de la invasión, para favorecerme a tiempo; pero sí lo han hecho con los hijos mimados de la fortuna, con los cuales siguen los privilegios y desaciertos preparando disgustos. Lamento lo ocurrido con las expediciones. Si las mías vienen en las formas y condiciones pedidas, no sucederá lo mismo. El enemigo está acobardado allí donde hay gente veterana y muchos elementos; aquí cuesta pegarle duro: hay jefes a quienes corren todavía. Cierto que el número de combatientes es diferente, pues yo he llegado a tener en Las Villas y aquí, una persecución de 75.000 soldados con los mejores jefes del ejército enemigo. Aquí no hay palmo de tierra que no esté bañado con sangre cubana y española. La campaña del 71 fue para mí más ruda. Sin embargo, he gozado mucho viendo realizarse un día y otro mi sueño dorado, y así he podido pegar a los españoles y romperles la crisma a sus mejores generales.

»De España jamás esperé nada; siempre nos ha despreciado, y sería indigno que se pensase en otra cosa. La libertad se conquista con el filo del machete, no se pide: mendigar derechos es propio de cobardes incapaces de ejercitarlos. Tampoco espero nada de los americanos; todo lo debemos fiar a nuestros esfuerzos; mejor es subir o caer sin su ayuda que contraer deudas de gratitud con un vecino tan poderoso. Miró está enfermo porque aún no tiene ninguna herida; esto lo hace sufrir. Dígame que sabe de José, mi hermano. Escríbale diciéndole que pida venir para acá, donde hay campo para todo el mundo; que si por intrigas se ve colocado en mala situación, haga lo que yo siempre he hecho; que no se preocupe de que no se le recompense la pureza de sus sentimientos y el mérito de sus servicios: que le baste la propia satisfacción de haber siempre cumplido y de no haber servido a España. Están al llegar los elementos de guerra que trajo Leyte Vidal. Todo se salvó; ya debía estar en mi poder a estas horas, pero no tiene usted idea del estado de los caminos a consecuencia de las torrenciales y continuas lluvias que han caído de un mes a esta parte. Al doctor Castillo dígale que le felicito por lo bien que salió de su *arresto. Se me antoja, por ciertas noticias de la prensa, que ya está navegando hacia acá. Y ahora, luego y siempre trabajando por Cuba Libre.»*

* * *

Al doctor Alberto Díaz, julio 16 de 1896:

«No me parece cosa de tanta importancia el reconocimiento oficial de nuestra beligerancia que, a su logro, hayamos de enderezar nuestras gestiones en el extranjero, ni tan provechosa al porvenir de Cuba la intervención americana, como supone la generalidad de nuestros compatriotas. Creo más bien que en el esfuerzo de los cubanos que trabajan por la patria independencia, se encierra el secreto de nuestro definitivo triunfo, que sólo traerá aparejada la felicidad del país, si se alcanza sin aquella intervención. De más está cuanto se diga en rechazar cualquier proposición para que indemnicemos a España. Ni un céntimo sería lícito abonar por tal concepto; y no dudo que éste es el pensamiento de la casi totalidad de los cubanos...»

* * *

A José Dolores Poyo, julio 16 de 1896:

«...Y si hasta hoy las armas cubanas han ido de triunfo en triunfo, huelga que le diga yo la ventaja mayor aún que le reservan para lo porvenir los cuantiosos elementos de guerra que estamos recibiendo, gracias a las activas gestiones de todos ustedes y especialmente de la incansable y benemérita Junta de Nueva York. ¿A qué intervenciones ni ingerencias extrañas, que no necesitamos ni convendrían? Cuba está conquistando su independencia con el brazo y el corazón de sus hijos; libre será en plazo breve sin que haya menester otra ayuda.»

* * *

Al general Mayía Rodríguez, julio 17 de 1896:

«Tengo a la vista su carta estimada de 12 de abril a la que contesto, sintiendo no poderme referir al parte oficial que debió darme en descargo de la orden que recibió usted de venir a ocupar el puesto que le señalé en Occidente, pues él completaría el que debo hacer al General en Jefe, para que, a su vez, lo haga al Gobierno de la República, que no ha tenido en cuenta la importancia de la

invasión, y la ventaja de sostener el territorio ocupado por las armas cubanas, disponiendo que no se cumplieran las órdenes comunicadas a usted y al general José Maceo, en circunstancias que pedía refuerzos para atender a las numerosas fuerzas con el firme propósito de desalojarme de él y dar por pacificadas las provincias de Pinar del Río, Habana y Matanzas; plan que no pudo realizar, debido a la tenaz resistencia que con tiempo le opuse con las armas y los movimientos estratégicos que dieron al traste con sus siniestras intenciones. A no ser tanto valor, abnegación y pericia demostrados por cada hombre de las fuerzas de este Departamento, la Revolución hubiera fracasado aquí, mientras que los señores del Gobierno veían desde la barrera, con impasible indiferencia, el sacrificio que hacía este ejército sin socorros y sin otro auxilio que su propio esfuerzo, para salvarse del naufragio que constantemente le amenazó. A eso se debe, pues, que apenas haya gente viva e ilesa de la columna invasora que saqué de Oriente y Las Villas: el que no está en el otro mundo, corre mutilado en busca de lugar recóndito donde acabar su vida.

»¿Así cúmplese como Gobierno, como patriotas y como militares? De esta clase de elementos se compone nuestro Gobierno, y en el presente caso se ha prescindido de todo; ni el patriotismo les indujo a prestar apoyo inmediato a sus hermanos de acá, que sucumbían como héroes ante los acumulados elementos de nuestros enemigos, y ni siquiera me comunicaron a tiempo su determinación. Si yo hubiera venido a la Revolución a servir a los hombres, habría abandonado la idea de prestarles ayuda; pero, por fortuna, no veo otra cosa más que la conveniencia de trabajar por mi patria, cerrando los ojos ante tantas pequeñeces y miserias, que han contribuido a que así proceda el Gobierno. Ante una situación tan apremiante como la que corrió el ejército invasor y el de este cuerpo, que era pavorosa y aflictiva para salvar nuestra impedimenta, sólo unos cuantos abandonaron el campo del honor en compañía de Juan Massó Parra; el resto está aquí, airoso, y ostentando con gala, su frente erguida, por la gloria que le cabe en campaña tan sangrienta como difícil. Yo sé que usted como jefe digno y honrado, siempre ha cumplido como bueno; uno de sus mejores timbres es el de la obediencia, y ha hecho bien acatando el acuerdo del Consejo de Gobierno; de él será, ante la historia, la responsabilidad de ese hecho que nos ha privado de encaminar nuestros triunfos al Ayacucho cubano. Réstame, pues, la pena

de no haberlo abrazado aquí, donde pudo usted aumentar su gloria y su fama.»

* * *

A Salvador Cisneros Betancourt, julio 17, 1896:

«He recibido con desagrado, en medio de tan angustiosa situación, por falta de hombres aguerridos y parque, la noticia de que el Consejo de Gobierno impidió viniese el contingente que pedí de acuerdo con el General en Jefe. Estimo que mientras dure la guerra debe ser depuesta esa sub-división del mando entre el Gobierno y el General en Jefe, pues queda así éste sin la fuerza moral que necesita quien tiene sobre sí la responsabilidad de su cargo y la de su fama militar... Ojalá, pues, que el Gobierno, en vista de lo que pudo ser un fracaso completo, impidiendo que viniesen los refuerzos, tenga en cuenta esta observación, fruto de nuestros desaciertos en la guerra pasada...»

* * *

La situación de Calixto García en Oriente era harto delicada y se comparaba a la de la Guerra de los Diez Años cuando las tropas tuneras se negaron a acatar su mando. Preocupado, y no deseando, al igual que lo anheló entonces, anegar en sangre el motín, se dirigió a Máximo Gómez para que éste fuera árbitro de la cuestión y éste le respondió: «*Leídas las comunicaciones que usted dirige al general José Maceo, cúmpleme decirle que corre de mi cuenta solucionar ese conflicto. Usted no se preocupe poco ni mucho: dedíquese a sus operaciones y organización, que yo le escribiré al general José Maceo...*» Gómez salió a marchas forzadas a entrevistarse con José Maceo pero no pudo realizar sus propósitos pues *El León de Oriente* cayó combatiendo en Loma del Gato el 5 de julio de 1896. Así fue como la muerte solucionó de pronto el conflicto entre el Gobierno y el menor, pero no menos grande, de los Maceo Grajales.

* * *

La fatalidad volvió a cebarse en la buena suerte del Ejército Libertador cuando el 30 de julio, Juan Bruno Zayas, ya brigadier, fue muerto en Quivicán cuando buscaba un paso para ir a reunirse con Maceo en Pinar del Río.

* * *

Los esfuerzos de la Delegación por lograr el reconocimiento de la beligerancia cubana, a pesar de contar con las simpatías congresionales, se estrellaban contra la voluntad contraria a la independencia del Presidente de los Estados Unidos, Grover Cleveland. Pero en contraste a esto, merecen unas líneas la conducta del Cónsul General de los Estados Unidos en La Habana, general Fitzhugh Lee. Brindó gran ayuda moral a los insurrectos durante la Reconcentración y a él se debió que en muchas ocasiones se salvaran vidas que irremediablemente se hubieran perdido ante el paredón de fusilamiento.

* * *

En el mes de septiembre se hicieron esfuerzos por limar las asperezas surgidas nuevamente entre el Cuartel General y el Consejo de Gobierno, originadas por un acuerdo tomado el 22 de octubre de 1895, que ahora pretendíase aplicar, presentado por el doctor García Cañizares y en manifiesta violación del Inciso «g» del Artículo 3 de la Constitución que, como sabemos, disponía entre las varias atribuciones del Consejo: «*Conferir los grados militares de Coronel en adelante previo informe del Jefe Supremo inmediato y del General en Jefe.*» El acuerdo en cuestión habla por sí solo de lo que habían determinado otorgarse a sí mismos en honores militares los civiles:

«*Al Presidente de la República corresponderá la consideración de Generalísimo del Ejército. El Vicepresidente y los Secretarios de Estado, la de Mayor General. El Secretario del Consejo y Canciller, la de Brigadier. Los jefes de despacho de los Secretarios de Estado, los Gobernadores Civiles y los Administradores de Hacienda, la de Coronel. El Teniente Gobernador, el Delegado de Hacienda, la de Comandante. Los Prefectos y los Inspectores de Talleres, de Costas o de Comuincaciones, la de Capitanes. Los Subprefectos, la de Alférez.*»

Máximo Gómez exigió del Consejo una explicación de esta mascarada de la concesión de grados sin su aprobación previa, apoyado por la mortificación de los jefes de tropas de línea que habían ascendido grado a grado y a fuerza de combatir, y el Consejo alegó, en defensa de sus actos, las siguientes razones:

1. — La intervención del Consejo de Gobierno en las operaciones militares, de acuerdo con el Artículo 4 de la Constitución era legal y que debía entenderse que la realización de ellas en Oriente quitaba a Gómez y Maceo, allá en Occidente, parte de las tropas españolas que les agobiaban.

2. — *La ingerencia del Consejo de Gobierno en la designación de jefes para los altos mandos militares había sido conveniente, en ausencia e incomunicación dilatada en que el General en Jefe y el Lugarteniente General habían estado.*

3. — *La actividad agrícola-industrial y comercial autorizada (molienda de ingenios, explotación de cafetales y platanales, tráfico de ganado vacuno en pie y comercio con productos forestales, miel y cera) era, además, legal y facultativo del Gobierno, necesario para arbitrar recursos económicos con que solventar necesidades urgentes.*

4. — *El Secretario del Interior, García Cañizares, actuaba en Las Villas en funciones civiles propias de su cargo.*

5. — *Los jefes militares invasores, Gómez y Maceo, no se habían ocupado de rendir al Consejo de Gobierno, por conducto de la Secretaría de la Guerra, partes oficiales con el resultado de las operaciones militares y demás actuaciones.*

6. — *Se debía establecer el debido orden de relaciones y dependencia del General en Jefe con la Secretaría de la Guerra.*

* * *

Gómez realizó que ya todo era un hecho consumado y que en definitiva los grados militares que los componentes del Consejo se habían conferido no eran más que nominales y en pro de la concordia y demostrando su disposición conciliadora y su antagonismo a la intrusión y la charlatanería transigió y quedaron reguladas las relaciones entre el Consejo y el Cuartel General mediante un Acuerdo que, en su preámbulo especificaba:

«...*siendo el pensamiento y deseos de los miembros del Consejo el que éste en sus disposiciones marche completamente de acuerdo con el General en Jefe, como director de las operaciones de la guerra, a fin de deslindar perfectamente las atribuciones de éste, evitando de esta manera que el General en Jefe pueda dictar disposiciones de otra índole que las que competen a su cargo, y que las que legalmente dicte el Consejo de Gobierno, puedan perturbar la ejecución de las operaciones militares a él enco-*

mendadas se tomaron los siguientes convenios a los que prestó su asentimiento y conformidad el General en Jefe»:

1. — El General en Jefe sólo podrá dictar disposiciones militares y Órdenes Generales del Ejército, que se refieran al régimen interior del mismo y la parte técnica de las operaciones de la guerra; quedando por tanto derogadas las Circulares dictadas que se opongan a este acuerdo; debiendo comunicar al Consejo de Gobierno el plan general de operaciones y sus modificaciones, para su aprobación y a fin de evitar que acuerdos de éste se opongan a aquél. Cuando para alguna operación determinada sea indispensable la suspensión de algún acuerdo del Consejo de Gobierno, podrá suspenderlo interinamente, poniéndolo acto seguido en conocimiento de éste y justificando su necesidad.

2. — El General en Jefe remitirá a la Secretaría de la Guerra los partes de las operaciones militares de la campaña, entendiéndose directamente aquella Secretaría con los Jefes al mando de fuerzas, en lo que se relaciona a Administración, como estado de armamentos, distribución de expediciones, comunicaciones del Consejo de Gobierno, etc.

3. — Es competencia del Consejo de Gobierno fijar los sueldos, uniformes e insignias de los empleados civiles y militares de la República, dictar la Ley de Reclutamiento y la de Organización del Cuerpo Jurídico Militar y nombrar los Oficiales Generales que han de desempeñar los cargos de Inspector General del Ejército y los Jefes de Departamentos y de Cuerpos de Ejército, a propuesta del General en Jefe.

4. — Dependen directamente de las autoridades civiles, los empleados aunque sean armados, que presten sus servicios en la forma que provienen los Reglamentos del Gobierno Civil y de la Hacienda, pudiendo tener los Prefectos hasta ocho hombres armados a sus órdenes, entre los empleados de su Prefectura, cuyas armas las recibirán del Ejército.

5. — Cada Jefe de Cuerpo tiene la obligación de poner a las órdenes del Consejo de Gobierno, cuando éste se encuentre en el territorio de su mando, un Escuadrón compuesto de 50 hombres con un Comandante y los Auxi-

liares necesarios, que se relevarán mensualmente con hombres de la misma fuerza: mientras el Consejo de Gobierno no pase al territorio de otro Cuerpo y reciba de éste la custodia correspondiente. En caso de que el Consejo de Gobierno lo crea conveniente, el Escuadrón de escolta será sustituido por una Compañía de Infantería, compuesta del mismo número.

* * *

Una vez delimitadas las jurisdicciones político-militares, Máximo Gómez, puesto de acuerdo con Calixto García, inició nuevas operaciones en Camagüey que tuvieron como resultado la toma de Guáimaro por el segundo después de once días de asedio, desde el 17 al 28 de octubre de 1896, mientras el primero atacaba a Cascorro y combatía con éxito en Lugones y El Desmayo para atraer la atención enemiga lejos de Calixto.

En el entretanto, Maceo después de distribuir el parque recibido en la expedición de Leyte Vidal, combatió en Santa Teresa; fracasó en el ataque a un tren blindado en Bacunagua; ordenó a Quintín Banderas y a Silverio Sánchez que atravesaran la Trocha y que fueran a combatir a La Habana y Matanzas cosa que ambos efectuaron sin problemas mayores; agitó a los generales Lacret y Aguirre para que imprimiesen un ritmo más vigoroso a sus respectivas campañas; atacó de nuevo al tren, esta vez haciéndolo volar en pedazos y partió luego para el extremo occidental de la provincia pinareña a encontrarse con su viejo ayudante del 68, el arrojado portorriqueño y general mambí, Juan Rius Rivera, quien había llegado con una expedición y quien traía con él a *Panchito* Gómez Toro, hijo del General en Jefe, y quien era portador de las malas nuevas que confirmaban la muerte heroica de José Maceo en Loma del Gato. Una vez abastecido de parque y con un cañón pneumático, Maceo combatió sucesivamente en Montezuelo, Tumbas del Estorino, Trocha de Viñales y se enzarzó, ayudado por Rius Rivera, en la más terrible y sangrienta batalla de toda esta guerra: Ceja del Negro. Hasta el presente se debate aún quienes fueron los vencedores, si los cubanos o los españoles, sin que, históricamente probado, pueda ninguno de los dos bandos atribuirse la victoria positivamente. De allí partió Maceo para sus reductos de Tapia, no sin antes combatir en Galalón.

En el resto de la Isla la guerra de liberación seguía creciendo en dimensiones. En la reducida provincia habanera los más jóvenes oficiales libertadores se batían de igual a igual con las tropas veteranas de Weyler, a pesar del superior número de éstas y de su armamento. Mayía fue derrotado en el ingenio Colorado, pero el coronel Juan Delgado batió al enemigo en Calabazar; Aguirre lo descalabró en San Francisco de Paula; Rafael de Cárdenas lo puso en fuga en La Reina y Néstor Aranguren, con el regimiento Habana los tenía a la defensiva en Guanabacoa. En Las Villas, Carrillo, Rosas, Monteagudo y José Miguel Gómez se movían incesantemente, sin dar tregua a los hispanos. En este tiempo, el 18 de noviembre de 1896, ocurrió la funesta caída del legendario Serafín Sánchez en Paso de las Damas. El héroe moribundo aún tuvo fuerzas para exclamar a sus oficiales: «*Me han matado... Eso no es nada... ¡Que siga la marcha...!*»

* * *

Las complicaciones en el seno del Consejo de Gobierno no cesaron, sino tan sólo recesado, pues de nuevo comenzaron, ahora con un carácter aún más venenoso y de una tremenda peligrosidad para la Revolución. Una nueva corriente de intrigas se desató entre aquellos seres que no realizaban lo nefasto de sus actuaciones, embargados como estaban en sus querellas personales y sus ambiciones de mando militar y que pretendían atraer al remolino de sus pasiones a los altos oficiales del Ejército Libertador. En sus ciegas iras de unos contra otros no ponían límite a sus desdichadas actuaciones. Los apacibles civiles se tornaban en feroces combatientes de la invectiva que no daban ni pedían cuartel, ni paraban en mientes en cuanto a los procedimientos para lograr sus propósitos. Estaban empeñados en ser a todo trance los jerarcas castrenses que ellos mismos se habían titulado. A tanto llegaban en su ardor bélico que hasta el sosegado y abacial Fermín Valdés Domínguez, coronel virtud a su cargo de Jefe de Despacho, aspiró fieramente al mando de la Brigada de Baracoa, que había estado al mando, hasta su muerte, nada más y nada menos que de Félix Ruenes. Estos hombres de gabinete, patriotas legítimos y honrados a carta cabal, parecían sufrir de *belicosis aguda*, algo que no se compadecía con sus personas y la guerra que se libraba contra de un enemigo implacable y con hombres de un calibre tremendo.

La extemporánea declaración del Presidente Cleveland pretendiendo justificar su recalcitrancia a reconocer la beligerancia cubana alegando que el Gobierno en Armas se hallaba dominado por los militares, se conjugó con el deseo de Máximo Gómez y Estrada Palma de demostrar lo contrario al pueblo norteamericano. Esta situación incitó a García Cañizares a iniciar en el seno del Consejo de Gobierno una nueva ofensiva contra el General en Jefe, siempre enfrentando a los civiles que lo componían a Masó y Roloff, y a ese efecto ideó una moción por la cual se sustituiría aquel cargo por los de uno colegiado de los Secretarios, con los cuales se entenderían entonces los Jefes de Departamentos, Cuerpos y Divisiones, quedando, por lo tanto, Máximo Gómez reducido a la situación de cuartel, o excedente. Mientras se cocía este brebaje, Portuondo, a su vez, dirigió una insultante carta a Gómez en la que, además de calificarlo despectivamente de extranjero, lo amenazaba, a nombre del Gobierno, con destituirlo si no renunciaba a su cargo. Máximo Gómez respondió renunciando irrevocablemente para adquirir la condición de civil y entonces vengar la afrenta recibida y así se lo hizo saber a Portuondo en una durísima carta. El General en Jefe pensó en dirigirse a Pinar del Río y combatir a las órdenes de Maceo, al igual que hizo bajo Calixto García cuando fue destituido en la Guerra Grande, pero pensando en lo que sucedió a Carlos Manuel de Céspedes decidió entregar el mando a Maceo y después retirarse para siempre de Cuba. El Consejo persistió en sus locuras y la emprendió con Estrada Palma, amenazando a éste con las mismas represalias que a Gómez.

Aprovechando la situación de incertidumbre y beligerancia en que se debatía el Consejo de Gobierno, el doctor Eusebio Hernández, Subsecretario de Estado, maquiaveló una crisis que de producirse traería como consecuencia una dictadura militar que eliminaría al Presidente Cisneros y al General en Jefe de un golpe y pensó en Antonio Maceo para sustituirlos. Tan descabellada ocurrencia era ya la gota que colmaba aquel vaso de cicuta. Eusebio Hernández participó a Maceo sus propósitos y tanto llenó a éste de angustia el torvo asunto que decidió dejar las montañas de Pinar del Río y dirigirse al encuentro de Gómez para ayudarlo en su predicamento, cosa que le costó la vida menos de un mes después. Pero dejemos que sea el general Miró Argenter quien nos dé la versión exacta de lo sucedido en el campamento de Maceo en El Roble:

«El día 2 de noviembre, Maceo leyó la correspondencia que le trajo el oficial Alderete; hizo enseguida un gesto de disgusto y permaneció sumido en hondas meditaciones. Procuramos sacarlo de la perplejidad en que seguía abismado, mostrándole cartas de nuestra familia que contenían agradables nuevas sobre la marcha de los sucesos públicos, y algunos periódicos de España que hablaban de él con merecido elogio. No hubo manera de sacarlo de la abstracción. Al fin nos reveló el contenido de aquellas cartas desdichadas, y nos encargó que las guardáramos sin anotarlas en el registro. Una de ellas era de carácter oficial, suscrita por Máximo Gómez, en la que le ordenaba que franquease la trocha sin pérdida de momento; que su presencia hacía suma falta en Las Villas y Camagüey. Máximo Gómez no decía más nada; pero otras cartas daban la clave de la incógnita. Había mar de fondo en las esferas gubernativas: Gómez y el Gobierno estaban en discordia.

El doctor Hernández, que desempeñaba la subsecretaría de una de las carteras, había presentado la renuncia, e instigado a otros compañeros a que hicieran lo mismo. Se trataba, pues, de crear una crisis total, que necesariamente habría de resolverse con la convocación de una asamblea popular con atribuciones para modificar el código fundamental de la República, o que, por lo menos, le quitara la autoridad a Gómez y al Marqués de Santa Lucía, los cuales, a su vez, marchaban en desacuerdo. Los tiros arropados iban dirigidos a esos dos personajes. Todo esto se hacía a espaldas de Salvador Cisneros, y no pudo hacerse a las de Gómez, porque éste advirtió las señales de borrasca y pidióle a Maceo su concurso. La nave del Estado andaba poco menos que al garete. El comunicante no se recataba de insinuarle a Maceo la idea de que era el llamado a asumir los destinos de la República, como Presidente del Consejo de Gobierno y como General en Jefe del Ejército Libertador. "Pobre República si ha de navegar por esas aguas muertas!" —exclamó Maceo. Le sobraba razón: en lo que no tuvo razón fue en concederle tanta importancia a esas intrigas de bajo vuelo, que hoy llamaríamos triquiñuelas de los "leaders" electorales.

»El doctor procedía de buena fe, no cabe duda; se hacía eco de sus impresiones, descubría su pensamiento, y tiraba a la vez contra el Presidente de la República y contra el General en Jefe, porque ni uno ni otro eran santos de su devoción; y al propio tiempo trataba de inculcar en el ánimo de Maceo la idea peregrina de que era el llamado a dirigir los dos poderes, el político y el militar, doble sanción que muy en breve iba a darle el pueblo de Cuba, reunido en asamblea magna. Para ello era preciso que Maceo enviase un mensaje categórico al Secretario de Relaciones Exteriores, el general Rafael Portuondo, único elector que estaba renuente o inconquistable. "Después de todo —dijo Maceo— Portuondo es el único que piensa como yo: rechaza los golpes de Estado." Entonces nos refirió el general Maceo que en otra ocasión el amigo que ahora le escribía, lo enemistó con Máximo Gómez hasta el extremo de que se concertó un duelo entre los dos (entre Gómez y Maceo). Los demás ministros o secretarios de Estado, a excepción de Portuondo, habían dado su conformidad al plan. Todo estaba descoyuntado en las esferas del Gobierno, pero roturado el campo para que el nuevo estado de cosas no trajera el derrumbamiento de las instituciones. El desorden era más acentuado en Las Villas, porque allá todo estaba sometido a la autoridad discreccional de *Máximo Gómez*. Decía el doctor que las brigadas de aquel distrito estaban mandadas por intrusos. ¿Quiénes serían esos intrusos? Maceo no podía saberlo desde Pinar del Río. La Hacienda estaba perdida y malbaratada; el dinero de las recaudaciones desaparecía por escotillón, y con pasmosa rapidez. La teoría del "jan" era lo único que imperaba. Eso del "jan" era una de las tantas agudezas de Máximo Gómez que, con natural brusquedad, sostenía la tesis de que no era buen mambí el que no sabía clavar una estaca...

»El brigadier Massó Parra mostrábase muy quejoso de la conducta de Máximo Gómez, y aseguraba, como el doctor amigo, que en Oriente, Camagüey y Villaclara había mar de fondo; que él estaba sin destino, postergado, y pedía la jefatura de la brigada de Villaclara, que a la sazón mandaba un teniente coronel (Jesús Monteagudo); que ocurría lo mismo con las brigadas de Sagua la Grande, Cienfuegos y Sancti Spliritus, mandadas por coroneles en comisión, y que la de Trinidad no se sabía quien la gobernaba, pues a Quintín Banderas el general Gómez lo había destituido. El brigadier abundaba en las mismas opiniones del Doctor, aun cuando no pudo ponerse de acuerdo con éste al escribir el memorial de agravios. Maceo quedó abismado. De más está decir que no dio respuesta a ninguna de esas misivas; pero adoptó la resolución de cruzar a Oriente la Trocha, con el ánimo de restablecer el principio de autoridad y ser el más firme sostén del gobierno constituido. Sin embargo, en previsión de los sucesos, y creyendo que los negocios políticos pudieran traer una crisis inevitable, nos pidió que redactáramos una carta, bien sentida, para Manuel Sanguily, en contestación a la de pésame que éste le escribió con motivo de la muerte de José Maceo; pero indicándole la conveniencia de que él viniera a Cuba, pues la República estaba necesitada de hombres de valer. Con lo cual está demostrado que Maceo no iba a aceptar la presidencia de la República aun cuando la asamblea popular le anticipara ese galardón.»

* * *

El fin de esta enojosa cuestión, en la parte que a Maceo tocaba, fue como sigue: Antes de recibir la correspondencia de Oriente había atacado a Artemisa, bombardeándola; después fue desalojado de las alturas de Soroa no sin que hubiera causado grandes pérdidas al enemigo y entregó el mando del Sexto Cuerpo al general Rius Rivera, previamente a su partida, no habiéndolo hecho a quien correspondía, el coronel Sotomayor, chileno, porque el infeliz había muerto loco en el Rubí. Weyler, en persona, dirigió las operaciones contra Maceo en esta localidad y dio a Maceo por copado, lo que valió que las Cortes españolas le concedieran el título de Duque del Rubí, en la más grotesca farsa que darse podía puesto que Maceo, como se sabe, en una noche tempestuosa burló la Trocha atravesando la bahía de Mariel en un bote, apareciendo sorpresivamente en la provincia de La Habana y yendo a caer, herido de muerte, en una escaramuza sin importancia en San Pedro, el 7 de diciembre de 1896. Sobre su cadáver, abandonado momentáneamente, fue a morir *Panchito* Gómez Toro, en una demostración insuperable de lealtad. Ambos cadáveres fueron rescatados por el coronel Juan Delgado y enterrados secretamente en El Cacahual hasta ser exhumados a la terminación de la guerra. La muerte del Titán fue recibida con gran alborozo por los españoles y se dispararon salvas de cañonazos en acción de contento. Se dio una misa de gracias y los colonialistas del autonomismo felicitaron al *Carnicero* por el fausto acontecimiento. El dolor cubano llegó a lo más profundo del corazón de todos los libertadores presentes y ausentes de sus funerales, los que fueron descritos por uno de los testigos presenciales de ese triste acontecer: el general José Miró Argenter.

«La velación no pudo ser más solemne dentro de lo precario de la fortuna; cuatro velas de cera amarilla que nadie se cuidaba de despabilar, pero renovadas constantemente por manos cuidadosas para que la luz no faltara en la cámara mortuoria; los ayudantes de guardia de honor, pálidos y adustos; los jefes, oficiales y soldados mutilados por el plomo, desfilando gravemente en torno de la humilde capilla, y tocando con devoción el inanimado cuerpo del General, besándolo algunos, y besando al mozo romanesco que quiso morir al lado del paladín, y allí estaba, a su diestra, tendido y ensangrentado, para no separarse de él jamás, aunque la naturaleza los redujera a polvo, porque las dos almas andarían siempre juntas por las esferas de la inmortalidad; tanto estrago en tan pequeña superficie, monumento tan grandioso en medio de la espesura del monte y bajo las tinieblas de la noche, no podía menos que revestir la forma de un sudario inmenso que cobijara a todos los mártires de la libertad, como si salieran de sus tumbas envueltos en el mismo cendal, y comparecieran solícitos a depositar coronas de laurel sobre el túmulo agreste de Punta Brava. El alma de Céspedes, la de Narciso López, la de Agramonte, la de Martí y las almas gemelas del mismo Maceo y las de todos los heroicos soldados que dieron su sangre por la redención de Cuba estaban allí congregadas marcialmente, con sus líricas trompetas y la historia de sus fastos gloriosos, para llevarse las dos almas hermana-

das y enseñar al mundo de los vivos el derrotero de la inmortalidad...»

* * *

Máximo Gómez comunicó oficialmente al Consejo de Gobierno que «*accediendo a lo manifestado por ese Consejo, marcho enseguida, suspendiendo la ejecución del plan de campaña que me había trazado, a depositar el mando del Ejército en la autoridad competente, en el Lugarteniente General, segundo en el mando, conforme lo previene, a mi entender, la Constitución...*» Cursó las oportunas órdenes y al frente de un largo convoy se puso en marcha hacia la Trocha, acompañado del Gobierno, y la pasó sin contratiempo alguno en medio de enorme tiroteo, dirigiéndose a la zona de Sancti Spiritus.

* * *

Calixto García escribió desde Oriente a Estrada Palma: «*Ya estamos los cubanos, como la vez pasada, haciendo todo lo posible para perder la guerra, a pesar de que todo nos favorece. El Gobierno mal con el General en Jefe y mal con ustedes, yo no quiero juzgar la conducta de nadie y sobre todo no quiero mezclarme en esas discusiones, pero reconozco que el Consejo procede injustamente y que sus diferencias con el General en Jefe no valdrían la pena si se acordaran de la gratitud que le debemos y de sus grandes servicios...*» Estrada Palma a su vez, con la simpatía solidaria de Castillo Duany, había enviado su renuncia como Delegado porque el Consejo lo había amenazado con destituirlo ya que comunicaba los planes de expediciones directamente a Gómez y García para conservar todo lo más posible el secreto de las operaciones.

* * *

Estando Gómez acampado en Santa Teresa, recibió la confirmación de las muertes de Maceo y de su hijo *Panchito* en San Pedro. El Generalísimo dictó una proclama ordenando diez días de luto militar riguroso porque «*la patria lloraba la pérdida de uno de sus más esforzados defensores, Cuba al más glorioso de sus hijos y el Ejército al primero de sus generales...*» A María Cabrales, viuda de Maceo, escribió estas sentidísimas líneas:

«*Nuestra amistad antigua, de suyo íntima y cordial, acaba de ser santificada por el vínculo doloroso de una común desgracia. Apenas si encuentro palabras con que expresar a usted la amarga pena y la tristeza inmensa que embarga mi espíritu. El General*

Maceo ha muerto gloriosamente sobre los campos de batalla, el día 7 del mes anterior, en San Pedro, provincia de La Habana... A esta pena se me une, allá en el fondo del alma, la pena cruelísima también de mi Pancho, caído junto al cadáver del heroico guerrero y sepultado con él, en una misma fosa, como si la Providencia hubiera querido con este hecho conceder a mi desgracia el triste consuelo de ver unidos en la tumba a dos seres cuyos nombres vivieron eternamente unidos en el fondo de mi corazón.

»*Usted que es mujer; usted que puede —sin sonrojarse ni sonrojar a nadie— entregarse a los inefables desbordes del dolor, llore, María, por ambos, por usted y por mí, ya que a este viejo infeliz no le es dable el privilegio de desahogar sus tristezas íntimas desatándose en un reguero de llanto.*

»*El infortunio hace hermanos. Hágame el favor, María, de creer que fraterniza con usted en toda la amargura de su soledad y de sus sufrimientos, su afectísimo amigo...*»

* * *

El Consejo de Gobierno en pleno acudió a la tienda del viejo general a ofrecerle sus condolencias, afectados por un sentimiento de verdadera congoja que Gómez pudo apreciar y que les agradeció profundamente. Al cabo de unos días reiteró su renuncia al cargo de General en Jefe poniendo al Consejo entre los cuernos de un tremendo dilema: tendría que sustituirlo con Calixto García, quien los detestaba intensamente. El Consejo pues, rectificó sensatamente y se sometió a los dictados de la razón ya que la oficialidad y la tropa los denostaban por su actitud para con Máximo Gómez y por tanto no le aceptaron la renuncia a pesar de haber sido hecha con carácter irrevocable. Gómez les dio una lección de patriotismo retirando su renuncia y no ensañándose en ellos. También el Consejo dio amplias satisfacciones a Estrada Palma. El Consejo retornó a Camagüey a preparar la aprobación de la Ley de Organización Militar que Gómez les había sometido. No habíanse terminado las lamentaciones por la muerte de Maceo, cuando se recibió la noticia del fallecimiento, de pulmonía, del general José María Aguirre, jefe de la División de La Habana, en la Sierra de Jaruco. Desde París, Marta Abreu, la rica patriota villaclareña, al saber la tragedia de San Pedro escribió a Estrada Palma «*que no es de almas bien templadas desfallecer ante un golpe adverso de la fortuna, sino antes bien cobrar mayores bríos para llevar adelante, sin flaquezas, la magna empresa acometida...*» Y en un ejemplo de patricial sacrificio, para respaldar sus palabras y ejemplarizar a los ricos miserables, envió al Delegado cuarenta mil pesos oro.

El Consejo de Gobierno promulgó, en febrero de 1897, la Ley

de Organización Militar, comenzándola con un apropiado preámbulo que decía así:

«Si es objetable que esta Ley no responda al plan adoptado ni encuadre por el desarrollo de sus materias, a las exigencias rigurosas que piden las organizaciones perfectas de los ejércitos regulares modernos, en cambio se ajusta en todo, a las necesidades de nuestro organismo militar, amoldándose al carácter especial de nuestro ejército, a las demandas de la campaña y al modo de ser pecularísimo de la clase de guerra que sostenemos; cuyos resultados prácticos comprueba la experiencia y el arraigo y pujanza de la Revolución que nos redime. Con medios de acción limitados; con elementos proporcionados pero reducidos; con campo de desenvolvimiento estrecho; con militares en su mayor parte improvisados por el patriotismo y la inquebrantable fe en la causa nobilísima que defienden; con hombres en fin que todo lo dan por la Patria, sonrientes y con agrado, sin exigir nada absolutamente, nada más que batir al enemigo, en todas sus posiciones y de todas las maneras; la Ley de Organización de esta legión de héroes, sin igual en la historia de los pueblos del mundo, ha de tener el sello característico del aglomerado de circunstancias que la estructura y composición de un Ejército que sirve por voluntad, exigen, a pesar de su Veteranización reconocida y sin olvidar la disciplina, base de todo ejército y motor de todas las victorias...»

El Artículo Primero de la Ley rezaba:

«El Ejército Libertador de Cuba, es una institución patriótica, creada para alcanzar por medio de las armas y por procedimientos revolucionarios, la independencia absoluta de todo el territorio nacional, descrito en el artículo primero de la Constitución, para establecer una República democrática y cordial y una vez logrado su objeto, ser el guardador de la integridad, el orden y seguridad de la misma...»

La Ley de Organización Militar sujetaba al General en Jefe a la jerarquía del Consejo, aunque le concedía la dirección de las operaciones militares. El artículo 14 especificaba: *«El General en Jefe, en lo tocante a operaciones militares, determinará por sí solo, en vista de las circunstancias que se le presenten; pero recibirá del Consejo de Gobierno las instrucciones sobre la política de guerra que debe seguirse y las líneas generales de la campaña...»*

El artículo 15 advertía: «*No obstante lo que determina el artículo anterior, el Consejo de Gobierno, ajustándose al caso 6 del artículo 22 de la Constitución podrá intervenir, cuando a su juicio exista fundado motivo para ello, en las operaciones militares, por intermedio siempre, de los Generales de la Nación.*» Como se ve, el Consejo ponía un freno a su anterior prepotencia en lo que se refería a tratar con los Generales. Seguíase manteniendo la lógica superioridad del brazo civil sobre el armado, pero rectificaba la forma de dirigirse a éste y no se arrogaba sus facultades estratégicas ni tácticas, cosa que antes había sido piedra de escándalo. Aún más, el Consejo era ahora transigente allí donde antes había sido inconsecuente pues el artículo 17 extendía una rama de olivo a quien antes había injuriado: «*Siendo imposible prever todos los casos que puedan ocurrir, el General en Jefe tendrá presente que la confianza en él depositada, es debida al honor militar, amor a la Revolución y prestigio del Ejército y a la pericia que se le reconoce...*» El golpe producido por la muerte de Maceo, las renuncias de Gómez y Estrada Palma y la animadversión de Calixto García lograron de nuevo la unidad entre aquellos patriotas. No ocurrieron más discrepancias entre el Cuartel General y el Gobierno, aunque impenitentes en su afán bélico llegaron a planear la invasión de Puerto Rico y de Isla de Pinos.

El gobierno americano y la Revolución. — La campaña de Las Villas. — El pueblo yanqui contra la Casa Blanca en la cuestión cubana. (Diciembre 1896-Septiembre 1897.)

En el exterior, la simpatía de los pueblos con la causa cubana contrastaba lamentablemente con la actitud de los Gobiernos que se negaban a reconocer su beligerancia. Con la excepción del Ecuador, no hubo un gobierno latinoamericano que tendiese una mano amiga a Cuba y sus libertadores. El nombre de Eloy Alfaro, Presidente del Ecuador, debe por siempre guardarse en nuestros anales históricos con reverencia. Los gobernantes de América Latina no hicieron nunca una demostración consecuente con la memoria de Bolívar y Morazán sino que por el contrario, permitieron culpablemente que la población cubana fuera destruida inmisericordemente —al igual que sucede en el presente— antes que antagonizar a España o los Estados Unidos en relación con la política seguida por estas naciones con la Isla de Cuba. Manuel Sanguily, lleno de dolor y de amargura, exclamó que «*América era para con Cuba traidora y desleal por cobarde y egoísta...*»

La política exterior de los Estados Unidos, antagónica a los deseos de su prensa y su opinión pública, fue entonces tan turbia e incomprensible con España como lo es hoy con Rusia en relación a Cuba. El Presidente Cleveland se hacía el sordo al clamor de la ciudadanía de su país y a los requerimientos de los Congresistas en favor de la encadenada Isla. Horacio Rubens describe con lujo de detalles toda la marrullería de Cleveland y en su libro, Liberty, se sitúa en cubano y dice:

«El Presidente Cleveland, en relación con nuestra causa, lanzó una proclama que, entre otras cosas decía: "...todo ciudadano o extranjero se abstendrá de violar las leyes... y hago saber que tales violaciones serán castigadas con rigor, y ordeno a todo funcionario de los Estados Unidos encargado de su ejecución, el más estricto cumplimiento de esas leyes, deteniendo para su debido castigo a los violadores..." Esta proclama tuvo en la Junta el efecto de una bomba. En mi opinión esta proclama no podía, en forma alguna, alterar las leyes existentes, siendo los tribunales, y no el Presidente los llamados a decir la última palabra. La única contestación a ella era el mantenimiento de los embarques de armamentos para los insurrectos de la manigua cubana corriendo todos los riesgos en el peor de los casos...»

Mucho se ha difamado a los periódicos norteamericanos de la época, calificándolos de *prensa amarilla* por causa de sus sensacionalistas informaciones respecto de la manigua, pero háyase hecho esto con el ánimo de levantar la circulación y con ello **ganar dinero**, lo cierto es que crearon una conciencia de simpatía con la cuestión cubana en el público americano, muy a pesar de los deseos en contrario de la Casa Blanca. Sylvester Scovil, del **New York World**; Karl Decker del **New York Journal** y los corresponsales independientes **Richard Harding Davis**, Charles Michelson y Grover Flint escribieron brillantes páginas de las glorias mambisas que discrepaban abiertamente con las opiniones de Cleveland, especialmente en las expresadas por su Secretario de Estado, Olney, al embajador español en Washington, Dupuy de Lome:

«Debe temerse que España se encuentre en la imposibilidad de continuar la lucha y tenga que abandonar la Isla a la heterogénea combinación de elementos y razas que actualmente se encuentran en armas contra ella. Esa terminación del conflicto no puede ser mirada sin recelo, aún por el más fiel amigo de Cuba y por el más entusiasta abogado del gobierno popular. Hay poderosísimas razones para temer que si España se retirase de la Isla desaparecería enseguida el único vínculo de unión que existe entre las diferetnes facciones de los insurrectos, que sobrevendría una guerra de razas, tanto más sanguinarias cuanto son mayores la disciplina y experiencia adquiridas durante la insurrección, y que

aún en el caso de que temporalmente hubiese paz, no se lograría eso sino a merced del establecimiento de una república blanca y otra negra, que aunque al principio convinieran en dividirse la Isla entre ellas, serían enemigas desde el primer día y no descansarían hasta que una de las dos hubiera sido subyugada por la otra...»

El último mensaje de Cleveland al Congreso, el 7 de diciembre de 1896, día de la muerte de Maceo, demuestra una absoluta indiferencia ante los horrores de la Reconcentración y expresa una política de conveniencias basada en el ofrecimiento español de la autonomía que la Revolución rechaza categóricamente desde el 68 con su lema de INDEPENDENCIA O MUERTE:

«Cuando se haya demostrado la imposibilidad por parte de España de dominar la insurrección, y se haya manifestado que su soberanía en la Isla está prácticamente extinguida, resultando que la lucha para conservarla degenere en un esfuerzo infructuoso que sólo signifique inútiles sacrificios de vidas humanas y la total destrucción de la cosa misma por que se está combatiendo, habrá llegado el momento de considerar si nuestras obligaciones a la soberanía de España, han de ceder el paso a otras obligaciones más altas, que escasamente nos será posible dejar de reconocer y de cumplir...»

* * *

Es decir, que hasta que solo quedasen polvo y huesos, y ruinas y cenizas, sobre la tierra cubana se justificaría una mano de ayuda a los mambises. Hoy en día, mirando este infame ejemplo, comprendemos el por qué de la actuación del State Department, de la C.I.A. y de la O.E.A. en relación al sacrificio de la democracia cubana, al comunismo y a Rusia.

* * *

Horacio Rubens cuenta que en mayo de 1896 Estrada Palma firmó una petición, a la que acompañó una argumentación legal de él, relacionada con el derecho de beligerancia y que cuando entregaron el memorándum al Secretario de Estado, Olney, éste aprovechó la ocasión para recriminarlos sobre la destrucción de propiedades americanas en Cuba por los insurrectos y los amenazó a los dos con la posibilidad de encausarlos por ello. Dice en su libro Liberty el gran amigo de los cubanos:

«En refutación yo le conminé a que pusiera él término a esa

destrucción. En cuanto al proceso le dije que nos defenderíamos cuando llegare el caso, terminando con estas palabras: señor Secretario, yo entiendo que es deber suyo salvaguardar las propiedades americanas en el extranjero. Las leyes de la Constitución de Cuba protegen la propiedad de los ciudadanos de los países que reconozcan su beligerancia...»

* * *

Los consorcios azucareros americanos influyeron sobre sus amigos Congresistas para que llevaran a cabo una campaña insidiosa sobre *los bandidos cubanos* que destruían su sagrada propiedad, pero éstos tuvieron que enfrentarse a la gallardía de algunos Senadores que no ocultaron su simpatía por la causa cubana y así lo expresaron en el hemiciclo del Potomac. Estas declaraciones, que constan en el Congressional Record, merecen el honor de ser transcriptas para ogrullo nuestro, honra de aquel Senado y para edificante ejemplo del actual que tan negativo es para nuestro encadenado pueblo.

El Senador Morgan en un gran número de ocasiones habló en el Senado para defender el derecho de Cuba a la beligerancia.

El Senador Henry Cabot Lodge pedía que se expresara simpatía «a una Armenia a nuestras puertas...» con estas palabras:

«Cuba no está peleando meramente por su independencia: cada uno de los que combaten lo hace teniendo puesta a precio su cabeza y exponiéndose a una soga alrededor del cuello. Todos han demostrado que saben pelear bien; ahora libran la batalla de la desesperación... Y aquí permanecemos nosotros inmóviles, una nación grande y poderosa a menos de seis horas de esas escenas sangrientas y de desolación.. Sobre la simpatía del pueblo americano, generoso, amante de la libertad, no tengo la menor duda; está con los cubanos en su lucha por la libertad...»

El Senador George Gray pronunció estas bellísimas palabras:

«Señor Presidente: tal parece como si hubiéramos de avergonzarnos de nuestras propias madres, que a esto equivale el ocultar el origen de nuestras mismas instituciones libres. Éstas surgieron de una revolución; fueron la conquista de nuestros padres con las armas en las manos, y desde aquel momento hasta nuestros días, no ha habido una rebelión donde ondeara la bandera de la libertad, en que el corazón del pueblo americano no latiera vibrante de simpatía y aliento por el pueblo rebelde en lucha desesperada contra la tiranía y la opresión...»

* * *

El 21 de diciembre de 1896, la Comisión de Relaciones Exteriores del Senado aprobó por unanimidad la resolución reconociendo la independencia de Cuba como lo proponía el Senador Cameron. William Hallet Phillips, un abogado de Washington, halló los precedentes en que se basaba el informe de la Comisión del Senado. Pero Olney echó abajo el proyecto, advirtiendo al Congreso que los asuntos de política exterior correspondían al Ejecutivo y no al Congreso. Olney era, en esta gesta, el Hamilton Fish de la Guerra Grande; Grover Cleveland era el Ulises Grant en la Casa Blanca.

Pero la Emigración no se rendía ante la adversidad ni se daba tregua en el envío de expediciones a Cuba. Horacio Rubens era el brillante cerebro que disponía los embarques filibusteros y quien hacía frente a las situaciones engorrosas y a las amenazas y represalias de las autoridades aduanales. El general Emilio Núñez y sus colaboradores los que corporizaban el milagro de burlar las patrullas navales americanas y españolas y de depositar en los puntos señalados de las costas cubanas el precioso cargamento esperado por los rebeldes. Durante el año de 1897 llegaron a las costas de Cuba las siguientes expediciones —todas, excepto dos— al mando personal, como Jefe de Mar, del general Núñez: Rafael Pérez Morales en el **Dauntless**; Rafael Gutiérrez Marín en el **Sommer Smith** y Rafael de Armas en el **Monarch**, por Pinar del Río. Ricardo Delgado en el **Dauntless** y el general Rafael de Cárdenas en el **Sommer Smith** por La Habana. Coronel Fernando Méndez en el **Sommer Smith** por Las Villas. Comandantes Serapio Arteaga en el **Dauntless** por Camagüey. Comandante Luis Rodolfo Miranda en el **Dauntless** y el general Carlos Roloff en el **Laurada** por Oriente.

La elección de William McKinley a la presidencia de los Estados Unidos, a fines de 1896, abrió una puerta a la esperanza de los patriotas ya que éste, en su campaña electoral, había expresado la simpatía que decía sentir por Cuba el Partido Republicano al incluir en su programática estos propósitos:

«Desde el momento de realizar su propia independencia, el pueblo de los Estados Unidos ha mirado con simpatía los esfuerzos de los otros pueblos americanos por libertarse de la dominación europea. Observamos con profundo interés la lucha de los patriotas cubanos contra la crueldad y la opresión, y son nuestros mejores deseos el completo éxito de su lucha por la libertad. Habiendo perdido el gobierno de España el control de Cuba, y siendo incapaz de proteger la propiedad y las vidas de los ciudadanos americanos residentes, o de cumplir las obligaciones contraídas, creemos que el gobierno de los Estados Unidos activamente hará

uso de su influencia y buenos oficios para restablecer la paz y dar la independencia a la Isla...»

* * *

Una vez que fueron limadas las asperezas entre el Cuartel General y el Gobierno, implantada la Ley de Organización militar y confirmadas las divisiones territoriales y militares, la guerra de independencia volvió a tomar incremento en toda la Isla. En Pinar del Río, Rius Rivera hacía una guerra de montañas; en La Habana y Matanzas, Alejandro Rodríguez, Adolfo del Castillo, Carlos Rojas, Loynaz del Castillo, Néstor Aranguren y Baldomero Acosta, entre otros, mantenían en jaque continuo, aunque en gran desventaja, a un considerable número de tropas hispanas. En Las Villas, Máximo Gómez daba inicio a su legendaria campaña de *La Reforma* que iba a durar veinte meses y en Oriente, Rabí, *Periquito* Pérez, Cebreco y Capote tenían a la defensiva al ejército español, que no se atrevía a desplazarse de un punto a otro si no era en fuertes columnas de no menos de tres mil hombres cada una.

El Departamento Oriental que se extendía desde Maisí hasta la Trocha de Júcaro a Morón, estaba al mando superior del mayor general Calixto García y se componía de los Primero, Segundo y Tercer Cuerpos del Ejército Libertador que mandaban, respectivamente los generales Agustín Cebreco, Jesús Sablón Moreno (Rabí) y Javier Vega. El Departamento Occidental comprendía el territorio desde la Trocha hasta el cabo San Antonio. Su jefe era el mayor general José María Rodríguez *(Mayía)* y en él se constituían el Cuarto, Quinto y Sexto Cuerpos. El Cuarto lo mandaba el general Francisco Carrillo; el Quinto lo mandó primero el propio *Mayía* y luego el general Mario García Menocal. El Sexto estuvo al mando del general Juan Rius Rivera hasta que cayó prisionero del enemigo y en su lugar fue nombrado el general Pedro Díaz.

El General en Jefe se situó en Las Villas acompañado de un comando de tropas especiales de infantería y caballería para atraer sobre sí el mayor número posible de fuerzas españolas y de ese modo aliviar la presión enemiga sobre los otros frentes. Sus intenciones fueron expresadas —y recogidas para la Historia— cuando uno de sus altos oficiales se mostró perplejo ante la decisión de hacerle frente al grueso del ejército español con menos de cuatro mil hombres en un espacio de tierra de apenas doce leguas cuadradas de extensión y contorno, basándose en una estrategia de vencer sin combatir y una táctica guerrillera defensiva:

«Si voy para La Habana, se acaba la guerra en Occidente y le doy gusto a Weyler; aquellas comarcas están casi agonizando, y al ir yo pocos recursos puedo llevarles en comparación con los que

van a disponer los españoles para perseguirme; en cambio si me quedo aquí, obligo a Weyler a venir a buscarme, y como tiene mucha gente en trochas, líneas militares que torpemente sostiene y no se atreve a abandonar, tendrá que sacar soldados de Pinar del Río, La Habana, Matanzas y Sagua para perseguirme; de este modo nuestras fuerzas de esos territorios se reharán y tendrán respiro, habiéndole yo ayudado a ello sin buscar golpes de efecto inútiles...»

Y, efectivamente, así fue. Weyler se echó tras él con 33 batallones de infantería, 30 escuadrones de caballería y 6 baterías de artillería de campaña que sumaban en total 40.000 hombres. Además de éstos, destinados solamente a los potreros y bosques de La Reforma, el *Carnicero* llevó para Las Villas 12 batallones, 8 escuadrones y 1 batería adicionales. Estas fuerzas estuvieron mandadas por 19 jefes de columnas de operaciones, entre ellos los más notables generales del ejército español en Cuba: Segura, Gasco, Ruiz, Luque, Arolas, Franco, Atolaguirre, Rubín, Albergotti, Serrano, Pintos, Palanca, Francés, González, Hores, Béjar, Navarro, Montaner y Manrique de Lara. Gómez contaba con su Estado Mayor y Escolta, ciento y pico de probados veteranos de la Invasión al mando del brigadier Bernabé Boza; un centenar de jinetes del Regimiento Expedicionario de Camagüey, al frente de los cuales estaba el general Armando Sánchez Agramonte; la infantería del Regimiento Serafín Sánchez, al mando del brigadier José Destrampes y el Regimiento de Caballería Máximo Gómez, de Sancti Spíritus, bajo su mando personal. Además contaba, cuando así lo disponía, de las fuerzas montadas de los generales José Miguel Gómez y José González Planes que operaban en los territorios fronterizos a La Reforma en Las Villas y Camagüey, pero en total sus tropas no llegaron nunca, en ningún momento, a un número superior al de 4.000 hombres.

La infantería cubana caminaba diez o doce leguas diarias, y como puede verse en retratos, con sus soldados casi desnudos y en su mayoría descalzos pero, en términos deportivos, todos unos verdaderos maratonistas. Tan era así que un día *El Viejo* exclamó: «*¡Esta infantería cubana parece que camina en zancos...!*» Es cosa probada que Máximo Gómez prefería los infantes que no necesitaran zapatos y los caballos que podían utilizarse sin herraduras. Su método guerrillero era el clásico para la campaña de Las Villas y así lo explicó en una orden al general Monteagudo que fue seguida al pie de la letra por los Comandantes del Ejército Rebelde para derrotar los batallones de Fulgencio Batista en 1957-59 y que falsamente ha querido el comunismo hacer aparecer como original de Ernesto Guevara:

«Ha llegado la hora de batirnos tiesos, como usted sabe hacerlo. No apure a la gente en lances comprometidos. Procure hacer guerra de infantería, de emboscada en emboscada. Guarde sus caballos, y aproveche la noche para la guerra nocturna, asegurando la posición y el "tiradero", de día, para ocuparlo, ya de noche, y sin peligro revienta usted una columna de mil hombres con veinte, pues no la deja dormir (el sueño es reparador de fuerzas) y al día siguiente esos soldados andarán decaídos, y los coge usted más flojos...»

Las marchas de las tropas ibéricas persiguiendo un ejército de fantasmas, de día bajo un sol calcinante y de noche en una humedad plagada de mosquitos y jejenes, siempre bajo el fuego de desesperantes tiroteos en los lugares menos esperados y en las horas más intempestivas, sin una alimentación apropiada al clima y bebiendo el agua hedionda de los pantanos y charcas obligó la hospitalización de 35.000 soldados españoles durante el tiempo comprendido entre los meses de febrero y agosto de 1897. Gómez lo había afirmado a sus oficiales: «Mis tres mejores generales se llaman junio, julio y agosto.»

Weyler se trasladó a Las Villas para tomar el mando personal de la campaña contra Gómez y para ello dispuso de una tercera parte del total de las tropas españolas en Cuba, que ya sumaban, a mediados de 1897 la cantidad de 225.000 hombres. En un momento dado, el día 2 de marzo de 1897, Weyler situó 38 batallones de infantería y 4 regimientos de caballería en un perímetro de 4 leguas dentro de La Reforma, sin que pudiera copar al escurridizo estratega guerrillero, quién así describió al Delegado Estrada Palma, el 20 de julio de 1897, la situación del enemigo:

«Los españoles están cansados en estos días, en que el calor a nosotros mismos nos sofoca, no concibo como esas tropas se mueven. La verdad es que el general Weyler está acabando con sus soldados. Les hace emprender marchas terribles por caminos intransitables para no hacer más que apresar familias y talar sembrados. Por la noche, nuestras avanzadas se ponen a la vista de ellos, y empieza el tiroteo hasta por la mañana. Eso es todo...»

Weyler efectuó una verdadera carnicería con sus propias tropas en su loco afán de derrotar a Máximo Gómez. Según las estadísticas del Cuerpo de Sanidad del Ejército Español, en el año de 1897 entraron en los hospitales 400.000 enfermos, lo que quiere decir que cada soldado español pasó por ellos tres o cuatro veces en el mismo año. Solamente en la campaña de La Reforma perdió 25.000 hombres —contra 28 cubanos muertos—, gastó incontables millones de pesetas fortificando plazas y campamentos que llegó a iluminar con lámparas de carburo para evitar sorpresas. A todas luces Weyler parecía estar decidido a hacer buena y efectiva la amenaza demente de su protector, Cánovas del Castillo que España lucharía en Cuba *hasta el último hombre y la última peseta.* No en balde dijo Máximo Gómez: «*El mejor subalterno que yo tengo para acabar con el ejército español en Cuba es Valeriano Weyler...*» Durante el año de 1897 se libraron 12 combates en el perímetro de La Reforma, uno por mes de promedio, y en ellos los cubanos sufrieron solamente 21 muertos y 76 heridos. En todo ese tiempo Máximo Gómez recibió únicamente la expedición del coronel Fernando Méndez en el Sommer Smith, que por cierto no pudo salvar la totalidad del alijo que traía.

* * *

Mientras en Las Villas se efectuaban las acciones diversionarias de Gómez, en Oriente Calixto García llevaba a cabo con éxito el bloqueo del Cauto, el sitio y toma de Jiguaní, el asedio de Banes, el asalto, toma y saqueo de Guisa y la más importante de todas sus acciones de guerra: el asalto y toma de Victoria de las Tunas, en la cual se apoderaron de dos cañones, 1.163 fusiles, un millón de tiros, diez carretas de medicinas e incomensurables cantidades de equipos y alimentos. Tunas fue abandonada después de incendiada y destruida, tal y como hiciera el general Vicente García en la Guerra de los Diez Años. En la batalla de Las Tunas se distinguieron heroicamente los oficiales Mario García Menocal —quien fuera luego Presidente de la Repúbilca— y Carlos García Vélez, hijo del Jefe del Departamento Oriental. En esa batalla perdió la vida el oficial mambí Ángel de la Guardia, el jovencito que acompañaba a José Martí en el instante de su muerte en Dos Ríos. En Guisa, Calixto García se desquitó del revés allí sufrido por él en 1872.

En Pinar del Río fue hecho prisionero el general Rius Rivera y en las puertas de La Habana, en El Calvario, murió combatiendo el bravo Adolfo del Castillo. El primero, como ya dijimos, fue sustituido por Pedro Díaz y el segundo por el brigadier Jacinto Hernández. El Consejo de Gobierno ofreció reparos al nombramiento de Pedro Díaz y Máximo Gómez, sospechando en ello intenciones racistas, presentó su renuncia, que no retiró hasta que fue confirmado el nombramiento del general Díaz. A propósito de su aversión al racismo, es famoso su incidente con los villareños en 1874 cuando éstos le rechazaron a Antonio Maceo, que Gómez había nombrado Jefe de la Infantería *«por no ser villareño...»* Gómez nombró entonces en lugar de Maceo al temerario coronel Cecilio González, negro como un totí y hombre a todo, diciendo a los recalcitrantes: «*De éste no podrán decir que no es de Las Villas, porque nació en Cienfuegos...*»

* * *

Los crímenes de la Reconcentración y su vívida descripción por la prensa americana, obligaron al Presidente McKinley, a través del Secretario de Estado, Sherman, a protestar de ellos en una nota al embajador español en Washington, Dupuy de Lome, en la cual decía a éste; el día 26 de junio de 1897:

«*No ha habido incidente que tanto haya afectado los sentimientos del pueblo americano e impresionado tan dolorosamente a su Gobierno, como los bandos del general Weyler mandando a incendiar o destechar las casas, destruir las cosechas, suspender los trabajos agrícolas, devastar los campos y forzar la población rural a abandonar sus hogares para ir en busca de privaciones y enfermedades a las atestadas y mal provistas ciudades guarnecidas... Contra estas fases del conflicto, contra este deliberado imponer de sufrimientos a inocentes y no combatientes, contra medios tan reprobados por la voz de la civilización humana, contra el uso cruel del incendio y del hombre para lograr por rumbos indirectos o inciertos lo que el brazo militar parece no poder conseguir directamente, se ve el Presidente en el caso de protestar en nombre del pueblo americano y en nombre también de la humanidad...*»

Dupuy de Lome rechazó por calumniosas las atrocidades atribuidas a Weyler y el Gobierno español respondió al Presidente americano alegando que las medidas de Weyler se comparaban a las mismas que la Unión había puesto en práctica contra los Confederados y que si los Estados Unidos querían que en Cuba cesasen las presuntas barbaridades españolas, lo que tenían que hacer era perseguir a los contrabandistas de armas y a los elementos antiespañoles en aquel país... Así se iniciaron las primeras acciones de guerra fría entre el águila americana y el sarnoso león hispano. .

El 8 de agosto de 1897, el Presidente del Consejo de Ministros de España, Cánovas del Castillo, fue ultimado por el anarquista italiano Miguel Angiolillo quien, en su mística demencia, creyó en esa forma vengar las torturas sufridas por sus hermanos de causa catalanes. El Ministro de la Guerra, Azcárraga, sustituyó a Cánovas y de inmediato demostró sus intenciones de seguir la guerra de Cuba con la misma virulencia que su antecesor.

* * *

En el seno del Partido Republicano de los Estados Unidos se había generado un grupo de oposición a la administración de McKinley y a su política respecto de Cuba, lidereado por el Senador Cabot Lodge, y que fue conocido con el remoquete de *Los Trece Senadores Insurgentes* y que llegó a oponerse al proyecto de anexión de las islas de Hawai declarando que la resolución sobre Cuba, pendiente en el Senado, tenía prioridad. Los círculos azucareros ejercieron presión sobre Estrada Palma para que disuadiera a los Senadores Insurgentes, haciéndole creer que con ello mejorarían las posibilidades insurrectas, pero Horacio Rubens se opuso categóricamente porque ni McKinley le merecía confianza ni consideraba sensato enajenarse la amistad de un grupo de Senadores que, por amor a la causa de Cuba, se ponía frente a los intereses de su Partido y hasta del Presidente. Sherman, el Secretario de Estado, veía con simpatías la lucha cubana pero el embajador americano en Madrid, Steward L. Woodford, íntimo de la Regente, era un acólito de McKinley y con él se comunicaba directamente, pasando por alto al Secretario Sherman. McKinley, traicionando sus promesas electorales, seguía la misma aviesa política de su predecesor, Cleveland, en la cuestión cubana y persistía, como éste, en su afán de ignorar los consejos del Congreso y los deseos del pueblo americano en relación con la libertad de Cuba.

El rescate de Evangelina Cossío de la cárcel de La Habana y su posterior presentación pública en Nueva York, crearon un ambiente de entusiasmo en la ciudad del cual se aprovecharon Rubens y el capitán *Dinamita* para sacar un cargamento de armas del Río Hudson para las islas Bahamas. Los relatos espeluznantes de los fusilamientos en el foso de Los Laureles, en la fortaleza de La Cabaña, iban llenando de furor al pueblo americano y predisponiéndolo hacia el inevitable conflicto armado con España. Los retratos que la prensa publicaba de las víctimas de la Reconcención herían la sensibilidad de los ciudadanos de la patria de Lincoln, quienes no comprendían —al igual que en el presente— la pasividad cómplice de su Gobierno con una nación extra-continental que mantenía en Cuba a un gobierno tiránico que diezmaba a un pueblo amigo.

Las simpatías populares por los libertadores cubanos aumentaban día por día en la Unión y se publicaron folletos que abogaban por el reconocimiento del Gobierno en Armas que firmaron importantes personajes como el Gobernador Matthews de Indiana, John Dos Passos, Clarence King, Charles Henry Butler y Amos S. Hershey. Hasta George Francis Train, un excéntrico que por más de diez años sólo había dirigido la palabra a los niños, habló en público en favor de la causa ed Cuba. Henry Lewis conmocionaba a la Administración con sus escritos y el Congreso se retorcía de impaciencia ante la pasividad de la Casa Blanca y su contradictoria postura a la del pueblo americano. El Senador Thurston fue a Cuba con su esposa a convencerse de lo que decían pasaba allí y el trágico resultado de su visita fue la muerte de su cónyuge debido a la impresión horrenda que experimentó frente a los reconcentrados. El Senador contó, punto por punto, todo lo que había visto en Cuba ante sus estupefactos compañeros de hemiciclo, y que había costado la vida a su esposa. Al fin, el Presidente McKinley se vio obligado a hacer algo para acallar el clamor del pueblo americano contra la Casa Blanca y no se le ocurrió otra cosa que dirigirse al gobierno español protestando por las pérdidas que la guerra ocasionaba a los intereses americanos en Cuba y se ofrecía como mediador *«para que pudiera llegarse a un pacífico y duradero resultado justo y honroso al mismo tiempo para España y el pueblo cubano...»* y terminaba amenazando: *«No puedo desfigurar la gravedad de la situación, ni ocultar la convicción del Presidente de que si sus prudentes esfuerzos fueran infructuosos, su deber para con sus conciudadanos demandaría una pronta decisión acerca del curso de la acción que el tiempo y las trascendentes circunstancias pudieran exigir...»*

* * *

La Asamblea de La Yaya. — Creación del Gobierno Civil. — La ofensiva de Paz Hispano-Americana. (Octubre-Diciembre 1897.)

La mediación comenzó de inmediato a funcionar. Azcárraga fue sustituido por Sagasta y éste nombró a Moret como Ministro de Ultramar. Weyler fue destituido el 9 de octubre de 1897 y el general Blanco enviado a reemplazarlo con órdenes de humanizar la guerra en todo cuanto fuera posible. Moret fue encargado de redactar un proyecto de autonomía al tiempo que se enviaba una nota a McKinley participándoselo y encareciéndole que a su vez impidiera que se enviasen recursos desde los Estados Unidos a los insurgentes cubanos. Blanco tomó posesión de su cargo de Capitán General el 31 de octubre y puso fin a la Reconcentración al tiempo que permitía la entrada libre de medicamentos y comida para los damnificados. El integrismo y el autonomismo se vieron enemistados en activo por primera vez en La Habana. Los segundos integrarían ahora la camarilla alrededor de Blanco que los primeros habían formado junto a Weyler.

* * *

El tiempo de permanencia constitucional del Consejo de Gobierno estaba llegando a su fin y precisábase, de acuerdo con la Constitución de Jimaguayú, una reunión asamblearia que procediese a la formación de un nuevo Gobierno en Armas y a la redacción de un nuevo Código Fundamental. Después de varios intentos fallidos de pasar la Trocha, se pudieron al fin reunir los delegados en La Yaya, Camagüey, el 30 de octubre de 1897, en una Asamblea de Representantes que estaba formada por un notable grupo de intelectuales y de distinguidos militares. Después de los consabidos preliminares y debates se encomendó a Domingo Méndez Capote, Carlos Manuel de Céspedes y Fernando Freyre de Andrade la redacción del articulado de una nueva Constitución que contuviera una parte dogmática y una parte orgánica, y la cual una vez redactada y aprobada ratificó y complementó en ciertos aspectos, así como rectificó en otros, a la precedente de Jimaguayú. La Constitución de La Yaya fue más amplia que su antecesora pues constaba de cinco Títulos, cinco Secciones y cuarentiocho Artículos.

Lo más interesante de la Constitución de La Yaya, historiológicamente considerado, es que ratificaba la forma de Gobierno establecida pues mantenía el Consejo de Gobierno en la misma forma anterior al tiempo que oficialmente suprimía del texto, aunque no expresamente, la referencia al poder militar o General en Jefe, así como le conservaba sus facultades, pero estas delegadas. En otras palabras: los Constituyentes llevaban al texto el espíritu de la Ley de Organización Militar que había sido aprobada por Máximo Gómez. El Consejo se atribuía la inspección del plan de campaña y si fuera necesario la intervención en la dirección de las operaciones militares, pero siempre mediante el conducto reglamentario de los Generales del Ejército Libertador. La realidad era que el Consejo de Gobierno rescataba los derechos de su Poder que la necesidad había puesto en manos militares, aunque tuvo mucho cuidado de no ofender a éstos al hacerlo. El Gobierno pasaba a ser el supremo órgano del Poder pero no se arrogaba la facultad de designar el General en Jefe, por lo cual quien estaba en posesión de tal cargo, o séase Máximo Gómez, continuaba en él indefinidamente, con Calixto García como Lugarteniente General en sustitución del desaparecido Antonio Maceo. La Constitución de La Yaya complementaba la de Jimaguayú porque establecía requisitos para ocupar los cargos Ejecutivos; regulaba los derechos políticos individuales; garantizaba las libertades personales, de religión, de educación, de residencia y de opinión; de inviolabilidad de la correspondencia y del domicilio; otorgaba derechos de petición, de reunión, de asociación y de igualdad ante el impuesto; delimitaba la competencia de los Secretarios de Estado, definía su posición constitucional y preveía la reforma de la Constitución por la Asamblea de Representantes así también como la eventualidad de que España abandonara al Isla. Su preámbulo decía:

«Nosotros, los Representantes del Pueblo Cubano, libremente reunidos en Asamblea Constituyente, convocada a virtud del mandato contenido en la Constitución de 16 de septiembre de 1895, ratificando el propósito firme e inquebrantable de obtener la Independencia absoluta e inmediata de toda la Isla de Cuba para constituir en ella una República Democrática e inspirándonos en las necesidades actuales de la Revolución, decretamos la siguiente Constitución de la República de Cuba...»

En nuestro concepto historiológico, los puntos más fundamentales que contenía la Constitución de La Yaya son los siguientes:

«Determinar la política de guerra y las líneas generales de la campaña e intervenir, cuando a su juicio exista fundado motivo para ello en las operaciones militares por intermedio siempre de los Generales de la Nación.

«Determinar la política exterior y nombrar y separar agentes, representantes y delegados de todas categorías.

»Celebrar tratados con otras potencias, designando los comisionados que deben ajustarlos, pero sin poder delegar en ellos su aprobación definitiva. El de paz con España ha de ser ratificado por la Asamblea y no podrá ni siquiera iniciarse sino sobre la base de la independencia absoluta e inmediata de toda la Isla de Cuba.

»El Secretario de la Guerra será el Jefe Superior jerárquico del Ejército Libertador.

»El Secretario del Exterior es el Jefe Superior inmediato de todos los Agentes, Representantes y Delegados en el extranjero.

»Si el Gobierno pactase la paz con España, convocará la Asamblea que deba ratificar el tratado. Esta asamblea proveerá interinamente al régimen y el gobierno de la República, hasta que se reúna la Asamblea Constituyente definitiva.

»Si España, sin acuerdo previo con el Consejo de Gobierno evacuase todo el territorio, se convocará una Asamblea que tendrá las mismas facultades que se especifican en el segundo párrafo del artículo anterior (reproducido arriba). Se entenderá llegado este caso cuando los Ejércitos Cubanos ocupen de un modo permanente todo el territorio de la Isla, aunque el enemigo conserve en su poder algunas fortalezas...»

* * *

Una vez efectuadas las elecciones para los cargos en el Consejo de Gobierno los escogidos fueron:

Presidente y Vice de la República: Mayor General Bartolomé Masó y doctor Domingo Méndez Capote; Secretario y Sub del Exterior: doctores Andrés Moreno Latorre y Nicolás Alberdi; Secretario y Sub del Interior: señores Manuel R. Silva y Pedro Aguilera; Secretario y Sub de la Guerra: Generales José B. Alemán y Rafael de Cárdenas; Secretario y Sub de Hacienda: doctores Ernesto Font y Saturnino Lastra: Canciller: doctor José C. Vivanco.

La Asamblea dio su aprobación a un Manifiesto, que fue firmado por todos los Delegados y posteriormente leído a todas las fuerzas insurrectas, el cual decía en una de sus partes:

«*Ni leyes especiales, ni reformas, ni autonomía: nada que suponga bajo cualquier nombre, forma o manera, la subsistencia de la dominación española en Cuba, podrá dar término a la actual contienda. INDEPENDENCIA O MUERTE ha sido, es y será nuestro lema indiscutible y sacrosanto...*»

Ninguno de los miembros del Consejo de Gobierno anterior, con la excepción del general Masó que fue auspiciado por el General en Jefe, fue reelecto. La Yaya demostró como la República en Armas iba superando lentamente sus reconocidas originales limitaciones e iba adquiriendo experiencia mediante el tanteo y el error. Las dificultades que le reservaba el futuro no serían su culpa sino una consecuencia de actos extraños a su Constitución o a la voluntad de sus regentes, impulsados por los deleznables intereses de la política imperialista de la Administración McKinley.

Los artículos adicionales y transitorios de la Constitución de La Yaya fueron los siguientes:

«*PRIMERO: La Ley Penal vigente será revisada a los efectos de concordarla con la Constitución y hacer que las penas sean más efectivas. SEGUNDO: La Ley Procesal vigente será modificada a los efectos: 1ro. de hacerla más sencilla y aplicable; 2do. de asegurar la independencia de los tribunales al regular su nombramiento; 3ro. de establecer que en las causas en que se imponga alguna de las penas de muerte, degradación pública, pérdida de empleo o degradación privada e inhabilitación perpetua, absoluta o especial, a menos que sea en juicio sumarísimo, pueda apelarse ante un tribunal formado por funcionarios de grado superior a los que conocieron del asunto en primera instancia. Cuando la pena impuesta sea la de muerte se entenderá establecida y admitida de oficio la apelación; 4to. de hacer efectiva la responsabilidad judicial. TERCE-*

RO: Se redactarán la Ley de Organización Militar y las Ordenanzas Militares; haciendo constar en ellas: 1ro. que el mando superior del Ejército corresponde al General en Jefe; 2do. que habrá un Lugarteniente General para sustituirlo en caso de vacante; 3ro. que el Gobierno nombrará y podrá separar libremente al General en Jefe y al Lugarteniente General; 4to. que habrá un Jefe para cada Departamento y un Jefe para cada Cuerpo de Ejército, nombrados por el Gobierno, previo informe o a propuesta del General en Jefe los primeros y de los Jefes de Departamentos, por conducto del General en Jefe, los segundos; 5to. que en los casos de incomunicación con el General en Jefe puedan sustituirse los informes o propuestas que según la Ley debe emitir o hacer éste, por los del Lugarteniente General CUARTO: Todas las fuerzas militares de la Nación forman un solo Ejército, que lo constituyen el Estado Mayor General; el Cuerpo de Estado Mayor de las Armas de Infantería, Caballería, Artillería y Cuerpo de Ingenieros; los Institutos especiales de Sanidad y Jurídico Militar y el Cuerpo asimilado de Administración. QUINTO: Que el grado militar sólo podrá perderse por causa de delito y en virtud de sentencia de un Consejo de Guerra o Tribunal competente. SEXTO: Nadie podrá ingresar en el Ejército con más categoría que la del empleo de Alférez, Teniente o Capitán, según sus optitudes a juicio del Consejo de Gobierno e informe de la Secretaría del Ramo.»

La Ley de Organización Civil de 9 de diciembre de 1897 decía así en su preámbulo:

«*El Gobierno Civil es un organismo creado con objeto de atender no sólo al desarrollo y desenvolvimiento del pueblo cubano, sino, como aliado poderoso del Ejército Libertador a quien debe prestar su concurso incondicional, en la esfera de todas sus actividades. Mejorar las condiciones de existencia política de todos los individuos en un propósito de dirección general, que corresponde a este elemento, ajustando sus intenciones al cuadro revolucionario en que aplica sus esfuerzos. Atender, de un modo eficaz, con todos los recursos que le suministren los medios de que disponga, al sostenimiento del Ejército y al alivio de sus necesidades, es un deber imperioso que le señala su calidad de cubano y el carácter de esta guerra, que recaba la independencia absoluta de nuestro territorio. Unir pues, todas las voluntades, impulsando si es preciso y marchar decididamente al triunfo común, deberán ser los sentimientos constantes que inspiren a este ramo, que forma parte integrante y se agita en el seno de los ideales cubanos.*»

* * *

Como se puede fácilmente ver, el Consejo de Gobierno actuaba sabiamente, ya que si antes sujetaba las Fuerzas Armadas a su superior Poder, ahora les creaba y organizaba una institución civil que le sirviera de Intendencia. Era la logística funcionando revolucionariamente y sin tener que escudarse en rimbombantes disposiciones para hacerse sentir y reconocer por los hombres de armas. La Asamblea dispuso una División Territorial Civil que se paralelaba a la Militar: dos Departamentos; siete Territorios y treinticinco Distritos. Los Departamentos eran los de Oriente y Occidente, a cargo de un Gobernador Civil cada uno. Fueron nombrados para regirlos, respectivamente, Carlos Manuel de Céspedes y Domingo Méndez Capote. Luego sustituyó a éste el doctor Francisco Domínguez Roldán. Los siete Territorios eran: Cuba, Holguín, Camagüey, Las Villas, Matanzas, Habana y Pinar del Río. Los treinticinco Distritos estaban comprendidos en los citados Territorios en la siguiente proporción: 5 en Cuba; 5 en Holguín; 2 en Camagüey; 6 en Las Villas; 4 en Matanzas; 9 en La Habana y 4 en Pinar del Río. Los Prefectos y Subprefectos, a manera de Alcaldes y Teniente Alcalde estaban a cargo de los Distritos y, a su vez, tenían otros auxiliares que ejercían funciones de vigilancia y producción así como del cumplimiento de las leyes, la atención del servicio público y el cuidado de la vida familiar dentro de su Distrito. Los Territorios estaban bajo la jurisdicción de un Teniente Gobernador.

Dentro del campo revolucionario y sujeto a sus inconvenientes, el Gobierno Civil era un verdadero Gobierno en Armas que podía ser reconocido como tal de acuerdo con la tradición, la ley y la justicia. No sólo porque representaba al pueblo frente a la masa sino porque su situación jurídica y legal era superior a la debacle colonial que era su acérrimo enemigo. Y en el orden cívico, el más humilde de los Subprefectos revolucionarios era más patriota, más moral y más hombre que el más encumbrado de los plumíferos colonialistas que servilmente fue a formar parte del Gabinete Autonomista que abortó España en Cuba el 1ro de enero de 1898.

* * *

La ofensiva de paz hecha con intenciones mediacionistas —iniciada en Washington y puesta en práctica por Madrid— originó la mascarada autonomista que en nuestros anales históricos se ha tratado de disimular hipócritamente. Pero como testimonio irrebatible quedaron los anatemas de los más distinguidos voceros de la Independencia. No solamente le salieron al paso a los cipayos autonomistas sino a los propios insurrectos que creyeron hacerle un servicio a su causa atrayéndose a algunos de aquéllos, como fue el caso de Severo Pina con Fernández de Castro y lo cual hizo a Máximo Gómez escribir:

«*Da pena ver que así se ruegue, y más por un hombre de nuestro Gobierno, a los que vendrían no a honrar, sino a honrarse ellos mismos sentándose en nuestra mesa... Hombres que poseerán todos los conocimientos que se quiera, que conocerán los secretos todos de la naturaleza, de vista tan delicada que vean, materialmente, el crecimiento de las plantas, pero que no han sabido ser una cosa bien sencilla y natural ¡ser hombres!... Cuando leo todas estas cosas, tentado estoy de creer que algo valemos yo y Martí, desembarcando con un rifle al hombro por las playas de Baracoa...*»

El General en Jefe dio instrucciones a su Jefe de Despacho, Fermín Valdés Domínguez, para que dirigiera comunicaciones anti-pacifistas a *Mayía* Rodríguez y otros Generales, diciéndole:

«*Escríbales fuerte para que sean muy enérgicos e inexorables con los que sigan, así de dentro como de fuera, oliendo a autonomía y sobre todo ¡los ingenios! Es una vergüenza que los dejen moler, cuando para impedirlo no se necesitan fuerzas; muy al contrario, con fuerzas es más difícil. Valiéndose de maña, dos o tres hombres incendian en un día millones de arrobas de caña. Ofrezcan ascensos y recompensas a los que más destruyan de ese material, con el cual se han fundido las cadenas para la infeliz Cuba...*»

El viejo general detestaba profundamente a los mediacionistas, a los que llamaba *ojalateros* porque éstos basaban todas sus esperanzas en el suspirar «*¡ojalá que esto...!*», «*¡ojalá que aquello...!*», sin hacer, en cambio, un esfuerzo por ayudar a romper las cadenas. Valdés Domínguez refiere que Gómez, hablando de las distintas fases de la Independencia dijo agriamente un día:

«*Hay dos clases de "presentados": los que se van al campo español, y los que moralmente ya lo están; son éstos los que sueñan en reconocimientos y creen que el nuevo Presidente de los Estados Unidos nos dará la Independencia. ¡Estos ojalateros también son presentados...!*»

* * *

Parece como, si al través de los tiempos, el Generalísimo estuviera hablándonos (tanto a los que sufrimos la tiranía comunista dentro de Cuba como a los hermanos que padecen el más cruel destierro) de ese tipo que abunda en nuestros respectivos medios y que si no es enemigo de la Revolución es su adversario ya que hace el juego a la contra-revolución del castro-comunismo dentro de la Patria y a la de la *«Compañía»* en el exilio, sembrando el desgano, haciendo predicciones fatalistas y desalentando a quienes creen que el morir por la patria es vivir.

* * *

Bartolomé Masó, en su carácter de Presidente de la República, contestó a un periodista del New York Herald, que le preguntó acerca de la disposición de Cuba hacia la autonomía, el 31 de diciembre de 1897, con estas palabras terminantes:

«El pueblo cubano ha respondido ya, en todas partes y en todos los tonos, por el órgano de sus Representantes reunidos en Asamblea, por la voz de sus más prestigiosos Jefes Militares en representación del Ejército, por los decretos del Gobierno que me honro en presidir y por el Manifiesto de las emigraciones, que su inquebrantable propósito es conquistar la Independencia o perecer en la demanda...»

El Lugarteniente General, Calixto García, en su carácter de Jefe del Departamento Oriental, dirigió la siguiente Circular a los Jefes del Primer, Segundo y Tercer Cuerpos:

«Enterado por la publicidad que hace la prensa de que el gobierno español piensa ofrecer la autonomía para con este ardid sofocar la Revolución, o al menos sembrar entre nosotros discordias y debilitarnos: este Cuartel General recuerda a usted que el espíritu y letra de su Constitución no admite tratado alguno con España que no sea basado en la absoluta Independencia de Cuba.

»Por tanto, seré inexorable sometiendo a juicio sumarísimo como traidor a la Patria a todo civil o militar, sea de la graduación que sea, que admita mensajes, comisiones o cualquier comunicación con el enemigo; pues el Gobierno supremo de la República es el único que puede oír las proposiciones que se le hagan, y aún éste solamente podrá oír aquellas que tengan como base el reconocimiento por el gobierno español de la Independencia absoluta de la patria cubana.

»Todo aquel que venga comisionado por el enemigo para hacer proposiciones de sumisión a España, será juzgado y castigado como espía.

»Para que en ningún caso pueda alegarse ignorancia

hará usted circular esta comunicación entre sus subalternos, poniéndola ocho días consecutivos en la Orden del Día de su Cuartel General y dándole lectura ante la fuerza.»

El Mayor General José María Rodríguez (Mayía), Jefe del Departamento Militar de Occidente, a su vez dictó una Circular que decía específicamente:

«*La autoridad cubana, ya sea civil o militar, a quien se le presenten emisarios, con proposiciones de paz, que no estén basadas en nuestra absoluta Independencia, los juzgarán en Consejo de Guerra verbal y los condenarán a muerte.*

»*Si fueren emisarios con proposiciones de paz, a base de la Independencia absoluta, serán rechazados, haciéndoles antes saber lo dispuesto en el Art. 22 de la Constitución, para que se entienda con el Consejo de Gobierno.*»

El Artículo 22, en cuestión, determinaba que sólo podría iniciarse un tratado de paz con España a base de la independencia absoluta e inmediata de toda la Isla de Cuba, como aparece transcripto íntegramente en la página 355.

* * *

El Gobierno no se hacía ilusiones en cuanto a los propósitos que entrañaban las declaraciones de McKinley y sus rejuegos con las Cortes españolas y tomaba las más drásticas medidas para impedir la deserción o el derrotismo en sus filas. La guerra, aunque incrementada y victoriosa en las provincias Orientales, era durísima en Las Villas y Occidente y en los Estados Unidos los exiliados estaban experimentando grandes dificultades en el embarque de armamentos por parte de las autoridades de Aduanas y sometidos a grandes presiones diplomáticas para que aceptasen la Autonomía implantada por España, creando con ello un divisionismo entre el Exilio y la Insurrección. Se perfilaba claramente que la Casa Blanca no deseaba en forma alguna la independencia total de Cuba y que quería mediatizarla a toda costa, pero disfrazándose con el ropaje de un poder moderador. Horacio Rubens no alentaba esperanzas algunas ni confiaba en lo más mínimo en la honestidad política de McKinley respecto de Cuba, pero de lo que si estaban seguros todos, él y los cubanos, era de que las sanas intenciones de los Congresistas forzarían una definición de la cuestión cubana a pesar de la voluntad contraria de la Presidencia y de sus consejeros imperialistas. Como no podían los cubanos declararse abiertamente contra una intervención amistosa, ni dejaban de comprender que muchos se arrojarían en sus brazos con tal de poner fin a la guerra, cosa de la que se aprovecharía la pérfida política autonomista para socavar la unidad revolucionaria, acudieron a la salvadora medida de prevención que se imponía en tales circunstancias: considerar reos de traición a los cubanos de cualquier jerarquía, libertadores, laborantes o pacíficos que desviaran el sentido de la lucha fuera de los propósitos fundamentales de INDEPENDENCIA O MUERTE. El Consejo de Gobierno no fue remiso a la iniciativa de los militares y a su vez incluyeron los siguientes términos en el articulado de la Ley Penal de enero de 1898 para darle carácter absolutamente jurídico a las disposiciones tomadas por los Jefes de los Departamentos Militares referentes a los actos por ellos considerados como de traición a la Patria:

«*Los que hagan al Consejo de Gobierno proposiciones de paz que no sean sobre la base de la independencia absoluta e inmediata de toda la Isla de Cuba.*

»*Cualquiera que atribuyéndose el carácter de emisario o representante del enemigo, haga cualquier clase de proposiciones de paz, al Jefe, autoridad o funcionario, que no sea el Consejo de Gobierno y los que estando al servicio de la Revolución entablen proposiciones de paz, aunque sea sobre la base de independencia o tengan con dichos emisarios otra relación que la de someterles a la autoridad judicial.*

»*Los individuos del Consejo de Gobierno que no sometan inmediatamente a los tribunales, a los que les hagan proposiciones de paz, que no tengan por base la independencia absoluta e inmediata de toda la Isla de Cuba.*

»*Los reos comprendidos en el artículo anterior incurrirán en la pena de muerte.*»

Estas sanas advertencias, unidas a la ejecución del coronel español Ruiz por Néstor Aranguren cuando aquél se atrevió a proponerle su presentación; las muertes violentas, a manos de los propios hombres a quienes pensaban traicionar, de los coroneles Vicente Núñez y *Cayito* Álvarez, así como las ejecuciones por ahorcamiento de dos o tres emisarios de ínfima categoría pusieron un fin abrupto a las presentaciones que habían iniciado Juan Massó Parra en Las Villas y los hermanos Cuervo en La Habana. El primero estaba sujeto a proceso por su irregular conducta en las filas mambisas y los segundos estaban acusados por la jefatura de la Brigada Sur de *majases*. Por lo tanto, la presentación de todos ellos no fue más que una escapatoria a la justicia revolucionaria. Vicente Núñez y *Cayito* Álvarez ya se habían librado una vez de ser ejecutados por Maceo cuando huyeron de Pinar del Río a Las Villas, en la ocasión que el Lugarteniente General los reclamó, junto con Roberto Bermúdez, para que respondieran de las acusaciones que se les hacían por atropellos cometidos en la Sierra del Rosario. Los hermanos Cuervo estaban ocultos, evitando combatir, en los márgenes de la Ciénaga de Zapata, desde hacía más de un año. El eco de estos hechos resonó fuertemente en los oídos mediacionistas y les hicieron abandonar la ofensiva de paz que patrocinaban Washington y Madrid pues realizaron lo inquebrantable de la voluntad mambisa.

* * *

La carta de Dupuy de Lome. — La explosión del Maine. — Intromisión europea. — Rubens contra McKinley. — La Resolución Conjunta. — (Enero-Abril 1898.)

A mediados de enero de 1898 los integristas de La Habana incitaron motines que mantuvieron aterrorizada la ciudad y que movieron al cónsul Lee a comunicar al Presidente McKinley que *«si se demostraba que las autoridades no podían mantener el orden, salvar las vidas y preservar la paz, y que los americanos y sus intereses corrían peligro, debería mandarse a La Habana buques de guerra, a cuyo fin sería bueno que estuviesen éstos preparados para ponerse en marcha enseguida...»* El día 25 de este mes entró al puerto de La Habana, en visita amistosa, el acorazado Maine. El Consejo de Gobierno había dado instrucciones al Delegado Plenipotenciario para que ejerciese toda la influencia posible en lograr que fuese reconocido el Gobierno en Armas y de esa forma evitar que se le soslayase en caso de que estallase la guerra entre los Estados Unidos y España. La Casa Blanca estaba decidida a no reconocer la personalidad del Consejo y a llevar a cabo cualquier acción contra España prescindiendo del mismo como entidad jurídica. El Consejo de Gobierno, en vista de tal situación, tomó el mando de la dirección de la política exterior que había delegado en Estrada Palma, con vista esto a obligar al Potomac a tratar directamente con la República en Armas en cualquier asunto relacionado con el territorio cubano.

El 8 de febrero, Horacio Rubens dio publicidad, por mediación del New York Journal, a una carta escrita por el embajador español en Washington, Enrique Dupuy de Lome, al Enviado Especial de la Corona en La Habana, José Canalejas, la cual había sido sustraída a éste por el cubano Gustavo Escoto quien la llevó clandestinamente a Nueva York. La carta contenía párrafos insultantes a la dignidad oficial y personal del Presidente de los Estados Unidos y fue comentada con grandes titulares en toda la prensa americana puesto que, entre otras cosas, decía:

«*El Mensaje (de McKinley al Congreso) ha desengañado a los insurrectos, que esperaban otra cosa, y ha paralizado la acción del Congreso; pero yo lo considero malo. Además de la natural e inevitable grosería con que repite cuanto ha dicho de Weyler la prensa y la opinión de España, demuestra una vez más lo que es McKinley, débil y populachero, y además un politicastro que quiere dejarse una puerta abierta y quedar bien con los "jingoes" de su partido. Sin embargo, en la práctica, sólo de nosotros depende que resulte malo y contrario... Sin un éxito militar y político, hay aquí siempre peligro de que se aliente a los insurrectos, ya que no por el Gobierno, por una parte de la opinión... Sería muy importante que se ocupara aunque no fuera más que para efecto, de las relaciones comerciales, y que se enviara aquí a un hombre de importancia, para hacer propaganda entre los Senadores y otros, en oposición a la Junta y para ir ganando emigrados...*»

El escándalo producido por la carta fue tremendo y Dupuy de Lome aceptó con valentía su paternidad pero haciendo la salvedad «*que había efectuado una opinión en privado que muy a menudo, en contrario, expresaban públicamente los agentes americanos...*» El simple incidente diplomático fue astutamente aprovechado por los simpatizantes de Cuba para avivar el rencor popular americano contra España. Apenas una semana después de la publicación de la carta hizo explosión el Maine en su fondeadero de la bahía de La Habana en un raro accidente que nunca fueron sus causas aclaradas totalmente.

* * *

La incógnita nunca resuelta del origen de la explosión del Maine ha servido en el presente para que los comunistas hagan especulaciones calumniosas, sólo con el afán de denigrar a los Estados Unidos y prestar con ello un servicio a sus amos soviéticos, nunca porque de veras crean sus infundios. Siguiendo su inveterada costumbre de aliarse a los enemigos de sus enemigos, han hecho suyas las versiones ibéricas del desastre —o sea de causas internas en el buque— y han añadido su vitriolo al brebaje venenoso embusteramente afirmando que el capitán del acorazado, Sigsbee, se había marchado a una fiesta mientras dejaba a bordo solamente marineros negros de guardia para que volaran junto con el Maine, el cuál los mismos oficiales americanos blancos habían minado. Si la explosión del Maine fue un accidente o un sabotaje hasta ahora no ha podido hacerse una afirmación concreta de ello por nadie. Pero basta que los comunistas afirmen una cosa para que podamos estar seguros de lo contrario pues nos han demostrado en Cuba ser los grandes señores de la infamia y la mentira. Si la política exterior norteamericana de la época no hubiera sido tan groseramente imperialista y su trato al Gobierno en Armas cubano tan indigno y perverso no hubiera habido después oportunidad de que se pusiesen en duda los resultados políticos derivados de la explosión del Maine.

* * *

A pesar de la carta de Dupuy de Lome y de la explosión del Maine, la Casa Blanca no alentaba otros deseos que los de mediatizar la independencia de Cuba y evitar una guerra con España. McKinley citó a Rubens para que éste influyera sobre los cubanos para que aceptaran un armisticio pero el noble amigo de los cubanos le recordó al Presidente que la consigna insurrecta era Independencia o Muerte y que el Delegado Estrada Palma así lo había establecido como meta indeclinable. Sin embargo, los esfuerzos y las presiones continuaron ejerciéndose sobre los cubanos para que aceptaran una suspensión de hostilidades y posteriormente a ella la autonomía. McKinley deseaba resolver el problema de Cuba pero quería hacerlo a su manera y a conveniencia de los intereses de su país y no en la forma que la decencia y el honor requerirían de un estadista. Solamente la continuada campaña periodística y congresional de los verdaderos amigos de Cuba le impidieron llevar a cabo sus aviesas intenciones. El embajador americano en Madrid, Woodford, tomaba abiertamente el partido español y enviaba informaciones totalmente falsas acerca de la guerra en Cuba. El Secretario Day se daba perfecta cuenta de que los esfuerzos que realizaban resultarían baldíos frente a las simpatías cubanas del Congreso, y así lo cablegrafió a Woodford: «*Debe usted saber y comprender que hay un sentimiento profundo en el Congreso y la mayor aprehensión entre los miembros más conservadores de que pese a todo esfuerzo que se haga en sentido negativo, puede triunfar una ley en favor de la intervención. Sólo la promesa del Presidente de que, de fracasar las negociaciones de paz él someterá al Congreso los hechos todos, puede evitar una acción inmediata por parte de éste...*»

El Pontífice, metiéndose en una cuestión que hasta entonces no le había importado y tratando de evitar una derrota española, se ofreció de mediador entre los Estados Unidos y España y cablegrafió a McKinley: «*Como cabeza de una hermandad religiosa, yo pido a España la concesión de un armisticio. En nombre de la humanidad pido a usted que aguarde el resultado de este esfuerzo y suspenda toda decisión extrema...*», algo que no se le ocurrió hacer con la Corte hispana cuando Weyler implantó la Reconcentración. España, por la intercesión del Papa, según alegó, ordenó al Capitán General Blanco que proclamara un armisticio en Cuba, medida demagógica con la intención de colocar a la Revolución en desventaja, haciéndola aparecer como guerrerista si persistía en no aceptarlo. El colonialista mayor, Gálvez, por mediación de su amo, el gobierno español, envió a McKinley un mensaje en que hacía ver a éste que la recua de lacayos autonomistas que presidía era el legítimo gobierno de la Isla y, curiosamente, su mensaje a McKinley parece escrito por Fidel Castro refiriéndose a la no intervención y la libre determinación. Decía así, entre otras sandeces: «*Los insurgentes forman una minoría, en tanto que los autonomistas constituyen la mayoría del pueblo cubano, decidida a salvar los intereses de la civilización por medio de la justicia y la libertad. El pueblo cubano es un pueblo americano y tiene, por ello, perfecto derecho a gobernarse de acuerdo con sus propios deseos y aspiraciones, y en ningún caso será justo que un poder extraño le imponga un régimen político que estime contrario a su felicidad e inadecuado a sus necesidades. Esto sería sustituir la libertad por la opresión...*»

Las potencias europeas, dándose vela en un entierro ajeno a ellas, trataron de salvar a España y emitieron una nota firmada conjuntamente por Gran Bretaña, Alemania, Francia, Austria-Hungría, Italia y Rusia en la que pedían el mantenimiento de la paz. Todo el mundo y su tío se sentía en Europa con derecho a oponerse a la Guerra de Independencia y a decidir sobre lo que era, y lo que no era, prudente hacer en Cuba. Cuando finalmente España, en forma unilateral, decretó una suspensión de hostilidades en Cuba, la respuesta vital de los mambises estalló como un latigazo sobre las cabezas de tanto entrometido y causó el efecto de un metrallazo en los predios mediacionistas de la Casa Blanca:

«*El Gobierno de la República de Cuba declara que la suspensión de las hostilidades ordenada por el jefe del ejército español redunda en su provecho, ya que se ha dispuesto sin siquiera oírnos a nosotros, la autoridad suprema en la República de Cuba. Y por tanto, esta medida no altera en nada la situación de las fuerzas cubanas, ni afecta en manera alguna la absoluta hostilidad contra el Gobierno de España y su ejército, ni modifica el sistema de procedimientos que hasta ahora estamos empleando...*»

La impopularidad de McKinley en los Estados Unidos era ya francamente general pues lo silbaban en sus apariciones y hasta lo colgaban en efigie. El Subsecretario Theodore Roosevelt no se escondía para emitir juicios deprimentes acerca de su superior y en una ocasión llegó a decir, para beneficio de todos los que quisieron oírle: *«McKinley no tiene más espinazo que un pastel de chocolate. .»*

Calixto García, victorioso en Oriente, quiso adelantarse a los acontecimientos y pidió suficiente parque para poner sitio a Santiago de Cuba al tiempo que comunicaba al Gobierno *«que cree inminente la guerra hispano-americana por lo que se hace necesario que ese suceso nos encuentre prevenidos y organizados para cuando los americanos lleguen nos hallen con un gobierno constituido y fuerte con el cual se vean obligados a tratar. .»*

* * *

McKinley no pudo seguir estirando el elástico de su politiquería y se vio precisado a enviar un Mensaje al Congreso sobre la crisis cubana y el Maine. Su largo Mensaje no nos interesa más que en los siguientes aspectos que tuvieron gran influencia en nuestro devenir histórico y que a continuación transcribimos:

«No sería juicioso ni prudente para este Gobierno reconocer la independencia de la llamada República de Cuba. Semejante reconocimiento no es necesario para que los Estados Unidos puedan intervenir y pacificar la Isla. Comprometer a este país a reconocer un Gobierno cualquiera en Cuba, puede sujetarnos a obligaciones internacionales embarazosas hacia la organización reconocida, ya que, en caso de intervención, nuestros actos habrían de estar sujetos a la aprobación o desaprobación de dicho Gobierno...»

El Mensaje de McKinley además pedía autorización al Congreso para *«tomar medidas a fin de asegurar una completa terminación de las hostilidades entre el Gobierno de España y el pueblo de Cuba; para asegurar en la Isla el establecimiento de un Gobierno estable, capaz de mantener el orden, observar sus obligaciones internacionales, asegurar la paz y la tranquilidad y garantizar la seguridad de sus ciudadanos y de los nuestros...»* y recababa autoridad *«para usar las fuerzas militares y navales de los Estados Unidos en la medida necesaria para cumplir dichos propósitos. Esta intervención envuelve, desde luego, presión hostil sobre ambas partes en lucha, tanto para obligarlas a una tregua como para llevarlas a un eventual arreglo...»*

El Mensaje era de meridiana claridad en cuanto a las intenciones imperialistas de su autor. Ponía al Congreso en el dilema de aceptar que la fuerza sería usada no sólo contra España sino contra los propios cubanos en la eventualidad que éstos no vieran con buenos ojos los deseos que tenía McKinley de atropellarlos.

El debate congresional sobre el Mensaje fue objeto de enconadas polémicas y causa de riñas a puñetazos y lanzamiento de tinteros por unos Congresistas a las cabezas de otros. Los llamados *conservadores* hacían todo lo posible por evitar el conflicto con España y McKinley gestionaba apoyo a su pretensión de anexarse la Isla. Se utilizaron los resortes de la intriga y se desconoció totalmente a la Delegación de Estrada Palma. Se hizo correr el rumor de que la Marina de Guerra no estaba apta para combatir y el almirante Bradford acudió ante la Comisión de Relaciones Exteriores del Senado a desmentir el infundio. Se publicó en la prensa que el Consejo de Gobierno había emitido 400 millones de dólares en bonos que tendrían que ser convalidados cuando Cuba fuera libre, pero Rubens amenazó con hacer públicas las presiones que sobre ellos se habían ejercido y por quienes así como el cohecho intentado y esto, unido a las pruebas que presentó de la honestidad de las gestiones financieras de la Delegación, mató la calumnia al nacer.

El Presidente McKinley controlaba la Cámara y ésta votó la autorización al Presidente a intervenir en Cuba pero sin mencionar la independencia absoluta de ésta. En cambio, el Senado aprobó un proyecto del Senador Joseph Foraker en el que se reconocía la legitimidad del Gobierno en Armas. El Presidente, en su Mensaje, había puesto en las manos del Congreso la responsabilidad de decidir la cuestión cubana por lo que se necesitaba una resolución conjunta de ese organismo para determinar sobre aquella. Fue en el Senado donde se libraron las más enconadas batallas congresionales en pro de la libertad de Cuba y la garantía de su independencia, siempre en contra de la voluntad presidencial. Esos legisladores senatoriales, así como otros pocos en la Cámara, cuyos nombres relacionaremos, fueron los gratuitos defensores de una noble causa que nada les representaba electoralmente en sus distritos y que en cambio mucho les perjudicaba con los intereses imperialistas. Los gallardos cruzados de la causa cubana fueron los Senadores William M. Stewart, William E. Mason, Marion Butlet, William Lindsay, John L. Wilson, Joseph Foraker, W. V. Allen, Cushman K. Davis, Redfeild Proctor, Jacob Gallinger, John Thurston y Hernand Money y los Representantes John Lentz, Joseph Bailey, Hugh A. Dinsmore y Nelson Dingley.

Horacio Rubens insistió fieramente sobre el hecho de que si los Estados Unidos no declaraban sus propósitos de no anexarse a Cuba tendrían que hacerse cargo de los millones de pesos en deudas españolas. McKinley, después de asesorarse, tuvo que reconocer la independencia de Cuba. En cambio, pretendíase el que se aceptase la dominación americana sobre la Isla, sin mencionar para nada la independencia, dejándose al futuro la cuestión final sobre ésta. Se trató de convencer a Rubens de ello pero éste volvió a ratificar la consigna de los libertadores desde el 68 porque, según dijo, «*el cubano está luchando por su indepedencia absoluta, independencia de todo yugo extranjero...*» y por tanto se negaría a aceptar la dominación americana permanente. No fueron solamente los imperialistas los que se volvieron airados contra Rubens por su intransigencia sino que un grupo de exiliados piernas flojas se le acercó para reprocharle que con tales francas opiniones se perdería la amistad de muchas personas influyentes en Washington. La respuesta de Horacio Rubens, inspirada seguramente en las enseñanzas de su desaparecido amigo, José Martí, fue una lección de dignidad para aquellos componedores de bateas y cabilderos:

«*No me retractaré de lo dicho. Entiendo que ustedes no hablan en nombre, ni en representación, de los cubanos, los cubanos que combaten en la manigua; ustedes todos están capacitados físicamente y, por obligación debían estar frente al fuego enemigo. El no haberlo hecho, ratifica mi afirmación: ustedes no representan a los que están arriesgando sus vidas por la libertad. Estoy seguro de que ellos ratificarán y aplaudirán mi conducta; los conozco bien; he estado con ellos y, por lo mismo, siento que hablo por ellos. En cuanto a mis compatriotas, estoy convencido de que el pueblo, si no la Administración, repelerá la anexión forzosa. Nosotros no podemos, como agrupación que luchamos por la libertad de Cuba, perder la amistad de la Administration, porque nunca la hemos tenido...*»

Y los echó de su oficina después de advertirles que nunca más concurriría a una de sus reuniones. Estrada Palma, alarmado también, le llamó desde Washington para decirle que como consecuencia de su postura se había reducido el número de amigos de Cuba allí y Rubens le contestó enérgica y merecidamente:

«*Si usted piensa en esa forma puede sacar el beneficio que estime de mis declaraciones y salvar esas "amistades". Todo lo que tiene que hacer es decir que yo no soy cubano y, por tanto, no reflejo los sentimientos de los cubanos que están en armas. Dígales que soy meramente un abogado americano, un voluntario sin sueldo, y que usted ha pedido y recibido de la Junta mi renuncia...*»

Estrada Palma recobró sus cabales después de la andanada y dio la razón a Rubens quien inmediatamente hizo uso de su influencia con su amigo, el Senador Teller de Colorado, a quien aseguró que la intención de la Administración McKinley era el robarse la Isla de Cuba. El Senador Teller introdujo una enmienda —que llevó su nombre— a la Resolución Conjunta y que vino a ser su Artículo Cuarto. Cuba debe pues, en lo que se refiere a la pugna congresional sobre su libertad, al Senador Teller la cristalización de su Independencia. Y a Horacio Rubens agradecimiento eterno por haber hecho justicia al pensamiento nacionalista de aquel amigo a quien llamaba *Maestro*.

Después de una semana de debates, los dos cuerpos Congresionales aprobaron por abrumadora mayoría, el 18 de abril de 1898, la siguiente Resolución Conjunta:

«*Por cuanto, por virtud de las razones expuestas por el Presidente de los Estados Unidos, en su Mensaje al Congreso, es imposible tolerar por más tiempo la existencia del horrible estado de cosas que, por más de tres años, ha prevalecido en la Isla de Cuba, tan inmediata a nuestras costas, con el que se ha lastimado hondamente el sentido moral del pueblo de los Estados Unidos, y afrentado la civilización cristiana y que ha culminado en la destrucción de un barco de guerra americano, con 226 de sus oficiales y tripulantes, mientras se hallaba en visita amistosa en el puerto de La Habana.*

»*Se Resuelve por el Senado y la Cámara de Representantes de los Estados Unidos de América, reunidos en Congreso:*

PRIMERO: Que el pueblo de Cuba es y de derecho debe ser libre e independiente.

SEGUNDO: Que es el deber de los Estados Unidos exigir, como el Gobierno de los Estados Unidos por la presente exige, que el Gobierno de España renuncie inmediatamente su autoridad y Gobierno en la Isla de Cuba, y que retire del territorio de ésta y de sus aguas, sus fuerzas militares y navales.

TERCERO: Que por la presente se da orden y autoridad al Presidente de los Estados Unidos, para usar en su totalidad las fuerzas militares y navales de los Estados Unidos, y para llamar a servicio activo la milicia de los diferentes Estados, hasta donde sea necesario, para llevar a efecto esta Resolución.

CUARTO: Que los Estados Unidos declaran por la presente que no tienen intención ni deseo de ejercitar en Cuba soberanía, jurisdicción o dominio, excepto para la pacificación de la Isla, y afirman su determinación, cuan-

do ésta se haya conseguido, de dejar el Gobierno y dominio de Cuba a su propio pueblo.»

Una vez firmada la Resolución Conjunta, el Gobierno americano envió al de España el siguiente ultimátum:

«*Si a la hora del mediodía del próximo sábado, 23 de abril corriente, no ha sido comunicada a este Gobierno, por el de España, una completa y satisfactoria respuesta a esta demanda y resolución, en tales términos que la paz de Cuba quede asegurada, el Presidente procederá sin ulterior aviso a usar el poder y autoridad ordenados y conferidos a él por dicha resolución, tan extensamente como sea necesario, para obtenerla al efecto.*»

España respondió —justo es reconocerlo así— con adecuada dignidad y se adelantó a romper relaciones con los Estados Unidos antes de que oficialmente le llegara el ultimátum. En vista de ello los Estados Unidos ordenaron el bloqueo de la Isla. McKinley recabó del Congreso una declaración expresa de la guerra y éste le correspondió inmediatamente con la siguiente Ley:

«*PRIMERO: Que se declare, como por la presente se declara, que existe guerra entre los Estados Unidos de América y el Reino de España, desde el 21 de abril del año del Señor 1898.*

»*SEGUNDO: Que se dé, como por la presente se da, orden y autoridad al Presidente de los Estados Unidos, para usar en su totalidad las fuerzas militares y navales de los Estados Unidos, y para llamar a activo servicio la milicia de varios Estados, hasta el límite que sea preciso, para llevar a efecto esta Ley.*»

* * *

La Espléndida Guerrita. — Intriga imperialista. — La ejecución del general Roberto Bermúlez. — Conflictos cubano-americanos. — (Abril-Julio 1898.)

La entrada de los Estados Unidos en la contienda hispano-cubana —cosa que se estimaba inevitable— estaba llamada a crear una serie de circunstancias complejas en las relaciones de las fuerzas envueltas en la pugna bélica: Cuba, España y los Estados Unidos. Los cubanos en armas habían sido en todo tiempo considerados por España como bandidos y ningún país les había reconocido beligerancia. Solamente Eloy Alfaro, del Ecuador, había proyectado enviar una expedición en ayuda de ellos pero Colombia se opuso a dejar pasar tropas por el Itsmo de Panamá, que entonces era territorio colombiano. Los Estados Unidos jamás, ni aún en el momento de entrar en lo que en ese país se llamó *La Espléndida Guerrita* (The Splendid Little War), les brindaron reconocimiento. Pero el Ejército Libertador era una potencia real en el campo de batalla y por mucho que en el papel lo hubiesen ignorado ahora España y los Estados Unidos, a la hora de los tiros, tendrían que tenerlo en cuenta para sumárselo o para neutralizarlo. Conociendo perfectamente bien que en aquella hora los esfuerzos diplomáticos tenían que ser dirigidos hacia los hombres de armas —lejos del poder civil— ambas naciones iniciaron sus contactos directamente con los jefes militares, en completo abandono e ignorancia del Consejo de Gobierno. Si antes éste había sido responsable de errores políticos, ahora serían los dos máximos jefes militares, el General en Jefe y el Lugarteniente General, los que incurrirían en las equivocaciones de buena fe que luego fueron causa de graves desavenencias entre políticos y militares pues entraron en negociaciones y acuerdos directamente con los militares americanos en lugar de referirlos y remitirlos al Consejo de Gobierno.

La idea de ganar la guerra primero y planificar para la paz después tuvo funestas consecuencias para la Revolución. Únicamente España y los Estados Unidos sabían lo que se proponían: la primera perder la guerra de Cuba para salvar el trono español con la derrota; el segundo expulsar a Iberia de Cuba y anexarse luego la Isla. Los cubanos en armas, faltos de información y carentes de rápidas vías de comunicación con el Exilio, solamente podían confiar en el espíritu de la Resolución Conjunta y en la honradez de los gobernantes americanos. Lógicamente, veían con más favor a los norteamericanos que a los españoles puesto que los primeros significaban una esperanza en tanto que los segundos eran la personificación de la opresión y la muerte. No hubo jamás, por parte de los mambises, un acomodaticio interés en sus relaciones con el Gobierno americano sino una disposición franca a la cooperación absoluta con éste para sacar a España de Cuba y con ello hacer bueno el adagio monroísta de *América para los americanos...* que los imperialistas a la sombra de la Casa Blanca secretamente maquinaban en cambiar por el de *América para los americanos del Norte*.

El balance historiológico de la guerra hispano-cubana-norteamericana debe ser efectuado a través de lo que demuestran los documentos que han llegado a nuestra época, y que son la más fehaciente prueba de la verdad de los hechos que entonces ocurrieron. El resto es puro paisaje pintado con los colores que más agradan al artista que lo pincela. La verdad escueta es que no se necesitaba otra cosa que armamento suficiente para que el Ejército Libertador derrotase a España. No se precisaba la ayuda militar terrestre puesto que el bloqueo de la Isla era más que bastante para decretar la derrota de un ejército español que se moría por miles de fiebre palúdica y que era diezmado en emboscadas y en cargas al machete. Que la intervención física del ejército americano apresuró la debacle española no tiene discusión alguna. Pero de ahí a que hayan sido ellos los providenciales salvadores de la Revolución hay una distancia incomensurable. Aliados, sí; salvadores, jamás. La actuación respectiva de los dirigentes cubanos, españoles y americanos así como la pureza de intenciones de cada uno de ellos puede percibirse en el documental histórico que a continuación reproducimos:

El Delegado Estrada Palma, sin instrucciones específicas del Consejo de Gobierno pero enfrentado a los hechos consumados y confiando en la Resolución Conjunta, a pesar de no haber sido oficialmente reconocido su cargo hizo llegar a McKinley una exposición, que fue posteriormente aprobada por el Consejo de Gobierno, en la que expresaba al Presidente de los Estados Unidos:

«A fin de evitar cualquier equívoco sobre la actitud de la República de Cuba, por la presente doy a usted la seguridad más completa de la cooperación del Ejército cubano con las fuerzas militares de los Estados Unidos. La República de Cuba dará instrucciones a sus Generales, para que sigan y ejecuten los planes de los Generales americanos en campaña, y aunque mantenga su organización propia, el Ejército cubano estará siempre dispuesto a ocupar las posiciones y a prestar los servicios que los Jefes americanos determinen. Nuestro único fin es el de arrojar de Cuba a nuestro enemigo común, lo más pronto posible. A fin de no exponer la vida de los soldados americanos no aclimatados, los cubanos están dispuestos, con tal de que se le suministren armas y municiones rápidamente, a afrontar lo más rudo de la lucha en Cuba. Si la escuadra americana tomase ciertos puertos poco fortificados, para descargar por ellos armas y municiones de guerra y de boca, los cubanos, con la cooperación de un número limitado de soldados americanos, mantendrán esos puertos como depósitos, y desde ellos se comunicarán con el interior y equiparán millares de hombres que sólo esperan armas y pertrechos, poniendo así al Ejército cubano en pie de operar según los planes que más convengan a los Jefes americanos. Sería conveniente que en los depósitos hubiera fuerzas de artillería americana, formando los cubanos el resto de la guarnición...»

* * *

El Presidente de Cuba en Armas, Bartolomé Masó, dio a la luz la siguiente *Proclama al Pueblo de Cuba*, el 28 de abril de 1898:

«La grandiosa Revolución iniciada por José Martí, el 24 de febrero de 1895, está para triunfar con la magnánima ayuda de los Estados Unidos; nuestras armas, jamás vencidas por los españoles en tres años de luchas, pronto habrán conquistado la victoria.

»El Congreso de esa gran República ha decretado que Cuba es libre y para los cubanos; y el Presidente McKinley ha firmado tan noble y justa disposición. La guerra entre España y América fue declarada en 28 de abril, y los escasos puertos de que disponen nuestros enemigos están bloqueados por la escuadra de los Estados Unidos.

»Armas, municiones y provisiones llegan para nosotros, de la patria de Washington y Lincoln. Unidos cubanos y americanos concluiremos con la dominación española en Cuba.

»Cubanos: durante tres años os habéis batido heroicamente por ser libres, vuestro deber es hoy la vanguardia del ejército leal. Autonomistas y españoles que dudabais de nuestro triunfo: ha llegado la hora de que vengáis a reuniros con nosotros. La República de Cuba os recibirá cordialmente, porque nuestro único objeto es fundar un Gobierno estable y justiciero, para todos los habitantes de la Isla.

»Venid a nuestro lado, hombres de buena fe y de nobles sentimientos, para ayudarnos a cimentar la nación cubana. Hemos tenido valor para desafiar la muerte. Tendremos la gloria de perdonar a nuestros enemigos.»

* * *

El Capitán General Blanco invitó al General en Jefe a colaborar con España frente a los Estados Unidos en la siguiente carta:

«Con la sinceridad que siempre ha caracterizado todos mis actos me dirijo a usted, no dudando por un momento que su clara inteligencia y nobles sentimientos, lo que como enemigo honrado reconozcóscole, harán acoger mi carta favorablemente.

»No puede ocultarse a usted que el problema cubano ha cambiado radicalmente. Españoles y cubanos nos encontramos ahora de frente a un extranjero de distinta raza, de tendencia naturalmente absorbente y cuyas intenciones no son solamente privar a España de su bandera sobre el suelo cubano, sino también exterminar al pueblo cubano, por razón de su sangre española.

»El bloqueo de los puertos de la Isla no tiene otro objeto. No sólo es dañoso a los españoles, sino que afecta también a los cubanos, completando la obra de exterminio comenzada en nuestra guerra civil. Ha llegado por tanto el momento supremo en que olvidemos nuestras pasadas diferencias y en que unidos cubanos y españoles, para nuestra propia defensa, rechacemos al invasor.

»España no olvidará la noble ayuda de sus hijos de Cuba, y una vez rechazado de la Isla el enemigo extranjero, ella, como madre cariñosa, abrirá sus brazos a otra nueva hija de las naciones del Nuevo Mundo, que habla su lengua, profesa su religión y siente correr en sus venas la noble sangre española.

»General: por estas razones propongo a usted hacer una alianza entre ambos ejércitos en la ciudad de Santa Clara. Los cubanos recibirán armas del ejército español y al grito de ¡Viva España! y ¡Viva Cuba! rechazaremos al invasor y libraremos de un yugo extranjero a los descendientes de un mismo pueblo.»

* * *

El General en Jefe dio una breve y clara respuesta al Capitán General al tiempo que demostraba su fe en el contenido de la Resolución Conjunta:

«Me asombra su atrevimiento al proponerme otra vez términos de paz, cuando usted sabe que cubanos y españoles jamás pueden vivir en paz en el suelo de Cuba. Usted representa en este Continente una monarquía vieja y desacreditada, y nosotros combatimos por un principio americano: el mismo de Bolívar y Washington.

»Usted dice que pertenecemos a la misma raza, y me invita a luchar contra un invasor extranjero; pero usted se equivoca otra vez, porque no hay diferencias de sangre ni de razas.

«Yo sólo creo en una raza: la humanidad; y para mí no hay naciones buenas y malas. España, habiendo sido hasta aquí mala y cumpliendo en estos momentos los Estados Unidos hacia Cuba, un deber de humanidad y civilización; desde el atezado indio salvaje hasta el rubio inglés refinado, un hombre para mí es digno de respeto, según su honradez y sentimientos, cualquiera que sea el país o raza a que pertenezca o la religión que profese.

»Así son para mí las naciones, y hasta el presente sólo he tenido motivos de admiración hacia los Estados Unidos. He escrito al Presidente McKinley y al General Miles, dándoles gracias por la intervención americana en Cuba. No veo el peligro de nuestro exterminio por los Estados Unidos, a que usted se refiere en su carta. Si así fuese, la historia los juzgará.

»Por el presente sólo tengo que repetirle que ya es muy tarde.»

* * *

La felonía que intentaba llevar a cabo contra Cuba y Puerto Rico la Administración McKinley, en oposición tanto a lo expresado en el Manifiesto de Montecristi como en las comunicaciones de los líderes insurrectos, se demuestra con el Memorándum que fue entregado al general Nelson A. Miles, Jefe del Ejército americano, por J. G. Brekenridge, en representación del Secretario de la Guerra, y cuyo membrete lee *Departamento de la Guerra, Oficina del Subsecretario,* y que Rubens cita:

«*Este Departamento, de acuerdo con los de Estado y Marina, estima necesario completar las instrucciones que se han dado respecto a las operaciones militares de la próxima campaña en las Antillas, con algunas observaciones relacionadas con la misión política que, como General en Jefe de nuestras fuerzas, recaerá en usted.*

»*La anexión de territorios a nuestra República se ha efectuado hasta ahora en vastas regiones con población diseminada y la ha precedido la invasión pacífica de nuestros emigrantes, de modo que la absorción y amalgama de la población han sido fáciles y rápidas. El problema antillano se presenta bajo dos aspectos, uno relativo a la Isla de Cuba y el otro a Puerto Rico, y a la vez nuestra política y aspiraciones a observar diferencias en ambos casos.*

»*En cuanto a Puerto Rico, ésta es una adquisición que nosotros debemos tomar y mantener, y será fácil, porque el cambio de soberanía no ofrecerá ventajas ni desventajas a los intereses allí, que son más cosmopolitanos que españoles.*

»*Para la conquista se necesitan métodos relativamente fáciles, haciéndose énfasis detenido sobre el cumplimiento de los preceptos y leyes que rigen entre naciones civilizadas y cristianas, apelando al bombardeo de los pueblos fortificados sólo en casos extremos. Para evitar conflictos, nuestras fuerzas se desembarcarán en lugares deshabitados en la costa sur. Se respetará la población civil tanto en sus personas como en sus propiedades.*

»*Le recomiendo rigurosamente que procure, con especialidad y por todos los medios posibles, ganarse la buena voluntad de la raza de color, con dos finalidades: Primeramente para contar con su apoyo en plebiscito para la anexión, y en segundo lugar, porque hay que tener en mente que el principal motivo y objetivo de la expansión de los Estados Unidos en las Antillas, es resolver eficiente y prontamente, nuestros problemas raciales que aumentan diariamente, debido al incremento de los negros quienes, una vez que se convenzan de las ventajas que ofrecen las Indias Occidentales, afluirán a ellas.*

»*Cuba, con un territorio mayor, tiene mayor población*

que Puerto Rico. Su población se compone de blancos, negros, asiáticos y mixtos. Los habitantes son, por lo general, indolentes y apáticos. Es obvio que la anexión inmediata de ese elemento a la federación nuestra, sería algo tonto, y antes de hacerlo, tenemos que limpiar el país, aunque hubiera que apelar a los mismos medios que empleó la Divina Providencia en Sodoma y Gomorra.

»Debemos destruir todo lo que esté al alcance de nuestros cañones; debemos concentrar el bloqueo de manera que el hambre y las enfermedades, sus aliados inseparables, arruinen los civiles y destruyan su ejército. El ejército aliado debe emplearse siempre en reconocimiento y a vanguardia, para que sufra rigurosamente entre dos fuegos, y sobre él recaerán todas las empresas peligrosas y desesperadas... Nosotros ayudaremos con nuestras armas al gobierno independiente que se constituirá, aunque informalmente, ya que es una minoría. El temor de un lado y sus propios intereses del otro harán que esta minoría se fortalezca para hacer aparecer a los autonomistas y a los españoles restantes del país, la minoría.

»Cuando llegue el momento, debemos crearle dificultades al Gobierno independiente, que se verá frente a éstas y a la falta de medios para cumplir con nuestras demandas y las obligaciones que les creemos, los gastos de guerra y organización de la nueva nación. Estas dificultades deberán coincidir con los problemas y violencia entre los elementos aludidos, y nosotros brindaremos nuestra ayuda a la oposición.

»Resumiendo, nuestra política tenderá siempre a apoyar al débil contra el más fuerte, hasta que hayamos logrado el exterminio de ambos, a fin de anexarnos la Perla de las Antillas.»

* * *

¡Cuán diferentes estas expresiones a las de Rubens que ya conocemos, y a las del Representante Bailey que pronunció en la Cámara el 12 de abril de 1898 cuando supo que el Mensaje Presidencial interesaba poder para ejercer presión hostil sobre ambas partes en lucha: «*Un Presidente que mande a hacer fuego contra los soldados cubanos se hará odioso, y este odio se transmitirá después de él a sus sucesores mientras se conserve entre los hombres la memoria del hecho...!*» Y a las del Senador Proctor, en la sesión del Senado del 17 de marzo de 1898: «*Para mí la más poderosa razón no es la barbaridad perpetrada por Weyler, ni la pérdida del "Maine", aun cuando son terribles ambos incidentes, sino*

el espectáculo de un millón y medio de personas, la total población de Cuba, luchando por la libertad y la independencia..!»
¡Y cuán similares esas denigrantes recomendaciones al general Miles a las del Manufacturer de Filadelfia que el Apóstol vindicara...!

La Historia ha fijado con indelebles caracteres la fe patriótica que los mambises pusieron en la Resolución Conjunta aún a pesar de la contumaz ignorancia a que la Administración McKinley los había sometido. Una intuición realista los guiaba en sus expresiones de apoyo a la intervención que estaba destinada a producirse inevitablemente y confiaban, más que en nada, en la democrática tradición del pueblo americano que expresada por sus Congresistas y prensa se había proyectado por la Independencia y en contra de la anexión. Por eso es que el Presidente Masó, meses después, en su Mensaje a la Asamblea de Representantes, explicara el por qué el Consejo de Gobierno había dispuesto la amplia cooperación brindada al ejército americano y había respaldado lo ofrecido al Presidente McKinley por el Delegado Estrada Palma, cosas que derivaron en manzana de discordia entre los propios cubanos como consecuencia de la pésima actuación interventora en relación con la República en Armas. Dijo Bartolomé Masó:

«No se ocultaron al Consejo de Gobierno los peligros que entrañaría una intervención armada que se efectuara sin que pudiese contar con nuestra acquiescencia o nuestro concurso. Era necesario gestionar y obtener una inteligencia o un acuerdo con el Ejecutivo americano sobre asuntos tan fundamentales. Las instrucciones posteriores a nuestro Delegado y los trabajos de éste fueron todos encaminados en las direcciones expuestas. No se pudo llegar al acuerdo expreso con el Gobierno americano que se interesaba, pero las declaracciones solemnes del Congreso americano de que el pueblo de Cuba es y de derecho debe ser libre e independiente; de que España debe renunciar a toda soberanía sobre la Isla; de que la acción de las fuerzas americanas de mar y tierra se dirige a expulsar de Cuba y de las aguas cubanas a las tropas españolas; y de que el Gobierno americano no ejercerá actos de soberanía, dominio ni administración sobre Cuba, limitando su acción a pacificar la Isla para entregar después al pueblo cubano la libre dirección de sus asuntos, expusieron de modo evidente el fin de la intervencción armada y señalaron desde luego, el derrotero único que debíamos seguir los cubanos en la contienda que en nuestro obsequio se empeñaba entre los Estados Unidos y España. El pueblo americano había hecho suya nuestra bandera y

venía a poner en práctica nuestros propósitos... Eso bastó al Consejo de Gobierno para acordar, en sesión celebrada el 10 de mayo último, que el ejército cubano cooperara a la acción de las fuerzas militares de los Estados Unidos, dando orden al General en Jefe y al Lugarteniente General para que siguieran y ejecutaran los planes de los generales norteamericanos en campaña, y para que, manteniendo la organización propia del Ejército cubano, estuvieran dispuestos a ocupar las posiciones y prestar los servicios que dichos jefes americanos determinaran...»

La propia prensa americana expresó su repudio a la política de McKinley y sus simpatías por la causa de la libertad de Cuba. El New York Journal publicó en su primera página una fotografía del Presidente rodeada de bonos y valores de la Bolsa de Wall Street mientras era señalado por el dedo acusador del pueblo americano. En un editorial declaraba: «*El Journal tiene el triste deber de anunciar al pueblo de los Estados Unidos, que su Presidente, William McKinley, ha estado deliberadamente trampeando con el Congreso y con el país, engañando otra vez a todo el mundo, negándose a enviar su mensaje en favor de Cuba...»*

* * *

La Espléndida Guerrita, en su aspecto militar, se libró durante tres meses y medio en Oriente y ya hasta esa fecha los mambises habíanse enfrentado victoriosamente durante tres años a un ejército que contaba con los siguientes efectivos: tropas regulares 190.000 hombres; voluntarios irregulares 40.000 hombres; guerrilleros cubanos traidores 30.000 hombres. Total: 260.000 hombres. La situación precaria de este ejército —el mayor que jamás se hubiese enviado allende los mares por nación alguna— la describe el historiador español Víctor Concas: «*La guerra con los Estados Unidos fue aceptada por España cuando la Isla de Cuba estaba perdida de hecho y cuando en la Península el envío de un hombre más, amenazaba con un levantamiento más positivo y grave que el soñado después. Cuando empezó la guerra ya estaba de hecho perdida, lo mismo tomando parte los Estados Unidos que otra nación cualquiera de mucho menos importancia, pero que viniera a inclinar la balanza...»*

El almirante español, Cervera, protestó la orden de trasladarse a Cuba con la escuadra, pues consideraba la acción un sacrificio inútil y así lo hizo constar en una carta: «*Yo estoy inquieto hace tiempo por todo esto; me pregunto si me es lícito callar y hacerme solidario de aventuras que causarán, si ocurren, la total ruina de España y todo por defender una Isla que fue nuestra y que ya no nos pertenece, porque aun cuando no la perdiéramos de derecho con la guerra, ya la tenemos perdida de hecho y con ella toda nuestra riqueza y una enorme cifra de hombres jóvenes, víctimas del clima y de las balas, defendiendo un ideal que ya sólo es romántico...»* Pero las descabelladas órdenes que recibió del Ministerio de Marina fueron: *«Ir a Estados Unidos, defender la Isla de Cuba y la de Puerto Rico; bloquear los puertos americanos del Golfo de Méjico; destruir la base naval de Cayo Hueso y de ser posible mantener también bloqueados los puertos americanos del Atlántico...»* El resultado de esta fanfarronada ibérica fue el hundimiento de dos escuadras españolas: una en Filipinas y otra en Cuba.

El bloqueo dispuesto por los Estados Unidos, aunque creó dificultades a la población, fue beneficioso en grado sumo pues puso en aprietos alimenticios a las tropas españolas y además provocó el alzamiento de gran número de cubanos que se incorporaron a las tropas rebeldes y quienes fueron conocidos entre éstas con el jocoso nombre de *los bloqueados*. Esta medida fue en realidad la más efectiva de todas las de la guerra puesto que a una isla que se le imponga un bloqueo naval inviolable se le condena irremisiblemente a la rendición o a la muerte. Previa a esta medida el general Miles envió a Cuba al teniente Rowan, por vías clandestinas cubanas, a entrevistarse con Calixto García, incidente que dio origen a la novelesca ficción del *Mensaje a García*, que el propio Rowan siempre negó fuera cierta. El Departamento de la Guerra americano, influido por la politiquería de McKinley, quitó el mando al general Miles y lo entregó al general Shafter, inepto y obeso militarote que fuera causa de penosos incidentes tanto con los cubanos como con los propios americanos. Ya, de entrada, el Secretario de la Guerra le había dado unas órdenes que revelan claramente el origen de la ocurrencia que abrieron un abismo de rencores que aún a pesar del tiempo transcurrido no ha podido salvarse totalmente: *«Usted puede llamar en su auxilio a las fuerzas insurrectas en esa vecindad y emplearlas como lo estime oportuno en servicio de guías, exploradores, etc.; pero use mucha cautela al depositar su confianza en ninguno que no sea de su propia tropa...»*

El Consejo de Gobierno envió a su Vicepresidente, Méndez Capote, a los Estados Unidos al riesgo de mortificar con ello a Estrada Palma, en una misión que tenía por objetivo los siguientes puntos: *a) poner en claro ante el Gobierno de la Unión que, desconocida la autoridad de España sobre Cuba, no quedaba allí otro orden de cosas que el fundado y apoyado en la Constitución de la República de Cuba, el que debía servir de nexo entre todos los cubanos y de base para el ulterior desenvolvimiento de la política cubana; b) dar a conocer al Gobierno de los Estados Unidos los propósitos que habían animado y animaban al pueblo cubano y a su legítima representación, propósitos expuestos en el Manifiesto de Montecristi, en la Constitución de Jimaguayú, en la de La Yaya y en otros documentos oficiales; c) procurar que se desvanecieran los prejuicios y recelos que pudieran existir acerca de la política de la Revolución, de sus procedimientos y de sus fines esenciales y d) averiguar todo lo posible acerca de las intenciones de los Estados Unidos con respecto al futuro de Cuba en el propio terreno de la Unión.*

Mientras tenían lugar en Cubá las operaciones militares, Méndez Capote realizó tan ingentes como infructuosos esfuerzos por hacer prevalecer los puntos que se le habían encomendado, pero tuvo que rendirse ante la evidente intransigencia oficial americana a reconocerlo en su personalidad y así lo hizo saber en un informe que remitió al Consejo de Gobierno. Méndez Capote se hallaba convencido, después de sus amargas experiencias en Washington, de que la Administracción McKinley esgrimía como válidos ciertos mañosos argumentos en los que hacía aparecer que el organismo revolucionario cubano no constituía un régimen real, efectivo y permanente en la Isla, o en una porción fija y determinada de su territorio y que representaba tan sólo una minoría apasionada y levantisca que no era, ni sería, capaz de restablecer de por sí la paz en Cuba y que también abrigaban dudas sobre las intenciones libertadoras de los líderes cubanos. Afligido y descorazonado, Méndez Capote influyó sobre los miembros del Consejo para que aceptaran la consumación de los hechos y se determinaran a la cooperación con Washington y no a resistirse a ello.

* * *

No debe quedar dudas en el ánimo de nosotros de que las opiniones de Calixto García, detrimentes al Consejo de Gobierno, fueron utilizadas por los gobernantes americanos como ejemplo de sus excusas para oponerse a las legítimas pretensiones de aquel de ser considerado como el representante legal del pueblo cubano. Calixto García era, después de Máximo Gómez, el más encumbrado y distinguido de los jefes libertadores y su dominio sobre el territorio Oriental era superlativo, como lo era su capacidad estratégica, cosas que se avenían perfectamente con el método operacional que pondría en práctica el ejército interventor y de ahí que fuera con él con quien se entendieran directamente por mediación de Rowan, del brigadier Collazo y de los coroneles Hernández y García Vieta. Estos tres últimos fueron enviados de regreso a Washington con el primero, perfectamente autorizados por Calixto para que lo representaran ante el Secretario de la Guerra,

Alger, sin el visto bueno del Consejo de Gobierno ni del General en Jefe. Calixto García era integérrimo patriota, decidido separatista e incuestionable líder militar pero tenía un irascible carácter y era obstinado en sus opiniones negativas respecto de la existencia de organizaciones civiles dentro de la esfera de la guerra ya que las consideraba como una impedimenta a la rápida disposición militar y de aquí que cometiera el error de no trasladar, como era su deber, al Consejo de Gobierno por conducto del General en Jefe las proposiciones de Rowan, poniendo al Consejo en una desairada posición que éste no le perdonaría y que luego recordaría. Como prueba palpable de que el Mayor General García Iñíguez no era remiso en depreciar el Consejo de Gobierno, transcribimos los siguientes extractos de su correspondencia con Estrada Palma:

«Ese Consejo de Gobierno ha tenido el descaro de insultar a un oficial del Ejército Libertador, concediendo un permiso en esa forma, digno de los que forman un Gobierno de chanchulleros y porquerías...»

«Sé que el Gobierno americano es un Gobierno eminentemente práctico y observador, a quien no podía escapar de modo alguno que la forma en que había nacido en nuestra Revolución la más alta representación del Estado era viciosa, informe, impropia de un pueblo que derramaba su sangre por conseguir su independencia y las libertades a que tenía derecho. Que con esa institución, lejos de ganarse libertades, se establecían principios oligárquicos, que ningún gobierno libre verdaderamente podía ayudar a consagrar, y de aquí que la política del gobierno de Washington haya sido constante en esa dirección, desde que estalló la actual guerra... Pensar locamente que el gobierno de Washington aceptaría tal engendro y la triste realidad, les hace actualmente ver lo contrario. ¿Qué ha sucedido? McKinley y sus republicanos han pensado lo mismo que Cleveland y sus demócratas...»

* * *

Máximo Gómez, más reflexivo, se ajustaba a procedimientos constitucionales. Aunque partidario de la intervención aliada y a pesar de sus anteriores diferencias con el Consejo de Gobierno, se dirigió a éste así:

«Aunque no oficialmente, pero sí por conducto que merece mi crédito, han llegado hasta mí noticias importantes que demuestran el deseo del Gobierno de los Estados Unidos, de prestar todo su apoyo a nuestro Ejército, para así coligar las fuerzas en contra de España. Se me anuncia que el General en Jefe, Mr. Miles, ha de

mandarme un Agente del Departamento de la Guerra, para ponerse en directa relación conmigo. Me apresuro en comunicar al Consejo de Gobierno, y por su medio, esta noticia, porque, atendiendo a las condiciones e importancia de la guerra en estos momentos, he de aceptar todo aquello que ,sin obligarnos a cosas que no debemos, concurran al fin propuesto: pero lo haré de modo que puedan mis resoluciones ajustarse a las modificaciones que el Consejo acuerde y estime oportuno ordenarme. Todo esto si el comisionado viene legalmente despachado por nuestra representación en los Estados Unidos, y por el Gobierno de aquella República.»

El Consejo de Gobierno actuó en concordancia con lo ofrecido por el **Delegado Estrada Palma** e impartió órdenes a Gómez y García de cooperación, tal como ha sido transcripto en las páginas 378 y 379. La euforia de los cubanos y su confianza en las autoridades americanas se hacen aún más evidentes en la carta enviada por Gonzalo de Quesada, enviado en Washington, al general García en relación con sus comisionados Collazo y Hernández:

«Después de la entrevista de Rowan con el Secretario de la Guerra y el general Miles, éstos me mandaron a decir que deseaban viniesen a esta capital, invitados por los Estados Unidos. Inmediatamente telegrafié al general Collazo. El lunes, hace una semana, les di un abrazo de bienvenida. Fueron alojados en el Army and Navy Club, donde sólo pueden entrar los oficiales de marina y militares de línea, por lo cual ve usted la deferencia que se hizo con ellos.
»Ese mismo día les acompañé a ver al general Miles, General en Jefe del Ejército Americano, quien los recibió cortés y cariñosamente. El general Miles nos llevó al Secretario de la Guerra, general Alger, donde reunidos, tuvimos una larga y provechosa conferencia, entregando el general Collazo, en propias manos, la carta enviada por usted. El Secretario de la Guerra mostróse orgulloso y complacido de recibirla, diciendo que guardará su autógrafo. En toda esta semana hemos visitado el Departamento de la Guerra, el Cuartel General del Ejército, el War Board, cuerpo consultivo que dirige las operaciones navales, y el general Collazo, hábilmente interpretado por el coronel Hernández, ha comunicado las instrucciones y acertados planes de usted. El sábado recibieron oficial invitación sus comisionados, para revistar las tropas americanas en el campamento Alger, honor que se hizo a ellos, a usted y al Ejército cubano. Esta noche salen con el Cuartel Ge-

neral del Ejército para Tampa, y muy en breve estarán en sus manos los recursos que hemos pedido a los Estados Unidos para su Ejército; con ellos y la cooperación de las fuerzas americanas, podrá usted celebrar el 4 de julio con su Departamento libre, el aniversario de la independencia norteamericana. El coronel Hernández, que será portador de esta carta, y el general Collazo, serán viva carta y le dirán como todo ha sido respecto para ellos, consideración y afecto, por parte de las autoridades de los Estados Unidos. Ellos le comunicarán detalles y puntos de vista que no se pueden fiar al papel, y programa para el porvenir, programa que ya usted ha implantado en Oriente y que con gusto he leído en la copia de la carta que dirige usted al Vicepresidente de la República, doctor Méndez Capote.»

La confianza en que su proceder era correcto se afirmó en Calixto García cuando le fue entregada la siguiente comunicación oficial del general Nelson Miles:

«He tenido verdadero placer en recibir a sus oficiales, general *Enrique Collazo y Teniente Coronel Carlos Hernández, regresando este último esta noche con mis mejores saludos por el éxito de usted.*
»*Será un gran auxilio si usted pudiera situar la mayor cantidad de fuerzas en la vecindad de la bahía de Santiago de Cuba, para dar a conocer toda clase de información, por señales, que el coronel Hernández explicará a usted, ya a la Marina o a nuestro Ejército, a nuestra llegada, que espero sea dentro de breves días.*
»*También nos será conveniente que usted empuje y acose a las tropas españolas cerca o en Santiago de Cuba, amenazándolas o atacándolas en todos sus puntos, a fin de evitar, por todos los medios, que le lleguen refuerzos a dicha plaza. Mientras usted efectúa lo anterior y antes de la llegada de nuestro Ejército, será ventajoso y excesivamente grato a nosotros, que usted tomara y sostuviera una posición culminante de mando hacia el Este o el Oeste de Santiago de Cuba, o en ambos sitios.»*

Por su parte, el General en Jefe, Máximo Gómez, no recibía ayuda ninguna y sus planes generales se veían preteridos en favor de una guerra local en Oriente, algo a lo que siempre había estado opuesto ya que había planificado operaciones conjuntas, dentro de un *Plan de Campaña en la Guerra Hispano-Americana* que se encuentra en el Archivo de la Academia de la Historia de Cuba y que textualmente dice:

«Como yo entiendo que en las guerras no vale poseer

grandes fuerzas, sino hacerlas funcionar todas a la vez sobre el enemigo, me preparé a una combinación con el General en Jefe del Ejército Americano, inmediatamente que supe la declaratoria de guerra de aquel Gobierno contra España.

»Debíamos desembarcar por Las Villas grandes refuerzos, para desde aquí avanzar hacia Occidente, tomando posiciones y apoderándonos de los ferrocarriles para nuestros transportes. Cienfuegos y Batabanó, principales puntos objetivos fáciles de tomar, porque las fuerzas navales podían muy bien prestar su cooperación. Tomado Batabanó, hubiéramos tenido en nuestras manos la llave de las puertas de la Capital.

»Mientras se operaba este movimiento, mis tropas de la provincia de Pinar del Río asediarían a su Capital y amenazando el general García —reforzado por tropas americanas— a todas las plazas fuertes de Oriente a la vez, Santiago de Cuba, Manzanillo, Guantánamo, Holguín y Camagüey, se hubiera conseguido aislar completamente a los españoles sin que les hubiera sido posible prestarse mutuo auxilio en ningún punto.

»Para cada punto tenemos Generales magníficos. Para Santiago de Cuba, general García, con División Cebreco y Rabí; Manzanillo, general Ríos; Holguín, general Mariano Torres; Guantánamo, general Pedro Pérez; Camagüey, Lope Recio. Cada General de estos, auxiliado por un Cuerpo de Ejército americano de seis mil hombres. Los recursos de boca era facilísimo introducirlos por cualquier punto. La trocha del Júcaro era conveniente no tocarla, pues los cinco mil españoles que están allí estacionados, es lo mismo que tenerlos de cuartel, y no nos causan ningún daño. Preparadas las cosas de esta manera, y en movimiento simultáneo todas estas fuerzas los españoles no hubieran podido resistir una campaña de sesenta días.

»Los americanos no hubieran tenido necesidad de auxiliarnos sino con 60.000 hombres, Ejército de tierra, y las provisiones de boca. Pero nada de esto se ha hecho; yo he sido un infeliz abandonado desde la campaña de Weyler. Todo ha ido a parar a Oriente, a donde no eran necesarios tantos recursos, y a manos del general García, cuyo Jefe, localista por hábito y por temperamento, no ha podido nunca desarrollar de por sí solo un plan amplio que determine los caractceres generales de la campaña que debió hacerse vigorosamente contra los españoles.

»Mientras en Oriente ha habido derroche de parque, en Las Villas —en donde yo he establecido el Cuartel Ge-

neral del Ejército— *mis soldados estaban, antes y después de Weyler, con sus cananas vacías. Ahora, yo creo que ya es tarde para todo eso. Como General en Jefe no soy necesario, puesto que sin mi anuencia se está haciendo todo, y como es un destino que no tengo ningún interés en conservar, nada más conforme con mi carácter, y con la situación en que me encuentro, que dejarlo.*

»*Mis condiciones de extranjero, que sin quererlo, puede entorpecer o mortificar las justas aspiraciones de Generales cubanos, y la seguridad que tengo de que ya está garantizada por las armas americanas la Independencia de Cuba —aspiración de toda mi vida— han llevado a mi ánimo la honrada determinación de retirarme de estos campos en donde he terminado mis propósitos y mi misión.*

»*Al hacerlo siento tranquilos mi espíritu y mi conciencia, gozando con el leal cariño que profeso a todos mis compañeros de armas, y a este heroicco pueblo por cuya libertad he derramado, desinteresadamente, mi sangre...*»

* * *

El Viejo, soñando en el *Ayacucho cubano*, pensaba en términos de igualdad operacional y hasta de apoyo aliado a sus fuerzas, sin realizar que la tradicional política de las grandes potencias, cuando una cuestión es de vital importancia para ellas, es ir derechamente al fin sin importarles los medios ni el sacrificio que ello implique para sus pequeños vecinos, amigos o aliados. La entrada de la flota española en la bahía de Santiago había hecho imperativa su destrucción y la ocupación de la ciudad como punto básico de la campaña americana. Las tropas cubanas en Oriente eran vitales a la estrategia americana no sucediendo eso con las de Las Villas y Occidente. La estrategia americana era correcta —así lo comprobaron los hechos— aunque su política exterior y la forma de ponerla en práctica en Cuba padecieron de grandes defectos de fondo y forma. El orgullo profesional herido de Máximo Gómez le hacía resentir la preferencia americana hacia Calixto García.

* * *

La movilización de las tropas americanas en los Estados Unidos se hizo, en su mayor parte, con voluntarios de los distintos Estados ya que el ejército regular de la nación no era muy numeroso en esa época. El entusiasmo era grande pero la experiencia poca y ello dio lugar a grandes cconfusiones y cómicos incidentes en el transporte y los aprovisionamientos. Horacio Rubens fue nombrado Ayudante del general Miles, y cuenta como las vías férreas de la Florida se atiborraron de vagones llenos de efectos que no se sabía a que regimientos pertenecían, y que para averiguarlo los soldados rompían las puertas de los vagones. Se utilizó a Tampa, debido a conveniencias comerciales y políticas, como puerto de embarque aunque carecía de facilidades para ello y se acumularon en su perímetro cerca de veinte mil hombres que andaban regados sin concierto. Los mulos tenían que nadar hasta las barcazas porque no había ni muelles ni espigones por donde pudieran caminar hasta los buques ya que los que existían estaban ocupados por los transportes de tropas que atracaban en ellos libremente, a capricho de sus oficiales. Varios regimientos, según informó Miles al Departamento de la Guerra, llegaron sin uniformes, algunos sin armas y otros sin frazadas ni tiendas de campaña. Se produjeron embotellamientos porque algunos jefes metieron sus tropas en los buques que hallaron a mano y que estaban destinados a otros menesteres. Cuando había varios buques llenos de soldados en las afueras de la bahía de Tampa, con rumbo a Cuba, se les dio orden de detenerse y anclar porque había una flota española en los alrededores. Durante toda una semana las tropas abordo estuvieron hacinadas y pasando insufribles molestias, hasta que se supo que la tal flota fantasma era en realidad tres buques de guerra americanos que patrullaban el Estrecho de la Florida. Se autorizó a ciudadanos particulares a organizar expediciones por su cuenta y riesgo y William Astor Chanler, un millonario deportista y aventurero, reclutó una pintoresca tropa de alpinistas, cazadores y llaneros propios de una película del Lejano Oeste que acompañó la expedición que desembarcó en Palo Alto, Camagüey. Pero las palmas del honor y la gloria correspondieron a los legendarios Rough Riders —cuya denominación oficial era Primer Regimiento de Voluntarios de Caballería de los Estados Unidos— cerca de 500 hombres que tuvieron que pelear en Cuba desmontados porque sus caballos se quedaron extraviados en Tampa. Vale la pena disfrutar la descripción que de los Rough Riders hace el Senador Cabot Lodge en su libro *La Guerra con España:*

> «*Este Regimiento había sido alistado, disciplinado y equipado como una fuerza perteneciente al Ejército de los Estados Unidos en unos cincuenta días, y avanzó a pie, porque sus caballos no llegaron a tiempo, en marcha contra el enemigo a los dos días de haber desembarcado en Cuba. Muchos de los hombres venían de Arizona, Nuevo México y Oklahoma, donde se habían reclutado las tropas, de jinetes en su mayoría. En su mayor número eran*

vaqueros, llaneros, cazadores, pioneros y rancheros, para quienes los peligros y la exposición de la vida fronteriza eran rudas experiencias diarias. Entre ellos contábanse más de dos veintenas de indios, civilizados pero de pura sangre india, americanos de un linaje más antiguo que el de todos los que estaban luchando en aquel momento por la dominación del Nuevo Mundo. Había también hombres jóvenes de las granjas y poblados de los territorios del Lejano Oeste. Había, asimismo, la más extraña mezcla de hombres —sin contar un centenar o más de soldados del Este— de graduados de Yale y Harvard, miembros de los clubes de Nueva York y Boston, americanos de gran riqueza con tiempo libre para todo y con grandes oportunidades. Estos hombres habían amado la caza mayor, la de zorras, el foot-ball y todos los deportes que requieren coraje y fuerza y "tienen la pimienta" del peligro. Algunos habían sido hombres sin obligaciones fijas, muchos más eran trabajadores, todos con un fuerte espíritu aventurero. Se hallaban en el chaparral cubano porque buscaban el peligro y eran patriotas, o como algunos opinan, porque todo hombre tiene una deuda con su país y para ellos era tiempo de pagarla. Esos hombres extraídos de tantas fuentes, semi-soldados en su vida y en sus hábitos, habían sido rápidamente, rudamente y efectivamente moldeados y agrupados en un regimiento de combate por la firme y hábil disciplina de Leonardo Wood, su coronel, un cirujano de línea, quien llevaba una Medalla de Honor ganada en campaña contra los indios Apaches, y por la inspiración de Teodoro Roosevelt, teniente coronel del regimiento, quien había dejado en Washington su alto cargo de Subsecretario de Marina y marchó a Cuba pensando que de esa manera podría llevar a la práctica su ideal de ofrecer la vida a su país tan pronto estallara la guerra...»

Las operaciones del ejército expedicionario se ajustaron a un plan de campaña trazado en conjunción con Calixto García y se resolvieron en tres acciones militares: Las Guásimas, El Caney y San Juan y en un combate naval en el que, como antes dijimos, fue destruida la flota española. Las acciones militares, aunque de corta duración fueron sangrientas, y en ellas los bisoños soldados americanos pelearon con un entusiasmo y un coraje digno de su tradición y patriotismo y recibieron de las tropas cubanas el mayor apoyo posible. Hubo, como puede suponerse, —debido a las diferencias del lenguaje y a los modos de operar entre guerrilleros y regulares— incidentes entre los aliados como el habido por causas de la entrada de la columna española de Escario en Santiago sin que fuese detenida por las tropas de Calixto García pese a los muchos esfuerzos realizados por éste, cosa que contrarió mucho al general Shafter. En cambio los expedicionarios cometieron la barrabasada de elevar un globo cautivo de observación que sirvió a los españoles de punto de referencia para diezmarlos a cañonazos antes que fueran salvados por la pericia del coronel cubano González Clavel.

Pero los más interesantes aspectos de la guerra hispano-cubano-americana fueron la desorganización inicial de los planes americanos; los incidentes personales entre sus jefes y las complicaciones políticas entre los aliados debido a las dos causas precedentes. Como demostración de imparcialidad absoluta y para situarnos sobre la sospecha de anti-americanismo o la suspicacia de prejuicios nacionalistas, nos fundaremos, para nuestra Historiología de ese acontecer, en fuentes norteamericanas de información: *The Splendid Little War* de Frank Freidel; *Liberty* de Horatio Rubens; *The Theodore Roosevelt Treasury* de Herman Hagedorn; *Our Cuban Colony* de Leland Jenks y *History of The United States* de James Ford Rhodes.

* * *

El Ejército Regular americano se componía en 1898 de solamente 28.000 plazas y a ellas se añadieron los 182.000 voluntarios reclutados en todos los Estados de la Unión, entrenados en un tiempo record de mes y medio, para una guerra en el trópico con equipos apropiados para el clima de Alaska. A pesar de que con tiempo suficiente se había aprobado un presupuesto de 50 millones de dólares para ello, no se comenzaron las compras de rifles modernos, pólvora sin humo, medicamentos y equipos de hospital hasta que comenzó la guerra. Los uniformes entregados a las tropas expedicionarias eran de gruesa lana invernal, lo que obligó a los soldados a pelear semi-desnudos para no morir de sofocación. El Partido Republicano, advertido de que la historia política de los Estados Unidos mostraba que siempre los generales victoriosos eran elegidos Presidentes después de las guerras (Washington, Jackson, Taylor, Harrison, Grant, *Teddy* Roosevelt y Eisenhower) si aspiraban electoralmente, eliminó al general Nelson Miles de la jefatura de la expedición y nombró a Shafter, quien no tenía aspiraciones políticas conocidas pero quien, en cambio, se enajenó la amistad de los corresponsales de guerra, antagonizó a sus subalternos y gratuitamente ofendió a los aliados cubanos.

Shafter era un voluminoso y corpulento espécimen humano que pesaba más de 350 libras y quien apenas podía moverse a pie en los calores de Cuba. No se encontró un caballo capaz de resistir la carga de aquella mole humana y se vio obligado a montar mulos de carga, cosa que le hizo el objeto de crueles chistes y sátiras mordaces por parte de los corresponsales. Su mal genio y su testarudez hicieron a Roosevelt escribir a Cabot Lodge: «*Desde la campaña de Craso contra los Partos no ha habido general tan incompetente como Shafter... La batalla se libró por sí misma; tres de los Jefes de Brigadas, la mayoría de los coroneles y todos los Regimientos individualmente lo hicieron bien, y el heroismo de algunos Regimientos no puede ser sobrepasado. Pero Shafter nunca vino dentro de las tres millas de la línea, y nunca ha venido; la confusión es increíble...*» La situación de las tropas americanas llegó a ser tan precaria a causa de las malas condiciones sanitarias y a causa de los graves errores tácticos de Shafter, que Roosevelt escribió en las trincheras frente a Santiago: «*El Ejército se ha batido excelentemente; pero la mala dirección del Cuartel General ha sido vergonzosa y el general Shafter ha desplegado una criminal incompetencia...*» Después de la sangrienta batalla de San Juan el general Shafter sufrió tal depresión de ánimo que cablegrafió a Washington: «*Estoy considerando seriamente retirarme unas cinco millas y tomar una nueva posición...*», creyendo inminente una derrota americana. Ante esta derrotista actitud de Shafter, varios oficiales americanos preguntaron a Calixto García si estaría dispuesto a asumir el mando de ellos y éste les contestó que aunque él no se retiraría bajo ninguna circunstancia, no tenía derecho a mandar tropas americanas. Otra disputa ocurrió entre los almirantes Sampson y Schley por causa de los movimientos de los barcos americanos frente a la flota española y una querella se produjo entre Shafter y Sampson porque el primero reclamó posesión de los barcos españoles capturados en el puerto de Santiago de Cuba como botín del Ejército mientras el segundo alegaba que eran presa de la Marina.

* * *

Una vez obtenida la victoria militar y naval se procedió al sitio de Santiago de Cuba y a su bombardeo hasta lograr la rendición de la ciudad y de todo el territorio Oriental ocupado por tropas españolas. El 17 de julio el general Shafter recibió oficialmente la rendición del general español Toral pero no invitó a la ceremonia a Calixto García. Es más, le rumoraron a éste que no podía tolerar la entrada del Ejército Libertador a la ciudad de Santiago por temor a las represalias que éste pondría en efecto contra los españoles. El desaire de Shafter a los mambises fue profundamente resentido por Calixto García, quien dirigió al general americano la siguiente carta que es famosa en nuestros anales históricos:

«*El día 12 de mayo último, el Gobierno de la República de Cuba, me ordenó, como Comandante en Jefe que soy del Ejército Cubano en las provincias Orientales, que prestara mi cooperación al Ejército Americano.*

»*Siguiendo los planes y obedeciendo las órdenes de los Jefes, he hecho todo lo posible por cumplir los deberes de mi Gobierno, habiendo sido hasta el presente uno de los más fieles subordinados de usted y teniendo la honra de ejecutar sus órdenes e instrucciones hasta donde mis facultades me han permitido hacerlo.*

»*La ciudad de Santiago de Cuba se rindió al fin al Ejército Americano, y la noticia de tan importante victoria sólo llegó a mi conocimiento por personas completamente extrañas a su Estado Mayor, no habiendo sido honrado con una sola palabra de parte de usted sobre las negociaciones de paz y los términos de la Capitulación propuesta a los españoles.*

»*Los importantes actos de la rendición del Ejército Español y de la toma de posesión de la ciudad por usted, tuvieron lugar posteriormente, y sólo llegaron a mi conocimiento por rumores públicos. No fui tampoco honrado con una sola palabra de parte de usted, invitándonos a mí y a los demás oficiales de mi Estado Mayor para que representáramos al Ejército Cubano en ocasión tan solemne. Sé, por último, que usted ha dejado constituidas en Santiago de Cuba a las mismas autoridades españolas contra las cuales he luchado tres años, como enemigas de la independencia de Cuba Yo debo informar a usted que esas autoridades no fueron nunca electas por los habitantes residentes en Santiago de Cuba, sino nombradas por un Decreto de la Reina de España.*

»*Yo convengo, señor, que el Ejército bajo su mando haya tomado posesión de la ciudad y ocupado sus fortalezas; yo hubiera dado mi ardiente cooperación a toda medida que usted hubiera estimado más conveniente de acuerdo con las leyes militares americanas, para sostener la ciudad, guardando el orden público, hasta que hubiera llegado el momento de cumplir el voto solemne del pueblo de los Estados Unidos, para establecer en Cuba un Gobierno libre e independiente; pero cuando se presentaba la ocasión de nombrar las autoridades de Santiago de Cuba, en las circunstancias especiales creadas por una lucha de treinta años contra la dominación española, no puedo menos que ver con el más profundo sentimiento, que esas autoridades no son elegidas por el pueblo cubano, sino que son las mismas que tanto la Reina de España como sus Ministros, habían nombrado para defender la soberanía española contra los cubanos.*

»Circula el rumor que por lo absurdo no es digno de crédito general, de que la orden de impedir a mi Ejército su entrada en Santiago de Cuba ha obedecido al temor de venganza contra los españoles. Permítame usted que proteste contra la más ligera sombra de semejante pensamiento, porque no somos un pueblo salvaje que desconoce los principios de la guerra civilizada; formamos un ejército pobre y harapiento, tan pobre y harapiento como lo fue el ejército de sus antepasados en su guerra noble por la independencia de los Estados Unidos de América; pero a semejanza de los héroes de Saratoga y de Yorktown respetamos demasiado nuestra causa, para mancharla con la barbarie y la cobardía.

»En vista de las razones aducidas por mí anteriormente, siento profundamente no poder cumplir por más tiempo las órdenes de mi Gobierno, habiendo hecho hoy, ante el General en Jefe del Ejército Cubano, Mayor General Máximo Gómez, la formal renuncia de mi cargo como General en Jefe de esta sección de nuestro Ejército.

»En espera de su resolución, me he retirado con todas mis fuerzas a Jiguaní.»

No es de sorprenderse que Shafter hubiera actuado en la forma que lo hizo, si fue de su conocimiento el Memorándum dirigido al general Miles por el Subsecretario de la Guerra respecto de la política que la Intervención debía seguir en Cuba. La indignación de Calixto García además de patriótica era personal puesto que se había situado incondicionalmente a las órdenes del Ejército americano sin consultarlo con el mismo Consejo de Gobierno de quien ahora alegaba haber recibido las órdenes que le hicieron actuar subordinadamente a Shafter. A su vez, ahora el Gobierno daría un giro en redondo en relación a su postura anterior respecto de Calixto y los americanos y consideraría impolítico el mantenerlo en su cargo de Lugarteniente General después de su andanada contra Shafter y su retirada brusca a Jiguaní. Por su parte, el general Shafter descargó la responsabilidad del incidente sobre su Gobierno en la siguiente carta respuesta que envió a Calixto García:

«No puedo menos que expresar a usted la sorpresa grande que me ha causado su carta, recibida esta mañana, sintiendo en extremo que usted se haya considerado agraviado en lo más mínimo. Recordará usted el hecho de haber sido invitado por mí para ir a la ciudad de Santiago, a presenciar la rendición, invitación que

usted no aceptó. Esta guerra, como usted sabe, tiene lugar entre los Estados Unidos y España, y está fuera de toda duda que la rendición de Santiago fue hecha al Ejército Americano. Yo no puedo discutir la política del Gobierno de los Estados Unidos, al querer que continuen en sus puestos temporalmente, las personas que los ocupaban. Para que usted se entere bien, le remito copia de las instrucciones del Presidente, que recibí ayer, las cuales resuelven cualquier dificultad que pueda suscitarse en el Gobierno de este territorio, mientras esté ocupado por los Estados Unidos. En mi informe oficial al Gobierno he hecho completa justicia a usted y a su valiente Ejército, y quiero expresarle el reconocimiento que hago de la gran ayuda y valiosa cooperación que usted me ha prestado en la actual campaña. Siento profundamente el saber su determinación de retirarse de estos alrededores...»

Esta misiva de Shafter era un monumento a la ambigüedad de la política exterior norteamericana de todos los tiempos hacia América Latina: aparecer una cosa en público y hacer todo lo contrario a ello en privado. La justicia que Shafter hacía en su carta personal a Calixto, la convertía en la más flagrante injusticia el Secretario de la Guerra, Alger, en su informe a la nación americana sobre la guerra: *«No se hace referencia aquí a las fuerzas cubanas del general García, porque su presencia no tuvo importancia alguna en nuestras operaciones. La tarea que se les asignó de detener a las fuerzas de Escario, fracasó. El general Shafter tuvo que acabar por colocar sus fuerzas delante de los cubanos...»*

Pero, sin embargo, mentía impúdicamente el Secretario Alger puesto que algo muy diferente a eso habíale expresado el general Miles en su *Reporte Anual del Mayor General, Jefe del Ejército* y que textualmente decía:

«El general García consideró como órdenes mis instrucciones, inmediatamente dio los pasos necesarios para poner en ejecución el plan de operaciones. Envió tres mil hombres a oponerse a cualquier movimiento de los doce mil españoles concentrados en Holguín. Una parte de esta fuerza emprendió marcha, para auxiliar a la guarnición de Santiago de Cuba; pero, con éxito fue contenida y obligada a retroceder, por las fuerzas cubanas del general Luis de Feria. También envió el general García dos mil hombres, al mando de Pérez, a oponerse a seis mil españoles que había en Guantánamo y obtuvieron éxito en su empresa. Envió mil, mandados por Ríos, contra los seis mil que había en Manzanillo; de esa guarnición salieron tres mil quinientos a reforzar a Santiago y tuvieron que sostener no menos de treinta combates con los cubanos en su marcha, antes de llegar a Santiago, y hubieran sido detenidos si el general Shafter accede a lo que pedía el general Gar-

cía, el 27 de junio. *Con una fuerza adicional, de cinco mil hombres, el mismo García sitió la guarnición de Santiago de Cuba, tomó una fuerte posición del lado Oeste y muy próxima al puerto y después recibió al general Shafter y al almirante Sampson en su campamento, cerca de aquel lugar. Tenía tropas suyas a retaguardia, lo mismo que a ambos lados de la guarnición de Santiago de Cuba, antes de la llegada de las nuestras...»*

El historiador español Víctor Concas en su obra *La Escuadra del Almirante Cervera*, expresó:

«A pesar de que los americanos no quieran reconocer el auxilio que han recibido de los cubanos insurrectos, éste fue tan decisivo que sin él no hubieran conseguido su objetivo en tan poco tiempo. El mismo día del desembarco quedó Santiago de Cuba privado de todos los recursos que recibía de su zona de cultivo, y cortadas todas las comunicaciones: bosques, avenidas, alturas, todo cubierto por los cubanos...»

* * *

La actitud de los jerarcas de la Administración McKinley respecto al reconocimiento de los esfuerzos y la cooperación brindados por el Ejército Libertador tenía que ser, de obligación, negativa. Detrás de la fachada humanitariamente intervencionista se escondían los propósitos anexionistas. Les era forzoso el crear ante el mundo la impresión de que habían sido los providenciales salvadores de un pueblo indefenso, incapaz por sí mismo de libertarse, pues en esa forma atraerían hacia ellos un artificial ambiente de simpatías y uno de conmiseración hacia nosotros, primero, y de hostilidad después, si reclamábamos lo que nos habíamos ganado con las armas y se nos había reconocido como derecho en la Resolución Conjunta. No debe abrigarse duda alguna en el alma de ningún cubano acerca del sacrificio hecho por el pueblo norteamericano en aras de nuestra independencia. La sangre americana que empapó nuestra tierra en la manigua fue derramada generosa y altruísticamente y con tan nobles propósitos libertadores como lo fue la del más patriótico mambí. El pueblo americano de aquella época, como el de la presente, jamás ha retrocedido ante la amenaza de la barbarie y siempre ha estado presto a ofrecerse en ayuda de las naciones por aquella amenazadas. En gran número está constituido por emigrantes, o sus decendientes, que en los Estados Unidos se establecieron, o nacieron, que se vieron desplazados y desterrados por la acometida de algún totalitarismo opresor y quienes, por lo tanto, saben muy bien cual es el alto precio que se paga por la complacencia, o el temor, en las sociedades democráticas que se repliegan ante la fuerza del terror fascista o comunista.

Pero la estructura gubernamental americana tiene profundas raíces en el capital financiero de los *carteles*, las *combinaciones*, los *monopolios*, etc., y los tentáculos de éstos se extienden por toda la América Latina y de aquí que cuando una de nuestras naciones se los arranca en una convulsión revolucionaria, el sacudimiento estremece de pies a cabeza a Wall Street e inicia una reacción en cadena en ciertos politicastros que lo representan y defienden en los círculos de gobierno así como en una parte de la prensa mercantilizada y la presión publicitaria que generan en favor de sus bastardos intereses llega a confundir desfavorablemente tanto a sus ciudadanos como a los de nuestros países, algo de que hacen caldo gordo los reaccionarios latinoamericanos, quienes a todo trance aspiran a mantener un sistema político-económico en riña con el desarrollo de la inteligencia humana y de cuyo garrafal error se aprovecha taimadamente el comunismo para infiltrarse en las filas del nacionalismo y de la democracia revolucionaria con el determinado propósito de secuestrar la victoria e implantar un régimen de gobierno mil veces peor que el derrocado.

La noble gesta cubano-americana del 98 tenía un trasfondo imperialista prohijado por McKinley que se vio frustrado en su fase inmediata por la Resolución Conjunta pero que solapadamente esperaba una segunda oportunidad para clavar sus garras en nuestra tierra. Sabían muy bien los funcionarios de la Administración McKinley la calaña de los guerrilleros, los integristas y los autonomistas; en especial de los primeros porque Roosevelt había dicho de ellos en un parte: «*Los guerrilleros apostados sobre los árboles mataban no sólo gente de tropa, sino que se ensañaban disparando sobre médicos, auxiliares de hospitales que llevaban la banda de la Cruz Roja, heridos conducidos en camillas y grupos de enterradores. Muchos guerrilleros se vestían de verde. Dentro de la ciudad sitiada se advertían numerosas banderas de la Cruz Roja. Dos cubrían las baterías enemigas a nuestro frente impidiéndonos hacer fuego sobre ellas...*», pero sin embargo utilizaban el infundio de las represalias y el ensañamiento cubanos para mantener a éstos alejados de las posiciones de gobierno en paridad con la intervención al tiempo que ratificaban en sus puestos a los lacayos de España considerándolos mayoría aunque supieran perfectísimamente bien que eran minoría. La ponzoña de esta burda intriga anti-cubana la descubre Rubens de esta manera: «*Parece que a Shafter le merecían más confianza los españoles que, de acuerdo con Roosevelt, habían violado las leyes de la guerra, desconociendo la Cruz Roja y haciendo fuego sobre heridos y médicos. Quizás aquí se comenzaron a sentar las reglas señaladas* en el famoso memorándum al general Miles de "*siempre apoye la minoría para provocar grandes conflictos...*".»

* * *

Como final apropiado a estos análisis sobre los primeros conflictos cubano-americanos y como prueba de la justeza del acuerdo de la Academia de la Historia —que fuese sancionado por Ley de la República de Cuba, promulgada en mayo 16 de 1945— de que *La Espléndida Guerrita* debe propiamente en nuestros textos llamarse «*Guerra Hispano-cubano-americana*» debido a la decisiva participación que en ella tuvo el Ejército Libertador, reproducimos parte del ilustrativo trabajo del general Nelson A. Miles titulado originalmente *The Work of the Army as a Whole* ya que es una brillante síntesis de las operaciones militares conjuntas en Oriente:

«*Tengo un deber contraído con los patriotas cubanos: consiste en dejar claramente establecido el hecho de la colaboración recibida de su Gobierno y autoridades militares...*

»*Al arribar el general Shafter con su expedición cerca de la bahía de Santiago, visitó en compañía del almirante Sempson al general García en el Estado Mayor de su campamento de El Aserradero, para conferenciar con él en relación con el ataque por tierra. El resultado de esta conferencia determinó que se desembarcaran las fuerzas americanas al Este, en vez de al Oeste de la bahía de Santiago, y tropas cubanas fueron embarcadas para reforzar la brigada de Ramón de las Yaguas, que ya ocupaba una posición apta para proteger el desembarco norteamericano. Estos refuerzos cubanos desembarcaron en Sigua y acto continuo avanzaron sobre Daiquirí, bajo el mando supremo del general Castillo Duany. Los españoles fueron desalojados de la posición, que ocuparon de inmediato los cubanos; y cuando la escuadra americana bombardeó el sitio, solamente se produjo el derramamiento de sangre cubana. Desde este momento hasta el cierre de la campaña, los cubanos actuaron continuamente en la vanguardia, lo mismo en Firmeza y Siboney, que en Las Guásimas o El Caney.*

»*El 1ro. de julio, cumpliendo órdenes de Shafter, el general García, con sus 4.000 cubanos, comenzó a las 5 y 30 de la aurora su marcha hacia Marianaje, y a las 7 ocupaba las posiciones que se le habían designado en ese punto. Marianaje se encuentra entre El Caney y la Loma de San Juan, y se le asignó al general García la misión de proteger tanto El Caney como San Juan, caso de que el enemigo saliera de Santiago durante la batalla con el objeto de reforzar estas posiciones. Esta misión fue eficazmente cumplida. Todos los cubanos operaron bajo el fuego enemigo y sufrieron alrededor de cien bajas. Terminada la acción del día, obedeciendo instrucciones del general Shafter, el general García al frente de sus fuerzas, realizó una marcha nocturna al extremo flanco derecho. Al amanecer del día 2, se encontraba al Norte de la ciudad en una fuerte posición próxima a la ciudad; y en el transcurso del día desalojó al enemigo de los poblados de Cuabitas y y Boniato, habiendo capturado varias posiciones fortificadas, para terminar cercando a San Vicente. Durante ese día los cubanos sufrieron diez bajas, y las operaciones de guerrillas se sucedieron hasta la noche. Desde este momento el general García continuó avanzando y extendiendo las fuerzas a su derecha hasta que sus hombres ocuparon todo el terreno hasta la misma bahía de Santiago, mientras fuertes destacamentos cubrían los caminos que desde Holguín y otros lugares conducían a Santiago. Al rendirse la ciudad de Santiago el general García, jefe de las fuerzas cubanas, fue eliminado de la alegría y los honores de la victoria.»*

* * *

El por qué no se consumó la anexión deseada por la Administración McKinley, ni proliferaron las calumnias vertidas sobre las fuerzas cubanas para inclinar al público americano hacia aquel funesto propósito, se explica al leer estos párrafos de un editorial del New York Journal, del día 6 de agosto de 1898:

«*La carta del general García es una carta llena de verdad. Toda su indignación es justa; todos sus reproches dignos y merecidos. Su sustancia y su tono serán aprobados por el pueblo americano. Pero no por los españoles y sus amigos en los Estados Unidos. Los primeros están regocijados por el rompimiento entre García y Shafter, y los últimos, los acaparadores de dinero que se opusieron a la guerra por la libertad y ahora emprenderán una por los despojos, son felices a cada oportunidad que encuentran de gritar que los cubanos no son aptos para gobernar su Isla. "Son sólo una minoría" claman soberbios estos vigilantes, en las torres privadas desde donde observan la llanura para echar la vista a los dólares mal guardados.*

»*Los soldados andrajosos de García y Gómez pueden ser una*

minoría. También lo eran los soldados andrajosos de Washington.
»*Pero son republicanos, y republicanos solamente deben ser los que pongan mano en la erección del futuro gobierno de Cuba.*
»*Al general García, al general Gómez, a los valientes soldados de sus ejércitos y a todos los hombres dignos de la Isla, el* Journal, *que ha sido siempre el amigo de Cuba, envía este mensaje:*
»*Confiad en el pueblo americano. Él gobierna esta República. Él elige los Presidentes y los Congresos. Su voluntad es la ley. Para libertar a Cuba, para entregar la Isla a sus leales y bravos hijos, este país ha ido a la guerra con España. La palabra de la nación está dada en prenda y esa prenda será redimida.* »

* * *

La campaña oriental de la guerra Hispano-cubanoamericana tuvo en sus finales tres singulares incidencias: la muerte heroica en combate del general hispano Vara del Rey; la sonora bofetada que le propinó el reportero Scovil al general Shafter en presencia de toda la oficialidad americana y española durante la ceremonia de rendición de Santiago de Cuba porque éste le llamó *hijo de perra*; y la prisión del almirante Cervera quien, en esa misma ciudad de Santiago, cuando era teniente naval en 1873 fue el que dirigió el pelotón de fusilamiento que por orden de Burriel fusiló las 37 víctimas del Virginius entre los que se hallaban varios americanos, encabezados por el capitán del buque, Mr. Fry.

* * *

El 22 de julio de 1898, España hizo una overtura de paz a los Estados Unidos por medio de un documento que en algunas de sus partes así rezaba:

«*España hizo frente con resignación a una lucha tan desigual y trató solo de defender sus posesiones, aunque sin más esperanzas que la de resistir, en cuanto sus fuerzas pudieran permitirlo, para salvar su honor.*
»*Para terminar calamidades que son tan grandes y evitar peligros futuros todavía mayores, podrían nuestros países entenderse uno con el otro y buscar las condiciones conque el conflicto pudiera concluir, de otra manera que por la fuerza de las armas.*
»*España quiere demostrar otra vez, que en esta guerra, lo mismo que la que hizo a los insurrectos cubanos, su objeto no fue más que uno, a saber; el vindicar su prestigio, su honor y su nombre. Durante la guerra de la insurrección fue su deseo salvar a la gran Isla de Cuba, de los peligros de una independencia prematura. En la presente guerra, su inspiración se ha derivado más*

bien de sentimientos debidos a la sangre, que de consideración de sus propios intereses y de los derechos que le asisten en su calidad de Madre Patria.

»Y es en esta virtud que deseamos saber del Presidente de los Estados Unidos cuales serían las bases sobre que podría establecerse en Cuba una situación política y terminarse una lucha que no habría razón de continuar, si los dos Gobiernos convienen en el modo de pacificar la Isla..»

La perfidia borbónica aún en su agonía sacaba fuerzas para una final andanada de bochorno. Todos los muertos de la Reconcentración; todos los asesinatos perpetrados en las personas de patriotas, mujeres, hombres y niños; toda la ruina y desolación del país; toda la ignominia y el crimen volcados sobre la sociedad cubana durante treinta años de lucha libertadora; todos los miles y miles de desterrados; toda la miseria moral del autonomismo; toda la iniquidad del integrismo; todos los horrores de la esclavitud; todas las bribonadas de los voluntarios y los guerrilleros; todo el latrocinio de la gobernación colonial; todo el robo de la propiedad a los cubanos, todo eso y lo demás que nos produciría náuseas el resaltar, lo había realizado España en su *deseo de salvar a la gran Isla de Cuba, de los peligros de una independencia prematura.*

* * *

En tanto España hacía sondeos de armisticio, en Las Villas y Occidente la guerra había proseguido su curso inalterable. La Delegación había acelerado el ritmo expedicionario, que ahora no era filibustero sino convoyado por buques de guerra americanos, y enviado las siguientes y bien aprovisionadas expediciones: el Wanderer con el coronel Baldomero Acosta, por La Habana; el Dauntless con Enrique Regueira, por Matanzas; el Fatima con Carlos Tristá, por Las Villas; el Dauntless con el coronel Lechuga, por Camagüey y el Florida con el general Lacret, por Oriente. En enero se había producido el naufragio del Tillie en medio de una tormenta invernal en el Atlántico. Las operaciones militares en Las Villas produjeron la toma del Jíbaro y de Arroyo Blanco y fue durante este tiempo que se produjo el juicio y fusilamiento del general Roberto Bermúdez, hecho que ha repercutido sonoramente en nuestra historia y que merece ser aclarado.

El general Bermúdez era uno de los más temerarios oficiales mambises pero era de un carácter violento y sanguinario y quien únicamente temía a Antonio Maceo. Su tránsito por la guerra se marcó por un absoluto desprecio por la vida, tanto la propia como la ajena. Estaba lisiado a causa de heridas recibidas en los innumerables combates en que había participado. No paraba en mientes para satisfacer sus pasiones amorosas y practicaba el ahorcamiento de manera indiscriminada, tanto en los enemigos como en los soldados de su tropa por la menor causa. Tenía una audacia y una astucia singulares y cada vez que se veía en problemas con la justicia revolucionaria escapaba hacia otros territorios, trabando insólitos combates que hicieran admirar su arrojo y disimular sus depredaciones. En una de sus correrías cometió un asesinato en el territorio mandado por el general Monteagudo y éste lo acusó ante el General en Jefe. Máximo Gómez quiso dar un ejemplo de severidad y fortaleza revolucionarias antes de la paz que se aproximaba y ordenó su arresto, que se verificó por medio de un engaño ya que por la fuerza Bermúdez no se dejaba coger vivo. Bermúdez había dado muerte a machetazos a un soldado suyo desertor, quien había vuelto a filas acogiéndose al indulto prodigado por el Gobierno a los presentados.

Bermúdez fue juzgado por un Consejo de Generales, entre los que estaban Francisco Carrillo y José Miguel Gómez. Fue condenado a muerte y su apelación denegada por el Consejo de Gobierno. Ningún General quiso dirigir el pelotón de fusilamiento pues alegaron que habían sido los jueces del convicto y Máximo Gómez decidió hacerlo él. Bermúdez escogió los mejores tiradores de su escolta para que compusieran el pelotón y aunque con dificultad, por estar lisiado, se plantó firmemente ante los fusiles imprecando groseramente al General en Jefe mientras éste, erguido en los estribos, arengaba las tropas en formación con palabras que justificaban el ajusticiamiento en un discurso que copió el incoador del proceso, coronel Orestes Ferrara:

«Jefes, oficiales, soldados: venimos a cumplir esta mañana un doloroso deber, el más doloroso deber de un militar. Venimos a ejecutar a un compañero de armas, que ha sufrido nuestros dolores y amarguras y ha corrido los mismos riesgos y peligros. Pero venimos al mismo tiempo, a cumplir con el mandato de la Ley y con los dictados de la civilización.

»El general Bermúdez era un humilde ciudadano cuando la voz de la Patria lo llamó a los campos de Cuba Libre. Hombre de decisión y de arrojo se distinguió muy pronto como guerrero. Luchador infatigable recorrió los campos del honor desde Las Villas a Pinar del Río, distinguiéndose por su valor. Sí, valiente entre los valientes, fue herido muchas veces teniendo escrita en las heridas de su cuerpo la epopeya cubana.

»La Patria lo premió como debe premiar siempre a sus hijos que se dan a ella. El humilde campesino, soldado en los primeros tiempos, fue ascendiendo grado a grado, hasta llegar a la posición

de General que lo hizo conductor de hombres y le dio un mando que, en nuestra guerra, es ilimitado.

»El general Bermúdez llegado a tanta altura, no supo, sin embargo, comprender los deberes que la posición y el grado le imponían. Demostró con sus actos posteriores, que su valor no era sacrificio, sino sed de sangre; que los servicios que prestaba a la Patria no eran producto de una convicción honrada, de un buen hijo de esta tierra, sino de instintos criminales que en ésta nuestra hora trágica, se saciaban a plena satisfacción. El general Bermúdez vio en la guerra sólo la parte mala, no la gran significación ideal que tiene. Y deshonró su alta posición. Un Consejo de Guerra lo ha condenado a muerte, y en cumplimiento de la sentencia, yo le degrado...»

Finalizando su discurso el general Gómez dio la orden de hacer fuego y se consumó la sentencia. Así quedó cerrado uno de los más trágicos capítulos de la gesta libertadora.

* * *

Se produjeron dos nuevos incidentes entre los aliados contra España, pero más inofensivos que importantes: En las costas pinareñas el jefe de la flota bloqueadora negó acceso a ellas a los expedicionarios del Wanderer y en La Reforma, Cuartel General de Gómez, la escolta de honor americana, provista al Generalísimo por el general Miles, arrió la bandera cubana y elevó en el mástil la de las barras y estrellas, impulsados por libaciones en honor a la victoria obtenida en Arroyo Blanco, pero su jefe rectificó el entuerto cuando se le informó por un intérprete que si no procedía a bajarla de grado tendría que hacerlo por la fuerza.

* * *

Después de haber recibido la nota española insinuando un armisticio, el Secretario Day contestó el día 26 de julio de 1898, lo siguiente:

«Como por virtud de los esfuerzos patrióticos del pueblo de los Estados Unidos, la lucha, como se confesaba por España, había resultado desigual, el Presidente se sentía inclinado a proponer a un valiente adversario generosas condiciones de paz, consistentes, en primer lugar, la renuncia por parte de España, de su soberanía sobre la Isla de Cuba y su inmediata evacuación; en segundo, la cesión en favor de los Estados Unidos de América, de la Isla de Puerto Rico y de otras anexas a ella y de una Isla en el grupo de Las Ladronas, que los Estados Unidos designarían más

tarde, haciendo esto en recompensa de que nada se haría pagar a España como indemnización de guerra y se le eximiría de pagar las reclamaciones americanas contra España, originadas de 1895 a la fecha, en consecuencia de la insurrección de Cuba; y en tercero, la ocupación por los Estados Unidos de América de la ciudad, bahía y puerto de Manila, hasta que se concluya el Tratado de Paz, que pondría término final a la situación.»

Estos trasiegos diplomáticos ocultaban una cruda realidad: ni España ni los Estados Unidos estaban en situación de continuar la guerra. La primera cortejaba una revolución si lo hacía, y los segundos empezaban a sufrir los azotes que habían flagelado inmisericordemente a las huestes peninsulares: las epidemias de malaria y de fiebre amarilla. Ambas naciones ocultaban cuidadosamente a sus respectivos pueblos el trasfondo de las negociaciones para impedir con ello una demanda de datos que pusiese en precario, al divulgarlos, su control gobiernista. En el libro *Our War with Spain* de Turnbull White, aparece una comunicación dirigida al Secretario de la Guerra en la que se expresan grandes temores por la suerte del Quinto Cuerpo Expedicionario y se urge su pronta evacuación, basándose más que nada el apremio, en la insalubridad del clima cubano, la falta de alimentación apropiada para el trópico así como de ropas y abrigo y en el alarmante número de enfermos y postrados diariamente ingresados en los hospitales. Dice así la referida nota:

«*Sabemos, por los reportes de competentes oficiales y observadores, que este ejército no es capaz de moverse hacia el interior y que no existen facilidades para que pueda hacerlo y que no puede intentarse el así hacerlo hasta que ya sea demasiado tarde. Es más, las más responsables autoridades médicas en la Isla aseguran que con el equipo presente no podremos vivir en el interior durante la época de las lluvias sin sufrir de malaria, que es tan mortal como la fiebre amarilla.*

»*Este ejército debe escoger entre ser evacuado inmediatamente o perecer. Como que lo primero puede ser seguramente efectuado ahora, las personas responsables de estorbarlo serán responsables de la innecesaria pérdida de muchos miles de vidas.*

»*Nuestras opiniones son los resultados de cuidadosas observaciones personales y ellas se basan en la unánime opinión de nuestros médicos militares, quienes conocen perfectamente la situación...*»

Firman: J. Ford Kent, Mayor General de Voluntarios, Comandante de la Primera División del Quinto Cuerpo; J. C. Porter, Mayor General de Voluntarios, Comandante de la División Provisional; Adna R. Chaffee, Mayor General de Regulares, Comandante de la Tercera Brigada de la Segunda División; Samuel M. Summer, Brigadier General de Voluntarios, Comandante de la Primera Brigada de Caballería; Will Ludlow, Brigadier General de Voluntarios, Comandante de la Primera Brigada de la Segunda División; Adelbert Ames, Brigadier General de Voluntarios, Comandante de la Tercera Brigada de la Primera División; Leonard Wood, Brigadier General de Voluntarios, Comandante Militar de Santiago de Cuba; Theodore Roosevelt, Coronel, Comandante de la Segunda Brigada de Caballería.

* * *

La extraña situación en que estaban colocados los líderes cubanos, entre la Resolución Conjunta y los propósitos imperialistas de la Casa Blanca, sin conocimiento cierto de los arreglos postbélicos entre sus enemigos y sus aliados, guiándose para sus decisiones por sus esperanzas, su intuición o por los disímiles informes de su Delegación y de sus simpatizantes en el Exilio, inflamó nuevamente las pasiones entre los miembros del Consejo de Gobierno y los jefes militares, sirviendo esto de combustible a los atizadores del fuego divisionista de la Administración McKinley. La vieja pugna, clásicamente latinoamericana, entre civiles y militares a la hora de consolidar los logros de las revoluciones, cobró nuevos bríos y se expresó con inusitado vigor entre los caudillos libertadores Gómez y García, de una parte, y el Consejo de Gobierno, de la otra. Naturalmente, hubo partidarios de uno y otro grupo tanto en las filas de los militares como de los civiles. De acuerdo con los documentos a mano en el Archivo Nacional y en la Academia de la Historia, el pensamiento de Gómez y García era que la Administración McKinley y la Resolución Conjunta eran una misma cosa y que la cooperación con las autoridades militares americanas en Cuba era primordial al reconocimiento político de la personalidad del Consejo de Gobierno por Washington. Daban a éste una carta de crédito, pero estaban dispuestos a pelear y morir nuevamente, especialmente Calixto, si no se cumplía el compromiso establecido por la Resolución Conjunta. El Consejo de Gobierno, por el contrario, aspiraba al reconocimiento previo de su legitimidad y a su derecho a intervenir en las conversaciones de paz entre los Estados Unidos y España así como a gobernar a Cuba o a compartir su gobierno con las autoridades interventoras. La luz sobre estos hechos nos la da la lectura de la siguiente documentación, seleccionada de entre mucha otra del mismo tipo:

Máximo Gómez decía al Secretario de Hacienda, Ernesto Fonts Sterling, entre otras cosas:

«Por fortuna no se entristezcan, que ya Cuba será libre, aunque los cubanos no quieran, pues eso corre de cuenta de los americanos...

»No pierdan su tiempo en querer organizar cosas de la guerra. Ustedes hicieron muy bien en decirle a Calixto García que se pusiera a las órdenes del Jefe americano. Ellos lo que necesitan es que los ayuden no importa la forma, pues son hombres prácticos. Nuestra organización es inútil para ellos y lo es también para nosotros mismos, pues la disciplina es un mito. El General en Jefe y dicho Consejo de Gobierno son dos figurones. En cuanto a mí, demasiado he sufrido desde el Marqués porque veía en peligro la independencia de Cuba; pero ahora que la considero asegurada no se pueden exigir sacrificios innecesarios...»

La carta de Gómez al Delegado Estrada Palma, en el verano de 1898, está escrita en esos mismos términos:

«Toda la pesadilla de esta gente es que Mr. McKinley no les ha reconocido como Gobierno, y nadie los convence de que eso no puede ser —a mi juicio— pues ellos no lo consideran más que un Gobierno Revolucionario y no un Gobierno de la República. Mr. McKinley lo ha dicho bien claro a los españoles "dejen libre a los cubanos para que ellos nombren el Gobierno que les dé su gana", es decir que nos reconoce capacidad para ello, pero eso no lo podemos hacer hasta ser dueños absolutos de la tierra...»

Calixto García, por su parte, abundaba en los mismos conceptos, cuando expresaba, entre otras cosas, a Estrada Palma:

«Vamos ahora a la cuestión política, que es muy importante. No hay que hacerse ilusiones, el Gobierno Americano no puede ni debe reconocer nuestro Gobierno. La solución que se impone es que los Estados Unidos nombren un Gobernador al ocupar La Habana y que éste gobierne la Isla mientras se hacen las listas electorales, elecciones, Constitución y nombramiento de un nuevo Gobierno. Eso es lo único posible, pues en el estado en que estamos no podemos continuar. Hay que disolver el Ejército y para eso se necesita pagarlo, no sólo por la justicia sino por la conveniencia, pues ese dinero ayudará a la reconstrucción del país. No hay otra cosa posible aunque nos duela. Un sólo Gobierno en la Isla, los pueblos regidos por sus Alcaldes —que si es posible deben ser elegidos por el mismo pueblo— y nosotros, los Generales, a trabajar y a dar ejemplo de orden. Yo creo que los Estados Unidos no faltarán a su palabra empeñada; pero, si así fuera, siempre habría tiempo para morir, ya que no para vencer. Créame, amigo Tomás, ni hoy ni nunca seré capaz de causar trastornos a mi patria, a la

que deseo ver próspera y feliz. Con mis ambiciones satisfecchas, pues he visto el triunfo después de 30 años de lucha, sólo deseo hoy que la sangre derramada no sirva para levantar tiranos...»

No puede dudarse que esas eran sanas intenciones de Calixto, pero su ignorancia de los procedimientos jurídicos, voluntaria o involuntaria, unida al hábito del mando militar supremo, lo hacían contradecirse en el terreno de los hechos, pues se arrogó el derecho a instaurar una organización civil al margen de la estatuida por la Ley. En el Manifiesto que publicó disponiéndolo, expresó que lo hacía *«con la intención de mostrar a los americanos que el Ejército Libertador tiene conciencia plena de su misión...»* Este disparate político del Lugarteniente General podía muy bien calificarse de militarada, aunque en el fondo no había el menor deseo de tal cosa, pero en aquellos momentos podía servir los propósitos de quienes querían demostrar a las autoridades interventoras la fragilidad del poder del Consejo de Gobierno para gobernar el país y para someter a los militares. Decían las órdenes de Calixto García a los jefes militares del Departamento Oriental:

«En las poblaciones que están en nuestro poder y en aquellas que ocupemos se elegirá enseguida, por todos los vecinos de Cuba que habiten en ella y su comarca, un alcalde y concejales. Para los asuntos de policía se constituirá una guardia urbana, a las órdenes directas del alcalde. Ningún jefe militar tiene mando sobre las poblaciones y sus autoridades constituidas. Sólo los jefes de División tendrán mando sobre las autoridades civiles; pero siempre atemperando los derechos del pueblo al libre funcionamiento de sus gobernantes que por ahora serán el alcalde y concejales, electos por el voto popular. Dedicará usted atención al comercio, que regularizará y protegerá, debiendo permitir que todo el mundo venda, cambie o haga de lo suyo lo que le venga en ganas. Libertad decidida al comercio debe ser nuestro lema, pues únicamente así podremos salvar este pueblo de la miseria...»

En nosotros se había creado la idea de que el Consejo de Gobierno había destituido a Calixto como consecuencia de la carta que éste envió a Shafter y para desagraviar a los americanos, y así lo ratifica el adoctrinamiento comunista actual en nuestras escuelas, pero los hechos, analizados objetivamente, demuestran lo contrario. El Consejo no estaba resentido con Calixto porque éste había supuestamente agraviado a los americanos, sino todo lo contrario, estaba molesto con el Lugarteniente General porque se había visto obligado a ordenarle que se pusiera a las órdenes de Miles y Shafter cuando ya Calixto, sin consultarlo con ellos, así lo había hecho por mediación de Rowan, Collazo y Hernández. La festinada disposición de Calixto de crear un gobierno dentro de otro en Oriente *para mostrar a los americanos que el Ejército Libertador tiene conciencia plena de su misión* la tomó el Consejo como una ofensa personal, especialmente el Secretario del Interior, Manuel R. Silva quien, en su alegato acusatorio formulado contra Calixto García hizo gala del lenguaje violento y apasionado que caracteriza al temperamento criollo, siempre propenso a la exageración verbal:

«Al Consejo de Gobierno: La voz del patriotismo y un espíritu de conciliación afectuosa han impedido hasta el presente que llevase al seno de ese Consejo las graves acusaciones que, impelido por las circunstancias, me veo obligado a formular en contra del general García. Ha sido en Oriente un mito la existencia del Gobierno Civil. El jefe de aquel Departamento Militar, con propósitos malignos, ha destruido la organización que en vano he tratado de implantar en dicho territorio. Abusando de la autoridad militar, ejerciendo coacciones incalificables, sobre los funcionarios civiles y desautorizando públicamente las leyes emanadas del Consejo de Gobierno, ha perseguido, con rencoroso ensañamiento, a los empleados civiles que, cumpliendo con los deberes de su cargo, han tratado de sostener, con dignidad y prestigio, los intereses que correspondían al ramo que representaban. El general García ha nombrado delegados especiales, con las atribuciones que corresponden a las autoridades civiles y bajo la acción, directa e inmediata, de los jefes militares, usurpando las facultades de esta Secretaría y faltando abiertamente al Artículo 35 de la Constitución. Su actividad, intransigente y perniciosa, no se ha limitado a la destrucción de lo existente, en el orden civil, sino que negando valor legal al acuerdo tomado por el Consejo de Gobierno, en sesión del 11 de mayo del presente año, a propuesta de esta Secretaría, lo anula en absoluto, dictando disposiciones para que los funcionarios civiles de las ciudades evacuadas por el enemigo sean designados por una autoridad militar y no obedezcan más órdenes, ni se sujeten a más leyes que las que fueren dictadas por él »

El Secretario Silva pidió sanciones penales para el general García que como es de suponerse fueron engavetadas, pero el Consejo de Gobierno, «*después de detenido examen de los cargos y estudiando la circular emitida por el general García, cuyo espíritu y letra son a todas luces atentatorios a los preceptos constitucionales...*», acordó destituirlo de su cargo de Lugarteniente General «*por haber dejado de merecer la confianza del Gobierno...*» El Consejo notificó el acuerdo al General en Jefe, pero éste no destituyó a Calixto sino que resolvió la situación aceptando la renuncia que éste había presentado cuando disgustado con Shafter se había retirado con sus tropas a Jiguaní, algo que desagradó profundamente al disciplinario que era *El Viejo*, tanto por este hecho como por el haber utilizado para anunciar su renuncia unos canales tan irregulares como lo era una carta pública, algo esto impropio e insólito en un militar de la jerarquía de Calixto García, quien quedó, por disposición de Gómez, reducido a la situación de cuartel, o excedente.

La fábula de la destitución de Calixto para complacer a los americanos creció de unas declaraciones de él mismo al periódico La Lucha, de La Habana, publicadas el día 30 de septiembre de 1898: «*Mi dimisión fue aceptada, probablemente, porque se supuso que la publicación de mi carta al general Shafter levantaría indignación contra mi en los Estados Unidos y por lo tanto sería impolítico que yo continuara en mi puesto...*»

* * *

Las conversaciones pacifistas entre España y los Estados Unidos continuaron en Washington por intermedio del Embajador de Francia en aquella nación y la mala idea hispana se mostró en todo su esplendor en las instrucciones que dio a su intermediario:

«*En la guerra con los Estados Unidos hay necesidad de disponer el fin de ella y los medios, que han sido los ataques a otras dependencias coloniales de la nación española. Sobre lo primero se halla España dispuesta a aceptar la solución que plazca a los Estados Unidos: independencia absoluta; independencia bajo el protectorado o anexión a la República americana, prefiriéndose la anexión porque garantiza mejor la seguridad de vidas y haciendas de los españoles allí residentes o afincados...*»

A la exposición ibérica que transcribimos en la página 398 y que decía que se había deseado «*evitar a la Gran Isla de Cuba los peligros de una independencia prematura...*», contestó el Gobierno americano: «*Su Excelencia, al discutir la cuestión de Cuba, insinúa que España deseaba evitar a la Isla los peligros de una independencia prematura. El Gobierno de los Estados Unidos no ha compartido las aprehensiones de España, en este punto, pero reconoce el hecho de que la Isla, por el estado de postración en que se encuentra, necesita auxilio y dirección y está preparado a dárselos.*» (El subrayado es nuestro, para destacar el inicio de la maniobra para burlar la Resolución Conjunta y que culminó en la Enmienda Platt).

Las proposiciones específicas de los Estados Unidos a España aparecen detalladas en la transcripción hecha en la página 401 de la Nota del Secretario Day del día 26 de julio de 1898 que España, en principio, aceptó.

En toda la documentación de las pláticas de paz entre España y los Estados Unidos no aparece una línea de reconocimiento a los esfuerzos y sacrificios cubanos de treinta años por conquistar la libertad de su Patria. Todos los laureles de victoria se los autoconcede el gobierno de un país que luchó solamente en cuatro escaramuzas en proporción superior a un cansado enemigo español que se les oponía más que por deber, por orgullo, y no se hacía la más mínima concesión al Gobierno en Armas ni al Ejército Libertador oficialmente. Si no hubiera sido por la iniciativa personal del general Nelson Miles, de Horacio Rubens y hasta de un español, Víctor Concas, la versión oficial americana de *La Espléndida Guerrita* daría al orbe la impresión de que los cubanos estuvimos ausentes de ella. Para el Consejo de Gobierno esa actitud del State Department era una confirmación al temor que le habían expresado al Delegado Estrada Palma en su comunicación 174, de marzo 25 de 1898: «*El Gobierno extraña que no se haya visto todavía en el Gobierno americano acto alguno, oficial u oficioso, encaminado a establecer inteligencia con nosotros, cosa que seguramente habrá de llegar si obran con la lealtad que todos sus actos indican...*» Y era también una ratificación al pesimista informe rendido por el Vicepresidente Méndez Capote al Consejo en relación con su viaje a Washington y que hubimos de reseñar en las páginas 380 y 381.

* * *

El Protocolo de Paz. — Alocución del Consejo de Gobierno. — Fin de la Guerra de Independencai. — (Agosto-Octubre 1898)

Después de un variado número de entrevistas y conversaciones, se firmó en Washington, el día 12 de agosto de 1898, un Protocolo de Paz, preliminar del Tratado que definitivamente se acordaría, por el Secretario de Estado de la Unión, William R. Day y por el Embajador de Francia, Jules Cambon, en representación de España, en presencia del Presidente McKinley. Dicho Protocolo contenía los siguientes Artículos:

I. — España renunciará a toda pretensión de soberanía y a todo derecho en la Isla de Cuba.

II. — España cederá a los Estados Unidos la Isla de Puerto Rico y las otras Islas actualmente bajo la soberanía de España en las Indias Occidentales, así como una isla en Las Ladronas que será escogida por los Estados Unidos.

III. — Los Estados Unidos ocuparán y retendrán la ciudad, bahía y puerto de Manila, mientras se concluye un tratado de paz que deberá determinar sobre la dominación, disposición y Gobierno de las Filipinas.

IV. — España evacuará inmediatamente a Cuba, Puerto Rico y las demás Islas que están actualmente bajo la soberanía española en las Indias Occidentales; y a este efecto, cada uno de los dos Gobiernos nombrará, dentro de los diez días siguientes a la firma de este Protocolo, sus respectivos Comisionados, los que, dentro de treinta días subsecuentes a la misma firma, se reunirán en La Habana, para arreglar y ejercitar los detalles de la evacuación arriba mencionada de Cuba y de las islas adyacentes; y cada uno de los dos Gobiernos nombrará igualmente dentro de los diez días subsiguientes a la firma de este Protocolo, otros Comisionados que deberán, dentro de treinta días subsecuentes a la firma de este Protocolo, reunirse en San Juan de Puerto Rico, a fin de arreglar y ejecutar los detalles de la evacuación arriba mencionada de Puerto Rico y las otras islas actualmente bajo la soberanía española de las Indias Occidentales.

V. — Los Estados Unidos y España nombrarán, para tratar de la paz, a cinco Comisionados a lo más para cada país; y a los Comisionados así nombrados corresponderá reunirse en París, a más tardar el 1ro. de octubre de 1898 y procederán a las negociaciones y conclusión de un Tratado de Paz, sujeto éste a ratificación, según las formas constitucionales de cada uno de los países.

VI. — A la conclusión y firma de este Protocolo se suspenderán las hostilidades entre los dos países, y se darán órdenes a ese efecto, tan pronto como sea posible, a los Comandantes de sus fuerzas terrestres y marítimas.»

El mismo día de la firma del Protocolo de Paz, el Presidente McKinley firmó una Proclama en que anunciaba a su pueblo lo siguiente:

«Por cuanto los Estados Unidos y España han convenido formalmente las bases sobre las cuales hayan de comenzarse las negociaciones, para el establecimiento de la paz, entre ambos países.

»Por cuanto en dicho Protocolo se conviene que a la conclusión y firma del mismo, se suspenderán las hostilidades entre los dos países y que a ese efecto se dé aviso, tan pronto sea posible, por

cada uno de los Gobiernos, a los Jefes de sus fuerzas navales y militares.

»*Por tanto, yo, William McKinley, Presidente de los Estados Unidos, de acuerdo con lo estipulado en el Protocolo, declaro y proclamo una suspensión de hostilidades por parte de los Estados Unidos y por la presente mando que se envíen órdenes inmediatamente, por los conductos debidos, a los Jefes de las fuerzas navales y militares de los Estados Unidos, para que se abstengan de todo acto que no esté de acuerdo con esta Proclama.*»

Quedaba ahora pendiente la situación del Ejército Libertador en su beligerancia contra España y con el cual no se había contado para nada en el acuerdo de suspensión de hostilidades. McKinley envió a un asesor legal del Departamento de la Guerra, Charles E. Magoon a tratar la cuestión con Estrada Palma y a quien dio órdenes específicas de *apartar de su camino a ese señor Rubens*, cosa que no aceptó el Delegado, y que, por el contrario, lo llamó para que estuviese presente en la entrevista. Magoon expuso a Estrada Palma los hechos consumados y éste exigió que se dirigiese un cablegrama a Bartolome Masó, Presidente de la República de Cuba y que fuese firmado por Tomás Estrada Palma, Ministro y Delegado Plenipotenciario en los Estados Unidos. Magoon consultó a la Casa Blanca y ésta puso reparos al título dado a Masó pues su interés máximo era el no reconocer en ningún momento la existencia de un Gobierno en Armas y un Presidente. Pero ante la intransigencia de Estrada Palma, McKinley accedió al encabezamiento titular y el siguiente cable fue enviado a Masó:

«*He aceptado hoy trece de agosto, en nombre del Gobierno Provisional cubano, el armisticio proclamado por los Estados Unidos. Deben darse órdenes inmediatamente al Ejército en toda la Isla, suspendiendo las hostilidades.*»

Pero lamentablemente Estrada Palma cometió la pifia de adelantarse a este cable —mientras se consultaba con la Casa Blanca— y enviar uno al Consejo de Gobierno que decía como sigue:

«*He aceptado armisticio nombre Gobierno nuestro. He mandado con autorización Gobierno Washington cable Presidente Masó informando aceptación, recomendando ordene militares suspensión hostilidades.*»

Y este lapso mental de Estrada Palma descubrió la autorización concedida por Washington, primer eslabón en una larga cadena de humillaciones sufridas por nuestros gobernantes republicanos a manos del State Department, a quien ha habido que pedir autorización para poder hacer en Cuba lo que teníamos derecho a hacer sin pedir permiso a nadie. Situación que se repite en los presentes días, en que la C.I.A. y el State Department tienen que darnos luz verde para atacar a Fidel Castro.

El 25 de agosto, el Consejo de Gobierno sesionó y dándose oficialmente por enterado del cable enviado por el Delegado, autorizó al Presidente Masó a dirigirse al Ejército Libertador y al Pueblo por medio de alocuciones informándoles de la aceptación del armisticio y del acuerdo tomado por el Consejo de dar por terminada la Guerra de Independencia. Ya antes, el día 18, el Consejo había decretado la suspensión de las hostilidades en todo el territorio revolucionario y así lo había comunicado al General en Jefe quien, a su vez, lo había circulado a las tropas bajo su mando aunque ordenando la no disolución del Ejército Libertador.

El 1ro. de septiembre, Bartolomé Masó, en su carácter de Presidente de la República y cumpliendo con lo dispuesto por el Consejo de Gobierno, se dirigió al Ejército Libertador en una Proclama que en sus partes más relevantes decía:

«Grato deber, que no podría el Consejo de Gobierno dejar incumplido y que estima a la vez el mejor premio que nunca haya de brindarle la fortuna, es anunciar al Ejército Libertador el término de la contienda que en éstos antes ricos y hoy miserables campos han librado ante la expectación del Universo, la dignidad y la injusticia...

»La América del Norte, estremecida desde el mismo punto en que sonó el grito de 24 de febrero, se irguió alarmada, para extender la vista al través del breve mar que nos divide, hasta este suelo súbitamente enrojecido y agitado. Sacudida por nuestras convulsiones y deslumbrada por el resplandor del fuego aquí encendido, ya nunca más, desde aquel día, pudo vivir la placentera vida a que la convidaba su prosperidad y que sin escrúpulo alguno siguieron disfrutando tantas otras sociedades indiferentes a nuestra desventura. Dio en sus ciudades hospitalidad a nuestras gentes; en sus talleres se fabricaron nuestros rifles; de sus playas vinieron expediciones numerosas; clamó su prensa, con clamor inmenso e incesante, ensalzando nuestros triunfos, pregonando nuestros sufrimientos, alentándonos con el testimonio de la simpatía y con la promesa del socorro, mientras gritaba a España ardientes voces de imprecación y de protesta; su diplomacia hundió al infame Weyler y puso fin al criminal proceso de la Reconcentración; y ha continuado obra tan grande de humanidad y de justicia con el desprecio de la propia paz, con el derroche de la propia hacienda y con la efusión de la misma sangre, al constituirse gallardamente en ejecutora de su propio fallo, por el cual queda

extinguido para siempre el imperio de España en las Antillas y surge de hecho Cuba soberana en la plenitud de su personalidad...

»*El Consejo de Gobierno, por lo tanto, fiel exponente de la conciencia popular, saluda ahora con alborozo y reconocimiento al soldado de Cuba, modelo de abnegación y de heroismo, y aplaude con alta voz, con entusiasmo las virtudes militares de que ha dado aquí no interrumpido ejemplo, siempre obediente a la inspiración del patriotismo, a los consejos del General insigne que lo ha acaudillado desde que empezó el combate, con perseverancia igualada sólo por su acierto, y a la voz de los jefes y oficiales que le han acompañado en las fatigas y han compartido sus laureles...*

»*El pueblo americano, nuestro aliado de ayer, nuestro huésped de hoy, nuestro amigo de siempre, contempla atento a Cuba y se dispone a presenciar nuestra constitución...*

»*Muéstrese Cuba digna de sí misma, digna también de la amistad de América. Que lo será el Ejército lo garantiza el lema de la Revolución, hermosa síntesis en que nuestros propósitos se han condensado brevemente: tenemos al fin "PATRIA" y sabremos merecer la "LIBERTAD".*

* * *

Como se vé, el Presidente de la República en Armas no es remiso en conceder honores a los Estados Unidos y alienta en sus conciudadanos la amistad y el agradecimiento hacia sus aliados, pero no deja de recordarle a unos y otros que estos son huéspedes y no nuevos amos. No olvidó el Consejo el dirigirse, por mediación de Masó, al Presidente McKinley, a nombre del Consejo de Gobierno, Autoridad Suprema de la República, en una larga exposición que explica los propósitos cubanos para el futuro y expresa la confianza en la Resolución Conjunta. La exposición a McKinley hace resaltar los puntos siguientes:

1. — Confirma la voluntad cubana por la Independencia:

«*Aun cuando no medie hoy relación directa entre el Gobierno americano y este Consejo de Gobierno, no puede negarse la existencia de un acuerdo fundamental en nuestros fines y la lógica de los hechos lo ha impuesto y lo impondrá en nuestra acción. La Revolución cubana ha tenido desde su inicio y tiene hoy más que nunca por lema obtener la independencia de Cuba para establecer en ella una República democrática...*»

2. — Anuncia la convocatoria a una Asamblea de Representantes, de acuerdo con la Constitución de La Yaya, y se esfuerza por des-

truir el infundio que se le achaca de sectarismo por parte de la Casa Blanca:

«Nuestra convocatoria de hoy se dirige a todas las personas a quienes nuestra acción alcanza, sin distingos, diferencias y exclusiones. Y como nuestros propósitos no han sido nunca entregar a Cuba a una agrupación victoriosa que considere la Isla como presa sino obtener la Independencia para Cuba y para todos los cubanos a fin de constituir en ella un amplio sistema político, basado en la libertad, el orden y el respeto de todos los intereses legítimos, contando como contamos con el apoyo resuelto de la inmensa mayoría del pueblo cubano; estableceremos una situación capaz de llenar legítima y cabalmente todas las necesidades del período de interinatura que hoy se abre...»

3. — Hace patente que la futura legalidad de Cuba debe emanar de instituciones cubanas, con la cooperación del Gobierno americano ya que si los cubanos están agradecidos al pueblo americano y a su Gobierno, no es menos cierto que únicamente obrando aquel con limpieza es como pueden defenderse *«los derechos de unos hombres que al bienestar de su Patria lo han sacrificado todo...»* y asegura que los funcionarios del Consejo responden *«a las estrechas obligaciones que la aceptación de sus cargos les impuso...»*

4. — Da fe de la falta de temor a equívocos de clase alguna por parte de los Libertadores en cuanto a demostrar su capacidad para ejercitar la soberanía de Cuba ya que al soldado cubano *«pronto a convertirse en ciudadano, antes de dar el último adiós al campamento y devolver a la Patria su fusil, importa todavía evidenciar mejor aquellas otras dotes ya reveladas durante la época de la lucha, que son la prueba más notoria de su aptitud para la soberanía...»*

5. — Finaliza haciendo un vehemente exordio al trato justo, pidiendo no se ponga atención a las intrigas divisionistas y apelando a la honradez en las relaciones futuras:

«Y los ardides que la astucia ponga acaso en juego para infiltrar en vuestro ánimo la incertidumbre y emponzoñar así nuestra alegría o crear en nuestras filas la discordia, estréllanse contra el justo sentimiento de confianza que naturalmente ha de infundiros la conciencia del derecho propio y de la rectitud ajenas. Vuestra conducta y vuestra magnanimidad de tal suerte ejercitadas hasta el último instante del período revolucionario ganarán para vosotros la admiración del Orbe, os señalarán un puesto de honor en

la historia de la raza humana y completando felizmente el magnífico alarde realizado por Cuba en demanda de su libertad, permitirán que en tiempos muy cercanos recuerde satisfecho cada uno, sin pesadumbre ni arrepentimiento, en la reanudada intimidad de la familia, al calor del hogar reconstruido, bajo el amparo de instituciones sabias y fecundas el título glorioso del soldado de la Revolución y evoque con amor y respeto el sublime sacrificio de aquellos hermanos vuestros de armas a quienes la fatalidad ciega e injusta rehusó el placer supremo de ver la Patria redimida y triunfante de la adversidad...»

* * *

Finalmente el Consejo, después de haberle aceptado la renuncia al Secretario del Interior, porque éste insistió en que el Gobierno debía renunciar a sus poderes y suspender la convocatoria a una Asamblea de Representantes, dirigió una *Alocución a los habitantes de territorios no ocupados por las fuerzas del Ejército Libertador* por medio de la cual se anunciaban la suspensión de las hostilidades, los propósitos futuros de la Revolución y sus normas políticas, su agradecimiento a los Estados Unidos, la no disolución del Ejército Libertador hasta que se resolvieran los problemas internos de la Revolución, la convocatoria a una Asamblea de Representantes de acuerdo con la Constitución, les recordaba el aforismo de Benjamin Franklyn, *«Honesty is the best policy»* y citaba como garantía ciudadana futura la Base Quinta del Partido Revolucionario Cubano, cuyo nombre por primera vez volvía a leerse en un documento oficial cubano desde la muerte de Martí, base de cuyo patriótico espíritu se aprovecharon bastardamente los interventores, los colonialistas y los integristas para preñar a la joven República con el semen viciado y maligno de un sistema político, depravado moral y socialmente, que había costado ríos de sangre y montañas de cadáveres a los grupos sociales y revolucionarios que a él se opusieron, desde el 28 de octubre de 1492, día en que el Gran Almirante posó su planta descubridora en *«la tierra más fermosa que hojos humanos vieren...»*

La Alocución, que se publicaba como himno de paz y resumen del proceso y actividades insurreccionales, decía, en sus más relevantes fragmentos, lo que sigue:

«Siempre tuvimos fe, una fe inquebrantable en que la perseverancia valiente y, si necesario fuese, heroica en el sacrificio, nos hubiese emancipado de España en virtud del propio esfuerzo; pero no era posible que se nos ocultaran los males que una prolongación indefinida de la lucha habría de traer sobre la población cubana, añadidos a los que ya, forzosa y necesariamente, había pro-

ducido la guerra que por más de tres años sostuvimos con España. La entrada en escena de un factor poderoso y decisivo con el que contamos siempre, es la verdad, y hacia el que en todo tiempo se volvieron los corazones de los cubanos, ha evitado esos males ulteriores y ha puesto a los desastres de la campaña un término breve, para bien de todos, brevedad que nosotros mismos, entregados a nuestras propias fuerzas —hay que confesarlo noblemente, máxime tratándose de una evidencia notoria— no hubiésemos podido lograr. He aquí el título mayor que han adquirido los Estados Unidos para considerarse acreedores a nuestra gratitud. Cuando más podíamos considerarnos desamparados del mundo los cubanos, cuando el egoísmo de unos y la ignorancia de otros respecto de nuestros problemas e internas condiciones, hacían que todos nos declarasen díscolos y obstinados por no aceptar halagos, insidias y amaños que España, como colmo de libertad política, nos ofrecía, entonces el pueblo de los Estados Unidos, su Congreso y su Gobierno se hicieron cargo de nuestra situación, vieron claro en ella y tomaron sobre sí la tarea de acabar de redimirnos de un yugo insoportable, de una manera eficaz y pronta, porque nuestros sufrimientos no podían ni debían prolongarse a sus puertas, a su misma vista, dada nuestra proximidad geográfica, y las íntimas relaciones de comercio, de industria y de cultura que existían de antiguo entre ellos y nosotros. Han cumplido brillantemente el programa que se trazaron y aún han hecho algo más, pues no solo a nosotros, sino a todos los oprimidos por España han librado de la opresión, en forma más o menos distinta, y hasta definitiva e irrevocablemente han resuelto toda complicación española en América. No le regatearemos pues, una gratitud que tienen tan bien ganada, que hacerlo así, a nosotros más que a nadie perjudicaría. Sienta bien, así en los pueblos como en los hombres, el ser agradecidos, el reconocer y el corresponder a los beneficios. Pagándoles con ingratitud, no lograríamos sino la propia deshonra; y en esto como en todo, ahora como en cualquier circunstancia, y tal vez más que en otra alguna, por lo mismo que hoy comienza para nosotros la vida de las Naciones, debemos poner cuidado escrupuloso en que quede a salvo e intacto el que podamos considerar y consideraremos como nuestro honor nacional, del que ya debemos estar celosos, pues ya somos en un todo responsables de nuestros actos, pues que ya resultaremos un pueblo libre. .

»Después de una lucha parlamentaria memorabilísima cuyos accidentes y peripecias aún encuéntranse frescos en la memoria de todos, el Parlamento americano decidió la intervención de los Estados Unidos en la guerra de Cuba, al objeto de que el pueblo de este país fuera "de facto" independiente y libre, reconociéndose el derecho que para serlo así tenía y reconociéndose el obstáculo que hasta entonces lo impidiera; la presencia de las fuerzas españolas en Cuba. Al decidirse esto, no se reconoció la existencia legítima de ningún Gobierno cubano. El que a Cuba regía en nombre de la soberanía de España fue declarado virtualmente ilegítimo, como emanado de esa misma soberanía, y a removerlo con ella han venido dirigidos los esfuerzos de los Estados Unidos. El que nosotros constituimos para la Revolución y los territorios en que ella dominara no fue reconocido; pero no ha sido hostilizado y hoy queda en pie, sin que los Estados Unidos hayan dado paso alguno para desalojarlo de los lugares en que ejerce sus funciones, sin que lo hayan mirado, en consecuencia, como un núcleo de autoridad emanado de una fuente ilegítima y viciosa, que para el bien general del pueblo de Cuba convenía disolver o destruir...

»No podía ser de otro modo. Los Estados Unidos no han querido venir a mediar en nuestra contienda con España en condiciones tales que aparecieron como los favorecedores de una facción política, sino de todo el pueblo de Cuba; han entendido que ellos no podrían imponer a las poblaciones cubanas, aún entonces dominadas por España, el Gobierno que se habían dado a sí mismos los revolucionarios, que estaban en condiciones de expresar libremente su voluntad con su voto, han querido que, removidos los obstáculos que a la libre emisión de ese voto se oponía, diga el pueblo de Cuba íntegro, completo, total, cual es el Gobierno que desea rija sus destinos en lo futuro. Pero en medio de todo la Intervención demuestra que la inmensa mayoría de la población cubana estaba de acuerdo con el principio que nosotros representamos, pues hizo suyo nuestro programa y se lanzó a la guerra empuñando nuestra bandera: la de la independencia absoluta de esta tierra infortunada. En estas condiciones no era posible que nos hostilizara, ni que considerase que la autoridad que ejercemos dentro de la Revolución era ilegítima y dañina para la felicidad de Cuba. Con esto nos ha bastado para continuar en nuestros puestos. Ello nos ha parecido suficiente para no disolvernos y para procurar que esta misma autoridad que hemos recibido de una Asamblea elegida por los elementos de la población residente en los lugares que nuestro Ejército ocupaba, se conserve y robustezca en vez de desaparecer y de amenguarse; y ello, en las presentes circunstancias, nos basta para perseverar en este propósito, sin ánimo de conseguir por ninguna manera de obstinación ventajas personales; antes al contrario, prolongando nuestros sacrificios, solo porque creemos que el decoro nos lo impone, que nos ordena nuestro deber más estrecho y que hasta ahora nos lo recomienda el bien de nuestra patria, que debe ser siempre la suprema aspiración de sus hijos.

»Esta Asamblea que convocamos, no está llamada, pues a decidir definitivamente sobre nuestra Constitución sino sobre problemas internos nuestros y sobre la entidad gubernamental cubana *que debe aspirar a dirigir interinamente los asuntos públicos mientras se convoca y reúne una Asamblea General Constituyente, compuesta de los representantes de todos los cubanos. A esta segunda Asamblea de que hablamos pertenecerá tan sólo decidir cosas tan trascendentales y en ella es lógico que estemos representados cuantos debemos formar la nacionalidad cubana con olvido completo de anteriores diferencias, pues que para algo se hace la paz y nuestro pueblo necesita una pacificación total y completa, que no se conseguiría cuando un partido triunfante, con un régimen de exclusión y venganza, cometiera el crimen de dar formas nuevas a la pasada lucha...*

»*Pero de acuerdo con nuestra Ley electoral, con lo que su Artículo 1ro. dispone, no podemos llamar ahora a las urnas sino a los ciudadanos cubanos que residen en el territorio que ocupamos. No podemos, por otra parte, aún sin precepto que lo dispusiera, convocar elecciones en un territorio no colocado bajo nuestra inmediata autoridad. Sería absurdo. Las decisiones, pues, de esa Asamblea representarán la voluntad del elemento revolucionario más directamente activo; y precisamente por ello entendemos indispensable dejar ver claro a los que no podrán en las mismas tomar parte, nuestro modo de pensar en el momento actual, el que pudiéramos decir nuestro presente programa político...*

»*Si entonces en esa Asamblea los representantes de las fuerzas más vivas de la Revolución, acordaran la disolución de este Consejo de Gobierno, cumpliríamos con ese acuerdo, como con todos los de la precedente Asamblea que hemos cumplido, pero no lo aconsejaremos de seguro, sino que recomendaremos todo lo contrario...*

»*Es evidente que en Cuba tiene que crearse una nueva fuente de derecho y que esa fuente debe ser cubana. No puede menos de ser así, desde el momento en que el Gobierno de los Estados Unidos viene a cumplir en Cuba una Ley votada por su Parlamento y sancionada por su Presidente: la Joint Resolution que motivó la intervención, clara y terminante acerca de este punto...*

»*Y entonces de dos una: o toda nuestra futura legalidad emana directamente del arbitrio de una potencia extranjera, que ocupa militarmente parte del país, y que arroja como el jefe galo, su espada en la balanza de nuestros destinos o emana de un acuerdo con nosotros, que somos hoy el único núcleo de autoridad cubana que existe en el país. A este núcleo se le ha respetado, como antes dijimos. No se le ha reconocido; pero no se le ha condenado ni hostilizado. Se conoce sobradamente su existencia, se sabe su origen, no se ignora que cubana y bien cubana es su procedencia, y si el vencedor de España no le ha dado su expresa sanción, al menos le ha dejado conscientemente ejercer sus funciones, ha utilizado en su campaña los servicios de sus subordinados, en el orden político y administrativo sus soldados han combatido teniendo al lado a los soldados que crearon y sostuvieron siempre a este organismo cuya existencia no puede discutirse ni desconocerse...*

»No seremos ni tan ingratos, ni tan locos, ni tan torpes que habiendo ansiado y aplaudido su intervención en la guerra, les neguemos el derecho a intervenir en la creación de un nuevo orden de cosas del que ellos, parcialmente, serán siempre responsables ante el mundo; pero también tenemos que creer que aún en el pueblo americano de hoy está bien visto el recuerdo de aquel consejo de Franklyn "honesty is the best policy" que en tantas ocasiones de su historia, en esta misma que a nuestra contienda se refiere, ha inspirado su conducta y ha precedido a decisiones levantadas y generosas. En tal virtud, si quieren que en el futuro derecho de Cuba no se vea siempre un origen absolutamente extraño a Cuba, al tender a su alrededor la mirada, en ese futuro tan próximo ya, contarán para determinar y resolver con la organización política y gubernamental, de origen cubano, que encuentren establecida y funcionando en el país...

»A los hombres que aún continuan en las filas de nuestro Ejército, a sus auxiliares más próximos, a los que habitan el territorio que ocupamos, no podemos dejarlos entregados a sí mismos. Dejaron muchos su hogar que hoy está destruido, un techo que no existe ya tal vez para los más de ellos en estos momentos, una familia que puede estar dispersa, si les resta todavía. A esos hombres, ¿cómo decirles hoy que marchen solos y sin rumbo a abrirse cada cual como pueda su camino en la vida, sin faltar a altos deberes que la conciencia impone y sin exponer a riesgos gravísimos a ellos mismos y aún a todo el país? ¿No es manifiesto que aún desde este punto de vista, no tan sólo el país cubano entero, el Gobierno mismo de los Estados Unidos, los propios elementos que nos son más hostiles de los que componen la actual población de Cuba, tendrían que agradecernos el que permanezcamos en nuestros puestos respectivos, el que aboguemos porque el Consejo de Gobierno quede constituido...?

»Cúmplenos ahora antes de terminar, consagrar una especie de protesta, que sin ella no podemos poner fin a estos renglones. Protestamos de que no nos anima un propósito egoísta de entronizar en Cuba ninguna especie de bandería, que no pretendemos en virtud de un espíritu de exclusivismos, acaparar para unos cuantos la dirección de los asuntos públicos de Cuba. Todo nuestro pasado desmiente semejante acusación, que por algunos se nos ha dirigido. Desde el año de 1892 cuando en 10 de abril se constituiría el Partido Revolucionario Cubano en el extranjero, por ser su vida legal imposible dentro de la Patria, ese Partido del que directamente venimos y del que hemos llegado todos a formar parte, en el Artículo 5to. de sus bases constitutivas decía: "El

Partido Revolucionario Cubano no tiene por objeto llevar a Cuba una agrupación victoriosa que considere la Isla como su presa y dominio, sino preparar, con cuantos medios eficaces le permita la libertad del extranjero, la guerra que se ha de hacer para el decoro y bien de todos los cubanos, y entregar a todo el país la patria libre..."

»De acuerdo con esta manifestación primordial han estado siempre Bandos y Proclamas emanados de este Consejo así como del que le precediera. Lo propio que queda transcrito, con palabras distintas lo dijimos en 24 de abril del presente año en una Proclama que se publicó en el número de "Patria" correspondiente al día 15 de junio: "Queremos la Independencia para Cuba y para todos los cubanos, y el disfrute de leyes justas para todos los extranjeros que en Cuba residan. Nuestra misión es obtener la Independencia para que después el cubano procediendo libremente, establezca sus instituciones públicas y organice la administración que crea más acomodada a las exigencias y necesidades del país.."

»Pero si es que hasta hoy hemos luchado contra España con las armas en la mano, advertimos ahora que aún no ha concluido nuestra lucha, siquiera ella revista en estos momentos una forma completamente distinta; que nuestro secular enemigo se prepara a empuñar otras armas contra nosotros, en su saña inveterada contra nuestro país y contra sus hijos. En nosotros existe un sentimiento natural que nos lleva hacia la Independencia patria. Por ella vienen luchando sin tregua varias generaciones de cubanos. Por ella se ha derramado sobre nuestro pueblo mucha sangre propia y se ha amontonado mucha ruina y en todos los órdenes del sufrimiento se ha sufrido mucho, mucho y mucho. Es lógico que amemos nuestro ideal y nuestra bandera. No puede ser en nosotros pecado este amor. Pero porque siempre aspiramos a nuestra Independencia, nuestros enemigos aspiran a otra cosa y ya que Cuba no ha podido continuar siendo suya, no quieren que sea nuestra, sino de un tercero a quien odian, pero al que quieren convertir en instrumento contra una aversión que parece ser mayor y experimentarse contra nosotros mismos...

»Este tercero es precisamente aquel que tan eficazmente nos ha ayudado a redimirnos de nuestra antigua opresora; y los que antes nos oprimían, débiles, sumisos, humildes siempre para con el que les aparece fuerte, empiezan a decirle que él debe quedarse con nuestra tierra, para sembrar entre él y nosotros el germen de una discordia de la que sin duda piensan aprovecharse, para empañar a los vencedores la satisfacción de la victoria, para menoscabar "a posteriori" el noble impulso que ha llevado a la lucha al pueblo de Washington y Lincoln, inclinándolo insidiosamente a pasos que darían a su política una apariencia de codicia; todo para perturbarnos, en fin, en su propio provecho, halagando al vencedor *que completamente los ha aplastado, para indisponerlo con su compañero de victoria, que a esa misma victoria preparara el terreno desplegando una fuerza de resistencia y una aptitud para soportar el sufrimiento, realmente, aún para nosotros mismos y anes que los hechos las demostraran, en un todo inconcebible...*

»Ante esa nueva forma de la antigua hostilidad, nuestro deber es declarar ciertas cosas muy alto. Queremos ser un pueblo independiente y a ello tenemos derecho —el cual derecho esa misma nación de Norte América solemnemente nos lo reconociera ya—, porque por serlo y para lograrlo mucho y muy duramente hemos padecido; porque en nuestros padecimientos hemos demostrado una constancia ejemplar, que podía inspirar tan sólo el enamoramiento de un ideal que colocara a éste por encima de todos los ideales de la vida. Tenemos al propio tiempo confianza, plena y absoluta confianza, en la pureza de intenciones con que los Estados Unidos han venido a auxiliarnos en nuestro combate desesperado y sin tregua; y no abrigamos sobre la finalidad de sus propósitos ni la sombra de una duda. Sentimos por ese pueblo noble y grande una gratitud tan profunda como el favor que de ellos hemos recibido lo merece y exige. Deseamos vivir con él en pacíficas y cordialísimas relaciones, como no puede ser menos, dada la historia de nuestro pasado respectivo. Y estamos sobre todo dispuestos, cumpliendo nuestros deberes como ciudadanos de un pueblo libre y culto, que ellos tan poderosamente han contribuido a formar, a ser custodios fieles en nuestra patria, del orden, la civilización, la tendencia al progreso, la libertad civil y política, cuantos dones en parte hemos conquistado y en parte les debemos, para descargarlos de la responsabilidad que ante el mundo han contraído ayudándonos a nacer como Estado independiente y para nuestro propio bienestar y beneficio...

»Y ahora añadamos a nuestra anterior promesa y a nuestras precedentes manifestaciones un juramento de hacerlas efectivas. Juremos ante nuestros amigos, ante nuestros enemigos, ante el mundo entero, y ante la conciencia propia, que así lo cumpliremos por la memoria de nuestros padres que murieron adorando ese ideal y transmitiéndonos su culto, por el recuerdo de nuestros hermanos que coyeron en la pelea para sellar este triunfo con su sangre, y por el ansia ardiente que hemos de sentir porque el fruto de tantas lágrimas y tantos dolores sea al menos la felicidad de nuestros hijos...»

* * *

Historiológicamente considerado, la Guerra de Independencia de hecho había terminado. Desde el mismo instante en que el Consejo de Gobierno aceptara el armisticio y ordenara al General en

Jefe que suspendiera las hostilidades, estaba declarando la terminación de la lucha contra España. Hasta allí llegaron los esfuerzos insurreccionales. El precio pagado por la conquista de la Independencia había sido altísimo en vidas y haciendas y las consecuencias de la brega se harían sentir por muchos años después, puesto que dos generaciones completas se habían perdido en la Reconcentración: los infantes y los adolescentes que habían perecido de hambre y enfermedades. El Pueblo de Cuba, el que había forjado José Martí, era de derecho —así reconocido por la Resolución Conjunta— libre e independiente, pero de hecho seguía sometido. No a una tiranía, pero sí a una tutela.

El Consejo de Gobierno había estado a la altura de su orgullo y sus responsabilidades. Pedía que los Estados Unidos lo reconociera debidamente y demandaba participación en el gobierno provisional y lo hacía con decoro, sin impensada exigencia, llegando hasta el límite que su dignidad le marcaba, que éste era el no aparecer suplicante o ambicioso. Estaba en la oscuridad en cuanto a conocer las reales intenciones de los interventores y trataba de averiguarlo haciendo hincapié en la Resolución Conjunta y lanzando una clarinada de advertencia sobre las evidentes maniobras insidiosas del anexionismo. Y finalmente trataba de revivir el entusiasmo nacionalista de la Emigración devolviendo a la vida el nombre del Partido Revolucionario Cubano, en un esfuerzo por impedir que del exilio trajeran los interventores una entidad prefabricada a compartir con ellos la provisionalidad. Y, sobre todo, se esforzaba por evitar el nacimiento de un complejo de inferioridad entre los no-combatientes acerca de sus aliados. Porque, como lo demuestran las estadísticas que siguen, los cubanos teníamos autoridad moral para reclamar derechos de PUEBLO y a negarnos a ser considerados como *masa* como parecía pretender la Intervención.

En los territorios no ocupados por el Ejército Libertador se encontraban las grandes poblaciones urbanas y como es de suponerse, los núcleos sociales que en ellas residían eran susceptibles a sentir por las fuerzas americanas de la Intervención cierto agradecimiento que luego se podría convertir en simpatía y hasta en apoyo puesto que ellas les traerían beneficios inmediatos materiales además de la evacuación de los odiados españoles, en tanto que los mambises traían sus forrajeras vacías y además con ellos la posibilidad de merecidos castigos y sanciones para los colaboracionistas coloniales. Era pues lógico que el Consejo de Gobierno previera el peligro de que con la Intervención y la Independencia de España pudiese venir otra nueva integración acomodaticia, ésta mucho más peligrosa porque vendría acompañada de beneficios económicos. La durísima realidad era que lo único que podría prevenir la anexión era el compromiso ineludible de la Resolución

Conjunta o una nueva guerra contra los americanos que sería un suicidio.

El desarrollo de posteriores acontecimientos distorsionó la verdad de la epopeya libertadora en tal forma que únicamente la estadística que sigue, compilada de los datos existentes en forma variada en el Archivo Nacional, puede servir como verdad irrefutable que desmienta a aquellos que de buena o mala fe afirman *que Cuba debe su independencia de España a los americanos.*

FUERZAS CUBANAS

ALTAS:

Ejército Libertador en activo servicio	30.000
Reclutas desarmados, rancheros y heridos	25.000
Funcionarios y empleados civiles	5.000
Expedicionarios	1.700
Presos en cárceles y fortalezas	2.000
Deportados y encarcelados ultramar	2.000
	65.000
Emigrados revolucionarios	50.000
	115.000

BAJAS:

Muertos violentamente por España	15.000
Fusilados por España	192
Ajusticiados por la revolución	100
Insurrectos muertos por epidemias	20.000
Libertadores muertos en combate	12.000
Muertos en la Reconcentración	300.000
	342.292

FUERZAS ESPAÑOLAS

ALTAS:

Tropas regulares	240.000
Voluntarios	30.000
Guerrilleros cubanos traidores	30.000
Bomberos auxiliares	1.500
Empleados civiles	45.000
	346.500

BAJAS:
Muertos en combate	11.000
Muertos por enfermedades	60.000
Heridos y hospitalizados	35.000
	106.000

FUERZAS AMERICANAS

ALTAS:
Fuerzas expedicionarias	21.000

BAJAS:
Muertos en combates	253
Heridos	1.314
	1.567

BIBLIOGRAFÍA

ACADEMIA DE LA HISTORIA. Anales. Habana, El Siglo XX, 1919.
AGUILERA ACEVEDO, José M. *La colonia española en la economía cubana.* Habana, Ucar, García y Cía., 1936.
ÁLVAREZ CONDE, José. *Arqueología Indocubana.* Habana, Junta Nacional de Arqueología y Etnología, 1956.
ARCINIEGAS, Germán. *Biografía del Caribe.* Buenos Aires, Editorial Suramericana, 1945.
ARGILAGOS, Francisco. *Próceres de la Independencia de Cuba.* Habana, Miranda, 1916.
ATKINS, Edwin F. *Sixty years in Cuba.* Cambridge, Harvard University Press, 1926.
AZCARATE ROSELL, Rafael. *Historia de los indios de Cuba.* Habana, Trópico, 1937.
BANGS, John K. *Uncle Sam trustee.* Nueva York, Riggs, 1902.
BEALE, Howard K. *Theodore Roosevelt and the rise of America to World Power.* Baltimore, John Hopkins Press, 1956.
BETANCOURT, Eduardo. *Ignacio Agramonte y la revolución cubana.* Habana, Ideas, 1962.
BRONSON REA, George. *Facts and fakes about Cuba.* Nueva York, George Munro, 1897.
BROOKE, John R. *Civil Reports* Habana, 1899.
CABRERA, Raimundo. *Cuba y sus jueces.* Habana, Veloso, 1922.
CAMACHO, Pánfilo. *Biografía de la Cámara de la Guerra Grande.* Habana, El Siglo XX, 1945.
CANET, Gerardo. *Atlas de Cuba.* Cambridge, Harvard University Press, 1949.
CARBONELL, Néstor. *El general Ramón Leocadio Bonachea.* Habana, El Siglo XX, 1947.
CASTELLANOS, Gerardo. *Los últimos días de Martí.* Habana, Ucar, García y Cía., 1937. *Panorama Cubano.* Habana, Ucar, García y Cía., 19—. *Raíces del 10 de octubre de 1868, Aguilera y Céspedes.* Habana, Muñiz, 1937.
CÉSPEDES DE QUESADA, Carlos Manuel de. *Carlos Manuel de Céspedes y Manuel de Quesada.* Habana, El Siglo XX, 1925.
CÉSPEDES DEL CASTILLO, Carlos Manuel de. *De Bayamo a San Lorenzo.* Habana, Ministerio de Educación, 1944.

CISNEROS, Francisco Javier. *La verdad histórica sobre los sucesos de Cuba*. Nueva York, Zarzamendi, 1871. *Relación documentada de 5 expediciones*. Nueva York, Hallet & Breen, 1870.

COLLAZO, Enrique. *Cuba Independiente*. Habana, La Moderna Poesía, 1900. *Desde Yara hasta El Zanjón*. Habana, La Lucha, 1893.

CONCAS, Víctor. *The squadron of Admiral Cervera*. Washington, D. C., Government Printing Office, 1900.

COSCULLUELA, Juan Antonio. *Cuatro años en la Ciénaga de Zapata*. Habana, 19—. *Nuestro pasado ciboney*. Habana, 19—.

COSTA, Octavio. *Antonio Maceo, el héroe*. Habana, Academia de la Historia de Cuba, 1947.

CUBA, Archivo Nacional. *Documentos para servir a la historia de la Guerra Chiquita*. Habana, 1949. *La conspiración de Aponte*. Habana, 1963. *Maceo, documentos para su vida*. Habana, 1947. *Martí, documentos para su vida*. Habana, 1947. *Papeles de Maceo*. Habana, 1948.

DAVIS, Richard Harding. *Cuba in war time*. Nueva York, Rusell, 1897.

DELGADO, Miguel. *La caída del Titán. Aclaraciones históricas*. Habana, Imprenta Lealtad, 1955.

DELMONTE, Domingo. *Escritos*. Habana, Cultural, 1929. *Humanismo y Humanitarismo*. Habana, La Habanera, 1936.

DE LA CRUZ, Manuel. *Pasión de Cuba*. Habana, Ministerio de Educación, 1947.

DÍAZ DEL CASTILLO, Bernal. *La historia verdadera de la conquista de la Nueva España*. Habana, Ideas, 1962.

ESCALANTE BEATÓN, Aníbal. *Calixto García*. Habana, Páginas, 19—.

ESTÉVEZ ROMERO, Luis. *Desde El Zanjón hasta Baire; datos para la historia política de Cuba*. Habana, La Propaganda Literaria, 1899.

FERRARA, Orestes. *Mis relaciones con Máximo Gómez*. Habana, Molina, 1942. *Memorias*. Playor, Madrid, 1975.

FLINT, Grover. *Marching with Gomez*. Nueva York, Lawson & Wolfe, 1898.

FORAKER, Joseph. *Notes of a busy life*. Cincinnati, Stewart & Kidd Company, 1916.

FRANCO, José Luciano. *La revolución de Yara y la Constituyente de Guáimaro*. Cárdenas, 1950.

FREIDEL, Frank. *The Splendid Little War*. Boston, Little & Brown, 1958.

FUNSTON, Frederick. *Memories of two wars: Cuba and the Phillipines*. Nueva York, Scribner, 1911.

GARCÍA, Calixto. *Parte oficial al General en Jefe sobre la campaña de Santiago de Cuba*. Habana, Academia de la Historia, 1953.

GARRIDO, Roque. *Historia documentada de la conspiración de Los*

Soles y Rayos de Bolívar. Habana, Academia de la Historia, 1929.
GÓMEZ BÁEZ, Máximo. *Cartas del Generalísimo.* Santo Domingo, Viuda de García, 1936. *Diario de Campaña.* Ceiba del Agua, Habana, Centro Superior Tecnológico, 1941.
GÓMEZ FERRER, Juan Gualberto. *La cuestión de Cuba en el 1844.* Madrid, J. Alaria, 1885. *Por Cuba Libre.* Municipio de La Habana, 1954.
GONZÁLEZ DEL VALLE, Francisco. *José de la Iuz y Caballero y la conspiración de La Escalera.* Habana, El Siglo XX, 1925.
GONZÁLEZ RODRÍGUEZ, Hipólito. *Weyler, el hombre de hierro.* Madrid, Espasa-Calpe, 1934.
GRANDA, Manuel J. *La paz del manganeso.* Habana, Academia de la Historia, 1939.
GRIÑÁN PERALTA, Leonardo. *Maceo, análisis caracteriológico.* Habana, Editorial Sánchez, 1954.
GUERRA SÁNCHEZ, Ramiro. *En el camino de la independencia.* Habana, Cultural, S. A., 1930. *Historia de Cuba.* Habana, El Siglo XX, 1921. *La expansión territorial de los Estados Unidos, a expensas de España y los países hispanoamericanos.* Habana, Cultural, S. A., 1935. *La Guerra de los Diez Años.* Habana, Cultural, S. A., 1950-1952. *Manual de Historia de Cuba.* Habana, Cultural, S. A., 1938.
HAGEDORN, Hermann. *Leonard Wood.* Nueva York, Harper & Bros., 1931. *The Theodore Roosevelt treasury.* Nueva York, Putnam, 1957.
HARRINGTON, Mark. *Cuba before Columbus.* Nueva York, Museum of the American Indian, 1921.
HOLME, J. G. *The life of Leonard Wood.* Nueva York, 1920.
HORREGO ESTUCH, Leopoldo. *Antonio Maceo, estudio político y patriótico.* Habana, Academia de la Historia, 1947. *Emilia Casanova, la vehemencia del separatismo.* Habana, Academia de la Historia, 1951.
IDUARTE, Andrés. *Martí escritor.* Habana, Ministerio de Educación, 1950.
INFIESTA, Ramón. *Historia constitucional de Cuba.* Habana, Selecta, 1942.
INSTITUTO GEODÉSICO DE CUBA. *Formaciones geológicas cubanas.* Habana, 1962.
JESSUP, Phillip C. *Elihu Root.* Nueva York, Dodd & Mead, 1938.
KIRKPATRICK, F. H. *The Spanish Conquistadores.* Nueva York, 1934.
LIZASO, Félix. *Ideario separatista de Martí.* Habana, Ministerio de Educación, 1947. *José Martí, martyr of Cuban independence.* Alburquerque, University of New Mexico Press, 1953. *José Martí, recuento del Centenario.* Habana, Ucar, García y Cía., 1953.

LODGE, Henry Cabot. *The war with Spain*. London, Harper & Bros., 1899.
LORENZO, Raúl. *Sentido nacionalista del pensamiento de Saco*. Habana, Trópico, 1942.
LOYNAZ DEL CASTILLO, Enrique. *La Constituyente de Jimaguayú*. Habana, Academia de la Historia, 1952.
LUDWIG, Emil. *Biografía de una Isla*. México, Centauro, 1948.
MADARIAGA, Salvador. *The rise of the Spanish Empire*. Nueva York, 1947. *The fall'of the Spanish Empire*. Nueva York, 1947.
MAÑACH, Jorge. *Martí, el apóstol*. Habana, Ideas, 1962.
MARBAN, Edilberto. *Curso de Historia de Cuba para los Institutos de Segunda Enseñanza*. Habana, 19—.
MÁRQUEZ STERLING, Carlos. *Don Tomás Estrada Palma*. Habana, 19—. *Ignacio Agramonte, El Bayardo*. Habana, Seoane y Fernández, 1936. *Martí, maestro y apóstol*. Habana, P. Fernández, 1942.
MARQUINA, Rafael. *Juan Gualberto Gómez en sí*. Habana, Ministerio de Educación, 1956.
MARTÍ, José. *Obras Completas*. Edición del Centenario. Habana, Lex, 1953.
MARTÍN, Juan Luis. *¿De dónde vinieron los negros de Cuba?* Habana, Atalaya, 1939.
MARTÍNEZ BELLO, Antonio. *Origen y meta del autonomismo, exégesis de Montoro*. Habana, P. Fernández, 1952.
MARTIR, Pedro. *Décadas del Nuevo Mundo*. Buenos Aires, Bajel, 1954.
MÉNDEZ, Isidro. *José Martí, estudio biográfico*. Habana, P. Fernández, 1941.
MILES, Nelson. *Memoirs. Serving the Republic. The work of the Army as a whole*. Nueva York, Harper & Bros., 1911.
MIRÓ ARGENTER, José. *Crónicas de la guerra. La invasión*. Habana, Lex, 1945.
MONTORO, Rafael. *Ideario autonomista*. Habana, Secretaría de Educación, 1938.
MORALES MORALES, Vidal. *Iniciadores y primeros mártires de la revolución cubana*. Habana, Cultural, 1931.
ORTIZ, Fernando. *Contrapunteo cubano del tabaco y el azúcar*. Habana, J. Montero, 1940. *El hampa afrocubana. Los negros esclavos*. Madrid, Librería de F. Fe, 1916. *Historia de la arqueología indocubana*. Habana El Siglo XX, 1922. *José Antonio Saco y sus ideas cubanas*. Habana, El Universo, 1929.
OSGOOD, Cornelius. *The ciboney culture of Cayo Redondo, Cuba*. London, Oxford University Press, 1942.
PARTIDO REVOLUCIONARIO CUBANO. *Correspondencia de la Delegación en Nueva York*. Habana, Editorial Habanera, 1932.
PÉREZ, Luis Marino. *Ideas políticas de Saco*. Habana, 19—.

PÉREZ CABRERA, José M. *Un libelo anticespedista*. Habana, Academia de la Historia, 1956. *Una cubana ejemplar: Marta Abreu de Estévez*. Habana, Academia de la Historia, 1945. *Vida y martirio de Luis de Ayestarán y Moliner*. Habana, Academia de la Historia, 1936.

PÉREZ LANDA, Rufino. *Bartolomé Masó y Márquez, estudio biográfico documentado*. Habana, Muñiz, 1947.

PEZUELA LOBO, Jacobo de la. *Historia de la Isla de Cuba*. Madrid, C. Brailly-Bailliere, 1868-78.

PIÑEIRO, Enrique. *Morales Lemus y la revolución cubana*. Nueva York, Zarzamendi, 1871.

PIEDRA MARTEL, Manuel. *Mis primeros 30 años*. Habana, Minerva, 1944.

PICHARDO MOYA, Felipe. *Cuba precolombina*. Habana, Selecta, 1949. *Los indios prehistóricos de Cuba*. Habana, Muñiz, 1945.

PIRALA, Antonio. *Anales de la guerra de Cuba*. Madrid, F. González Rojas, 1898.

PORTELL VILA, Herminio. *Historia de Cuba en sus relaciones con los Estados Unidos*. Habana, J. Montero, 1938. *Narciso López y su época*. Habana, Cultural, 1930.

PRESCOTT, William H. *History of the reign of Ferdinand and Isabella the Catholic*. Philadelphia, Lipincott, 1891.

QUESADA MIRANDA, Gonzalo de *Martí, hombre*. Habana, Seoane y Fernández, 1944.

RIBÓ, José Joaquín. *Historia de los voluntarios cubanos*. Madrid, N. González, 1874.

RODRÍGUEZ, José Ignacio. *Estudio histórico sobre el origen, desenvolvimiento y manifestaciones prácticas de la idea de la anexión de la Isla de Cuba*. Habana, La Propaganda Literaria, 1900. *Vida de Don José de la Luz y Caballero*. Nueva York, El Nuevo Mundo-La América Ilustrada, 1874. *Vida del presbítero don Félix Varela*. Nueva York, O Nuovo Mundo, 1878.

RODRÍGUEZ DEMORIZI, Emilio. *Martí en Santo Domingo*. Habana, Ucar, García y Cía., 1953.

RHODES, Charles D. *The Santiago Campaign*. Washington, D.C., Military Information Division, Government Printing Office, 1898.

RHODES, James Ford. *History of the United States*. Nueva York, MacMillan, 1920.

ROIG DE LEUCHSENRING, Emilio. *Cuba no debe su independencia a los Estados Unidos*. Sociedad cubana de estudios históricos, Habana, 1950. *Curso de introducción a la Historia de Cuba*. Habana, Municipio, 1938. *La guerra hispano-cubanoamericana*. Habana, Mnicipio, 1955. *La guerra libertadora cubana de los 30 años*. Habana, Municipio, 1952.

ROUSE, Irving. *Archeology of the Manioabon Hills, Cuba*. New Haven, Yale University Press, 1946.

Rosell Planas, Rebeca. *Las claves de Martí y el plan de alzamiento para Cuba.* Habana, Archivo Nacional, 1948.
Rubens, Horatio C. *Liberty: The story of Cuba.* Nueva York, Brewer, Warren & Putnam, 1932.
Saco, José Antonio. *Historia de las encomiendas.* Madrid, 1856.
Sánchez de Bustamante, Antonio. *La ideología autonomista.* Habana, Molina, 1933.
Santovenia, Emeterio. *Bolívar y las Antillas hispanas.* Madrid, Espasa-Calpe, 1935. *Theodore Roosevelt y la soberanía de Cuba.* Habana, Academia de la Historia, 1958.
Sanguily, Manuel. *Obras.* Habana, Dorrebecker, 1925-30.
Souza, Benigno. *Máximo Gómez, el Generalísimo.* Habana, Trópico, 1936.
Torriente, Cosme de la. *La Constituyente de La Haya.* Habana, El Siglo XX, 1953. *Cuba y los Estados Unidos.* Habana, Rambla y Bouza, 1929.
Trujillo Monagas, José. *Los criminales de Cuba.* Barcelona, C. Giró, 1882.
Valdés Domínguez, Eusebio. *Los antiguos diputados cubanos.* Habana, El Telégrafo, 1879.
Valle, Adrián del. *Historia documentada de la conspiración de la Gran Legión del Águila Negra.* Habana, Academia de la Historia, 1929.
Varela, Félix. *Ideario Cubano.* Habana, Municipio, 1953.
Varona, Enrique José. *De la Colonia a la República.* Habana, Cuba Contemporánea, 1919.
Varona Guerrero, Miguel A. *La Guerra de Independencia de Cuba, 1895-1898.* Habana, Lex, 1946.
Vicuña, Eugenio O. *Vicuña Mackenna y la independencia de Cuba.* Habana, Academia de la Historia, 1951.
Vitier, Medardo. *Las ideas en Cuba.* Habana, Trópico, 1938.
Weyler Nicolau, Valeriano. *Mi mando en Cuba.* Madrid, F. González Rojas, 1910.
White, Turnbull. *Our war with Spain.* Philadelphia, People's Publishing Company, 1900.
Wright, Irene Aloha. *The early history of Cuba, 1492-1856.* Nueva York, MacMillan, 1916.
Zacharie de Baralt, Blanca. *El Martí que yo conocí.* Habana, Trópico, 1945.
Zaragoza, Justo. *Las insurrecciones en Cuba. Apuntes para la historia política de esta Isla en el presente siglo.* Madrid, J. Hernández, 1872-73.
Zarragoitia Ledesma, Leopoldo. *Maceo.* Habana, Molina, 1945.